João Pessoa-PB,
janeiro de 2007

O LIVRO DE PAULO

WALTER WANGERIN

O LIVRO DE PAULO

Romance

Traduzido por
ALMIRO PISETTA

Editora Mundo Cristão
São Paulo

Dados Internacionais de Catalogação na Publicação (CIP)
(Câmara Brasileira do Livro, SP, Brasil)

Wangerin, Walter
O livro de Paulo / Walter Wangerin; traduzido por Almiro Pisetta. – São Paulo: Mundo Cristão, 2002.

Título original: Paul, a novel.

ISBN 85-7325-258-8

1. Bíblia. N.T. – História dos eventos bíblicos – Ficção 2. Ficção biográfica 3. Ficção cristã 4. Paulo, Apóstolo, Santo – Ficção 5. Santos cristãos – Ficção 6. Tarso (Turquia) – Ficção I. Título.

02-4817 CDD–813

Índice para catálogo sistemático:
1. Ficção: Literatura norte-americana 813

Originally published in the U.S.A. under the title PAUL – A NOVEL
Publicado originalmente com o título PAUL – A NOVEL
Zondervan Publishing House – Grand Rapids, Michigan, E.U.A.

Título Original em Inglês: Paul – A novel

Gerência de Produção Editorial: Sidney Alan Leite

Capa: Douglas Lucas

Revisão: Jefferson Magno Costa
Theófilo José Vieira

A 1ª edição brasileira foi publicada em novembro de 2002, com uma tiragem de 6.000 exemplares.

Associação Religiosa Editora Mundo Cristão
Rua Antonio Carlos Tacconi, 79 – CEP 04810-020 – São Paulo-SP – Brasil
Telefone: (11) 5668-1700 – Home page: www.mundocristao.com.br

Editora associada a:
- Associação Brasileira de Direitos Reprográficos
- Associação Brasileira de Editores Cristãos
- Câmara Brasileira do Livro
- Evangelical Christian Publishers Association

10 9 8 7 6 5 4 3 2 1 02 03 04 05 06 07 08 09 10 11

Ao meu irmão, Felipe Wangerin,
pescador na costa oeste do México,
próxima a Coborca, em Sonora.

Sumário

Imperadores romanos do primeiro século

Prólogo

Corinto

1

Priscila

Havia uma Voz na manhã. Vinha no ar chuvoso, feito uma longa bandeira desfraldada ao vento. *Eucharistoumen*, dizia a Voz, e acrescentava: *to theo pantote peri panton humon...*

Só havia essa Voz singular que, embora viesse da cidade, se fixava aqui, no vento, como no buraco de uma agulha se prende a ponta de um fio distante, e dizia: *mneian poioumenoi epi ton prodeuchon hemon...*

Aquela Voz – seu simples som antes mesmo que as palavras fizessem sentido – penetrou em mim e me arrastou para fora de casa até o centro da cidade.

Realmente, eu não tinha a intenção de ir ao mercado naquele dia. Áqüila já estava lá, fazendo a entrega de três peças acabadas – toldos, na verdade – para uma das lojas do lado oeste cuja lateral era ofuscada pelo sol da manhã.

Pretendia ele voltar cedo com mantimentos. Além desses afazeres, não tínhamos nenhum outro negócio no mercado. Sentei-me em meu banco para trabalhar com a esperança de atender um ou outro cliente.

Estava recortando com a faca de bordas redondas, curvada sobre o couro, o cabelo preso na nuca e sem ninguém com quem conversar, já que só eu estava lá. Quatro sábados antes, no primeiro barco que atracou desde que as tempestades do inverno amainaram, tinha chegado uma carta para mim com a notícia de que minha mãe morrera. "De coração partido", escrevia meu pai, nem bem dez dias depois que você a deixou sozinha em Roma." Não, ninguém estava lá exceto eu. A notícia levou seis meses para chegar. Mas a dor só tinha quatro semanas.

Cortava no sentido da fibra do couro com minha faca de bordas redondas a fim de conseguir uma margem resistente para os pontos da costura que viriam depois, e as costas já começavam a doer no alto da espinha à direita, quando, como lâmina soltando faíscas ao contacto com o esmeril – aquela Voz!

Não a notara de imediato. Era como um mosquito que zune sem que o notemos até que de repente muda de timbre e nos obriga a percebê-lo.

Assim o som da Voz subiu um tom – não que fosse forte, você compreende, mas era insistente – e eu a percebi.

Agora a manhã no mercado era uma ebulição de ruídos de gente – rodas de carros vazios batendo nas pedras das estradas que conduziam para fora da cidade, bois pisando com seus pesados cascos, o martelo do pedreiro lavrando pedras, gente anunciando aos gritos a qualidade de suas mercadorias – eu não conheço nenhum soldado que não ria e não berre quando está de folga – e crianças estridentes.

Com poderosos pulmões os mendigos choravam sua triste condição. Alguns deles são filósofos que deploram a riqueza dos ricos, enquanto outros, de outra filosofia, levantam-se e fazem sermões de graça numa cantilena convicta. As mulheres que vieram às compras estão rodeadas de escravos para carregar suas mercadorias, os homens se juntam sob os pórticos para falar de esporte e do governo, e os cachorros que odiamos latem insistentemente. Contudo, erguendo-se como uma serpente acima daquela ebulição humana, aquela Voz! Não forte. Nunca forte, mas singular, única, separada.

Bem, se ela se *harmonizasse* com os ruídos, eu a teria perdido no barulho matinal.

Ou se tivesse desistido!

Desta forma, pus-me a caminho antes mesmo de terminar de cortar o círculo de couro, e antes mesmo de pensar em cobrir a cabeça já descia os degraus do mercado. Seguindo àquela Voz, lá fui eu. Obedecendo aos meus ouvidos famintos.

Não eram passados seis meses de nossa chegada a Corinto – os meses invernais que vão do outono à primavera – e ainda estávamos na primavera daquele ano.

Tínhamos sido obrigados a viajar repentinamente para o leste pelo mar, despojados, só nós dois naqueles perigosos dias imediatamente antes que as tempestades do inverno fechassem por completo as portas do mar. Não tivemos escolha. Pegamos o que pudemos e fugimos, expulsos de Roma por ordem do imperador.

Meu marido e eu. "Nós." Bem, será que isso nos torna importantes? Quero dizer, o fato de Tito Cláudio César Augusto Germânico olhar lá do alto do Palatino e escolher dois judeus para solenemente expulsá-los da mais importante cidade do mundo?

Se você pudesse me ver neste momento, saberia que estou rindo. Não, não somos nada importantes. Somos judeus. Isso não diz tudo? Num império cujos imperadores sentem enjôos de tanto suspeitar, os judeus são vomitados. Ou são mergulhados em piche e depois suspensos como tochas ardentes para iluminar as festas noturnas dos poderosos.

Mas queira desculpar-me: é a amargura que está falando, e ela não revela tudo.

Naquele tempo Cláudio queria reativar as velhas religiões de Roma. Ele testemunhara sinais e maravilhas. Quatro legiões de seus exércitos haviam finalmente invadido aquela branca ilha do norte que nem mesmo Júlio César conseguira conquistar – suas legiões a invadiram, disse o imperador, *com* os deuses dele, que, portanto, mereciam a adoração de todos os romanos.

Assim Cláudio ordenou e presidiu a celebração solene do oitavo centenário da fundação de Roma. Festivais aconteceram em grande escala, jogos e competições, glória e coroas. Eram os *ludi saeculares*. Isso não nos teria afetado, mas logo em seguida o imperador expandiu o *pomerium*, que é o limite mais antigo da velha Roma.

De fato, trata-se de um círculo imaginário em volta da parte "pura" da cidade no qual nenhuma outra divindade que não sejam os deuses romanos pode ser honrada e reconhecida. Áqüila e eu pertencíamos à sinagoga do monte Aventino, a única colina até então fora do *pomerium*. Com a expansão, a colina e a sinagoga ficaram de repente dentro desse círculo, e nossa congregação tinha de desfazer-se ou então mudar-se. Foi como pisar num formigueiro. O que estava escondido agora se alvoroçava em tumulto à luz do dia. As tensões privadas de nossa comunidade se tornaram públicas, e o imperador reagiu.

Essas tensões eram profundas. Alguns de nós acreditávamos que o Messias viera ao mundo, que morrera na cruz e fora sepultado, mas que no terceiro dia ressuscitara para a vida. Era neste ponto que meu pai e eu tínhamos opiniões divergentes. Ele estava com os outros – a grande maioria dos outros – que não podiam acreditar que o Ungido de Deus viesse a morrer. Minha mãe estava no meio. Seu coração, conosco. Sua vida, com o seu marido.

Para dizer a verdade, essa diferença por si só não me separou de meu pai, nem dividiu a congregação. Ao longo dos anos, muitos dentre os nossos, gente honesta e devota, vieram a acreditar numa variedade de messias sem esfacelar a comunidade. Mas recentemente alguns judeus que falavam grego haviam chegado a Roma ensinando que a salvação através *deste* Messias era para todo o mundo. Pois sua morte tornara os gentios, do jeito que são, iguais aos judeus.

Os gentios da sinagoga, gente temente a Deus que vivia em nosso meio, alegraram-se com tal ensinamento.

Mas os líderes sentiram-se ofendidos.

— Quem somo nós? — argumentavam. — Somos o povo escolhido de Deus. Onde quer que moremos, somos a nação santa, separada de todas as outras nações, e a marca dessa separação é a circuncisão! Nenhum verdadeiro Messias do Deus de Abraão cancelaria a marca da aliança!

Os judeus viajantes retrucavam com eloqüência. Mas os líderes da sinagoga interromperam o debate e começaram a dar ordens. Consideraram blasfêmia ensinar que Deus pudesse abandonar a sua aliança com os judeus.

—Apostasia! — gritavam eles. — Obedeçam à Lei, ou saiam!

Isso aconteceu exatamente quando todos fomos expulsos de nossa sinagoga no Aventino. Quando perdemos o prédio, perdemos a privacidade de nossas dissensões. Pior ainda, perdemos o controle sobre nós mesmos. Logo havia judeus brigando em público aos sábados. Judeus surrando judeus! Como poderiam as autoridades *não* nos notar?

Como se isso não bastasse, os judeus viajantes desconheciam as condições de Roma. Sua conversa despertou as suspeitas do próprio imperador.

Profetizavam carestias.

Implorávamos para que se calassem.

Mas eles se levantavam para nos agredir e proferiam duros oráculos de falta de trigo no mundo inteiro!

Tolos, pobres tolos, por mais verdadeiras que fossem suas palavras. Pois Cláudio temia terrivelmente duas coisas. Odiava magias, adivinhações, astrologias, *profecias* e *profetas*! Odiava, você percebe, qualquer meio oculto pelo qual seus inimigos pudessem procurar destruir seu governo ou assassiná-lo.

O fato não era nenhum segredo. Nós sabíamos. Todos sabiam. Por exemplo, no ano dos *ludi saeculares*, um cidadão chamado Petra contou um sonho que tivera no qual moedas de prata se desfaziam em pó. Petra não era um escravo ou um estrangeiro ou um mago. Era um cidadão romano comum. Contudo, o povo achou que o sonho dele era um prenúncio da ruína do dinheiro do império, e, quando o pobre Petra não quis negar que tivera tal sonho, o imperador lhe decepou a cabeça.

— Calem a boca e sentem-se! — ordenamos aos nossos loucos profetas. — Não estão vendo como os romanos estão nervosos?

Naqueles dias os romanos observavam que aves de mau agouro haviam começado a pousar em pontos altos, olhando para o palácio do governo de modo ameaçador. Falava-se de casas sendo derrubadas por incessantes tremores de terra.

Ora, o segundo receio do imperador era quase pior que o primeiro: acreditava ele que os sistemas basilares do império poderiam entrar em colapso, e toda Roma se voltaria contra ele. Uma carestia, você percebe, era um desastre impensável. Poderia significar a morte do imperador. E naqueles dias *já havia* falta de trigo na cidade.

Certa manhã, enquanto Cláudio ocupava sua cadeira de juiz no fórum, uma multidão o cercou exigindo comida. Fui inexoravelmente arrastada pela massa. Tão repentina e ousada foi a turba, que empurrou Cláudio para o canto oposto da sala antes que sua guarda pudesse invadir o recinto para salvá-lo.

Pobre Cláudio! Fazia uma triste figura! As pernas finas, o corpo enorme, os braços e as pernas que não paravam de tremer. A cabeça hesitava, os dedos se contorciam. A língua do coitado não cabia na boca, atrapalhando todas as palavras. Não tinha ele nenhuma dignidade, você percebe? Era incapaz de controlar um bando de amotinados. Eles o assustaram em público no fórum; em sua privacidade ele deve tê-los desprezado.

Sendo assim, que outra coisa poderíamos nós esperar em nossa condição de judeus? Nossa religião já era desprezada pelos professores e escritores romanos – como Sêneca, o famoso filósofo, que a chamou de *superstitio.* As brigas de nossa congregação haviam alertado as autoridades da cidade, e o anúncio de carestias gelava o sangue do imperador. Não, não fiquei surpresa. Apenas triste porque tínhamos de ir embora.

No oitavo ano de seu reinado, Cláudio publicou um decreto expulsando de Roma os judeus mais turbulentos, que ele identificou como sendo os seguidores de 'Chrestus.' É óbvio que se referia aos seguidores de *Cristo*. Referia-se ao Messias, o crucificado, Jesus de Nazaré – aquele único.

Áqüila e eu seguíamos aquele único.

Você percebe então que não éramos importantes. Não éramos barulhentos, briguentos ou beligerantes ou, pelo que sabíamos, turbulentos. Mas alguma coisa em nossa crença nos tornava teimosos, e nos preparamos para ir embora.

Meu pai pediu-nos que ficássemos com ele.

— Como refugiados? — perguntei eu.

— Como consangüíneos, como parentes — respondeu ele.

— Não podemos negar nosso Senhor, o Messias — respondi. — Não temos escolha.

— Que Messias — perguntou ele — divide as famílias? Que Messias faz a filha ir contra o seu pai?

— Não o Messias, pai — disse eu. — O imperador romano é que está fazendo isso.

Não me beijou. Nem sequer disse uma palavra. Virou-se e foi embora, deixando até mesmo minha mãe no abandono. Meu pai tomou um caminho e nós tomamos outro, para sempre.

Minha mãe ficou desamparada, sozinha no espaço entre nós, chorando.

— Mãe — implorei eu, segurando-lhe as mãos. — Mãe, venha conosco.

Ao meu toque, ela tremeu. Caiu de joelhos. Contorceu-se no chão, aos prantos. E nunca respondeu à minha súplica.

Áqüila e eu deixamos Roma sozinhos. Saímos correndo para o leste pela Via Ápia e tomamos um navio de Bríndisi, um dos últimos antes que as tempestades invernais destruíssem as rotas marítimas. Chegamos a Corinto com tempo frio. Achamos dois quartos para alugar numa casa ao pé da encosta das colinas do sul. Pagamos as taxas ao Administrador dos Mercados Públicos para lá podermos exercer a nossa atividade. E embora de fato sentíssemos saudade – profunda saudade – de Roma e das pessoas amadas que lá deixamos em perigo, nos estabelecemos aqui.

Ou thelomen de humas agnoein, adelphoi, peri ton koimomenon...

Foi a palavra *koimomenon* que desencadeou o meu entendimento. Agora estava atenta. Desci correndo os degraus de pedra. Queria captar o sentido, compreender o que a Voz dizia.

O vento esfriava à medida que eu descia. No céu travava-se uma guerra entre raios do sol e nuvens bojudas. O vento levantava poeira no mercado. Lá em baixo os mantos se inflavam e enroscavam-se nos corpos das pessoas. Começava a correria e a dispersão de gente. Trabalhadores segurando seus martelos olhavam para o alto.

Koimomenon. Significa "os que dormem". Mas o tom da Voz lhe dava um significado a mais: "os que dormem o sono da morte".

Dizia a Voz: — Mas não quero que vocês sejam ignorantes com respeito aos que dormem o sono da morte.

Fiquei no meio da agitação do mercado, olhando para a direita e para a esquerda, na tentativa de encontrar a fonte, a localização da Voz.

Lá: na fileira de lojas da parte norte. E lá: debaixo da colunata no conjunto de lojas do lado oeste. Certo. De cabeça baixa enfrentei o mau tempo e segui naquela direção.

Grossas gotas salpicavam o pó. Soprou depois um forte vento cuspindo chuva, chuva pesada, uma chuva que ardia na pele. As pessoas corriam para abrigar-se. Minha túnica de repente ficou tão ensopada que se colava às pernas. Crianças gritavam de medo e de alegria. Contudo, como o grilo que não sai de seu ouvido, a Voz continuava soando:

—... para não vos entristecerdes como os demais que não têm esperança.

Para não vos entristecerdes.

A colunata estava cheia de gente. Difícil achar um vão, mesmo para uma pequena mulher no meio daqueles corpos.

Um grito raivoso me fez recuar. — Mendigo sujo e fedorento! — Houve depois o som surdo de madeira em osso humano, um imediato *Ai-ai!*, e minha Voz particular se calou, mas a multidão gritava ofendida: — Que há com você, Apeles?

— Ele está bloqueando a minha porta!

— Está chovendo! Ninguém tem freguesia neste momento.

— Maldito mendigo! Judeu miserável!

Houve um segundo som de pancada, e a multidão rugiu: — Saia! Saia daqui, Apeles! Tirem esse *echidna* daqui!

A multidão abriu-se bem na minha frente, e um homem passou voando de cara para a rua e caiu, formando um rastro no chão molhado. Levantou-se praguejando e correu para o lado sudeste.

No mesmo instante esgueirei-me pela abertura na multidão – e agora, quando a Voz começou novamente a falar, já era uma presença física diante de mim.

Disse um homem: — Como os demais que não têm esperança. Você entendeu isso?

Respondeu outro: — Entendi.

Disse o primeiro: — *Ei gar pisteuomen hoti Iesous apethanen...* Pois, se cremos que Jesus morreu e ressuscitou, assim também Deus, mediante Jesus, trará, em sua companhia, os que dormem...

Nossa! Que surpresa! Não estava na presença de ninguém fisicamente avantajado. Aqui estava um homenzinho sentado sobre suas pernas cruzadas no chão de pedra da colunata, rodeado por artigos de couro, ferramentas e materiais ao alcance da mão, a cabeça, de tamanho monumental, inclinada agora sobre seus dedos como se pesasse demais para a haste do pescoço, e manchas de sangue em dois pontos no alto da cabeça. Os dedos voavam. Ele agora dizia: — Ora, ainda vos declaramos, por palavra do Senhor — e seus surpreendentes dedos juntavam duas peças de couro, numa costura apertada, à prova de água.

Dizia ele: — ... por palavra do Senhor, isto: nós, os vivos, os que ficarmos até à vinda do Senhor, de modo algum precederemos os que dormem

E eu vi que o outro homem — muito mais jovem, com cachos de cabelo cor de mel, sentado com as pernas cruzadas como o seu superior, para o qual se voltava — furiosamente gravava uma espécie de taquigrafia sobre um papiro. As palavras não se perdiam. Eu não precisava decorá-las. Era possível encontrá-las de novo. Que bela surpresa!

Pois eram as palavras que me deixavam sem fôlego – não o magricela, mas a Voz, a Voz em si mesma.

O dia chuvoso e os coríntios molhados em volta e o trabalho com que eu deveria estar me ocupando e a falta de Áqüila – tudo isso desapareceu de minha consciência. Apenas o homenzinho. Apenas as palavras que saíam dele como pássaros numa revoada ascendente e luminosa. Apenas isso: — Porquanto o Senhor mesmo, dada a sua palavra de ordem — dizia o homem —, ouvida a voz do arcanjo, e ressoada a trombeta de Deus, descerá dos céus.

Ia dizendo exatamente isso enquanto seus dedos iam costurando, e eu de repente não sabia se ria ou se chorava diante da visão, se acreditava nela ou se a temia, pois o nome de *Jesus* me era muito caro, muito familiar, e o pensamento de sua vinda crescia em mim como a sensação de bem-estar, um formigamento no coração, um sobressalto de prazer ante a iminência do ajuste de todas as coisas. Mas onde estava minha mãe, naquela hora, e será que ela ouviria aquele grito, e como se sentiria perante o som da trombeta de Deus? — E os mortos em Cristo ressuscitarão primeiro — dizia o homem de cabeça monstruosa, e me surpreendi caindo de joelhos, pois ele continuava: — ...depois, nós, os vivos, os que ficarmos, seremos arrebatados juntamente com eles, entre nuvens, para o encontro do Senhor nos ares; e, assim, estaremos para sempre com o Senhor. Consolai-vos, pois, uns aos outros...

— Maldito carrapato judeu! Por que continua sentado na presença de seus superiores?

De repente a chuva e o dia voltaram. De um salto me pus de pé. Também o jovem escriba saltou de pé, derrubando um tinteiro - enquanto o seu superior apenas levantou o rosto para contemplar o novo interlocutor que se aproximava.

Todos, de fato, haviam recuado abrindo passagem para ele. Era uma autoridade constituída, com uma presença robusta e oficial. Atrás dele, o sapateiro Apeles pingava e repetia em tom ameaçador: — Levanta, judeu! Ponha-se já de pé diante de Erasto! — Atrás de Apeles vinham quatro soldados portando armas, a força que conferia ao oficial uma autoridade real e presente.

Erasto (o rosado e magnífico Administrador de Mercados Públicos de Corinto, a quem Áqüila e eu pagáramos as nossas taxas seis meses antes) disse: — Aparentemente você desconhece a minha posição. Ou talvez não saiba em que posição você se encontra neste momento.

— Bem — disse o homenzinho sorrindo —, eu devia achar que a minha posição é bastante óbvia. — Fez um gesto apontando para as pernas dobradas sob o seu corpo. Era uma piada.

O sorriso não melhorou a sua cara. Tinha sobrancelhas espessas e escuras no meio da testa; nariz estreito e adunco; olhos de pálpebras vermelhas naquele crânio tremendo; uma boca rápida, lábios vermelhos e molhados. Duas manchas de sangue coagulado no alto da cabeça, uma cicatriz feito um verme alaranjado perto da linha do couro cabeludo – um sorriso nesse rosto tinha uma aparência furtiva.

A piada também não melhorou o humor do Administrador dos Mercados.

— Senhor — disse Erasto —, o sapateiro Apeles apresentou uma queixa contra a sua pessoa. Posso proibi-lo definitivamente de praticar o comércio nesta praça, especialmente levando em conta que nem sequer se registrou no meu escritório.

— Registrar-me para quê?

— Para ter o direito de praticar o comércio nesta praça — disse Erasto.

— Bem, para dizer a verdade — disse o magricela numa voz mais nasal e mais irritante —, não estou aqui praticando o comércio.

Com surpreendente agilidade, o gordo Erasto se abaixou, apanhou a tira de ouro e rasgou a costura. — Isto não é comércio? — perguntou.

O homenzinho se levantou. — Não, é um presente. Estou fazendo uma tenda para o meu amigo aqui, para as suas viagens.

Erasto voltou o corpanzil para o jovem "amigo".

— Qual é o seu nome?

— Timóteo.

— Timóteo, o escriba — disse Erasto. — Você escreve as palavras que este homem dita?

— Sim senhor.

— E no que, com a sua habilidade, você transforma as palavras dele?

— Numa carta.

— Certo. E quem levará a carta aos destinatários?

— Eu mesmo.

— *Você* mesmo. Claro, claro, é óbvio. Você é um trabalhador confiável. Para onde você vai levar a carta, Timóteo? Quantos dias você viajará? Quantas noites terá de dormir fora?

— Para Tessalônica. Catorze noites.

— Catorze noites dormindo sob as estrelas?

— Não.

— Sob *o que* então, Timóteo? Sob que espécie de abrigo, escriba Timóteo?

— Sob uma tenda.

— Muito bem. E quem fabricou a tenda?

— Ele, Paulo.

— E quem lhe *deu* a tenda, Timóteo?

— Paulo.

— Agora ouça o que vou dizer. — Erasto levantou a voz para os circunstantes. — Um escriba dá a um coureiro duas coisas: uma peça escrita e quatro semanas de seu tempo para ler em voz alta uma carta em Tessalônica. Em compensação um coureiro dá ao escriba uma tenda. Como você chama essa atividade?

— Um escambo — gritou Apeles.

— E que é um escambo? — perguntou Erasto, o rosto vermelho feito pimentão.

— COMÉRCIO! COMÉRCIO!

O peso da opinião pública não estava com os dois, Paulo e Timóteo.

Erasto se dirigiu ao homenzinho estendendo uma mão gorda com a palma para cima. — Pague a taxa do mercado agora mesmo — rosnou ele —, caso contrário, meus soldados vão arrancá-la do couro do seu traseiro.

Tudo ficou em silêncio. A chuva escorria pelas calhas da colunata, formando poças no chão. O homem chamado Paulo estava mudo, sorrindo, agitando-se ligeiramente sobre suas pernas finas e tortas. Estava claro que não faria nada, nem pagaria nem argumentaria em defesa própria.

Apeles, o sapateiro, fuzilou: — Chibata nele! Chibata nele!

O Administrador de Mercados deu de ombros. Recolheu a mão vazia e começou a erguê-la num aceno aos soldados às suas costas.

Mas neste momento eu agi. Eu, Priscila. Eu fiz alguma coisa. Ou então foi o Senhor, já que eu nem tinha idéia sobre *o que* fazer.

Dei um salto e agarrei aquela mão gorda do oficial e a segurei, gritando: — Mas as taxas *foram* pagas! Eu mesma as paguei!

Erasto segurou meu pulso entre o polegar e o indicador da mão esquerda e apertou forte entre os ossos. Tive de soltar.

— Quem é você? — falava com muito desdém.

— Priscila — disse eu —, a mulher de Áqüila. Somos coureiros de Roma. O senhor certamente se lembra.

— Lembro-me sim — disse ele. — Lembro-me que vocês pagaram taxas para uma atividade, não para duas.

— Sim! De fato! E este homem acaba de chegar a Corinto com a finalidade expressa de trabalhar para nós. Uma atividade, o senhor vê? Nossas taxas *são* as taxas dele, porque ele é nosso.

...kai houtos pantote syn kurio esometha...

E, assim, estaremos para sempre com o Senhor. Consolai-vos, pois, uns aos outros com estas palavras.

Aqui começa a história de
Paulo, que foi apóstolo

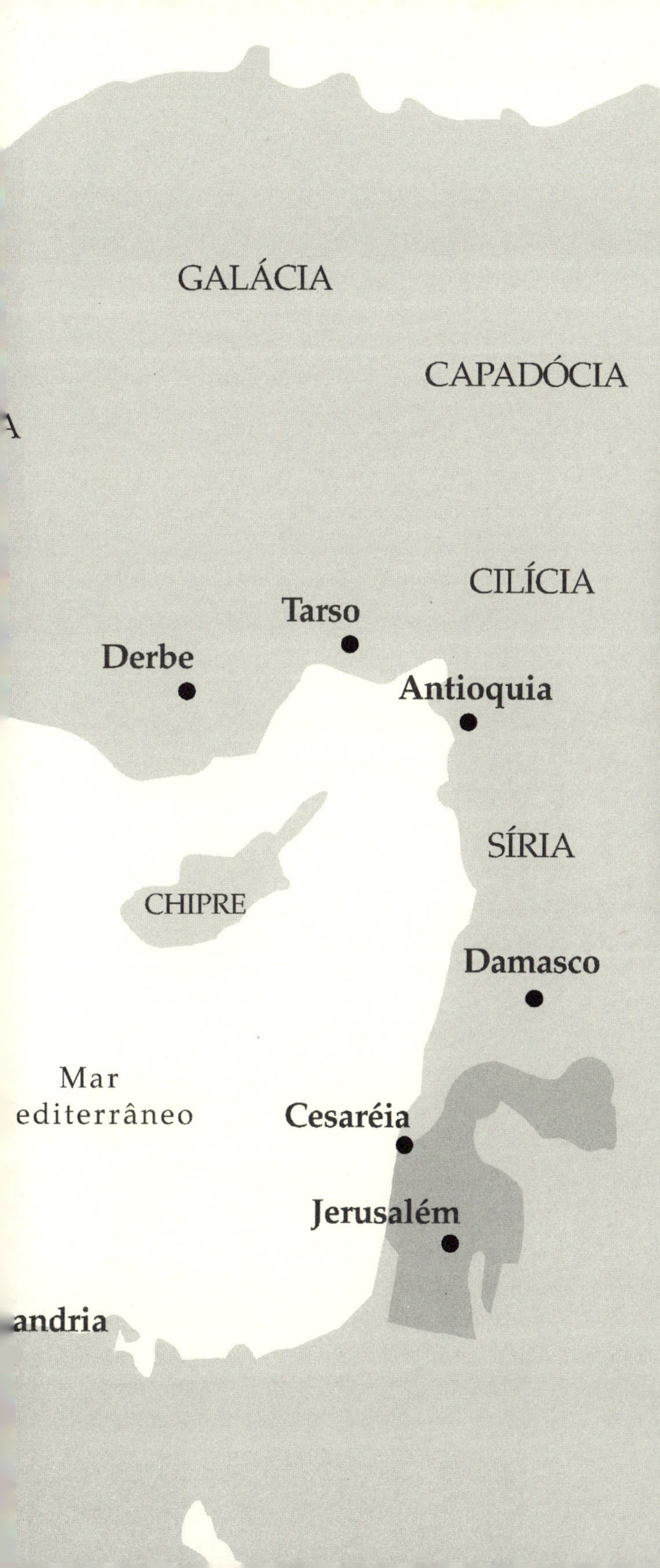

Primeira Parte

Damasco

2

Tiago

i

Começo admitindo um fato: eu não gostava de Estêvão. Havia quem gostasse. Havia quem lhe tributasse honra incondicional. Eu não conseguia.

Cefas e os doze acharam de fato um jeito de autorizar o bando de judeus helenizados – Estêvão era o principal deles – a falar e agir entre nós. Eu desaprovava. Não porque não tivessem visto o Senhor em vida, como de fato não tinham. Não porque fossem recém-chegados a Jerusalém e não quisessem saber do hebraico, falando grego de boca cheia. E certamente não porque eu *des*gostasse deles de algum modo. Desaprovava porque esses homens não se submetiam nem a Moisés nem a Arão. A Lei e o Templo nada significavam para eles. Pior, constituíram-se inimigos declarados da Torá e do Lugar Santo.

A única coisa que esses homens pareciam saber de Jesus era o opróbrio com que ele cobriu o sagrado ritual. É verdade que Jesus menosprezou um sacerdócio interesseiro. Assim como fez Jeremias. Mas sejamos precisos em questões elementares como essas: Jesus e Jeremias detestavam os *abusos* do Templo e o pecado dos que lá serviam. Estêvão, pelo contrário, e os que estavam com ele, mudaram o enfoque das acusações de nosso Senhor, dirigindo-as contra o próprio Templo, contra proibições antigas, contra a própria sabedoria de Deus. Não pensavam nas *conseqüências*!

Mas esses eram os primórdios, quando toda a igreja vivia numa espécie de entusiasmo desenfreado, alegre e ansiosa, sempre deslumbrada. Quase sem preocupações. Ninguém considerava as conseqüências. O Espírito Santo fulgurava à luz do dia ao toque de um apóstolo, e pessoas, que nunca antes haviam andado na vida, de um salto punham-se de pé. O Espírito Santo de repente era um trovão na voz de Cefas, e mentirosos caíam fulminados a seus pés. O fim do mundo estava tão próximo como as nuvens que trazem temporal que vinham do mar – assim dizíamos nós e assim sentíamos, pois corriam histórias de mortos já se levantando dos seus túmulos. Hinos jorravam da boca de incultos.

Naqueles dias, as conversões aconteciam pelo entusiasmo, não pela tranqüila sabedoria rabínica. E o helenizado Estêvão de fato operava maravilhas, e sem dúvida os crentes hebreus se alegravam com isso, pois tratava-se de um sinal de que Jerusalém, que sempre fora o centro dos acontecimentos, estava agora atraindo os judeus de volta para casa, atraindo para casa os filhos espalhados por todas as nações sob o céu para encontrar-se com o Senhor no seu retorno glorioso.

Assim os doze impuseram as mãos sobre os sete. Eu desaprovei, mas foi em vão. Quando acolhemos Estêvão e os outros seis no seio de nossa comunidade, tive a impressão de que havíamos acolhido uma víbora destemida, ultrajante, perigosa.

ii

O judeu que rejeita o judaísmo na privacidade da sua alma, embora seja um apóstata, é todavia um problema apenas para si mesmo. Seu silêncio o torna suportável, mesmo na Cidade Santa, porque o seu pecado está oculto.

Mas o judeu que escolhe *pregar* a sua rejeição e assim impingi-la a outros – esse torna-se um problema público e uma abominação. E quanto mais sutis e mais poderosas forem sua mente e sua palavra, maior será o perigo que representará! Quem se empenha em dividir o Povo de Deus 'procede mal aos olhos do SENHOR teu Deus, transgredindo a sua aliança'.

Peço permissão para citar a Torá, o quinto livro, uma vez que foi à Torá que as autoridades procuraram obedecer quando executaram Estêvão.

Ouça: *Quando no meio de ti... se achar algum homem ou mulher que proceda mal aos olhos do SENHOR, teu Deus, transgredindo a sua aliança, que vá, e sirva a outros deuses, e os adore, ou ao sol, ou à lua, ou a todo o exército do céu, o que eu não ordenei; e te seja denunciado, e o ouvires; então, indagarás bem; e eis que, sendo verdade e certo que se fez tal abominação em Israel...*

Paremos por um instante. Permita-me uma interrupção para analisar as condições aqui estabelecidas para a ação que deve seguir.

Quem ama a Deus ama a sua Lei. Quem ama a Lei é obrigado a seguir a Lei. A própria vida consiste em obedecer, e morrer, caso desobedeça. E a Lei, que é o amor do Deus invisível por toda a terra, ela mesma adquire lugar e forma e visibilidade no comportamento de um povo obediente.

Aqui, no trecho da Torá que acabei de lhe citar, a Lei apresenta cinco condições distintas nas quais se baseia a terrível ação que devem praticar os que quiserem ser um povo obediente.

Primeiro: O mal, a "tal abominação", consiste nisto: que o Senhor Deus (definido na terra por sua aliança com Israel, cuja misericórdia se chama *Torá*), o Senhor Deus, repito, é suplantado na adoração humana por outra coisa, por qualquer outra aliança possível.

Segundo: O mal é "se achar" no meio de ti. Isto é, torna-se conhecido de alguém da comunidade, seja um parente próximo ou vizinho vigilante. E o mal é descoberto "no meio de ti". Isto é, o malfeitor é um de vocês, um membro do povo do Deus da aliança.

Terceiro: O mal "te seja denunciado, e o ouvires". A esta altura, quando pessoas com autoridade houverem sido cientificadas, não há alternativa. O conhecimento obriga os fiéis. A primeira descoberta de um mal por um membro da comunidade pode ser um acidente; este segundo ato de comunicação é intencional. Deve ser o fator unificante de todos os intentos: do povo, do Senhor e dos líderes. A seqüência que vem agora *deve* acontecer em benefício da vida e da saúde da nação.

Quarto (este é o primeiro passo intencional para a nova purificação do povo): Os líderes devem "indagar bem", buscando os fatos que permitam avaliar que pecado se cometeu, se houve apostasia por falsa adoração, ou então se houve aflição comunitária por falso testemunho. O inquérito dependerá, portanto, conforme diz a Torá, do *depoimento de duas ou três testemunhas. Por depoimento de uma só testemunha, não morrerá.*

Quinto (esta é a única ação distinta prevista): Os líderes deverão chegar a um acordo interno, e depois devem anunciar publicamente que é "verdade e certo que se fez tal abominação em Israel".

E depois? Que ação deve seguir essas cinco condições?

Retornemos à Torá: *Então, levarás o homem ou a mulher que fez este malefício às tuas portas e os apedrejarás, até que morram... A mão das testemunhas será a primeira contra ele, para matá-lo; e, depois, a mão de todo o povo; assim, eliminarás o mal do meio de ti.*

E você tem estômago para presenciar esse evento? Vou descrevê-lo como me foi descrito por meus professores, uma vez que não é a Torá mas a tradição que preserva o quadro:

O acusado é amarrado e conduzido para fora dos muros da cidade até o alto de um precipício com uma queda livre que deve medir o dobro da altura do pecador.

A testemunha cujo depoimento condenou o malfeitor (seja um parente próximo ou um vizinho vigilante) agora se apresenta e pessoalmente atira o acusado lá do alto do precipício. Este deve cair sobre suas costas.

Se morrer da queda, a execução está completa.

Mas se continuar vivo, uma segunda testemunha ergue bem alto uma pedra pesada, aproxima-se da borda do precipício e a deixa cair sobre o peito do acusado, exatamente sobre o coração. É para esmagar as costelas e explodir o coração, e assim matar o homem ou a mulher. Se obtiver êxito, a execução está completa.

Mas se o malfeitor sobreviver também a essa pedra, então todo o povo apanhará pedras e as atirará contra o acusado até que ele de fato esteja morto.

Essa é nossa tradição. Essa é a Lei, ao mesmo tempo terrível e santa.

iii

Que será que ele estava pensando? Talvez se não tivesse *entrado* no recinto do Templo para fazer a sua denúncia — exatamente isso, vestindo um traje helenizado, falando grego de boca cheia — talvez tivesse tido mais tempo para considerar as conseqüências. Ah, mas ele *queria* publicidade. Era arrojado; confiava na sua eloqüência, e *queria* plantar as suas acusações bem nos ouvidos dos seus acusados.

Num átimo conseguiu o que desejava. Os seus oponentes acorreram para enfrentá-lo, judeus como ele da Diáspora, de Alexandria, de Cirene e da Ásia — além de um jovem notável da Cilícia.

Estêvão, de pé junto a uma das colunas do Pórtico de Salomão, perguntara:

— Onde mora Deus?

Vários homens gesticularam na direção do Templo, que brilhava à luz de um meio-dia de verão. — Lá — disseram eles. — Na terrível escuridão e no meio de seu povo. Lá.

Altivo, Estêvão fez um gesto com a cabeça. — Como sabem disso? — perguntou ele.

— Temos as Escrituras — responderam. — As Escrituras declaram que onde se erigisse o Tabernáculo, mesmo nos dias da peregrinação, ali estaria Deus no meio de seu povo.

— O Tabernáculo não é o Templo.

— Os dois fazem parte da aliança de Deus, uma aliança que Deus renovou com Davi e novamente com Salomão, o construtor do Templo.

— Como sabem disso?

— A Escritura é nosso testemunho.

— Certo, certo — disse Estêvão, tocando a pedra lisa de uma coluna com os nós dos dedos. — Se há uma verdade, tem de ter o testemunho da Escritura. Mas a Escritura pode ser distorcida.

Neste momento o jovem ciliciano falou, mesmo sem se pôr de pé. Estava sentado sobre os calcanhares como um nômade, os joelhos debaixo do queixo. — Não pode haver distorção — disse ele — quando o testemunho *e* a verdade foram juntados e ensinados por gerações como uma coisa só. Nós, senhor, falamos com o peso e a idade de Abraão e todas as suas gerações, começando com a circuncisão e descendo até os cordeiros da Páscoa. Ali. Sobre aquele altar. Você negaria toda uma tradição histórica?

Estêvão olhou para baixo e sorriu. — Claro que não. Eu não negaria, senhor. Mas o Deus que profere histórias diz por meio de seu profeta: *Não vos lembreis das coisas passadas, nem considereis as antigas. Eis que faço coisa nova, que está saindo à luz; porventura não o percebeis?*

O ciliciano deu de ombros. — Sua "coisa nova" assim como seu profeta eram ambos já velhos quando Esdras nasceu para fazer vigorar a Lei há quatrocentos anos. O que é velho sempre confundirá a você e a sua espécie, ao passo que deve confirmar a nós e aos nossos. Ouça a Escritura — disse o ciliciano. (E eu confesso que me inclinei para ouvi-lo. Seu jeito era de absoluta segurança.)

— Ouça — disse ele. — Mil anos atrás, senhor, na inauguração do Templo de Salomão, seus recintos ficaram tão cheios de fumaça que os sacerdotes saíram engasgados. Aquela nuvem era a glória do Senhor!

Exatamente isso, e o próprio Salomão disse: *O Senhor declarou que habitaria em trevas espessas.* E Salomão também disse: *Edifiquei uma casa para tua morada, lugar para a tua eterna habitação.*

Foi uma boa resposta, uma citação perfeita. Admirei aquele homem que com tanta facilidade trazia os livros em sua cabeça.

Estêvão esfregou o queixo liso, ainda sorrindo. — E daí? Você prenderia Deus num único lugar? — disse ele. — E se for assim, por que escolher *este* lugar? Por que não a terra entre os rios, onde Abraão no início encontrou-se com Deus? Por que não o Egito, onde Deus exaltou José? Longe demais? Então que tal o Sinai, onde Deus falou a Moisés face a face?

Estêvão era só prazer. Os olhos faiscavam antecipando o golpe seguinte.

Disse ele: — Quanto à casa de Salomão, não foi o próprio Deus Altíssimo que disse: *O céu é o meu trono, e a terra, o estrado dos meus pés; que casa me edificareis vós? E qual é o lugar do meu repouso? Porque a minha mão fez todas estas coisas.*

O ciliciano não se moveu, mas os outros debatedores se enfureceram. — Louco, você é louco! — gritavam contra Estêvão. — Isso é distorcer a Escritura! O Deus do céu e da terra pode *escolher* morar onde lhe aprouver, e ele escolheu esta casa!

— Escolheu outrora, e agora desescolhe — replicou Estêvão, e logo prosseguiu:

— *Executai o direito e a justiça,* disse o Senhor Deus. *Não façais violência, nem derrameis sangue inocente neste lugar. [...] juro por mim mesmo... que esta casa se tornará em desolação.*

— O quê? O quê? — gritaram eles. — Você declara o Templo vazio?

Olhando-me de relance, disse Estêvão: — Até mesmo o meu querido amigo Tiago testemunhará que derramastes sangue inocente.

O seu olhar e a sua palavra me pegaram de surpresa e fiquei envergonhado. O gesto me ofendeu. Detestei a associação. Por pouco não saí protestando — mas ninguém me dava atenção.

Fixavam-se em Estêvão, gritando: — Como *ousa* chamar o Templo do Senhor de *vazio*?

— Eu disse "desolado". Abandonado. Esquecido. Há uma diferença. A menos que — os lábios de Estêvão esboçaram um sorriso — a menos que seja um antro — disse ele — e neste caso está bem cheio. De ladrões.

— Ahhh! — engasgaram de emoção. — Primeiro ele insulta a casa de Deus, e depois insulta os seus sacerdotes!

— Não, não.Vocês não estão entendendo — gritou Estêvão, erguendo as mãos. — Não quero insultar ninguém além de *vocês*!

— Nós? *Nós*?

— Vocês e todos os que se escondem por trás deste credo oco: *Templo do Senhor, Templo do Senhor, Templo do Senhor.*

— Quebrem os dentes dele! — gritavam. — Cortem a sua língua!

— Mas essas palavras não são minhas — gritava Estêvão. — São de Jeremias.

Alguns homens cuspiam e cerravam os punhos.

Essa fúria era justamente o perigo que eu temia. Poderia crescer, ficar descontrolada e destruir toda a comunidade de cristãos, não apenas Estêvão e sua espécie.

Mas uma forte voz nasal se fez ouvir no meio do clamor. — Para um homem que acredita que tudo é novo — escandiu a voz — você se vale de uma autoridade muito velha. Antiga, eu diria. Rejeitada. Desautorizada.

Os debatedores mais furiosos recuaram, e o jovem ciliciano apareceu, ainda sentado sobre os calcanhares, segurando os joelhos, emitindo um som semelhante ao rosnado de uma trombeta.

— Por que deveríamos lhe dar ouvidos? — indagou o ciliciano, fixando os olhos em Estêvão. — Em nome de que autoridade você anula as *nossas* autoridades, as nossas alianças e sacrifícios e toda a nossa história? Somos um povo escolhido por Deus. Somos judeus. É nessas realidades que permanecemos judeus. Com que direito você tenta derrubar o muro que nos manteve vivos por séculos entre as nações?

Estêvão respirou fundo, encheu o peito e anunciou: — Em nome e pelo poder de Jesus de Nazaré, o Messias de Deus e meu próprio Senhor. *Ele* é agora o muro que salva a todos os vivos.

Um burburinho feroz se propagou por entre os homens, mas o ciliciano sorriu e disse: — Então é Jesus de Nazaré que faz dos nossos sacerdotes ladrões e transforma os nossos lugares santos em desolação?

— Não, senhor! Ele apenas viu que assim era. E então os que o crucificaram comprovaram que era assim mesmo. Dele é o sangue inocente que foi derramado. Mas aquele horror foi seguido por esta esperança: ele é também a nova realidade que está surgindo.

Os rosnados cresceram.

Ouviu-se a voz do ciliciano: — Calma, calma! Vamos considerar a que conclusões esta afirmação nos deve conduzir. Se, como você diz, esse Jesus de Nazaré é agora o muro que salva o povo — salva a todos os vivos, parece que foi o que você disse —, então deve-se entender que a condição de ser judeu já não significa nada, certo?

Estêvão confirmou a pergunta. Não teve medo de confirmar. — Certo — disse ele.

— Mas como algo tão maravilhoso de repente se transforma em nada? — perguntou o ciliciano. — Somente o criador pode descriar. E, para isso, Deus precisaria negar a si mesmo, o que é impossível.

Gostei, como gostei desse ciliciano! Com que fluência e confiança ele serenara e ao mesmo tempo aguçara o debate. Já ninguém gritava. Todos estavam atentos. A raiva se transformara em razão — e que excelente raciocínio era aquele! Confesso que senti maior afinidade com o ciliciano do que com Estêvão; pois embora, como Estêvão, eu acreditasse que Jesus era o Messias de Deus vindo à terra, diferentemente de Estêvão, eu *não* rejeitava a condição de judeu de Jesus. O Messias era tão judeu quanto o rei Davi. O Messias foi prometido aos judeus. Foi enviado primeiro aos judeus e depois, *por meio dos* judeus, para o mundo inteiro. O ciliciano estava certo: a condição de ser judeu dever ser absolutamente preservada, até mesmo em benefício do próprio mundo!

— E como é que você sabe — perguntava agora o jovem ciliciano a Estêvão — que Jesus tem poder?

— Pelas palavras e profecias da Torá — respondeu Estêvão. — Pela autoridade a que *você* obedece. Pois o próprio Deus disse a Moisés: *Suscitar-lhes-ei um profeta do meio de seus irmãos, semelhante a ti, em cuja boca porei as minhas palavras, e ele lhes falará tudo o que eu lhe ordenar.* Jesus é esse profeta. Seu poder vem diretamente de Deus. Suas palavras ditam a nova Lei que substitui a velha Lei de Moisés. Mais ainda, senhor — disse Estêvão —, o Deus que mantém as suas promessas, exatamente como manteve a promessa que citei, não nega a si mesmo agindo assim. Ele se exalta na sua glória!

O ciliciano fechou os olhos e citou o resto da passagem que Estêvão havia iniciado: — *Porém o profeta* — disse ele — *que presumir de falar alguma palavra em meu nome, que eu lhe não mandei falar... esse profeta será morto.*

O ciliciano abriu dois olhos flamejantes. De repente saltou de pé e enfrentou Estêvão cara a cara, gritando: — Foi exatamente assim que seu profeta cumpriu *aquela* profecia. Ele morreu! Morreu uma morte amaldiçoada — prova, prova de que nunca falara palavras que Deus lhe mandou falar. E essa, senhor, é a única promessa que Deus manteve no que diz respeito a Jesus de Nazaré. Deus o amaldiçoou, e ele morreu!

Estêvão, fisicamente maior que o ciliciano, trovejou em resposta:

— Morreu sim. Vocês o mataram. Mas depois o Senhor Deus o trouxe novamente de volta à vida!

— Não — gritou o ciliciano, batendo as mãos como quem quer afastar cães furiosos. — Não, senhor, Deus não o trouxe de volta à vida. Traga testemunhas. Traga dez mil testemunhas para apoiar sua afirmação blasfema, e eu os derrubarei um por um com a minha *única* testemunha irrefutável: a Sagrada Torá. Pois a morte que seu Jesus morreu não foi nada menos que uma maldição. Foi a morte do ódio santo, pois está escrito: *O que for pendurado no madeiro é maldito!* Deus desprezou o seu Jesus. Deus abominou tanto o homem que com uma maldição lhe tirou a vida; e assim, quem faz dele um ídolo perecerá fora do reino. Veja, nenhuma casa é mais desolada e abandonada do que a sua própria!

Eu pessoalmente acredito que foi o ciliciano que cumpriu a terceira etapa da Lei do Apedrejamento. Acho que procurou o Conselho e acusou Estêvão de adorar outro deus além do Senhor Deus – adorando, de fato, um homem morto.

O quarto passo seguiu-se com estonteante rapidez – e tudo isso quando não eram transcorridos dois anos da crucificação de nosso Senhor!

O quarto passo: Estêvão foi trazido à presença do Conselho e interrogado. Os crentes oravam por ele. Sim, eu também orei. Não gostava dele. Temia a desgraça que ele estava atraindo sobre todos nós. Mas era meu irmão. Fui ao Templo e ajoelhei-me sobre os degraus de pedra durante três vigílias, orando por ele.

Mas enquanto eu orava, Estêvão ia se envolvendo em um drama atrás do outro. No meio do seu julgamento, caiu de joelhos. Seus olhos se ergueram, seu rosto tornou-se brilhante, e começou a cantar em alta voz: "Olhem! Olhem! Vejo os céus abertos e o Filho do Homem em pé à destra de Deus!"

Sua blasfêmia e orgulho desencadearam tal fúria entre o público que até pude ouvir os gritos dos que lhe amarravam os braços. Levantei-me e segui o som do burburinho enquanto o arrastavam para fora da cidade. A noite já avançava sobre o dia. Vi tudo em silhueta. Oh, meu Senhor, eu vi o grupo negro subir para a beira de um precipício.

Alguns dos homens removeram os mantos e prenderam as túnicas à cintura. Um deles ergueu Estêvão com dois braços poderosos, carregou-o até a orla do precipício e o arremessou para baixo contra as pedras. Caiu com um baque profundo, depois fez um movimento como se quisesse levantar-se e ficar de joelhos. Outro homem levantou uma grande pedra e a deixou cair sobre o peito do meu irmão. Mas Estêvão repetiu o movimento, querendo ajoelhar-se. De imediato, uma chuva de negras pedras caiu sobre ele, que ainda lutava. Ele não desistia da luta. *Deite-se,* murmurei. *Deite-se e morra.* Mas ele continuou a luta até que num esforço lento conseguiu ajoelhar-se e depois, causando profunda impressão, gritou: "Ahhh, Deus, não os culpes por isso!"

De repente deixou-se cair. E embora as pedras continuassem a golpear o chão em sua volta, a luta cessara. Estêvão estava morto.

iv

Nunca me esquivei de afirmar a verdade alto e bom som. Não me esquivarei agora.

A morte de Estêvão nos proporcionou um benefício imediato. Os judeus helenizantes que simpatizavam com ele fugiram de Jerusalém. Foram para Samaria, Tiro, Antioquia, Damasco, levando consigo os antagonismos que haviam provocado.

Estávamos, assim, desimpedidos e podíamos celebrar as nossas Santas Festas, os nossos sacrifícios com queima de oferendas, nosso amor fiel pela Torá, sem dar satisfação a ninguém. Éramos novamente judeus entre judeus. Éramos bem-recebidos e diariamente íamos ao Templo para orar.

Naqueles dias, eu tinha muito pouca autoridade entre o meu povo, os que acreditavam no nome de Jesus. Contudo, fortalecia-me na oração. Orava com tal devoção e por tanto tempo, que com o passar dos anos os meus joelhos criaram uma camada de calos que, assim se dizia jocosamente, eram tão ásperos como os joelhos de um camelo. Entre os judeus em geral, porém, minha devoção valeu-me tal honra que beneficiou toda a Igreja e, anos mais tarde, deu-me certo crédito quando tive de negociar com eles nossas vidas.

Naqueles dias, também, o meu amor pela Torá levou o povo a me atribuir um apelido que eu mesmo nunca usei: *Justo*. Tiago, o Justo.

v

O jovem ciliciano, que debatera com Estêvão com o sagaz conhecimento da Escritura digno de um escriba, também presenciou a execução. Ficou sentado à parte, a sua grande cabeça aprumada, imóvel. Se participou, foi como membro do conselho cujo relatório do apedrejamento selaria a questão. Essa, pelo menos, foi a minha conclusão.

Na época eu não sabia seu nome. Hoje é claro que sei. Talvez agora o mundo inteiro já o conheça pelo nome.

Deixe-me concluir esta narrativa admitindo um segundo fato: por causa da aflição que ele causou a Jerusalém e às igrejas até o dia de hoje – exigindo de mim mais negociação do que as energias de um só homem podem suportar –, eu bem podia sinceramente preferir nunca ter ouvido falar no seu nome. Teria vivido uma vida piedosa e simples sem precisar de conhecimento. Contudo, embora ele tenha forçado a bondade dentro de mim, às vezes também provocou-me um calor que prova que estou vivo.

Era "Saulo", da tribo de Benjamim.

Em grego (a língua da sua vida e de suas cartas) ele é "Paulo".

3

L. Annaeus Sêneca

Sêneca, recém-chegado a Roma,
Para Novatus, meu irmão em Córdoba,
No décimo sétimo ano do reinado de Tibério:

Saudações!

Você sabe que oro incessantemente pela sua saúde, sobretudo pela cura deste cruel *suspirium* que nós dois compartilhamos todos os dias de nossas vidas. Mas com esta carta, *mi Novati,* posso lhe enviar mais que anseios e devoção. Tenho de fato em mãos um conselho para melhorar a sua saúde: vá para o Egito. More no Egito. Respire Egito pelo espaço de seis meses, e os seus pulmões acusarão o benefício. A minha própria respiração melhorou visivelmente durante o tempo da visita à nossa tia e ao nosso tio Galério, em Alexandria. Embora tenha acabado de regressar a Roma, acredito que a melhora é real e duradoura.

Em Alexandria dão um nome grego à nossa doença: *asthma.* Um "ofegar". Uma "falta de ar" — de fato! O termo latino *suspirium* está menos desgastado e é mais funcional. Mas você e eu sabemos que, de todas as expressões, a melhor e mais descritiva é *hoc animum egerere.* É um contínuo "dar o último suspiro", não é mesmo? Ah, *mi Novati,* como chegamos perto da morte! Durante um ataque do mal, é *quase* "entregar o espírito" muitas e muitas vezes.

Por mais breve que seja, vem como uma tempestade em alto mar – e eu, que com muito esforço consigo apenas produzir um guincho agudo, no silêncio de minha mente, me pergunto se o hálito que acaba de me deixar será recuperado. Terá sido afinal o último suspiro? Novatus, será que naquele último momento tenebroso você faz como eu? Você o transforma numa meditação sobre a morte, como se fosse um exercício de como morrer?

Bem, fique por uns tempos no Egito, meu irmão. Sorva o ar seco. Surpreenda-se com a liberdade de respirar profundamente, naquelas horas em que os seus pulmões parecem folhas de pinheiros, produzindo suaves suspiros.

Vá para o Egito – mas não logo. Não agora. O imperador resolveu fazer uma limpeza na casa. Atacou-o uma fúria de demissões de oficiais em todas as províncias sob seu controle. De repente o imperador tornou-se tão previsível como um balbuciante mágico judeu. Espere até que ele novamente se recolha para a sua reclusão normal, e depois vá.

Foi a briga com Sejano que fez a grande besta sair de sua suntuosa toca em Capri. Não estou dizendo que Tibério tenha de fato *vindo* para Roma, mas que de repente ele está exercendo uma influência sanguinária por aqui, executando Sejano por meio de ações do Senado e tentando assim ressuscitar o seu poder. Não acredito que os horrores impingidos a Roma pelo prefeito pretoriano tenham sido a causa das tribulações de Tibério (ele também sabe provocar horrores). Mais exatamente, foram as estátuas douradas de Sejano. Foi o orgulho pouco político com que Sejano permitiu que o dia de seu aniversário fosse declarado feriado. Foi o poder de Sejano – mais do que a substância, foi a *forma* que tomou.

Tibério esmagou o poder. Mas, segundo os seus miolos atormentados, a execução de Sejano não foi suficiente. O imperador, no momento um perfeito enxame de suspeitas, está mudando de tática. Antes confiava nos governadores das províncias como na sua própria mão direita. Permitia-lhes ocupar o cargo por décadas, criando uma abençoada continuidade no exterior. Hoje a desconfiança é para ele um dogma, e demite governadores sem motivo algum.

E foi uma ordem assim que pôs termo a minha estada no Egito. Não foi Tibério que há dezesseis anos escolheu nosso tio Galério para governar o Egito? Quase metade da minha vida. E, embora o resto da província seja um miserável fim-de-mundo, eu estava gostando da erudição de Alexandria e teria ficado lá por uma década em meditações filosóficas. Quem poderia ter previsto as violentas mudanças por acontecer?

Não apenas tivemos de deixar o Egito às pressas. Também tivemos de fato de enfrentar e desafiar a morte durante a viagem.

Mi Novati, eis a principal notícia desta carta. Até agora evitei as palavras. Com profundo pesar neste momento lanço a mão à pena para escrevê-las. Tio Galério morreu.

Sua mulher, por outro lado — sua viúva, deveria dizer nossa tia — emergiu do acontecimento como uma águia de nobre e obstinado vigor.

Quando nos encontrarmos, eu lhe farei um relato mais completo da experiência. Aqui e agora, no sofrimento imediato de meu coração, posso apenas esboçar a história da morte dele da seguinte maneira:

A demissão pelo imperador foi repentina e impaciente. Então, depois de quinze dias embarcamos num navio graneiro em Alexandria. Prometemos ao capitão e tripulantes uma bela paga no fim da viagem. Uma generosa tenda foi, portanto, erguida no convés do barco para nossa privacidade e conforto. O interior do pequeno apartamento estava aparelhado com canapés e mesas fixas no chão, pequenos gabinetes e compartimentos, jogos e tapetes. E, para consolar meu atribulado tio, lá estavam, além de sua mulher, uma cozinheira egípcia, um músico que tocava uma flauta suave, e seu afeiçoado sobrinho. Passei boa parte do tempo lendo em voz alta para os nossos tios, especialmente trechos de Papírio Fabiano.

Mas depois, no quinto dia da viagem, abateu-se sobre nós uma tormenta tão repentina que o cordame arrebentou e entramos numa frenética dança à mercê do vento. A tenda engoliu-se e enfunou-se para dentro, forçando as cordas. Ouvi os gritos dos marinheiros lá fora. Pedi ao meu tio que se amarrasse com a sua mulher a um dos canapés, depois saí na tempestade. O convés estava alagado. A água espumava e batia-me nos tornozelos. Dois homens lutavam com o cordame emaranhado atravessado no navio. Três outros tentavam cortar uma vela que não conseguiam recolher.

O capitão gritou para que eu voltasse para dentro da tenda – e teria obedecido, mas naquele exato momento todo o navio se levantou e adernou violentamente. Perdi o equilíbrio. Parte do equipamento deslizou pelo convés e foi parar no mar. Marinheiros agarraram-se a cordas para se salvar. Um pedaço de mastro passou voando sobre a minha cabeça e abriu o flanco da tenda. Ouviu-se no vento uma gritaria, uma angústia conhecida. No momento em que o capitão começou a gritar "*Mittite scapham*! Desçam os botes!" arrastei-me de volta à tenda destroçada. Entrei pela porta caída e achei a minha querida tia deitada sobre o marido no seu canapé. Uma das têmporas dele estava fendida, sangrando. O rosto dela era um mapa sinistro do sangue dele, cujos olhos permaneciam abertos e fixos.

O navio empinou-se. O pedaço de mastro balançava bêbado sobre a testa do meu tio. A tenda tremia toda e se arrebentava. Tudo se movia. Nada era estável. Nada exceto aqueles olhos esbugalhados e a esposa que não parava de beijar as mãos do marido.

— Deixe-o estar — disse eu. — Deixe-o estar. *Matertera*, venha: Galério está morto.

Ela não respondia.

— Estão descendo um bote. Precisamos escapar no bote. Venha conosco — disse eu, pondo-lhe as mãos sobre os ombros. Mas ela me afastou bruscamente.

A egípcia estava agachada sob a mesa, ganindo. Eram dela os gritos de angústia que eu ouvira. Naquele instante ela deu um rosto humano aos terrores que nos envolveram.

— *Matertera*! — gritei. — Não há mais remédio para o caso. Deixe-o ficar! Deixe o corpo aqui e salve sua vida!

Uma poderosa faca rasgou o flanco da tenda. A tormenta explodiu ao redor. No meio da violência apareceu o capitão gritando: — Vamos abandonar o navio! — Segurou o braço da minha tia. — Senhora — berrou ele —, vá primeiro.

E de repente a mulher soltou a voz.

— Não — disse ela, desprendendo o braço. — Primeiro vai o meu marido.

O capitão olhou para os olhos vidrados. — Senhora! O homem está morto.

— Que diferença isso faz para o senhor? — disse ela.

— O bote é pequeno! Não há lugar para um homem morto!

— Então os mortos serão dois! Será que assim terá espaço suficiente?

— Senhora, por favor! Por que salvar um homem morto?

— Pela dignidade, senhor! — gritou a minha tia, encarando o capitão de frente. O vento fazia chicotes com seus cabelos. De sua testa escorria água com sangue. Ela gritou: — Um homem bom perdeu o seu posto. Um homem bom perdeu a vida. Ele não há de perder também o seu corpo para o mar! Será sepultado como dever ser!

O capitão sondou os meus olhos num apelo assustado. — Senhor, diga-lhe o que é preciso fazer.

Novatus, meu mano, a bravata de nossa tia provocou em mim uma reação que me surpreendeu. Levantei a voz e berrei mais alto que o vento: — Se o navio se salvar com o corpo e a esposa de Galério, nós dobramos a recompensa de todos os tripulantes! Caso contrário, não. Nada! Nada! — Gritei para todos os tripulantes. — Caso contrário, vocês podem morrer agora mesmo!

A cozinheira egípcia desmaiou.

Mas os marinheiros puseram-se de imediato a trabalhar. Atiraram ao mar armas, caixas, móveis, a tenda, e todos os objetos pesados que estavam no convés. Jogaram não apenas o trigo, mas também os recipientes de barro. Desceram uma âncora da proa para direcionar o barco contra o vento – e conseguiram.

Galério descansa agora num túmulo de mármore. Os nove dias de luto já passaram. Já se iniciaram os dias de obrigação. A solenidade do seu funeral correspondeu de fato às realizações da sua vida e à nobreza de sua esposa.

E agora aquela esposa, a nossa tia, dirigiu para nós dois toda a sua determinação, querido mano. No presente somos o seu projeto. Ela me encarregou de pedir a você, Novatus, para vir a Roma. Essa mulher, novamente loquaz, quer nos apresentar aos amigos mais influentes que tem. Diz ela que já definhamos por tempo demasiado longe dos cargos da magistratura. Está procurando padrinhos que nos favoreçam, meu senhor, para que finalmente sejamos eleitos questores, entrando assim para a carreira pública que nos deverá elevar até os cargos senatoriais de que seu marido nunca desfrutou.

E por que não? Eu também posso subir um pouco, arquejando e praticando o ato de morrer, uma vez que absolutamente não sei nadar.

4

Judas Damasceno

i

— Espere-me aos pés do Hermom — escreveu o fariseu —, junto à nascente do sagrado rio Jordão.

Referia-se à cidade que os romanos chamam de Cesaréia de Filipe e nós denominamos Paneas. Ele mesmo – Saulo – gostava mais de nomes religiosos. Logo percebi. E também percebi que se referia a um lugar preciso: uma gruta famosa com uma fonte de água que corre para o sul e se transforma no rio Jordão. Queria alguém que o conduzisse de volta a Damasco e lhe oferecesse casa e comida enquanto aqui desempenhasse a sua tarefa de restaurar a ordem em nossas sinagogas.

Leva-se dois dias para ir daqui até Paneas no lombo de um jumento. Eu levo três quando caminho ao lado do animal. Pernas duras. Ossos cansados. E os dias para mim estão ficando cada vez mais curtos. Mesmo assim dessa vez decidi caminhar. Não tenho nada mais a fazer e adoro o monte Hermom. Gosto da aparência daquele velho grandioso sentado lá ao longe. Também pensei que talvez eu pudesse vender algumas almofadas em Paneas.

Assim, no dia seguinte ao sábado enchi dois embornais de couro com pão, queijo e odres de vinho, o suficiente para três dias na ida e três na volta. Prendi sete almofadas uma à outra e pendurei tudo no lombo do meu jumento.

— Boa viagem! Que Deus o acompanhe! — desejou-me o vizinho Sofonias.

— Em seis dias vou estar de volta com o fariseu — informei. — Talvez você nos espere com um jantar pronto.

Assim, fui caminhando pela Rua Direita, acenando com a mão esquerda e conduzindo o jumento com a outra. Junto ao teatro virei para o sul e saí da cidade pela porta pequena, aquela que os romanos passaram a chamar de Porta de Marte.

Muitas novidades ao nosso redor. Novidades demais. Cesaréia de Filipe, por exemplo, está repleta de construções recentes, construções brancas mais novas do que eu. À luz do sol tenho de olhar com os olhos semicerrados – são tão brancas que a vista dói. O pó de pedra ainda enche as salas dessas construções, de modo que até o cheiro diz que são novas. O nome também é novo: Cesaréia de Filipe. Filipe, o tetrarca, deu seu nome à cidade, o que nos obriga a homenageá-lo juntamente com César, tudo ao mesmo tempo.

Meu jumento está velho. Eu estou velho. Fiquei muito velho de repente quando a minha Hodes morreu e me deixou sozinho. Nós dois, a Hodes e eu, cuidávamos juntos do nosso pequeno negócio. Eu comprava os materiais, penas, lã e seda, tecidos diversos para diversos tipos de produto. Ela costurava e estofava o pano e algumas das almofadas ela enfeitava com bordados – tão bonitas! De fato, tão bonitas que gente da família real as comprava e nelas se sentava. Juntos na nossa oficina vendíamos as nossas mercadorias. Eu fazia algumas viagens, eu e o meu jumento — como esta viagem a Paneas.

— Que Deus o acompanhe em sua viagem — augurou-me o vizinho Sofonias. Ele também está velho, e assustado. Ele e eu, como a maioria dos judeus por aqui, estamos assustados com as mudanças, não exatamente com as mudanças na cidade, mas nas nossas sinagogas. O povo está sendo violentamente dividido! O meu vizinho Sofonias augurou-me que Deus me acompanhasse na minha viagem, e quis dizer que esperava que Deus a transformasse num sucesso, esperava que também o trabalho do fariseu obtivesse êxito no nosso meio, de modo que esses novos ensinamentos morressem agora mesmo, rápida e friamente.

Novidades demais! Novidades de Roma são uma coisa. A gente consegue conviver com elas porque os romanos fizeram descobertas sobre calor, sobre água e sobre construções altas. Até as minhas curtas viagens eles tornaram mais seguras. Mas algumas novidades são inimigas declaradas e odiosas. A gente as mata antes que elas matem a gente. A gente as mata como esmaga a cabeça de uma serpente!

Meu Deus, as coisas de antigamente! Santo Deus, essas coisas é que eram boas! Essa era uma razão pela qual, enquanto conduzia meu jumento para o oeste na direção do Hermom, não tirava os olhos daquele velho e alto monte. Ele ocupava todo o horizonte, à esquerda e à direita, até onde alcançava a minha vista: de cabelos brancos, poderoso, grisalho, antigo. Olhe só para ele. Faz lembrar a palavra que Deus usou para fazer as criaturas que sobre ele rastejam.

Mesmo antes de Abraão, as pessoas que moravam por aqui sabiam que o monte era sagrado. Ah, olhe para ele: três picos, o mais alto ao sul onde fica Paneas. O ano inteiro os três picos ficam encobertos pela neve, e durante o inverno as cadeias intermediárias também se vestem de branco, turbantes e xales e franjas, tudo branco. Naquele dia de minha viagem, o sol da manhã às minhas costas deixava a neve tingida de rosa e ouro. Como quando Hodes corava, ai!

O rosto do velho Hermom tem rugas de fendas e abismos. Chora em suas cascatas. Veste-se de florestas verdes como uma túnica de mil dobras e babados. Recolhe as águas do orvalho para os riachos que dão de beber aos animais dos campos ao redor. Disse o rei Davi que o Senhor faz o monte Hermom saltitar como um boi selvagem. Não sei o que isso quer dizer. Mas uma coisa eu entendo: quando olho para o Hermom, o meu *coração* é que salta como um boi selvagem.

Amendoeiras crescem nas encostas ocidentais.

Durante boa parte do primeiro dia caminhei para o oeste por uma planície seca em direção ao monte. Depois mudei de rumo e acompanhei a vertente de seu contraforte para o sudoeste. Vi por lá ovelhas e cabras, e muita lã, leite e queijo.

Lembro-me do dia em que os nossos problemas começaram. Foi no sábado antes da Páscoa. Durante as orações, quatro sujeitos estranhos entraram na sinagoga – eram judeus, não há dúvida, mas, quando lhes perguntamos quem eram, disseram que eram seguidores d´O Caminho. Só que estavam tão mal vestidos e esfomeados que de imediato os levamos para as nossas casas e os lavamos e alimentamos e lhes demos roupas limpas. Só então ouvimos a história deles. Disseram-nos que tinham sido obrigados a fugir de Jerusalém levando apenas a própria vida, que lá tinham sido perseguidos e que um de seus líderes, um homem chamado Estêvão, acabava de ser assassinado.

Falavam grego assim como nós. Não eram cidadãos de Jerusalém. Vinham de outras cidades do império. Sabemos como Jerusalém pode ser cruel e desapiedada, especialmente com estrangeiros. Por isso recebemos esse pessoal d'O Caminho com verdadeira simpatia. Mas logo nos primeiros dias me pareceram um pouco malucos: tremiam o tempo todo entre paixões e entusiasmos que eu não conseguia entender direito. Como se estivessem bêbados. No meu modo de pensar, eram alegres *demais*. Não se preocupavam com o fato de que as pessoas queriam surrá-los ou matá-los. Bem, aconteceu que, depois, quando se levantaram na sinagoga e se puseram a falar, a simpatia ficou dividida. Perderam a minha.

Para dizer a verdade, nunca fomos tão fanáticos como o pessoal de Jerusalém sobre a questão de sermos puros filhos de Abraão. Convidamos os gentios a orar conosco — e se eles temem a Deus como o Único Deus Verdadeiro e se respeitam a Lei e se são circuncidados, bem, nesse caso dizemos que a salvação de Israel é deles também, assim como é nossa.

Mas ouça o seguinte: O Caminho de que falavam esses novos judeus era apenas um atalho! Passava por cima da Lei. Passava por cima da circuncisão. Passava por cima de tudo o que é de Israel e ia direto para a salvação! Santo Deus, como é que *alguém* poderia simpatizar com tal blasfêmia? Isso mesmo, era blasfêmia. Não sou nenhum estudioso. Toda a vida fui vendedor de almofadas.

Mas eu percebi que os seus ensinamentos blasfemavam contra o Senhor, o Único Santo e Verdadeiro Deus de Israel, porque diziam que O Caminho não era uma *estrada*, um modo de vida. Diziam que era uma *pessoa*! Um homem, um sujeito chamado Jesus, nascido em Nazaré, executado em Jerusalém. Tudo o que um gentio precisava fazer, diziam eles, era lavar-se em nome de Jesus, e de repente esse mesmo gentio ficava tão perto de Deus quanto qualquer judeu. E sem a menor cerimônia estavam lavando gentios no rio Amana ao norte de Damasco.

Disse que a simpatia por eles ficou dividida? A simpatia de fato rachou ao meio como uma árvore atingida por um raio. Se não rachou por completo as nossas sinagogas, sem dúvida causou-lhes grande aflição. A maioria dos gentios se alegrava ao saber de tais liberdades. Nós os perdemos. E Deus perdeu as suas vozes e louvor. Aos sábados as nossas congregações davam a impressão de que alguma doença se alastrara afastando muitos da sinagoga. E não eram apenas gentios. Havia também judeus declarando que Jesus de Nazaré era o Ungido do Senhor.

Meu velho amigo Ananias mal conseguia olhar-me no rosto, e eu lhe disse: — Ananias, por que é que você já não consegue olhar para o seu velho amigo?

— Como não? — disse ele — Eu sempre olho para você, Judas.

— Bem, se você olha, Ananias, é só um olhar rápido e nervoso. Por que você desvia os olhos quando apareço?

— Não sei nada sobre olhar rápido e nervoso. Talvez você veja em mim alguma preocupação. Estou preocupado com você, meu velho amigo.

— Quem deveria se preocupar com quem?

— Você está assustado — disse ele. — Você não percebe que a situação está melhor, não pior.

— Melhor? Melhor? — disse eu. — Está tudo de cabeça para baixo.

Então Ananias me disse: — O Messias já veio, Judas. Como poderia o mundo ser o mesmo? O mundo não pode ser o mesmo. O Messias já veio. O Messias já veio, e logo virá novamente.

Minhas pobres pernas começaram a tremer. Não conseguia impedir a tremedeira.

— Ananias, Ananias — sussurrei —, era disso que eu tinha medo. É por isso que você não consegue olhar para mim.

Ardia-me a vista. Senti a mesma grande dor de quando Hodes fechou os olhos e morreu. Meu coração chorava.

Então Ananias aproximou-se de mim. Percebi que queria me abraçar. Havia no seu rosto um sentimento de pena que de repente me deu muita raiva. Ergui o queixo e disse: — Então, agora, como é que vai ser? Você vai se convidar para uma casa romana e sentar-se à mesa para apreciar uma carne de porco?

— Não, Judas — disse ele. — Meu velho amigo, você bem sabe que não é nada disso. Amo a Torá . Sempre amarei a Torá...

Mas eu já não conseguia lhe dar ouvidos. Já me havia separado dele.

Fui à sinagoga, onde as pessoas gritavam umas contra as outras. Irmãos amaldiçoavam irmãos até mesmo enquanto a Torá permanecia desenrolada e aberta no recinto. Sentei-me num canto, cobri a cabeça com o xale e chorei. Os meus ombros sacolejavam e tremiam. Os meus soluços vinham das raízes de meu ser.

Senhor Deus, baixa teu olhar e vê o que a novidade fez conosco! É um inimigo. Está nos matando.

Assim foi, portanto, que eu estive presente quando os líderes das sinagogas se reuniram para escrever a carta ao sumo sacerdote de Jerusalém, solicitando algum tipo de ajuda para restaurar a paz e a ordem em Damasco.

Lá estava eu novamente quando duas cartas de Jerusalém foram lidas perante a congregação, uma logo depois da outra. A primeira carta era do sumo sacerdote, recomendando um fariseu de nome Saulo como o melhor guerreiro para lutar por nossa causa.

A outra carta era do próprio Saulo. Aqui estão algumas frases que ele escreveu: "Refuto os ensinamentos dessas pessoas!'*Anathema esto!*' – escreveu Saulo. – Pois, se um homem vier a pregar, mesmo que apenas uma vez, que o banho de algum batismo substitui a circuncisão, esse homem despreza toda a Lei de Deus. E por quê? Porque a Lei é uma só. É a palavra de Deus, que é Único! Portanto, revogar um único estatuto como a circuncisão é rejeitar toda a aliança e toda a Lei. Ora, a salvação vem apenas pela Lei, pois a Lei é a benevolente e perfeita vontade de Deus, o salvador de Israel. E a obediência à Lei torna manifesta a vontade de Deus, uma realidade visível sobre a terra.

Se a circuncisão pode ser substituída; se o nome de um *morto* pode tomar o lugar da Torá vivente, igualando judeus e gentios perante Deus, então a salvação está perdida, porque *os muros estão caindo*! Este é o maior horror. Vejam como a santidade do povo de Deus – sua necessária separação do resto do mundo – está sendo destruída. Os muros de Abraão, sua aliança com Deus, e os muros de Moisés, *nossa* aliança com Deus, estão rachando e ruindo! Sinto-me tomado por um forte zelo que me impele a destruir esses destruidores de Israel. Portanto, irei visitá-los. Mandem alguém me esperar ao pé do Hermom, onde nasce o sagrado rio Jordão. Digam-lhe que procure um homem com a cabeça recém-raspada.

Por amor a vocês e pelo trabalho que tenho de executar em Damasco, fiz um voto. Não deixarei que navalha alguma toque meus cabelos, nem beberei nenhuma bebida forte durante vinte e nove dias. No trigésimo dia irei ao Templo para que os meus cabelos sejam cortados e entregues com outras oferendas ao Senhor. No trigésimo primeiro dia hei de levantar-me e vir voando até vocês".

ii

Procure um homem com a cabeça recém-raspada. Eu estava mais interessado em descobrir o que significava "cabeça recém-raspada" do que em vender almofadas. Desci caminhando pelo meio de uma brilhante rua de mármore de Paneas segurando uma almofada na mão esquerda erguida, e as rédeas do burrinho na direita. Passei por balcões e lojas, a caminho do templo que Herodes, o Grande, construiu há cinqüenta anos bem junto ao pé do monte. Talvez alguém quisesse comprar a minha almofada. Não percebi. Uma nuvem negra se aproximava do lado oeste, preparando-se para colidir com o flanco do monte. A estação das chuvas podia começar de um dia para outro. Já terminara o plantio dos campos de trigo a oeste do monte Hermom. Talvez fosse chover. Meu burrinho precisava de aveia antes de concluir o dia.

Cabeça recém-raspada: Que aparência teria? Quando se chega ao templo de Herodes vindo da cidade, chega-se primeiro aos fundos, como se a construção estivesse ocupada com outras coisas. O pórtico está voltado para o monte. Na verdade, o pórtico está voltado para uma caverna na base da montanha, uma caverna muito antiga e tão sagrada que as pessoas, até mesmo os gregos, sabem do seu caráter sagrado. Ali se adoraram muitos deuses.

O deus, por exemplo, que os gregos chamam de Pã, razão pela qual a cidade recebeu seu antigo nome, Paneas. Mas um único Deus criou o mundo. E somente o Senhor é Único. Entre o pórtico do templo e a boca da caverna há um espaço ocupado por um jardim verdejante cercado por baixos muros de pedra onde se vêem árvores antigas e lagos de águas claras. Esse era o local específico que o fariseu chamado Saulo havia escolhido para o nosso encontro. Amarrei então o burrinho junto ao templo de mármore do lado da cidade, dei a volta na construção, e lá estava ele. No fim das contas não foi nada difícil encontrar "o cabeça recém-raspada".

O sujeito tinha uma cabeçorra, o que talvez já fosse suficiente para notá-lo. Mas havia um sinal mais inconfundível: a cabeça estava queimada pelo sol de orelha a orelha e da testa à nuca. Queimada pelo sol e cheia de bolhas. O escalpo inteiro parecia um mingau borbulhando. Imagino que tenha percorrido todo o caminho desde Jerusalém sem fazer uso de um turbante.

Arfava e bufava como se estivesse numa corrida – mas o homem só estava falando. Percebi que esse era seu jeito de falar, rápido e impetuoso. Dirigia-se a dois jovens – mas assim que os seus olhinhos me descobriram, parou e sorriu dizendo: — Se você está à minha procura, eu estou à sua.

Fiquei abismado. Como conseguiu identificar-me no meio de tanta gente que ia passando? Fiz um aceno afirmativo e me apresentei: — Judas.

Veio direto até mim e apanhou da minha mão a almofada que eu havia esquecido.

— Sabia que era você, Judas — disse ele — segurando esta almofada no alto. Sabia que era você no meio de uma viagem — gritou ele, dando uma risada e me abraçando. — Aqui está um velho judeu igual ao meu pai que alivia o seu traseiro viajando por aí!

Gostei dele imediatamente. O meu coração se apegou ao fariseu Saulo e me alegrei por ter sido eu a vir ao seu encontro. Ria sem parar da sua piada boba.

Era baixo, brilhante e muito rápido. Tinha olhos pequenos e vivos, dedos longos, e notei que falava muito, e quando começava não conseguia parar.

Apontou para os jovens que o acompanhavam e apresentou-os: — Matitias e Pedaías. Eram rapazes de rosto imberbe, mas que tinham tido o bom senso de usar turbantes.

Depois Saulo, o fariseu, ficou sério. — Estava dizendo aos meus companheiros que aqui é o extremo norte do território. Você sabia disso, Judas? Você lembra? Venha cá. Fique na boca da caverna.

Deslocamo-nos os quatro para as sombras junto à parede de pedra que ecoava nossas vozes.

De repente Saulo olhou para o alto e gritou um versículo da Escritura: *"Tomou, pois, Josué toda aquela terra.., até Baal-Gade, no vale do Líbano, ao pé do monte Hermom".*

Pássaros voaram dos arbustos. As pessoas se afastaram de nós.

Saulo se ajoelhou e pôs as palmas das mãos no chão. — Este é o lugar — sussurrou ele. — Baal-Gade, o extremo norte da Terra Prometida, sagrada pelos séculos perante as nações, mas dada a nós pelo Senhor nosso Deus mil e duzentos anos atrás. Das profundidades desta caverna — acrescentou ele — surgem as nascentes do rio Jordão, onde até um rei pagão pode lavar-se e o seu corpo ficar novamente limpo.

Chovia. Vinham trovões das nuvens da montanha. Caiu um toró por cerca de uma hora, e depois o céu ficou novamente limpo. Já nos encaminhávamos para o leste quando a chuva começou e continuamos a andar debaixo do aguaceiro. O baixinho do Saulo tinha um passo saltitante como se as suas pernas tortas fossem arcos. Seguia pulando num ritmo rápido. Os meus velhos ossos, porém, estão rígidos. Pensei em montar no burrinho.

Saulo agora dizia: — Matitias, Pedaías e eu vamos passar três dias em silêncio, observando e escutando. Vamos pegar essas feras vorazes nas suas mentiras deslavadas. Na manhã do quarto dia, o primeiro da semana, vou ditar uma carta endereçada ao Conselho de Jerusalém. Pedaías a levará para o sul, e depois eu, Matitias e você, Judas, junto com os líderes das sinagogas, vamos punir em nome da justiça divina os que tentaram destruir o povo de Deus.

— Com licença, com licença! — gritei atrás dele. — Como vamos fazer isso? Como vamos puni-los?

Saulo parou e virou-se para responder. As minhas pernas e os meus pulmões sentiram-se gratos pelo descanso, mas havia dentro de mim outra espécie de anseio ofegante. De todo o coração eu queria devolver outra vez a paz às nossas congregações. Ah, como eu odiava as pessoas que vieram nos separar! Mas também pensava em Ananias. Disse eu então: — Como vamos puni-los?

— Com palavras, meu senhor — disse ele, com os olhinhos estudando o meu rosto. — E com bordoadas, com cadeia — acrescentou — e com a morte, se ainda for necessário.

— Com a morte? — perguntei. — Precisa ser com a morte?

Como se o meu jumento fosse dele, Saulo dirigiu-se ao animalzinho, desatou uma das bolsas e dali tirou dois pães de cevada e um odre de vinho. Da sua mochila tirou um pedaço enorme de couro que estendeu no chão.

— Sente-se — disse ele.

Sentamos, os quatro – embora ele ficasse agachado sobre os calcanhares.

Partiu o pão e partilhamos o vinho. Enquanto bebíamos, ele falava comigo, ensinando-me como se estivéssemos numa sinagoga.

— Você lembra a história de Finéias? — perguntou-me. — Judas, vou lhe contar a história de Finéias, pois tem muito a ver com os dias de hoje.

A testa de Saulo é como a crista do meu querido monte Hermom, com pronunciadas saliências. Faz os seus olhos parecerem pequenos, ferozes e profundos como poços. Mas naquele dia ele inclinava a cabeça, cheio de ternura, e nele vi amor. Era o amor que falava comigo, pois esse jovem magricela amava o que tinha a dizer.

Disse ele: — A história narra um terrível acontecimento, mas ainda mais terrível é a cólera de Deus. Também terrível – mas igualmente benévolo – foi o meio que desviou a sua ira e salvou a vida do povo.

Os longos dedos de Saulo começaram a desenhar no pó. — Os filhos de Israel — disse ele — estavam acampados em Sitim, nas planícies de Moabe, a leste do Jordão. Aproximava-se o dia de entrarem na Terra Prometida. Estavam perto do fim da longa jornada pelo deserto, Judas – quarenta *anos* no deserto, durante os quais o Senhor Deus, que os tirara do cativeiro, também os conduzira, alimentara e guardara em segurança, sem nunca abandoná-los.

— E então aconteceu que o povo prostituiu-se com as filhas de Moabe. Além disso, comiam com moabitas, curvavam-se a seus deuses e se sujeitavam a Baal-Peor.

— E a ira do Senhor se acendeu contra Israel.

— O Senhor Deus ordenou que todos os chefes do povo fossem enforcados diante dele à luz do sol, e que todos aqueles que se haviam sujeitado a Baal-Peor fossem mortos, a fim de desviar o ardor de sua ira.

— Uma praga começou a se espalhar por Israel, de modo que todo o povo se reuniu junto à porta da tenda da congregação e se pôs a chorar, implorando o perdão do Senhor.

— E então – exatamente enquanto o povo chorava –, um homem de Israel chamado Zinri levou para o interior de sua tenda uma midianita chamada Cosbi. Foram juntos para o recinto mais íntimo.

— Nesse momento, Finéias, filho de Eleazar, viu o que estava acontecendo. Levantou-se, deixou a congregação e foi atrás de Zinri e, encontrando o homem e a mulher no meio do ato, atravessou-os com um golpe de sua lança, prendendo um corpo ao outro.

— Judas?

Levei certo tempo até perceber que Saulo pronunciara meu nome. Novamente, fixando-me nos olhos, repetiu: — Judas?

— Pois não.

— Que fez Finéias com Zinri?

— Ele o matou.

— Exato, ele o matou — repetiu Saulo. — Agora, ouça o que disse o Senhor. Disse o Senhor Deus: — *Finéias, filho de Eleazar, desviou a minha ira de sobre os filhos de Israel, pois estava animado com o meu zelo entre eles; de sorte que, no meu zelo, não consumi os filhos de Israel. Eis que lhe dou minha aliança de paz. E ele e a sua descendência depois dele terão a aliança do sacerdócio perpétuo; porquanto teve zelo pelo seu Deus e fez expiação pelos filhos de Israel.*

— Às vezes, Judas — disse Saulo levantando-se, disposto a retomar o caminho —, às vezes é preciso que um ou dois morram para expiar o pecado de todo o povo.

Aquela noite paguei a um camponês sírio o preço de duas almofadas de seda para que nos deixasse dormir no teto de sua casa. Gentilmente ele nos ofereceu leite de cabra e algumas ameixas secas. E deu aveia de boa qualidade ao meu burrinho.

Saulo repousou a sua enorme cabeça sobre um dos meus travesseiros. Ah, como meus ossos estavam exaustos e doídos! Contudo, sentia agora um verdadeiro calor no meu coração. Alguma coisa estava prestes a acontecer. Alguma coisa boa se aproximava da nossa comunidade.

Fiquei muito tempo imóvel, pensando. Atualmente, isso acontece comigo; não consigo dormir tão fácil como quando Hodes arrumava o seu catre junto ao meu. Também nunca mais dormi na presença de outra pessoa - muito menos na presença de estranhos - desde a noite em que ela fechou os olhos e me deixou.

Mas Saulo, Saulo, esse fariseu chamado Saulo, já nem me parecia um estranho. Tão forte e resistente. Tão intenso. Não sei, mas já me era tão familiar como uma coisa fixa, como a lua ou a montanha, ou como o filho de um conhecido. Meu filho.

De repente se pôs a falar. Simplesmente como se abrisse a boca no meio de uma conversa que acontecia na sua cabeça, disse ele: — O zelo de uns poucos deve proteger a vida de todos. É o que deve ser. E a morte pode ser o único ato que, em definitivo, faz a diferença. A morte não é sempre uma punição. Às vezes é um sacrifício. Eu lhe asseguro, Judas de Damasco — dizia Saulo na escuridão estrelada — se um dia for necessário, eu entregarei até o meu corpo para ser queimado.

Logo em seguida deu um suspiro e começou a roncar. Tão rápido o homem adormecera. Pensei na sua pobre cabeça machucada, pois as bolhas deviam estar se rompendo e a carne viva sob a pele rasgada devia arder como fogo.

A certa hora da noite acordei e percebi que lágrimas corriam-me dos olhos. Talvez fosse perto do amanhecer. Sim, tinha de ser pelo amanhecer, nas trevas que antecedem a alvorada. Parecia que meu pai estava sentado ao meu lado balançando-se com a cabeça inclinada para a frente, balançando-se com os seus ombros arqueados, cantando baixo e propiciando-me outra vez o grande conforto do amor. E nada estava mudado, todas as coisas boas ainda eram as mesmas, só que eu era criança e meu pai viera cantar-me as orações matinais.

Minhas lágrimas eram lágrimas de agradecimento. Nunca pensara que me sentiria outra vez tão amado.

Com voz suave, voz doce de pássaro cantando, muito bonita e clara, aquelas palavras hebraicas eram cantadas em meus ouvidos: *Ouve, Israel, o SENHOR, nosso Deus, o SENHOR é o único!*

Essas foram as primeiras palavras da minha infância — as palavras que me acompanhavam ao deitar e ao levantar, à noite e pela manhã. Despertei imaginando-me novamente em casa pensando que não havia nada de errado, que tudo estava bem. Despertei chorando e cantando: *Amarás, pois, o SENHOR, teu Deus, de todo o teu coração, de toda a tua alma e de toda a tua força...*

No meu íntimo era uma voz de homem; era a voz de um velho.

Mas a meu lado, no teto da casa do sírio, outra voz suave cantava, a voz de um jovem fariseu. E as lágrimas quentes de meus olhos ainda corriam, porque Saulo me despertara para o mundo de Deus e do amor de Deus, e se nem tudo estava bem, contudo logo estaria.

Juntos, em hebraico, cantamos baixinho: *Bendito és tu, SENHOR Deus, Rei do Universo, que formas a luz e crias a escuridão, que fazes a paz e crias todas as coisas...*

Depois devo ter voltado a dormir, pois tinha a estranha sensação de que o canto elevava-se cada vez mais alto até que as estrelas fizeram da canção uma chuva, dizendo: *Bendito és tu, SENHOR, que escolheste Israel como teu povo por amor...*

iii

O sol surgiu à nossa direita. Produzíamos longas sombras ambulantes que se estendiam por sobre o chão pedregoso cobrindo metade do espaço que nos separa do monte Hermom — estranhas sombras joelhudas do tamanho de cedros. O calor no rosto me fazia sentir bem. O ar matinal estava esfriando, e minhas juntas ficavam mais rígidas com a chegada do inverno.

Quando o sol nasceu, já havíamos caminhado por várias horas. O pequeno fariseu partira num ritmo tão acelerado que imaginei que chegaríamos em casa antes do anoitecer. Dois dias! Dependendo de minhas pernas finas! Não sei quando foi que pela última vez senti tanta vivacidade dentro de mim. Saulo fazia seu pessoal respirar mais rápido, correr mais, rir com mais gosto. Morrer mais cedo.

— Judas — gritou ele lá na frente. Não se voltou. Não parou nem diminuiu o ritmo. Simplesmente continuava no pique saltitante das suas pernas tortas e gritava para o ar à sua frente: — Judas!

— Tomei alento para responder: — O quê?

E ele gritou: — Você é um homem bom, Judas! Você é um homem decente e justo, e sinto orgulho de ser chamado de seu amigo!

Continuava a caminhar — rindo, se é que percebi direito — mas conseguiu aliviar-me um pouco o peso da marcha forçada. Um simples sorriso pode fazer um velho esquecer-se de que está caminhando.

— Você precisaria ter uma conversa com o Matitias — gritou Saulo —, esse aí bonitinho, de cabelo escuro, que está ao seu lado. Um dia ele também vai ser um homem bom.

O rapaz chamado Matitias ficou vermelho e franziu a testa. Mas, de fato, tinha o brilho da beleza, os maxilares salientes, uma testa escura e lisa. Cedro do Líbano, crescia na graça e na força de um belo homem.

Saulo voltou a gritar: — Que é que você acha, Judas? Matitias está de olho na minha irmã. Que é que você acha? Deveria eu lhe dar motivo para sorrir?

Matitias não estava sorrindo. Suas belas faces estavam vermelhas como o fogo, a boca era uma linha branca e reta, os olhos estavam fixos num ponto diante de si. O outro rapaz que caminhava ao seu lado não parava de examinar os olhos do companheiro, como se estivesse procurando a sua própria reação adequada.

De repente Saulo se voltou e percebeu o efeito da sua conversa sobre os inexperientes rapazes. Explodiu numa estridente gargalhada.

— Judas! — berrou ele. — No dia em que o doce Matitias levar a minha irmã para a sua casa, para a sua cama, nesse dia ele será também um homem bom, realmente um homem bom!

Por volta do meio-dia nos dirigimos para o leste. Caminhávamos em fila, todos em silêncio — como se parte de nós houvesse adormecido devido ao calor. Nossas sombras eram pequenas manchas aos nossos pés, e o sol me obrigara a despir-me de tudo com exceção de uma leve túnica. O meu burrinho carregava tudo sem se queixar.

De repente, no silêncio do meio-dia, percebi um golpe na nuca. Virei-me assustado, mas um novo golpe me atingiu agora no queixo. Veio um terceiro tão duro que me pareceu uma pedrada no pescoço. Derrubou-me ao chão. Juro, porém, que não havia *nada*, não havia *ninguém* me golpeando. Era uma *luz*, uma luz mais brilhante que nos derrubava, ondas de ofuscante luz vinda do céu, e os dois rapazes assim como eu foram também derrubados ao chão.

Silêncio! Não se ouvia som algum, apenas o nosso grunhido quando caímos como crianças que estivessem brincando, mas não estávamos!

Então, como se o céu se rasgasse, veio do alto um estrondo, um trovão constante como de cataratas. Tentei gritar, mas estava sem voz, estava sem fôlego. O chão tremia. Fechei os olhos e cobri a cabeça. O que aconteceu em seguida parece impossível, mas é verdade: no meio do trovão ouvi perfeitamente três palavras: *Tis ei, Kyrie?* Então abri os olhos e, num cenário de vermelho-sangue, reconheci Saulo, estatelado de costas no chão, os olhos esbugalhados fixos na luz. Disse ele: — *Quem és tu, Senhor?* E o trovão redobrou de intensidade. Seria impossível ouvir qualquer coisa naquele tumulto, mas eu ouvi. Ouvi Saulo dizer: *Ti poieso, Kyrie? Que farei, Senhor?* E imediatamente comprimiu os punhos contra as órbitas dos olhos e virou-se para o lado como se seu rosto estivesse em chamas. Sob o peso da luz comecei a me levantar enquanto Saulo continuava revirando-se até ficar de joelhos para depois engatinhar para frente, esfregando o pobre crânio ensangüentado sobre o chão pedregoso.

E foi assim que terminou.

O estrondo cessou. Desapareceu de modo tão repentino e absoluto que quase não conseguia lembrar-me dele. A luz era agora quente e brilhante, mas normal. Senti-me solto como se de repente flutuasse. Mas Saulo estava enrolado sobre si mesmo como um porco-espinho.

Ainda com a cabeça entre os joelhos murmurou: — Judas?

Eu o ouvi chamar meu nome, *Judas, Judas,* mas não conseguia me mover para responder-lhe. Tinha as articulações travadas. Nem respirava.

— Judas? Você está aí? — perguntou Saulo.

Lentamente se soltou e foi abrindo os braços e com a ajuda das mãos se ergueu de modo que já estava rastejando. Ergueu o rosto. Voltou-se para a direita e depois para a esquerda. Percebi que tinha as pálpebras, mas as pupilas haviam sumido. O centro vivo dos seus olhos desaparecera.

— Judas — disse ele. — Judas, meu amigo, preciso de você. Por favor, socorro! Não consigo enxergar. Não consigo enxergar...

Ele disse: *preciso de você*, e isso me devolveu o movimento. Fui até ele.

iv

Estava escurecendo quando entramos pela portinhola na muralha ao sul de Damasco. O céu tinha a cor de ametista polida: o que permitia a penetração do olhar na sua essência purpúrea, profunda e calma.

Eu havia ajeitado Saulo sobre o burrinho, que conduzia pelo cabresto. Conduzir Saulo pela mão não adiantava, pois ele não sabia comportar-se como cego. A toda hora saía na frente e tropeçava, e eu passava a maior parte do tempo tentando agarrá-lo em vez de guiá-lo.

Os dois rapazes que vieram com ele de Jerusalém caminhavam atrás de nós — nas sombras, cochichando entre si. Estavam com medo. Não era para menos.

Quando ao meio-dia Saulo finalmente se pôs de novo de pé, despejaram sobre ele uma chuva de perguntas: — Você está bem? Qual é o problema? Que foi que aconteceu? E agora, que devemos fazer?

Coitados. Saulo não falava com ninguém. Esforçava-se para caminhar apoiando-se em mim. Avançava. Diria até que se atirava para a frente, mas sempre tropeçava nas pedras do chão e depois se agarrava a mim para não cair.

— Senhor, por favor — disse Matitias —, Saulo, que há com você?

— Que há com ele? — respondi. — Ele está cego.

— Sei disso! — retrucou Matitias. — Mas como?

E Pedaías emendou: — Por quê? Por que está cego? Saulo, por que você está cego?

O jovem prorrompeu em lágrimas. — E agora, o que é que você vai fazer? — choramingava.

Pobres rapazes! Nos seus corpos eram quase homens feitos, mas os seus espíritos ainda estavam presos à infância, por isso tinham tanto medo. Por outro lado, como se deveria agir diante de um acontecimento sobrenatural?

Saulo deixou de lutar. Segurava meu braço com a mão esquerda e com a direita apalpava o vazio à sua frente. — Matitias — disse ele.

O jovem aproximou-se e disse: — Aqui estou.

— Segure a minha mão — disse-lhe Saulo.

O belo rapaz segurou-lhe a mão.

— Calma, calma, *adelphe* — disse-lhe Saulo. — Você quer saber o que fazer? Vá para casa. Você e Pedaías, vão para Jerusalém. Vão para casa.

Matitias olhava ora para mim, ora para Saulo: para mim como se eu pudesse explicar o que seu mestre lhe dissera, para Saulo como que tentando descobrir o seu mestre por trás dos olhos vazios. Eu nada tinha a dizer.

Disse o rapaz: — Não podemos fazer isso! Por que faríamos isso? E você? Só voltaremos quando você voltar.

Os olhos feridos de Saulo vertiam água, embora ele não estivesse piscando. Puxou para junto de si a mão do rapaz, beijou-a e disse: — Não vou voltar para casa. Não tenho casa.

Matitias ficou boquiaberto, como se o beijo de Saulo lhe queimasse a pele. Num fio de voz perguntou: — Por que não?

Respondeu Saulo: — Recebi ordens para dirigir-me a Damasco e lá aguardar outras ordens.

— Sabemos disso! — disse Matitias, praticamente gritando. Recolheu a mão. — *Todos* temos de ir a Damasco. É para isso que estamos aqui. Por que você não quer mais nossa companhia? Por que nos manda embora?

Saulo deu de ombros e balançou a cabeça. Ficou em silêncio por um tempo, a água lhe escorrendo dos olhos. Finalmente murmurou: — Tudo agora é diferente, Matitias. Vá para casa — e pôs-se de novo a andar, mas num passo bem mais lento, apoiando-se ainda mais em mim.

Os dois rapazes saltitavam em nossa volta como pardais. — Você está cego! — choramingavam. — Por que você não consegue enxergar? Que aconteceu? Que diabo nos derrubou na estrada? Que é que você sabe? Que está nos escondendo?

Mas Saulo não respondia. Não dizia absolutamente nada.

Avançávamos com dificuldade. O peso do seu corpo sobre meu braço direito despertava em mim uma grande ternura, como a que deve sentir um pai quando o filho volta para casa fraco e necessitado. O homenzinho escorregava, e eu o agarrava e segurava por um instante para depois firmá-lo de novo sobre os pés. Eu era a sua árvore. Ele era mais leve que Hodes. Eu era a sua força. E agora sentia-me livre para decidir por todos nós.

— Saulo — disse eu —, deixe-me facilitar a nossa viagem. — Então o ergui e o coloquei entre duas almofadas nas costas do meu burrinho. E foi assim que chegamos à cidade ao anoitecer.

Quando entramos pelas antigas ruas ao sul do teatro, a noite de repente ficou escura. Por aqui ninguém acende uma tocha, e todas as portas são fechadas. A minha rua, porém, não é nem escura nem torta. É tão direita quanto o seu nome. É larga e tem colunatas dos dois lados. Fica fácil achar o caminho, mesmo no escuro. Os rapazes achavam-se num território estranho e estavam assustados, mas eu estava em casa, o que me deixava feliz. Aqui poderia ser mais útil.

Quando passamos pela casa de Sofonias, ele apareceu na porta da casa e gritou:

— Judas! Que surpresa! Não esperava ver você antes de amanhã.

— Bem, acontece que fizemos uma viagem rápida — disse eu.

— Então, o Senhor Deus lhe concedeu bom êxito, Judas? — perguntou-me o velho vizinho. — Esse aí é o fariseu? Você trouxe o fariseu com você?

— Trouxe — respondi. — Aqui está ele, montado no meu burrinho.

— Bem-vindo! — gritou Sofonias. Correu na nossa direção, curvou-se em saudações, depois ergueu-se e de novo se curvou, mas Saulo não reagiu. É claro que não. Estava cego. Mas fiquei embaraçado e não expliquei nada diante dele.

Disse eu então: — Saulo, este é meu vizinho Sofonias.

É possível que Saulo tenha acenado com a cabeça e que esse gesto fosse um cumprimento.

Matitias anunciou: — Ele já não fala mais. Tem alguma coisa de errado com ele.

Sofonias olhou-me e disse: — Deixe-me cumprir a promessa, Judas. Deixe-me preparar uma refeição para vocês.

— Obrigado, Sofonias — disse eu.

De fato, realmente: eu tivera êxito. Tinha trazido comigo o fariseu que nos ajudaria a restaurar a ordem em nossas sinagogas. Mas ele dissera: *"Judas, preciso de você"*. Isso atingira meu coração em cheio, e agora havia muito mais por fazer.

No átrio de minha casa cultivo um minúsculo jardim onde uma fonte despeja água num laguinho raso. Depois do jantar e depois de ter conduzido os rapazes para seus quartos no andar de cima, levei Saulo até o jardim. Ele se sentou no banco de pedra onde Hodes e eu costumávamos sentar à noitinha. Ajoelhei-me diante dele com toalhas limpas. Comecei a lavá-lo. Ele não se opunha.

Não havia outro jeito senão tirar-lhe a túnica. Passei esponjas com água quente sobre o corpo e percebi com as minhas mãos como suas costelas eram finas e como este homem estava magro. No escuro sua pele quase brilhava de tão branca.

— Saulo, Saulo — disse eu.

O homem não disse nada. Deixava-me erguer-lhe os braços para lavá-lo. Os lábios franzidos, como se calasse pensamentos que passavam pela sua mente.

A vista estava perdida. Que mais teria perdido? A voz? As palavras?

Saulo, você consegue me ouvir agora?

Enxuguei-lhe o corpo com toalhas brancas e o envolvi num roupão. Depois sentei-me a cavalo sobre o banco, perto dele. — Remédios — sussurrei — para a sua pobre cabeça.

As renitentes bolhas estavam abertas e escorriam. Cortei a pele solta. Sobre as feridas deitei uma loção de mirra. As suas narinas se dilataram.

— A mirra vai impedir a corrupção da carne — murmurei. — Você consegue se abaixar? Saulo, dá para abaixar a cabeça um pouquinho?

Abaixou-se. O meu coração saltou de alegria: ele me ouvira.

Untei-lhe todo o escalpo com uma mistura de azeite de oliva, verdete e pó de chumbo. O azeite impediria que o curativo grudasse nas feridas. Então agora passei uma faixa de linho várias vezes em torno de sua cabeça grande, sussurrando: — Este é o turbante que você deveria ter usado quando saiu de Jerusalém, meu amigo.

Mas quando se tratou de aliviar-lhe os olhos, eu não obtive êxito algum. O óleo de aloés não conseguia refrescar-lhe as pálpebras ardentes. Nem tampouco amaciar a crosta que as grudava uma na noutra. Examinando de perto o estrago nos seus olhos, aproximei o meu rosto ao dele. Senti a respiração nas suas narinas. Senti o calor do seu hálito na minha cara. O toque da ponta do meu dedo o fez estremecer.

Judas, meu amigo, preciso de você.

Mas eu não conseguia resolver o problema dos seus olhos.

Levantei-me. — Venha, meu filho — disse eu. Corei. Levantei-o com muito cuidado.

— Ouve, Israel — cantarolei baixinho enquanto o conduzia para o seu catre, sustentando com um braço o peso do seu corpo. — O Senhor, nosso Deus, o Senhor, único. E amarás o Senhor teu Deus de todo o teu coração, de toda a tua alma e de toda a tua força.

Nas negras horas da madrugada os dois jovens companheiros de Saulo vieram ao meu quarto e ali se plantaram esperando até que eu acordasse. Tinham uma lamparina a óleo. Ao bruxuleio da luz percebi como estavam carrancudos e preocupados. Tinha a impressão de que estavam ali carregando convicções como armas. Já não tinham medo.

O que se chamava Matitias disse: — Ancião, temos algo a lhe dizer.

— O quê? — disse eu.

Enrijeceu o pescoço e anunciou: — Ou vimos a obra de um demônio ou então testemunhamos a punição do céu. De uma ou de outra forma, o mal está nesta cegueira.

Pedaías não me deu tempo de responder. Imediatamente começou a fazer um discurso, e logo percebi que tudo havia sido planejado entre eles.

Disse Pedaías: — No livro de Tobias está escrito que, ao dormir Tobias no pátio, um pouco de excremento de pardal caiu nos seus olhos e o cegou. Entendemos que isso foi obra de um demônio ou de um anjo decaído, uma vez que nenhum doutor conseguiu curá-lo. Durante quatro anos Tobias orou, mas ninguém conseguiu curá-lo até que o anjo Rafael veio em seu socorro. Foi Rafael quem mostrou que deveriam colocar o fel de um peixe sobre os olhos de Tobias. Foi assim que ele foi curado. Um anjo o curou. Assim sabemos que um demônio o havia cegado. Os demônios podem cegar a gente.

Matitias, de pescoço ainda rígido, quase gritou: — Ou então recorde o que o anjo do Senhor fez com os homens perversos de Sodoma. Ele os cegou! Ele os cegou para que parassem de pecar e para puni-los. Cegamentos e mais cegamentos – e em plena luz do dia Saulo é subitamente cegado e não foi por mão alguma que pudéssemos ver. De uma ou de outra forma, ancião, esta cegueira é uma maldição, e o senhor deveria abandoná-lo assim como nós fazemos. Ele não lhe será útil.

E então saíram.

Quero dizer que viraram as costas e saíram do meu quarto e da minha casa e da cidade, decepcionados.

v

Os líderes das sinagogas de Damasco são homens bons e leais. Alguns dentre eles são os meus mais velhos amigos. Dançaram quando Hodes e eu nos casamos. Convidaram-nos para a circuncisão dos seus filhos. Choraram quando enterrei Hodes. Todos nós temos o mesmo modo de pensar. Amamos a Deus. Amamos a Torá. E queremos muito preservar essas coisas para os nossos filhos e os filhos de nossos filhos.

Ao meio-dia os líderes da sinagoga bateram à porta de minha casa.

— Judas — perguntaram —, Saulo está aqui?

— Está — respondi —, está sim.

Fiquei plantado na porta acenando com a cabeça: *Está, está,* mas sem me mexer.

— Foi o que ouvimos — disseram eles. — Sofonias nos contou que se encontrou com o fariseu quando vocês chegaram ontem à noite.

— Sofonias é um homem bom — disse eu, acenando com a cabeça. — Era muito tarde quando chegamos, mas mesmo assim ele nos preparou um jantar.

Fiquei ainda sem me mexer. Olhava para os meus pés.

— Viemos dar as boas-vindas ao seu hóspede — disseram eles — e ouvir o que ele talvez tenha a nos dizer.

Cocei a barba e disse: — Vocês vão ficar muito impressionados. Saulo é um homem justo, cheio de instrução, força e vigor. Quando anda me deixa cansado, ha, ha. Mas quando fala me deixa sábio. Com certeza, o Senhor nos enviou um professor. É isso mesmo.

— Judas — disseram eles —, por que não nos convida a entrar? Assim poderemos ver esse homem bom com os nossos próprios olhos.

— Bem, tenho uma notícia ruim — disse eu, erguendo agora o rosto e olhando para eles meio suplicante. — Durante a viagem de ontem ele ficou doente.

— Doente? — A expressão dos seus rostos mostrava verdadeira simpatia. — Qual é o problema dele?

— Os olhos — disse eu. — Tem um problema nos olhos.

— Certo. É por isso que Sofonias achou que ele se comportou de modo estranho ontem à noite.

— Então vocês percebem que este não é um bom momento para uma visita.

Os líderes das sinagogas entreolharam-se e, apenas com o olhar, chegaram a uma decisão.

— Judas, você é um anfitrião bondoso e generoso — disseram eles. — Por favor, dê as nossas saudações a Saulo, e quando ele estiver disposto, chame-nos. Vamos aguardar a sua palavra.

Uma gratidão tão grande inundou-me a alma que mal consegui falar. Fiquei surpreso com tamanha emoção. — Meus amigos, meus queridos amigos! — disse eu, ao abraçá-los. — Saulo ficará bem. E, quando ficar, garanto que também *agirá* bem.

Fiquei vendo-os partir com alegria no meu coração e também com uma preocupação. Apenas um pouquinho mudara eu a verdade perante os líderes das sinagogas. Mas fora necessário mudar um pouquinho. Eu era um homem na ignorância. Além disso, sentia um grande carinho por Saulo, queria protegê-lo, tanto no seu corpo como na sua reputação, até que recuperasse as forças. Mas como fazê-lo recuperar as forças? Isso eu não sabia. A ignorância me tornava inútil.

Nem uma vez naquele dia Saulo falou ou comeu ou bebeu. Coloquei comida ao seu lado, mas não a tocou. Levei um copo de água a seus lábios e o inclinei, mas a água escorreu-lhe pelo queixo. Ele nem sequer espantava as moscas dos seus olhos. Elas pousavam onde o líquido vazava pela crosta. Comiam e bebiam enquanto Saulo ficava sentado de pernas cruzadas sobre o seu catre e se balançava. O dia inteiro balançando-se, suspirando e gemendo baixinho para si mesmo.

Somente quando eu me ajoelhei a seu lado e comecei a cantar a oração vespertina, ele parou de gemer. Parecia estar escutando. Isso me confortou.

Mas nenhum de nós dois dormiu aquela noite. Para mim é difícil dormir a qualquer hora. E quando há na casa um hóspede cujos gemidos são tão profundos que não há palavras para descrevê-los, o sono se torna impossível.

Judas, preciso de você. Bem, isso também parecia impossível. Deus me deu um hóspede, mas Deus não me disse o que fazer por ele.

O dia seguinte era sábado.

Terminei as preparações de costume antes de ir à sinagoga. Passei pelo quarto de Saulo para avisá-lo de que iria sair por algum tempo. Pudesse ele me ouvir ou não, pareceu-me que era melhor preveni-lo de que estaria sozinho na casa.

— Saulo — disse eu —, depois das leituras, na hora da oração, vou oferecer preces por você.

Então o meu hóspede, o homem que parecia meu filho, abriu a boca e me deixou atônito.

Ainda de pernas cruzadas sobre seu catre, disse ele: — Judas, não vá.

Gritei: — Saulo! Saulo! — E depois berrei: — Você está falando! Quer beber alguma coisa?

Ergueu a mão, e eu me calei. Apesar das suas palavras, o homem permanecia escondido atrás da sua cegueira. Por isso, o gesto de erguer a mão pareceu-me grave e ponderado, e então fiquei quieto.

— Fique em casa para atender à porta — disse-me ele. — Um homem virá à minha procura.

Visto que sua mão permaneceu erguida como a de um sacerdote concentrado no ato de abençoar, aguardei. Não tornei a falar. O dia estava diferente. Saulo estava diferente, talvez pelo simples fato de ter falado. Eu me *sentia* diferente, pelo fato de ter três coisas boas a fazer: primeiro, aguardar as batidas na porta; segundo, atender à porta; terceiro, fazer o homem entrar para encontrar-se com Saulo. Tudo isso causava em mim uma vibração, como se os meus ossos estivessem antes adormecidos e agora o sangue novamente refluísse e os acordasse.

Eu vibrava porque, como sabia ele que um homem viria à sua procura? Saulo deve ter tido uma visão por trás dos seus olhos. A mão de Deus descera até ele. A mão de Deus era responsável por tudo isso!

Então fui procurar e achei um pouco de vinho. Havia também pão de trigo já assado. Não poderia preparar um cozido, porque era sábado; mas podia servir alimentos que dispensavam trabalho de preparação, como azeitonas frescas, ameixas e outras frutas secas, e peixe defumado (que é muito caro) e pistache.

Vibrei, ofeguei e senti um grande calor no coração. Quando ouvi as três batidas na porta, deixei cair o prato que segurava.

Ajoelhei-me para apanhar os cacos com as mãos trêmulas. Quanta tolice a minha! Só quando ouvi outras três batidas lembrei que esquecera o homem esperando do lado de fora. Então deixei os cacos no chão e caminhei pelo corredor até a porta e a abri. Tive de olhar duas ou três vezes antes de perceber que conhecia aquele homem. Conhecia muito bem. Ele não poderia ter escolhido uma hora pior para visitar-me.

— Ananias — disse eu — que está fazendo por aqui?

— Bom sábado, amigo — disse Ananias. — Há um homem de Tarso hospedado em sua casa. Vim para falar com ele.

— Tarso? — disse eu. — Não há ninguém de Tarso por aqui. Ananias, vá embora. Agora estou ocupado. Volte na próxima semana.

Comecei a fechar a porta. Tinha sido uma interrupção infeliz.

— Judas — disse ele — Judas, você não percebeu que estou olhando direto nos seus olhos? Não trago nenhum medo em mim, meu velho amigo. Só trago o Espírito Santo e uma ordem do meu Senhor.

É verdade que os olhos de Ananias brilhavam e a sua testa estava confiante. A sua voz era muito forte. Mas eu estava disposto a fechar a porta de qualquer jeito até o momento em que ele me segurou pelo pulso e disse: — O nome do homem é Saulo, um fariseu enviado de Jerusalém, onde causou muito sofrimento aos seguidores do Senhor Jesus. Você não tem escolha, Judas. Deve deixar-me entrar.

Ele sabia o nome do meu hóspede! Todos sabiam o nome do meu hóspede, mas Ananias sabia até em que cidade ele nascera. Um frio começou a apertar-me o coração: aqui estava *Ananias* — a causa da aflição da nossa sinagoga, por acreditar nos ensinamentos daqueles judeus renegados — e que aconteceria se...?

Fiquei parado. Não fechei a porta nem a abri para ele passar. Não conseguia pensar ou falar ou agir.

Então ouvi às minhas costas a voz do próprio Saulo, que acabou com os meus bons pressentimentos matinais.

Disse ele: — Seu nome é Ananias?

Ananias olhou para além de mim e confirmou: — Exato. E você é Saulo de Tarso.

E disse Saulo: — Judas, este é o homem.

Virei-me. Meu pequeno hóspede vinha tateando a parede ao longo do corredor em nossa direção. Repetiu: — Este é o homem, Judas. Faça-o entrar.

Estou muito velho. Quando era moço, sabia controlar as emoções tão bem que ninguém precisava senti-las exceto eu. Quando Hodes chorava, eu não chorava. Dava-lhe conforto. Mas agora nesses últimos tempos as emoções me controlam. São terrivelmente fortes. É embaraçoso, provocam cenas escandalosas. Já não sou dono de mim mesmo.

Assim, foi soluçando que disse a Saulo: — Que está acontecendo? O que aconteceu com você? Por que motivo Ananias está aqui?

Saulo continuou tateando em nossa direção. Não me mexi para ajudá-lo. Em vez disso, Ananias entrou na minha casa, passou por mim e pôs as suas mãos sobre os ombros dele.

— Irmão Saulo — disse ele —, o Senhor Jesus que lhe apareceu na estrada pela qual você viajava mandou-me aqui para que você recupere a visão e fique repleto do Espírito Santo.

Comecei a chorar. A tristeza cobriu-me como uma tempestade. Não pude contê-la. Da minha boca provinha um ruído infantil: *Buáaa!* Mesmo assim vi os dois homens se tocarem mutuamente e vi a crosta dos olhos de Saulo partir-se e cair sobre as suas faces como escama de peixe. Depois ele pestanejou e começou a enxergar.

O Senhor Jesus que lhe apareceu... Que deveria pensar de tais palavras? Que acontecia entre nós?

Eu mesmo – eu nunca tivera a ousadia de chamá-lo de *irmão* Saulo. *Buáaa!*

De olhos bem abertos, vi Saulo inclinar a cabeça, ardendo, brilhando num estranho fogo! Ananias começou a desenrolar da cabeça dele a faixa que eu lhe havia dado.

Ananias ia dizendo: — Você, Saulo, é um instrumento escolhido por Deus para levar o nome dele perante os gentios e os reis, bem como perante os filhos de Israel. E o Senhor lhe mostrará o quanto você deverá sofrer pelo seu nome.

Visão, luz e risinhos de alegria de Saulo! Olhava para Ananias com uma expressão de felicidade. E algo de bom afastava de mim.

Buáaa! Mas talvez eu já não chorasse alto. Talvez fosse apenas o som da minha alma e solidão.

Os dois homens voltaram para o interior da casa, Saulo caminhando com os próprios pés e abrindo caminho.

Foram para o átrio onde minha pequena fonte desaguava num tanque raso. Não os segui. Não me mexi: fiquei parado junto à porta. Mas ouvi o barulho da água e ouvi a voz de Ananias, dizendo: "Eu te batizo em nome de nosso Senhor Jesus Cristo", e depois aquela voz aguda de Saulo dizendo: "Jesus Cristo é o meu Senhor!", e depois risadas. As risadinhas bobas de Saulo em *hi-hi.* Parei de chorar. Fui até a porta, fechei-a e saí para a sinagoga.

vi

O nome de minha mulher é um nome bonito. Em hebraico significa *nova.* Como a lua nova ou um mês novo. E assim era ela, sob todos os aspectos todos os dias de sua vida, sempre nova e sempre jovem, mas nunca a novidade que destrói o que é velho. Hodes era jovem para mim. Você entende? Ela mantinha jovem o meu velho eu. Eu já entrara na casa dos quarenta e cinco anos de idade quando me casei, e ela só tinha dezessete anos! Não havia em mim nenhum mérito para tal presente de Deus. E então, exatamente vinte e um dias antes da Festa dos Tabernáculos, ela adoeceu.

Era o ano em que havíamos planejado uma peregrinação a Jerusalém para a Festa. Teria sido a primeira peregrinação dela para a Cidade Santa. Mas ela adoeceu e ficou deitada em seu catre e eu cuidei dela. Não chorei. Dei-lhe conforto. Ah, mas a minha Hodes não conseguia reter o alimento no estômago. Logo passou a detestar o gosto de comida. E se bebesse o que quer que fosse, devolvia tudo com terríveis convulsões. Depois, na noite do décimo oitavo dia antes da Festa, me sorriu. Toda a dor desaparecera. Sorriu um sorriso pálido, diáfano e branco como a lua crescente, e depois fechou os olhos e soltou um suspiro longo, muito longo, e depois morreu.

Foi no dia seguinte à Festa dos Tabernáculos que eu e outros nos reunimos com os líderes das nossas sinagogas e juntos escrevemos uma carta ao sumo sacerdote de Jerusalém, implorando ajuda porque uma espécie diferente de novidade havia chegado a Damasco para nos matar. A ajuda que nos enviaram foi Saulo, o fariseu, o homem zeloso.

Quando voltei para casa naquele sábado, já era noite. Havia ficado na sinagoga até o fim do dia.

Vi a luz de uma lâmpada numa das janelas de minha casa. Entrei e fui para o quarto da janela iluminada, o quarto de Saulo. Ele estava sentado de pernas cruzadas sobre o catre que eu também lhe cedera de boa fé.

Agora enxergava. Ergueu a enorme cabeça e me olhou quando entrei. Os dois projetávamos sombras monstruosas a partir de uma única chama.

Disse-lhe eu: — O catre sobre o qual está sentado — ele pertence à minha esposa.

Fixou os olhos em mim e respondeu: — Judas, há uma só coisa que você precisa saber. Que Jesus de Nazaré, aquele que foi crucificado há dezoito meses — ele está vivo.

Curvei-me e comecei a enfiar as suas coisas numa sacola de couro.

— Pelo amor da minha esposa — respondi —, preciso que me devolva este quarto e este catre. Por favor, certifique-se de que nada de seu seja esquecido na minha casa quando sair.

— Judas — disse ele —, foi o próprio Jesus que veio ao meu encontro na estrada. Deus o ressuscitou dentre os mortos. Isso faz toda a diferença.

— Vá, Saulo, vá — disse eu.

Pôs-se de pé. Agora era ele que olhava para mim de cima para baixo, pois eu continuava agachado.

Disse-me: — Judas de Damasco, você foi para mim como um pai.

Esse é um momento do qual me orgulho muitíssimo e pelo qual mais agradeço a Deus: eu não chorei. Não pestanejei, controlei a emoção. Levantei-me e o enfrentei, olhos nos olhos. Entreguei-lhe a sacola e disse: — Vá.

5

L. Annaeus Sêneca

Sêneca, em exílio na Córsega
Para Hélvia, minha mãe em Córdoba,
No primeiro ano do reinado de Cláudio:

Saudações!

Não chamarei isto de "exílio", *mater optima*, e você também não deveria chamar. Vamos chamá-lo de "mudança involuntária de residência", sabendo que o homem obrigado a tal mudança não precisa ele mesmo mudar. Ele é o que sempre foi e sempre poderá ser.

Mãe, muitas vezes, desde que o Senado forçou a nossa separação, quis escrever-lhe uma carta de consolação, mas não confiava em mim mesmo. A minha própria mágoa sufocava em mim cada boa palavra, não pronunciada, não pronunciável, não escrita.

Mas seis meses se passaram. Talvez o seu sofrimento tenha amainado o bastante para aceitar meu remédio. Com certeza livrei-me do meu. Por isso escrevo.

Por favor, não me considere cruel se começo com uma lista dos seus infortúnios passados. A mente mimada e exuberante foge do menor sofrimento. Mas a mulher que sobreviveu a uma sucessão de calamidades sabe suportar com firmeza os golpes mais pesados. Você é essa mulher, mãe – desde o princípio.

No dia em que você nasceu, morreu a sua própria mãe.

Dez anos atrás você suportou os horrores de um naufrágio, crendo que a sua irmã, o marido dela e eu, todos os três, havíamos perecido no fundo do mar, afogados. De fato, foi Galério que morreu. Nós pudemos nos reencontrar, abraçar e beijar, você e eu, enquanto ele jazia no seu leito de mármore para sempre.

Mas depois o seu marido, meu pai e meu xará, morreu.

Esse homem certa vez salvou-me a vida. Você sabia disso? Antes da minha estada no Egito, a minha enfermidade, o meu cruel *suspirium*, costumava causar-me grande angústia, deixando-me sempre magro, tossindo e resfriado, a ponto de me fazer pensar em truncar o problema truncando a minha vida de uma vez. Foi a preocupação com o meu querido velho pai que me impediu. Não me preocupava tanto em saber se eu tinha a força para morrer como em saber se ele tinha a força para suportar a minha morte.

Aconteceu, porém, que foi a morte dele que tivemos de suportar, você e eu, separados, uma vez que um mar nos dividia. Em seguida, logo após a perda do seu marido, vieram as perdas de três dos seus netos. E um deles era meu, o meu próprio filho mais novo, que morreu no seu colo, mãe, sob a chuva de seus amorosos beijos.

Finalmente, eu, seu segundo filho, fui arrancado de você e enviado vivo para este penhasco abandonado, esta sepultura de pedra. É uma nova espécie de luto, não é mesmo? – o luto por alguém vivo.

Aí está. Nenhum infortúnio ignorei, pois tenciono não escondê-los mas conquistá-los.

Começo pelo último. Você sofre por achar que estou sofrendo. Não sofra, pois não estou sofrendo! Ensinei a mim mesmo a lição do confinamento, mãe. Aos quarenta e três anos, idade em que outros homens atingem o ápice do seu poder, eu *perdi* o meu, assim como perdi a liberdade e o uso de toda a minha propriedade. Mas aqui está o meu contentamento, que perdi aquilo de que nunca precisei, e aquilo de que preciso jamais virei a perder: estas duas coisas, a natureza universal e a virtude pessoal.

Pois esta é a vontade do criador do mundo, seja ele o que for — uma Deidade todo-poderosa, ou alguma Razão incorpórea inventora de vastas obras, ou um Espírito divino que impregna todas as coisas, da menor à maior, com energia uniforme, ou um Destino, ou uma seqüência inalterável de Causas intimamente interligadas – seja o que for o Intendente, quero dizer, esta é sua intenção: que nada do que é nosso possa vir a ser controlado por outros, exceto o que em última análise realmente para nós não tem valor.

O melhor de qualquer homem situa-se além dos poderes de outros homens, seja para dar, seja para tirar.

Ouça-me agora. Este firmamento, que se arqueia sobre você assim como sobre mim; este firmamento, mais ordenado e proporcional, mais móvel e belo que qualquer outra coisa que a Natureza plasmou; este bravo firmamento, mãe, e a sua parte mais gloriosa – isto é, a mente humana, capaz de contemplá-lo e nele se deleitar – é nosso para sempre! Enquanto existirmos e estivermos enxergando, assim há de ser. E enquanto posso contemplar os reinos de Deus, o Sol e a Lua, a peregrinação dos planetas surgindo e se pondo e, rápidas e lentas, as miríades de estrelas em seus cursos circulares, fixas ou cadentes; enquanto puder estar em comunhão com os seres celestiais, erguendo os olhos para meus semelhantes nas alturas, por que deveria me preocupar com que tipo de chão está sob meus pés?

Que importa se o exílio se reduz a pão e água num tugúrio? Ora, o mais pobre casebre pode estar equipado de virtudes. Justiça e temperança criam espaço para excelentes companhias de amigos. Sabedoria e eqüidade são as cadeiras e as mesas. Uma doce e adequada divisão de tarefas produz centenas de serventes. E o conhecimento de Deus é de fato comida e bebida. Eis que um tugúrio acaba sendo um palácio.

Nunca amei a Fortuna, mesmo quando ela mais parecia me amar. Nunca julguei meus os seus tesouros, nem o seu dinheiro, nem o seu ofício, nem a sua influência. Quando ela me rouba essas coisas, portanto, não leva nada do que é meu. Mãe, o meu teto são as estrelas. A minha casa é a bondade humana. O meu corpo está vestido. Meu estômago está satisfeito. E a parte de mim mais sequiosa, a minha alma, bebe feliz da fonte de meus livros.

É o que tenho a dizer sobre mim. Estou muito bem.

Quanto a você, conheço o seu coração. Sei o que a entristece e o que não o faz. Jóias ou pérolas jamais a comoveram. Riquezas não cintilam nos seus olhos. Você nunca se sentiu embaraçada pelo número de seus filhos, como se tal fato a comprovasse velha, nem jamais escondeu uma gravidez por amor à tola beleza. Você nunca conspurcou o rosto com tinturas nem expôs o corpo através de roupas transparentes. Seu maior ornamento sempre foi a sua modéstia. Para você a perda de bens exteriores não é perda alguma. Mas o que é interior, *isso* é o que pode ofendê-la: espírito, amor, preocupação e os muros absolutos da mortalidade.

Então, mãe? Ora, então estude filosofia!

Quisera que o meu pai não se tivesse prendido tanto aos costumes dos seus antepassados. Quisera que tivesse feito uma concessão deixando-a receber uma educação genuína. O conhecimento dos ensinamentos da filosofia seria agora o seu guardião e protetor, exatamente como acontece comigo. Mas ele foi tão antiquado em seu modo de viver!

Agora, porém, a vida é sua e tudo depende da sua decisão. Você sabe ler. Os fundamentos da filosofia já estão estabelecidos na sua mente alerta e inquiridora. Então volte aos livros. Eles lhe darão conforto e ânimo. Se trabalhar com eles seriamente, nem a tristeza, nem a ansiedade, nem as aflições, nem o sofrimento perturbará a sua mente, não, nunca mais.

Mas enquanto não atingir esse abençoado e sábio desprendimento, ó mãe, apóie-se nos meus irmãos! Alegre-se com as realizações deles.

Novatus tem-se saído muitíssimo bem desde que foi adotado pelo senador L. Junius Gálio. Chamamos o meu brilhante irmão pelo seu novo nome, Gálio. Elogiamos-lhe o encanto espontâneo e nos alegramos com as suas honrarias públicas. E enquanto o seu filho mais velho brilha no céu de Roma, ele brilha sobre você!

E se Mela, o seu filho mais novo, escolheu viver na contemplação, desdenhando as honras da arena pública para passar o tempo ao seu lado, então o tempo dele é *dedicado* a você!

Gálio lhe oferece ajuda, Mela lhe dá prazer. Gálio a protege, Mela a consola. Juntos, sem dúvida, preenchem o espaço vazio deixado por mim, e você não sente falta de nada que não seja um simples número, o três.

Também sei que você já se voltou para seu neto Marcus, que é doce e cativante em todos os sentidos. Como pode a tristeza subsistir à luz do rosto daquela criança? Que coração está tão ferido que não se possa curar com seus abraços inocentes? Que lágrimas são tão amargas que não se possam enxugar com a sua animada conversa? E que sentimento de prazer não cresce e explode em riso com as rimas que ele faz, os versos que vai gritando de sala em sala, epopéias da cabeça de uma criança? Ouça bem o que digo, Marcus um dia será poeta.

Peço aos deuses que possamos todos morrer antes dele.

Que a fúria do Destino fique aqui comigo! Todas as dores que você está condenada a sofrer, mãe e avó — que recaiam sobre mim! Que o resto de minha família não conheça mudanças de ora em diante. Não lamentarei a minha condição atual, nem o exílio, nem a morte do meu filho, se pelo menos puder ser o bode expiatório das outras pessoas que amo, e se os sofrimentos delas terminarem aqui comigo.

6

Tiago

Carrego comigo uma lembrança especial de Saulo, tão pura, tão luminosa, que é como se dentro de mim houvesse uma pérola. Seguindo os conselhos do nosso Senhor, quase nada carrego na minha bolsa mundana; mas a pérola está lá. A pérola permanece. E apesar de tudo o que me aconteceu depois daquele dia, a memória enobrece o nosso passado comum.

O fato ocorreu durante o nosso segundo encontro, três anos depois que eu vira o jovem fariseu defender a Torá perante Estêvão, três anos depois que ele partira de Jerusalém.

Saulo está reclinado numa rude almofada na casa de Simão Pedro, o cotovelo direito apoiado sobre a mesa, o queixo na palma da mão, a cabeça inclinada como a de uma donzela. Os dedos da mão esquerda são finos e muito longos. Neles se aninha seu rosto do maxilar à têmpora, a ponta do mindinho presa no canto do seu olho. Saulo está olhando para mim.

A mesa de Simão tem o formato de ferradura. Simão, como nosso hospedeiro, reclina-se na parte central da mesa. Saulo e eu ocupamos as extremidades, um diante do outro. Nenhum de nós dois disse nada desde que nos cumprimentamos à minha chegada. Precisamente no momento em que seguia Simão para a cozinha, Saulo levantou-se e falou. Disse: — Tiago — e depois acrescentou com evidente cuidado: — A paz de nosso Senhor Jesus Cristo esteja com você, Tiago.

Receio ter respondido de modo um tanto rústico, resmungando: — Paz.

Sorriu satisfeito sem nada dizer, depois sentou-se de novo, e eu fiz o mesmo. Simão ainda não terminou a sua conversa, mas Saulo, a cabeça ligeiramente inclinada numa atitude indagadora, olha para mim em silêncio.

Este é na verdade nosso primeiro encontro.

Pelo que parece, ele dá a impressão de saber de alguma coisa a meu respeito.

Eu, da minha parte, ouvi falar da sua conversão. Os cristãos de Jerusalém têm muitas dúvidas sobre a verdadeira natureza do fato, mas é precisamente o que Simão Pedro está afirmando perante mim com ruidosa alegria: "É verdade! Tiago, é tudo verdade. Ele viu o Senhor. O Senhor o derrubou como se corta um arbusto de gesta e depois o levantou como uma prancha de madeira de lei, construindo um templo completamente novo!"

A alegria de Simão domina tudo.

Acredito nele. Olho para Saulo e vejo, sinceramente, um servo de Cristo e um irmão.

Como gostaria de dizer alguma palavra exata para lhe dar as boas-vindas no nosso meio! O homem ama a Torá tanto quanto eu. Só de olhar os seus olhos percebe-se que está aguardando a minha palavra — a *minha* palavra, não há dúvida — e eu me sinto comovido, pois esta situação foi uma escolha pessoal dele. Nem mesmo Simão reconhece a súplica na inclinação da cabeça desse homem bom. Saulo, com este silêncio reverente e ansioso, me deixa honrado.

Que graça! Que lembrança!

E para completar a pérola de luz radiante deste momento, o Espírito Santo me concede agora, neste exato momento, a palavra formal, apropriada.

É a esposa de Simão Pedro que lhe interrompe a conversa. Entra na sala servindo um frasco de vinho e um único cálice. Coloca tudo sobre a mesa diante do marido, depois se volta e sai.

Abro a boca e, antes mesmo de saber qual é a palavra, eu a profiro.

— E finalmente vamos ao seu caso — digo eu.

Simão responde: — O quê? O quê? O que foi que você disse?

Mas Saulo ergue a cabeça e dobra os braços, preparando-se para ouvir mais. Curiosamente, é justo essa sua preparação que me inunda com o resto das minhas boas-vindas.

— Saulo — digo eu, saboreando o prazer da minha participação nesta sagrada conversa —, disto nós sabemos e disto falamos tantas vezes nos últimos quatro anos que a linguagem já se estabilizou. Sempre temos dito o mesmo – até agora. Agora precisamos desestabilizar e mudar o final,

Saulo, por você. Nós dizemos: *Cristo morreu pelos nossos pecados, segundo as Escrituras. Foi sepultado e ressuscitou ao terceiro dia, segundo as Escrituras. E apareceu a Cefas e, depois, aos doze. Depois, foi visto por mais de quinhentos irmãos de uma só vez. Depois foi visto por Tiago* – isto é, a mim – acrescento baixinho —, *mais tarde, por todos os apóstolos...*

Paro de falar. Simão Pedro está quieto, atento. Saulo também. A água está subindo nos seus olhos. Ele nem pestaneja, nem enxuga as lágrimas.

Falando baixinho, cerimonioso, acrescento: *Mais tarde, por todos os apóstolos*. Este era o final. Mas agora o final deve ser: *E por fim Cristo apareceu na estrada de Damasco também a Saulo.* A você também. Bem-vindo, Saulo de Tarso.

Novamente, a esposa de Simão entra na sala, desta vez com um pão achatado sobre um prato de argila redondo. Aproxima-se do centro da mesa, ajoelha-se diante do marido e deposita o prato à frente dele.

Estes detalhes também fazem parte da minha abençoada lembrança:

Simão Pedro está orando, com os seus grandes braços abertos e estendidos.

Saulo, com aquela voz sem graça, canta sem parar "Amém, Amém! Aleluia".

Simão segura o pão em suas mãos, dizendo: — Isto é o que Jesus fez entre nós antes de morrer. Tomou o pão, abençoou-o e partiu e deu a cada um de nós, dizendo: *Isto é o meu corpo, que é dado por vós; fazei isto em memória de mim.* — Simão está arrancando pedaços do pão, dando-os a Saulo à sua direita, a sua esposa à sua frente, e depois a mim à sua esquerda.

Simão despeja vinho no cálice, dizendo: — Depois que havíamos ceado, Jesus tomou um cálice e, tendo dado graças, deu-o a todos nós; todos bebemos e ele disse: *Este cálice é a nossa aliança no meu sangue; fazei isto, todas as vezes que o beberdes, em memória de mim.* — Simão Pedro está bebendo, a sua esposa está bebendo, depois ele passa o cálice para Saulo, que também está bebendo, mas então Saulo está se levantando e caminhando de sua mesa para a minha, e agora Saulo está de joelhos ao meu lado e me passando o cálice, e eu estou bebendo, estou bebendo devagar, saboreando, intensamente. Quando afasto o cálice dos meus lábios, Saulo murmura: — Mas eu sou o menor, Tiago, e no meu caso não há nada senão graça divina, pois eu persegui o povo de Deus!

Esse é o fechamento e a pureza da minha pérola.

Apesar de tudo o que aconteceu entre mim e Saulo nas décadas que vieram depois daquele momento perfeito, tenho preservado esta pérola como uma coisa sagrada, o meu consolo particular.

Simão Pedro diz: — *Marana tha.*

Respondo: — Amém.

Saulo toma o cálice das minhas mãos e diz: — Amém.

7

L. Annaeus Sêneca

Bravia e bárbara Córsega! Que me aprisiona tão completamente com os seus penhascos, vastidões e desolação! O outono aqui é infrutífero, o inverno é cinza, a primavera é uma inundação que afoga todos os tenros rebentos.

Tenho tentado escrever. Tenho tentado manter uma disciplina pessoal, ler, pensar, observar, *escrever*! – mas só encontrei o caminho do desespero. O meu cérebro está enferrujado pelo desuso. Como posso elaborar uma frase graciosa quando a única linguagem que ouço é tão rude que fere o ouvido do selvagem que a pronuncia?

Como estou passando? Você quer uma descrição? Sem comida, sem bebida, sem vida, não tenho sequer uma centelha para acender a minha funérea pira! Bastam duas palavras para definir a minha existência: um "exílio" *num* "exílio"!

Odeio esta ilha, odeio esta rocha ardente e sem húmus onde só crescem arbustos. O verão chega absurdamente cedo, e que vem depois? Ora, depois a besta desembesta e enlouquece quando a canícula de Sírio mostra os dentes.

Céus! Estou confinado numa tumba, e a única piedade que imploro é que a terra não pese muito sobre as cinzas dos mortos vivos.

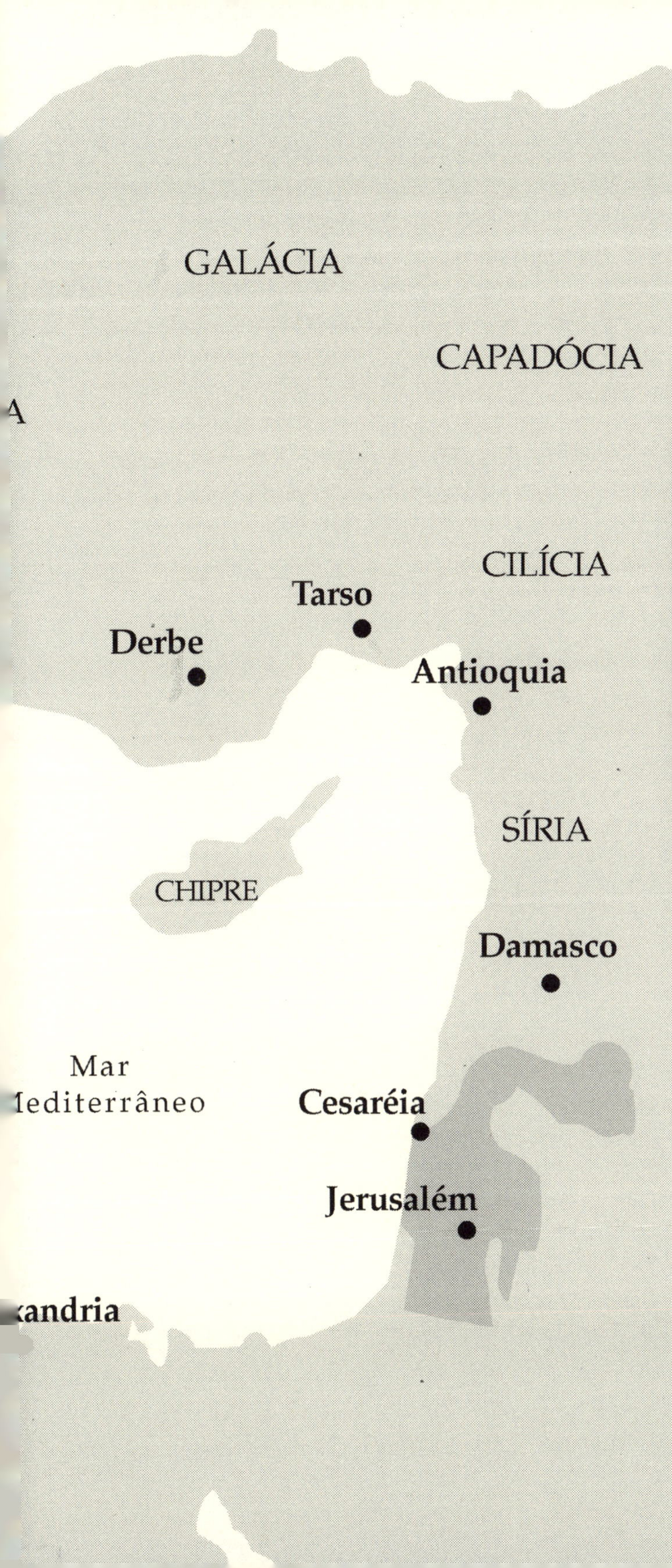

Segunda Parte

Antioquia

8

Barnabé

Disse Saulo: — Uma vez em Damasco comi um tordo servido num ninho de aspargos. É um aperitivo. Come-se a carne em pedacinhos.

— Garum — disse eu.

— O quê? — perguntou ele.

E eu disse: — Prove garum. Os gentios gostam de garum na comida.

— E o que é?

— Ah, ah! Você percebe quantas coisas nos esperam?

De fato, eu é que gosto de comer. Nossa liberdade me dá um prazer imenso. Para Saulo, comer é uma necessidade muitas vezes esquecida. Ou então usada para declarações formais.

— Garum: é um molho de peixe — disse eu. — Você o prepara marinando as vísceras de cavalinha. Ou de atum. É preparado e vendido em enormes potes de barro. O melhor garum vem de Cades.

Disse Saulo: — Lá em Dafne certa vez comi um arganaz, um esqueletinho no espeto.

Explodi numa gargalhada. Imaginei ver as caretas do cabeçudo Saulo ao beliscar os ossinhos do ratão. — Outro aperitivo! — disse eu gargalhando.

Saulo sorriu um sorriso amarelo.

Estávamos sentados num canto da casa de Simeão, matando o tempo enquanto as pessoas se reuniam para a refeição e o culto semanal. Os servos de Simeão haviam passado o dia inteiro fazendo comida. Os hóspedes chegavam trazendo pratos preparados por eles. Foi o que sugeriu o assunto da conversa entre mim e Saulo. Nenhum de nós dois sabia cozinhar.

Com toda a força de meus pulmões, citei o Levítico: — *Estes vos serão imundos entre o enxame de criaturas que povoam a terra: a doninha, o rato, o lagarto, segundo a sua espécie, o geco, o crocodilo da terra, a lagartixa, o lagarto da areia e o camaleão.* O arganaz de olhos vivos, que não pára quieto! — Metade do meu riso era por saber que segundo a sua espécie, Saulo tinha uma razão para jantar o minúsculo roedor. Pensei em forçar essa razão ao extremo.

— Venha cá — disse eu, cutucando-lhe as costelas. — Deixe-me lhe dar uma receita com mais sustância. Chama-se "Leitão na Horta". Primeiro você remove os intestinos de um leitãozinho pela boca, deixando-o como um saco feito de pele. Depois você o recheia com frango, lingüiça e tâmaras descaroçadas, cebola defumada, caracóis e ervas — ah! e com tordos também, meu amigo! Costure tudo. Leve para assar. Quando estiver no ponto, faça uma incisão nas costas do leitão e sature a carne com molho de arruda, vinho doce, mel, azeite e – *garum!* Que é que você acha?

Disse Saulo: — Passe o mingau. — Esse homem é capaz de sorrisos tão amarelos quanto aquele mingau.

— Espere! Espere! — gritei, batendo palmas. — Que é que você acha da teta de uma porca modelada para se parecer com um peixe? É carne de porco se não *parecer* porco?

Cerca de cinco anos atrás, logo depois de eu ter convidado Saulo a visitar Antioquia, estávamos cruzando a rua Herodes quando de repente ele se dirigiu para uma dessas casas que vendem carne assada em fatias. Havíamos antes discutido sobre liberdade. Estava lhe contando sobre as duas vezes na minha vida em que senti um ataque tão forte de liberdade e alegria que pensei que fosse explodir. A primeira foi quando vendi a minha terra com os meus bens e depus os lucros aos pés dos apóstolos. Ao fazer aquilo eu ofegava, provando uma leveza física, como se pudesse flutuar feito lanugem de cardo.

Minha segunda descoberta de liberdade veio de modo mais progressivo, aqui em Antioquia, para onde os apóstolos me haviam enviado a exortar na fé os cristãos do lugar. A grande maioria deles era de gentios. Já desde a minha chegada as distinções estavam desaparecendo. Já não havia "tementes a Deus" e "prosélitos" entre os gentios; não mais havia judeu e não-judeu, mais alto e mais baixo, liberto e escravo. Todos os que seguiam Cristo como Senhor eram iguais a todos os outros, iguais — uma família! Até os romanos notavam a nossa surpreendente unidade.

Classificavam-nos como "cristãos" e assim nos chamavam. Em breve, todas as leis que haviam separado os gentios dos judeus *também* foram reduzidas a nada para mim, e essa foi a minha segunda experiência da leveza da liberdade.

Contei a Saulo que isso me causou tal vertigem – um comichão físico de prazer tão forte – que o riso estava sempre fervendo no fundo de minha garganta. *Sempre, sempre*! é o que estava dizendo a Saulo – quando de repente ele virou-se para uma casa de comidas, levantou um dos seus longos dedos apontando para um leitãozinho no espeto, a gordura queimando nas brasas embaixo dele.

— Uma porção pequena, por favor — disse ele.

Uma senhora de braços imensos cortou-lhe a menor porção possível e a serviu sobre uma folha verde, aceitando a moeda pela comida.

Fiquei em silêncio. Nunca tinha visto isso antes. E embora sentisse prazer na nossa nova liberdade, o que Saulo estava fazendo me parecia arriscado como saltar de um penhasco.

Beliscou a carne na sua folha dobrada e, com dois delicados dedos, arrancou um pedacinho gorduroso. Levou-o à boca, sem dela tirar os olhos à medida que se aproximava. Pôs a língua para fora e depôs sobre a ponta o pedacinho de leitão, onde ficou. Depois, mal respirando, Saulo recolheu a carne para dentro da boca, mastigou-o demoradamente e engoliu. Pestanejava rápido — parecia estar observando os seus órgãos vitais. Depois sorriu, puxou-me pela manga e começou a gargalhar. Uma espécie de gargalhada esbaforida, como a de um homem que pulou na água mas não se afogou.

O pequeno fariseu comera carne de porco. Subira ao monte de Moisés e dissera:

— Basta! Já não precisamos da Torá.— E depois desceu até nós e começou a usar a comida como uma declaração formal e prova de uma nova vida. Aqui em Antioquia, onde Saulo comia entre os gentios *feito* um gentio, a todos os crentes anunciava: — Para a liberdade foi que Cristo nos libertou!

Bem, realmente, era isso que dizia. Mas a liberdade de Saulo não era completamente livre. Tinha de pagar por ela. Novos alimentos lhe causavam diarréia. Meu carrancudo e sóbrio irmão! Enquanto eu sempre ria na liberdade do Senhor, ele ficava de cara fechada — o que me divertia demais.

— Espere! Espere! — gritava eu, enquanto a multidão se juntava ao nosso redor. Amigos, cristãos, toda a congregação. Viravam-se para mim com caras inquiridoras, e eu não conseguia conter o riso de prazer diante da minha própria piada: — Que tal uma teta de uma porca modelada para se parecer com um peixe? — gritei eu. — Se não *parece* diarréia, como pode *causar* diarréia?

Rufo, um dos filhos de Simeão, veio em nossa direção como fogo morro acima. Ria, agachava-se e batia-me no ombro.

— Barnabé, você vai cantar hoje à noite? — perguntou.

— Não — disse eu. — Fui convidado a conter as minhas emoções — e também a minha língua e a minha voz. Está na hora de o velho Barnabé ficar quieto.

Rufo voltou-se para o meu companheiro e disse: — Irmão, você não quer pregar hoje à noite? — Usou a palavra *irmão* de modo mais afetuoso do que a maioria das pessoas geralmente faz, uma vez que Saulo morava com ele na mesma casa, parecendo-se muito com um irmão mais velho.

Saulo balançou a cabeça negativamente. — O seu pai quer falar esta noite — disse ele.

— Aposto que vai de novo contar aquela história dele — disse Rufo.

— É uma boa história — disse Saulo. — É a única história. Não há outra história no mundo inteiro, a não ser aquela única história.

Cada vez mais barulhenta ia ficando a casa. Pessoas carregando comida, comendo nas salas de jantar, caminhando pelo espaço ao redor do átrio de Simeão, sentadas sobre o chão de mármore no interior do átrio. Era espaçoso e belo aquele átrio: seis pilares sustentando um teto aberto, em baixo uma fonte e uma cisterna e lajes de mármore polido em branco e preto. Também havia gente sentada no muro de pedra baixo que juntava um pilar ao outro. Quando nos reunimos, somos como um enxame de abelhas produzindo um grave e esplêndido zumbido. Eu me deixo levar pelo som.

Saulo agarrou-me pela barba e virou a minha cara para a dele. Olhou-me por um momento com os seus olhinhos intensos. — Foi uma piada, não é verdade?

— Que piada?

— Alguém realmente lhe pediu para ficar calado?

— Ah, bem, é verdade.

— Quem? Quem teve o topete?

— Tiago.

— Qual dos Tiagos?

— Não o irmão de João. Tiago, o irmão de nosso Senhor. Escreveu-me uma carta.

Saulo soltou a minha barba. Continuou a olhar para mim, mas os seus olhos estavam preocupados.

Quando está com algum problema, os gestos de Saulo tornam-se rápidos e confusos, como os dos tordos ou ratos que ele come. Fica pegando na bainha da túnica. Puxa pedacinhos de linha sem perceber.

— Tiago lhe escreveu uma carta?

— Uma carta especialmente para mim — disse eu —, mas também endereçada a outros. Talvez a você. Eu a trouxe comigo, caso a precise ler a toda a congregação. Aqui está. — Tirei da bolsa um papel duro e o entreguei a Saulo. Começou a ler em voz alta, mas devagar, gravemente. Tiago escreveu em aramaico, a mais difícil das línguas de Saulo.

"Os tempos exigem vigilante sobriedade em tudo entre nós. O rei Agripa voltou de Roma. Decidiu agir de modo messiânico. Está fazendo amigos entre os zelotes. Procura captar as boas graças e o poder dos saduceus, e está ficando cada vez mais perigoso. No mínimo, imporá limites às nossas vidas. Mas é mais provável que nos aprisione. Que nos açoite. E acredito que chegue até a nos matar. Barnabé, não podemos lhe dar motivos. Barnabé, precisamos parar com essas atividades que nos tornam abomináveis aos olhos dos nossos anciãos judeus. Barnabé, você deve concordar que tenho boas razões para temer e lamentar a associação livre que alguns estabeleceram com pagãos incircuncisos. E quanto mais a Torá for desprezada, tanto maior será a probabilidade de que Agripa aplique um castigo político a TODOS os cristãos. Quanto a você, por que é que você precisa sempre dar espetáculo e chamar atenção?"

A cara de Saulo estava vermelha. Resmungou: — *Kuno-tharses!* Bruta insolência! Virou-se para mim com grave intensidade e disse: — Alegria não é espetáculo, Barnabé. É um dom do Espírito Santo. Você não tem escolha, tem de cantar. E o que é que isso tem a ver com a volta de Herodes Agripa a Jerusalém? O Senhor Jesus Cristo também vai voltar, em sua glória, para explodir todos os Herodes, todos os poderes, junto com todas as autoridades.

Naquele tempo Saulo era para mim mais que um parceiro; era o lado mais sóbrio, mais esperto, mais ousado do meu eu. Tiago deveria sentir-se feliz por haver alguém para equilibrar as minhas compulsões, o meu lado barulhento de cantor e humorista. De fato, em primeiro lugar, foi por sugestão dele, de Tiago, que eu trouxe Saulo para Antioquia. Disse-me que Saulo conhecia a Torá. Assim, foi Tiago quem me conduziu ao homem que me completou. Portanto, bendito seja Deus por Tiago, seu ministro! Pois Saulo e eu éramos duas metades de um todo.

Consigo entender o grego, mas a minha língua materna é o aramaico. Saulo, que aprendeu aramaico nos livros, falava grego como um marinheiro ou um orador, escolha você mesmo. Na sua boca a língua grega podia ser uma nevasca que confundia ou um fio dourado que prendia o coração. Em grego chamava-se Paulo; em aramaico, Saulo. Assim brincando, eu dizia que *Saulo* rebolava como um pato verbal, mas *Paulo* sabia elevar-se às alturas como uma águia.

Ele trabalhava para viver. Eu também. Ele costurava couro e lona, enquanto eu trabalhava com metais e pedras preciosas.

Era baixo, feito um espeto com galhos. Eu sou mais alto e tenho ombros mais largos que um boi comum.

Ele havia estudado a Lei, tanto a escrita quanto as tradições orais. Eu estudei o ritual levítico. Juntos éramos Moisés e Arão — mas nenhum de nós naqueles tempos tumultuados sentia-se preso a um ou a outro modelo. E o Senhor viria logo. Parecia não haver lugar melhor para passar o tempo até sua chegada do que Antioquia no Orontes.

Saulo inclinou-se para mim – com aquele nariz adunco obstruindo-me a visão – e me beijou.

— Cante, Barnabé — disse ele. — Quando você canta, eu choro. Cante.

Simeão Níger levou um banco para o centro do átrio. Os que estavam mais próximos se afastaram para lhe ceder um espaço circular. Sentou-se. Girava devagar enquanto ia falando, uma vez que estava sentado em meio a um mar de gente, homens e mulheres, idosos e jovens, judeus e gentios – na maioria gentios, para os quais a história era a sua visão mais próxima de Jesus. Em todos os lugares havia almofadas, divãs e bancos ocupados, e o chão estava coberto de tapetes e esteiras. Alguns que estavam nas salas mais afastadas ficavam de pé para vê-lo. Outros curvavam a cabeça, preferindo ouvir a olhar.

Disse Simeão: — O irmão Saulo pergunta sobre o madeiro. *E o que me diz do madeiro?* pergunta Saulo, e eu lhe respondo: *A que madeiro você se refere?* E me diz o irmão: *O madeiro sobre o qual penduraram o Senhor. O madeiro da maldição. Que é que você sabe do madeiro?*

Simeão fez uma pausa, olhando em nossa direção.

O homem tem olhos de meia-noite. Rufo, seu filho, é ruivo, mas Simeão Níger é africano, negro como o nome pelo qual o chamamos. É um enigma maravilhoso, não é verdade? Bem, aqui está a resposta: a mãe de Rufo e Alexandre – a esposa de Simeão – é uma judia clara de Betânia. O leite de seu rosto aleitou as faces dos seus filhos, e uma gota do sangue do rosado rei Davi deve ter passado dela para o bebê Rufo.

Simeão fixava Saulo, que acenava agradecido: sim, ele perguntara sobre o madeiro – alguns anos atrás, de fato, mas Simeão sempre começava a história desse jeito quando Saulo estava presente. Considerava Saulo como um filho.

— Alguém deve ter contado ao nosso irmão — dizia Simeão — que eu sou aquele que carregou o madeiro, que carregou um braço dele para fora da cidade até o Gólgota.

— Gostaria que tivesse sido pela minha sabedoria, minha vontade, minha escolha — disse Simeão. — Gostaria que então soubesse e amasse bastante a fim de implorar para sentir o peso do madeiro. Mas não sabia de nada, e eu não escolhi.

— Permitam-me que lhes mostre a profundidade da minha ignorância. Quando fui escolhido, achei que fora escolhido por um romano. O meu filho e eu estávamos em Jerusalém para celebrar a Páscoa. Havíamos comprado um cordeiro. Estávamos levando-o ao Templo para o abate e esquartejamento. Acabávamos de entrar na cidade pelo lado sul, através da Porta do Jardim. Avançávamos por entre multidões de gente, quando um soldado romano disse: *Vem cá. Tome a trave. Carregue a trave do prisioneiro!*

— *Patibulum* é como se chama em latim. A parte transversal de uma cruz, a trave da qual pende o condenado. É o braço maior do madeiro.

— Olhei e vi o criminoso caído no chão. A multidão se afastara dele. Jazia numa ilha de vazio. As suas costas e ombros tinham sido retalhados, o sangue brilhando espesso ia se coagulando. Obviamente ele não poderia carregar aquele tosco pedaço de madeira que estava ao seu lado.

— Mas eu, erguendo nos braços o cordeiro, disse: *Lamento, senhor. Os meus filhos e eu estamos indo para o Templo...*

— O soldado agarrou o cordeiro e o atirou para a multidão. O animal estava perdido. O romano empurrou-me para a frente grunhindo:

Bárbaro! Você não tem pena de quem está morrendo? Com as suas mãos pegou o criminoso por baixo dos braços e o pôs de pé.

— Não tive escolha.

— Curvei-me debaixo do lenho. Rufo e Alexandre, aterrorizados, fugiram de Jerusalém, voltando para casa em Betânia. Segui os soldados e o homem ensangüentado. Então notei que havia muitas mulheres a minha volta seguindo na mesma direção. Soluçavam, lamentavam-se, gemiam e choravam. Ora, era o séqüito de um funeral!

— Dali a pouco o morto parou e voltou-se. Todos pararam. Disse-me ele: *Não choreis por mim; chorai, antes, por vós mesmas e por vossos filhos* – por Rufo? Por Alexandre? Eram apenas crianças! Disse o moribundo: *Porque dias virão em que se dirá: Bem-aventuradas as estéreis, que não geraram, nem amamentaram! Nesses dias, dirão aos montes: Caí sobre nós! E aos outeiros: Cobri-nos!*

— O condenado olhou-me suspirando. Ao afastar os olhos, falou novamente: *Porque, se em lenho verde fazem isto, que será no lenho seco?*

— No Gólgota o soldado ordenou-me que pusesse a trave no chão.

— *Pode ir* — disse ele. Mas eu fiquei. Eu os observava quando deitaram o pobre homem sobre a trave e esticaram-lhe os braços de ponta a ponta. Eu os observava quando martelaram cravos na sua carne e ossos e na madeira. Não gritou. Não se queixou. Não estava inconsciente. Seus olhos estavam abertos. Sabia de tudo, tudo o que estava acontecendo com ele, tudo, mas não gritava, não praguejava.

— Passaram cordas em volta do *patibulum* que eu havia carregado, depois o suspenderam e prenderam num poste alto e forte fincado no chão. Assentaram a trave numa cavilha firme no alto do poste. Pregado à trave, o seu corpo subiu balançando, afastando-se de mim, suspenso pelos braços. O corpo inteiro deslocou-se num solavanco para baixo quando a trave se encaixou na cavilha, e toda a sua pele tremeu de dor, os dentes começaram a bater de dor. Esse foi o madeiro, irmão Saulo. Eu vi o homem completamente desperto e consciente pendendo do Madeiro da Maldição, mas mesmo naquele momento ele não gritou.

Depois martelaram novos pregos prendendo-lhe os pés, e enquanto martelavam ouvi o homem dizer: *Pai, perdoa-lhes.* Disse: *Perdoa-lhes, porque não sabem o que fazem.* Nesse momento eu também tremia e logo em seguida soube o nome do homem, pois um soldado apoiou uma escada na parte posterior da cruz, subiu até o topo e ali pregou uma tabuleta de madeira com algumas palavras escritas. Li em aramaico as palavras que diziam: *JESUS NAZARENO, REI DOS JUDEUS*. Então seu nome era *JESUS NAZARENO*, isso mesmo: JESUS era seu nome, e algumas das mulheres que estiveram chorando durante seu cortejo fúnebre ainda estavam lá, de pé ao meu lado, olhando também. E JESUS baixou os olhos para uma delas, e eu o ouvi dizer: *Mulher, eis aí teu filho*, e então isso é o que ela estava fazendo, olhando para o homem pendendo na cruz e chorando e ele devia ser seu filho, mas os joelhos dela começaram a se dobrar e um homem a amparou e segurou com delicadeza, e JESUS disse àquele homem: *Eis aí tua mãe*, e os dois choravam, e agora eu também chorava, chorava muito, de modo que não podia ir embora, como iria embora?

— Fiquei, mesmo quando uma tempestade se abateu sobre a terra e a escureceu, fiquei quando todos os outros tinham ido embora, exceto as mulheres e o soldado encarregado de vigiar, fiquei até que ele morreu. Eu estava lá quando ele morreu, e esta é a natureza assustadora da sua morte: finalmente ele gritou, jogou a cabeça para trás e forçou o corpo para frente, afastou o peito da cruz como a Vitória Alada, e as veias do pescoço saltaram e, quando soltou sua voz sob o firmamento negro, foi um *phone megale* que se ouviu, o grito triunfal de um soldado!

— Ele morreu em triunfo.

— E o primeiro a me ensinar o significado desses acontecimentos foi o próprio soldado romano, que fitou o morto, aquela triste figura alquebrada no madeiro, e sussurrou: — *Verdadeiramente, este homem era o Filho de Deus.*

— Mas o meu segundo mestre foi Simão Pedro, pois dele ouvi o fato impossível que ocorreu em seguida e descobri por que eu ficara andando ao léu por semanas depois daquela morte, sem um coração no peito, e descobri para onde o meu coração fora: estava com JESUS NAZARENO, REI DOS JUDEUS.

— No dia de Pentecostes Simão Pedro falou-me diretamente e na minha língua enquanto eu me encontrava no meio de outra multidão. Disse ele: — *A este Jesus, que vós crucificastes* — e esse vós era eu, porque eu carregava o madeiro que o amaldiçoou. Simão Pedro disse: — *A este Jesus, que vós crucificastes pelas mãos de iníquos, Deus ressuscitou!*

— Esse foi o fato que aconteceu depois, e eu não sabia: Jesus havia ressuscitado dentre os mortos! A maldição fora vencida. O madeiro já não era nada. Disse-me Simão Pedro: "Arrepende-te e, para perdão dos teus pecados, sê batizado no nome de Jesus, a quem Deus fez Senhor e Cristo".

— E quando fui batizado, quando saí da água, quando o Espírito Santo agiu dentro de mim, eu, Simeão, um homem de Cirene, entendi pela primeira vez quem me havia escolhido. Irmão Saulo, não escolhi. Eu fora escolhido. Mas não foi nenhum romano que me escolheu para carregar o madeiro. Foi Jesus! Jesus me havia escolhido. Jesus me havia selecionado. Jesus me tomou e me fez seu, e, quando saí da água, eu soltava meu próprio grito de triunfo na voz do grito de Jesus: Gritava *"Jesus!"* com toda a força de meus pulmões, gritava *"Jesus! Jesus! Senhor da minha vida! Eu te pertenço!"*

Ao final da sua história, as roupas de Simeão estavam escuras de suor, como acontecia sempre que a contava. Simeão era sempre transportado, quase fisicamente, para o dia do seu primeiro encontro com Jesus. E aqui está o ponto mais surpreendente: Sempre que contava a história, nós também nos encontrávamos novamente com Jesus, morrendo, ressurgindo e ressuscitado dentre os mortos.

Por isso, assim que Simeão Níger terminou, antes mesmo de ele deixar o seu banco, e não por escolha própria minha, eu estava cantando.

O meu peito se expande com a canção. Quando canto, a canção é a vida dentro de mim, enorme, urgente, almejando acariciar o ar invisível como a águia acaricia o vento com seu vôo.

Os meus olhos estavam fechados, a minha enorme boca aberta. Um canto se ouviu: *"Diz o Senhor a meu Senhor"*, cantava eu, e ouvi o povo responder: *Senta-te, senta, meu Filho, senta-te"*.

Outra vez, mais plenamente, cantava eu: *"Diz o Senhor a meu Senhor"*, e eles respondiam: *"Senta-te e senta, senta-te"*, e assim, ao sabor das suas vozes, eu voava. Meneava a cabeça e cantava:

Senta-te, senta à minha direita,
até que eu os humilhe,
até que eu os humilhe!

Meu Filho, senta-te e assume o comando
até que eu faça de teus inimigos
o escabelo de teus pés!

As minhas pálpebras piscavam. Luz de lâmpadas e sombras e pessoas ao meu redor formavam um espaço ardente, laranja e preto – e eu agora estava de pé, girando lentamente. O Espírito Santo estava em mim. Podia sentir o Espírito como um fogo em forma de canção, e eu cantava algo que nunca antes cantara, embora soubesse de imediato que era uma resposta à história de Simeão: "Um mistério! Um mistério! – cantava eu – "O mistério em que nós cremos!"

Depois fui tomado por uma nova voz e novas palavras. Cantei:

Tu! — que na carne te manifestaste —
Estás no Espírito da justiça:
E os anjos se curvam a ti.

Tu! — teu forte nome pregaremos pelo mundo.
Até que o mundo saiba: foi Deus
Que te arrebatou em glória.

Havia riso ao meu redor. E as pessoas estavam chorando.

Uma donzela começou a cantar: "Em nome de Jesus!" Tão logo se ouviu a sua voz, toda a congregação se levantou para ajoelhar-se.

"Em nome de Jesus!" gritou de novo a donzela, e espontaneamente todos nos ajoelhamos.

"Amém! Amém!" Vozes irromperam de todos os cantos: "Amém!"

Um jovem rapaz, um gentio chamado Tito, começou a falar rápido, descontrolado:

— Bá-bá-bá! Bá-bá-bá! — Levantou-se e pôs-se a dançar dois passos para a esquerda, dois passos para a direita, e o povo batia palmas, e assim ele gritava ainda mais: — Bá-bá-bá! Tito sempre fazia isso quando o nome de Jesus era proclamado no meio da congregação. O Espírito em mim era canção. O Espírito nele era uma língua que ninguém entendia. Oh, dias celestiais e noites gloriosas! O Espírito estava aqui! E nós, que víamos aquele rapaz, podíamos sentir o calor.

Depois a voz de uma mulher de mais idade, uma profetisa, fez-se ouvir acima de todas. Com percepção e clareza, declarava: — O Espírito de Jesus mandou-me falar! O Espírito tem algo a dizer!

O jovem Tito calou-se. Todos pararam.

Era a mulher de Simeão, a mãe de Rufo. Não falava por meio de repetições, nem eram as suas profecias desencadeadas por algum gesto comum durante o culto. Apenas quando o Espírito o exigia ela falava; e então dizia o que tinha a dizer apenas uma vez e estava dito. Era uma mulher digna de reverência e respeito. Toda a congregação se sentou.

— O Espírito de Jesus tem algo a dizer — disse ela — a respeito destes dois.

Vinha na direção de Saulo e de mim. Comecei a sentir frio na barriga à medida que se aproximava. Saulo fitava-a sem medo. Ela dirigiu-se para um ponto atrás de nós. Baixei a cabeça e imediatamente senti a sua mão no meu pescoço.

Sussurrou ela então: — O Espírito diz: *Separai-me agora duas pessoas para a obra a que as tenho chamado. Este aqui, Barnabé. E este aqui, Saulo. Enviai-os a pregar o poderoso nome de Jesus Cristo nosso Senhor.*

Ouvi a sua palavra, e sabia da sua verdade. O frio no meu estômago passou, eu comecei a rir.

Os apóstolos me haviam enviado a Antioquia para exortar o povo daqui. Mas este era o Espírito do próprio Jesus, enviando-me para o mundo!

De repente, Saulo começou a cantar: — *Marana tha!*

Soltei também minha voz e, prorrompendo em riso, cantei forte: — *Marana tha!*

Então todos gritaram: — *Marana tha!*

Ouvi a profetisa, a mulher de Simeão, inspirando o ar atrás de mim: — *Amém.*

— Tragam pão — gritei eu. — Tragam vinho! Venham, vamos comer a ceia de nosso Senhor Jesus Cristo.

Amém, amém, e assim foi feito.

9

Tiago

Eu sabia que o ataque ia chegar. Estava sempre apavorado por causa disso. Por mais de uma década tinha orado em particular e em público pedindo ao Senhor que nos preservasse da perseguição em Jerusalém. Contudo, não conseguia livrar-me do temor da expectativa. Estava chegando. Se não houvesse mudança de comportamento, com toda a certeza chegaria.

Alguns dos que professavam que Jesus era o Cristo também pregavam a apostasia religiosa. Os nossos líderes não desaprovavam. Nem tomavam providência alguma. Pedi que estabelecessem uma distância concreta entre nós e os libertinos, mas esses líderes nada fizeram. Portanto, não posso culpar as autoridades de verem *todos* os seguidores de Jesus como uma seita única, indiferenciada.

Para dizer a verdade, a maioria dos crentes de Jerusalém estava horrorizada com a arrogante rejeição da circuncisão e com o desprezo que alguns irmãos manifestavam pela Torá. Nunca fora esse o ensinamento de Jesus. Jesus não viera para destruir a Lei! Viera para cumpri-la. Nem um pingo das palavras de Moisés ele pretendia mudar ou anular. Era o que eu dizia. Era o que argumentava. Ninguém me ouvia.

E o ataque veio como eu temera que viesse.

Ah, meu Deus, não sinto nenhum prazer em registrar a exatidão das minhas previsões. Não sou profeta. Não havia aqui nenhum mistério. Sou um homem simples que lê o que está claramente diante dos olhos, os sentimentos e ações do povo, tanto dos poderosos como dos fracos.

Assim foi que o rei Herodes Agripa, já amado por seus súditos, proporcionou mais alegria aos zelotes e saduceus e aos sacerdotes. Prendeu Tiago, irmão de João e filho de Zebedeu. Pode ter sido apenas uma questão religiosa. Não importa. O rei quis mostrar a sua força política no império em geral. Por isso não mandou apedrejar Tiago, conforme a exigência da Torá. Em vez disso, mandou matá-lo pelos métodos mais romanos.

Tiago, meu xará, foi decapitado.

Um único golpe de espada cortou de uma vez o pescoço do apóstolo, um dos doze, o primeiro daquele grupo a morrer.

Nada continuou o mesmo desde então.

Jerusalém rejubilava.

O rei Herodes, pensando em dobrar o júbilo, prendeu em seguida Simão Pedro. Enquanto os dias da Páscoa impediam a sua execução, Simão fugiu da prisão sob a orientação de um anjo. Rápido – e com razão – ele deixou Jerusalém.

O mesmo fez a maioria dos doze.

Na sua ausência, por uma terrível lacuna, a liderança coube a mim.

Não procurei isso! Eu não *queria* estar certo. Mas, uma vez que cabia a mim escolher pela Igreja de Jesus Cristo, meu irmão, pus em prática o meu próprio conselho. Minhas práticas piedosas eram vistas pelos fiéis judeus como lealdade. A obediência se tornou a rocha da Igreja, a firmeza para protegê-la contra os castigos de ventos, de chuvas e de inundações: não cairia. Eu não representava nenhuma ameaça em Jerusalém. Era honrado. Não comia carne. Nenhuma navalha tocava a minha cabeça. Nunca untei o meu corpo com os óleos da decadência romana. Nunca freqüentei os banhos. Nunca vesti lã, apenas linho. E somente eu, entre os cristãos, tinha permissão de aproximar-me tanto do Templo de Deus que quase chegava a *entrar* nele, onde me ajoelhava e orava sem cessar pelo meu povo.

Fui eu quem mandou recados aos cristãos que moravam fora de Jerusalém, dando notícia da morte de Tiago e exortando-os a viver dentro da casa de Israel. Queria muito, ansiosamente, que Antioquia recebesse os meus recados. E recebeu. Mas Barnabé e Saulo não receberam. Estavam ausentes havia mais de um ano, e ninguém sabia onde encontrá-los.

10

Timóteo

Certa vez, ao viajarmos de volta para casa depois que o meu pai executara um trabalho no oeste, ele parou a carruagem junto a um grande charco, ergueu a mão e apontou por sobre as águas verdes e troncos podres na direção de uma pequena montanha à distância.

— Veja aquilo — disse ele.

Olhei e vi duas árvores vivas, muito velhas, cercadas por um muro de pedra. Havia algumas grinaldas penduradas nos galhos, umas novas e coloridas; outras, escuras e secas.

— Um carvalho e uma tília — disse meu pai —, as únicas árvores vivas em toda a região. Vazio, vazio — sussurrou ele, abrindo os braços e acenando ao redor. — Onde estão as cidades? Onde estão as fazendas, as casas e a gente?

Fez um gesto negativo com a cabeça e começou a soltar um grande suspiro, mas o suspiro desandou num ataque de tosse. A tosse o obrigou a curvar-se para frente. O rosto ficou inchado. Cuspiu uma substância rosada na água verde. Depois limpou a boca e me disse: — Mas sei para onde foram as pessoas.

Sorriu, piscou um olho, deu um tapa no burro, e já estávamos de novo em movimento, na direção da nossa casa em Listra. Eu era apenas um garotinho. Gostei de deixar o charco e as grinaldas secas.

— Papai — disse eu —, para onde foram as pessoas?

— Ah! — suspirou ele e depois gritou para o burro: — Que bom aluno tenho como filho! Ele sabe qual é a pergunta exata. E eu não tenho uma resposta exata?

Papai subiu na carroça, sentou-se a meu lado e disse: — Era uma vez Zeus e seu filho Hermes...

Contou-me a história das duas árvores. Durante todo o trajeto da viagem foi me contando essa história. Várias vezes parou para dar carona a outros viajantes, mas não parava de contar a história, juntando a sua platéia ao longo do caminho. Era um bom contador de histórias.

Fez que a história terminasse exatamente quando chegamos em casa. Corri para dentro gritando: — Mãe! Mãe! Eu sei para onde foram todas as pessoas! Morreram afogadas!

Uma vez, Zeus e seu filho Hermes desceram à terra e viajaram pelas montanhas da Frígia disfarçados de homens mortais. Zeus não carregava nenhum raio fulminante. Hermes não trazia asas nos calcanhares. Procuravam algum lugar onde pudessem ficar.

Mas ninguém os acolheu.

Os fazendeiros e os aldeões diziam: — Não. — Mercadores e proprietários de terra todos mandavam os deuses embora. Foram a mil casas e mil portas se fecharam na cara deles.

Finalmente chegaram à casinha mais humilde de todas. Tinha um teto de palha e juncos. Bateram. Uma velhinha abriu a porta.

Disseram eles: — Podemos falar com seu patrão ou patroa?

A velhinha riu muito. — Falem comigo, meus bons senhores — disse ela —, porque eu sou a empregada e também a patroa, e o meu marido é escravo e também senhor, e nós somos toda a família nesta casa. Não há mais ninguém a não ser eu, que me chamo Báucide, e o velho Filemom, que lá está. Entrem. Entrem e fiquem à vontade.

Então os deuses inclinaram as suas grandes cabeças e passaram pela portinha baixa. Filemom sorriu e lhes trouxe cadeiras. Báucide as cobriu com panos velhos.

— Sentem-se — disse ela, e começou a mexer nas cinzas do dia anterior procurando uma centelha para acender algumas folhas e gravetos. Depois de muito soprar, ela conseguiu uma chama. Pegou então uns galhos secos da beira do teto e os levou ao fogo e sobre ele pendurou seu pequeno tacho.

Filemom trouxe legumes da horta. Báucide tirou deles algumas folhas para cozinhar, enquanto o marido pegou um garfo de dois dentes e tirou das vigas do teto uma manta de toucinho defumado e saboroso. Cortou um pedaço grande e também pôs no tacho.

Conversavam animados, o marido e a mulher, divertindo os seus hóspedes. Filemom derramou água quente numa gamela para que Zeus e Hermes pudessem se lavar. Báucide estendeu umas capas surradas sobre um divã com pés de salgueiro, cujo colchão era estofado com capim seco. — Senhores, tomem seus assentos — disse ela, curvando-se. Depois prendeu o seu manto delgado e, com mãos trêmulas, colocou uma mesa diante deles. Esfregou o tampo com hortelã fresca, e em seguida pôs na mesa pratos de argila e os aperitivos do jantar: cerejas colhidas no outono e preservadas em sedimentos de vinho; chicória e rabanetes com pedaços de queijo; ovos ligeiramente assados em cinzas não demasiadamente quentes.

Depois trouxe um frasco de vinho e copos de faia com o interior revestido de cera amarela.

Em seguida trouxe do fogão o cozido borbulhante. E finalmente o prato mais leve: nozes, figos e tâmaras secas, ameixas e maçãs em cestas rasas, uvas pretas, um brilhante favo de mel e uma alegre companhia.

Mas a esta altura o velho e a velha viram um milagre e ficaram com medo. O frasco de vinho, depois de esvaziado, encheu-se de novo. O vinho deles era ralo e jovem, mas este era encorpado e velho.

Caíram de joelhos. — Perdoai-nos — gritaram eles. — Perdoai-nos por esta refeição frugal, por nossos pobres preparativos!

De imediato levantaram e puseram-se a perseguir o ganso, o único que tinham, o guardião de sua casinha. — Desista! — gritava Filemom. — Você é um prato para as nossas visitas! — Mas o ganso voou pela sala até os hóspedes que com seus braços o protegeram.

— Não matem a criatura — disseram eles. — Não há necessidade. Somos deuses, não sabem?

Báucide e Filemom ficaram boquiabertos, aterrados.

— Não, não tenham medo — disse-lhes Zeus. — Em nossa aparência de mortais, fomos rejeitados por todos, exceto por vocês. Na condição de deuses, estamos prestes a punir a todos, exceto a vocês. Senhor, senhora, venham conosco. Deixemos a sua casa e subamos a montanha.

Foi o que fizeram. Báucide e Filemom, apoiados em bengalas. A duras penas foram subindo a encosta em direção ao ocidente. Perto do topo, voltaram-se e viram que toda a região havia começado a submergir numa espessa água verde. Apenas a casa deles continuava de pé. No início choraram pelo destino dos seus vizinhos, mas depois perceberam que a sua casa estava mudando: tornou-se um templo com colunas de mármore, um teto de amarelo brilhante, coberto de ouro, com portas entalhadas, mosaicos incrustados no chão.

Zeus, contemplando o rosto do velho casal, disse: — Peçam-me um presente, e eu o darei a vocês.

Num instante eles sabiam qual era o desejo dos seus corações.

— Permita que sejamos seus ministros — pediram eles — para servir em seu templo até a morte. E, quando morrermos, ó poderoso Zeus, permita que possamos morrer juntos, de modo que nenhum de nós dois tenha de ver o outro no ataúde fúnebre.

E foi assim que eles cuidaram desse templo pelo resto de suas vidas.

Depois, em certa noite, quando se encontravam de pé na escada sagrada do templo, curvados pelos invernos dos anos, Báucide viu folhas nos cabelos do marido, e Filemom percebeu que a pele da esposa se transformava em casca de árvore. Rebentos e galhos saíram das manchas escuras de sua carne e, um pouco antes que a grisalha casca encobrisse os seus rostos, marido e mulher gritaram em uníssono: — Adeus! Adeus, meu amor!

Foi assim então que ele se transformou num carvalho e ela numa tília, e as pessoas penduram grinaldas sobre essas duas árvores sagradas, até os dias de hoje.

Tinha eu oito ou nove anos quando o meu pai me contou pela primeira vez a história de Báucide e Filemom. Tinha dezesseis quando ele morreu. Meu pai era grego de nascença. Deu-me um nome grego: *Timotheos*, "aquele que honra a Deus". Mas ele se acomodou ao jeito romano de viver, porque era a Roma que servia. A administração de nossa cidade se baseava completamente no método romano. Foi o próprio César Augusto que fez de Listra uma colônia romana e, embora a maioria dos cidadãos fosse nativa do lugar, não sendo nem grega nem romana, a administração tinha um cunho romano e imperial.

O trabalho do meu pai consistia em fazer os registros dos magistrados da cidade. A sua vida dependia da boa vontade deles. Dizia que se "acomodava", como se isso fosse a coisa mais normal do mundo, e assim eu pensava que ele amava Roma. Depois que morreu, minha mãe declarou que era tudo pose, uma impostura necessária, porque Roma *não o amava* e, dizia ela num tom mais grave que o dele, "a sua vida dependia de Roma".

Criou-me como romano.

No nono dia da minha vida, o dia em que recebi um nome, ele ofereceu um sacrifício solene para a purificação do seu filho. Depois pendurou no meu pescoço uma *bulla*, um pequeno estojo de ouro contendo um minúsculo amuleto para me proteger de bruxarias e *fascinatio*, o mau-olhado. Sempre carreguei aquela *bulla*, durante todos os anos de minha formação.

Meu pai me ensinou a ler e escrever em grego e latim. Contou-me histórias de deuses e heróis. — Estive na estrada de Icônio — dizia ele — onde Perseu decepou a cabeça da Medusa emaranhada de serpentes – e Homero chama Perseu de o mais renomado dos homens. — Papai citava longas passagens descrevendo a raiva de Aquiles e a triste glória de Heitor. Tudo o que citava eu repetia, gritando as palavras com toda a força dos meus pulmões, até memorizá-las. Então ele me beijava e contava-me como esperava atingir a idade de Príamo, mas sendo mais feliz que Príamo, pois o *seu* filho não morreria num banho de sangue.

— Honre os deuses — dizia-me ele.

Com palavras de incentivo e com um surpreendente conhecimento do corpo humano, meu pai também me ensinou coisas que ele já não podia praticar: luta, manuseio de sabre e escudo, lançamento de dardo. Com a maior diligência, treinava-me para correr. Nisso era completamente grego. Pensava que eu deveria participar dos Jogos Helênicos e honrar os deuses competindo em corridas. — Em Ístmia, perto de Corinto — disse-me ele —, eu, com meu triunfo, cultuaria o menino-deus Meliceste, que foi carregado no dorso de um golfinho desde o ponto em que a sua mãe se atirou ao mar – os Rochedos Malourianos – até o litoral de Ístmia. Lá sacrificam o touro preto inteiro — dizia ele —, sem esquartejá-lo! Irei com você, meu filho. Vou morrer de alegria ao ver você coroado.

Tudo isso fazia a minha mãe ranger os dentes de tão nervosa. — Vida tranqüila — dizia ela torcendo o nariz. Não gostava das competições atléticas dos gregos nem dos combates sangrentos dos romanos. Temia pelo meu pai, que já não podia fazer o que exigia de mim, e odiava as menções que ele fazia à morte. Papai tinha tosse. Papai não tinha fôlego para o esforço físico.

Ficou planejado que eu me despediria da infância e ingressaria na maioridade no dia dezessete de março, no décimo sexto ano da minha existência. Meu pai escolheu essa data, a da celebração romana da Festa de Líber — as *Liberalia* — de modo que os líderes da cidade pudessem me reconhecer e perceber a minha excelente preparação para algum posto no governo, quer julgassem conveniente a sua presença pessoal às cerimônias, quer não.

Cedo no dia escolhido, deveria eu chegar até o altar dos deuses domésticos, ajoelhar-me e, pela primeira vez desde o meu nono dia de vida, remover a *bulla* do meu pescoço e depositá-la sobre o altar. Em seguida, tiraria a *toga praetexta* debruada de carmesim de minha infância, que também colocaria sobre o altar, ofereceria com meu pai um pequeno sacrifício de dedicação, depois vestiria a *tunica recta* toda feita de uma só peça para cair direto até os calcanhares sem cinto, indumentária da liberdade pessoal. Finalmente, meu pai expressou o seu desejo de que minha mãe deveria vestir-me com a pura toga branca do homem adulto, a *toga virilis.* Ela jamais concordara com isso, mas também não discordava, por isso meu pai tinha esperanças.

De fato, foi o seu último desejo.

Morreu no dia primeiro de março. Não esteve presente para fazer de mim um homem no dia dezessete. Não importa. A morte me fez homem. Foi minha mãe que, na noite do dia em que ele morreu, pegou a *bulla* e a arrancou de meu peito. Abriu a porta e jogou-a para o meio da rua, onde escorria a sujeira da cidade.

— Um homem! — gritava minha mãe. — Um homem! Que o homem venha me ajudar a limpar o sangue do seu pai, o sangue que irrompeu na sua garganta e o afogou!

O corpo dele jazia branco e limpo na nossa sala mais ampla. Os vizinhos haviam providenciado o traslado. No dia seguinte, nós o carregaríamos num ataúde de madeira e caminharíamos com ele para um túmulo romano. Mas a cerimônia privada foi no seu quarto. O sangue escorrera do seu divã para o chão. Minha mãe e eu, ajoelhados lado a lado, com panos limpos lavamos pedra e madeira, usando água e soda para remover o sangue de meu pai.

— Acomodação! — rosnava ela, apoiada sobre mãos e joelhos, esfregando o chão com panos ensangüentados. — A submissão fez dele o homem de que precisavam. Bondade, obediência – e aquela natureza sonhadora! Primeiro lhe tiraram a liberdade, depois lhe roubaram a alma, e agora tiraram-lhe a vida. Está bem, está bem — não hão de lhe tirar o seu filho!

Naquela mesma noite a minha mãe me levou a uma janela do lado leste da nossa casa e pediu-me para ajoelhar. Dentre os seus objetos pessoais retirou um pano quadrado de lã com borlas brancas nos cantos, cada uma atravessada por um único fio azul. Esse pano ela pôs sobre minha cabeça. Caiu prostrada ao chão ao meu lado e começou a chorar.

— Comprido demais! Comprido demais! Demais! — dizia chorando.

Depois, baixinho, com extrema rapidez, ela sussurrou: — Não há ninguém santo como o Senhor, ninguém além de ti; não há rocha como o nosso Deus, não, nenhuma além de ti. Aqui está meu filho. Aqui está o filho de meu ventre para ti.

A voz da minha mãe sibilava com tal angústia que tive medo. Chorava com ela. E eu disse: — Mamãe?

De repente ela agarrou-me o pulso e sussurrou: — Timóteo, repita as palavras que eu digo. Repita.

Pronunciou então palavras numa língua que eu desconhecia, mas copiei cada som que ouvi.

Ouve, Israel, o SENHOR, nosso Deus, é o único SENHOR. Amarás, pois, o SENHOR, teu Deus, de todo o teu coração, de toda a tua alma e de toda a tua força.

— É hebraico, meu filho — murmurou ela depois de longo silêncio. — Já é tempo de encontrar alguém para lhe ensinar hebraico. Você é um homem, agora, lembra?

Deitei-me no chão ao lado da minha mãe e a segurei com um braço. Dali a pouco senti o seu corpo soluçar, e depois murmurou alguma coisa ao Deus da sua infância, o Deus de seu povo e de meu povo também: o Deus dos judeus.

— Ah, explode coração — murmurava ela —, como amei este homem; sem ele agora estou quase morta.

Não havia sinagogas em Listra e muito poucos judeus. Daquele dia em diante, a partir do dia primeiro de março do meu décimo sexto aniversário, a minha mãe passou a procurar um judeu que me ensinasse hebraico de modo que eu aprendesse a língua tão bem como sabia grego e latim.

Pouco antes da Páscoa de meu décimo sétimo aniversário, ela entrou em casa febril de tão agitada.

— Eu o achei! — gritava ela — eu achei o professor que vai lhe ensinar hebraico. — Os olhos de minha mãe dançavam pela alegria da descoberta. — Timóteo, venha ao mercado comigo. Ele diz que sabe as escrituras gregas de cor, em grego – mas também sabe ler hebraico. Chama-se Paulo. Tem um amigo que o chama de Saulo – embora esse homenzinho em nada se pareça com o nosso primeiro rei.

11

Lucas

Assim, enviados pelo Espírito Santo, Barnabé e Saulo – e João Marcos com eles – viajaram a pé de Antioquia, no Orontes, até o porto de Selêucia. De lá zarparam para a ilha de Chipre.

Ao chegarem a Salamina, proclamaram a palavra de Deus nas sinagogas dos judeus. Depois atravessaram todo o oeste da ilha pelo sudoeste, chegando até Pafos, a cidade de onde o procônsul romano governava a província de Chipre.

Em Pafos, certo mago praticava os seus truques; era um falso profeta judeu chamado Barjesus. Fazia parte da comitiva do procônsul Sérgio Paulo, um homem de muita inteligência. Sérgio Paulo convocou Barnabé e Saulo a fim de ouvir diretamente deles a palavra de Deus.

Mas, quando se apresentaram a ele, o mago Elimas, aquele sonhador e intérprete de sonhos, aos brados os denunciou num esforço de impedir que o seu protetor passasse a crer.

Saulo, que também se chama Paulo, encheu-se de repente do Espírito Santo. Olhando indignado para Barjesus, disse: — Tu, filho do diabo! Tu, assassino da justiça, cheio de mentiras e malícia! Quando cessarás de perverter os retos caminhos do Senhor? Pois bem, cavalheiro, agora! Agora, imediatamente, pois a mão do Senhor está sobre ti, deixando teus olhos tão cegos como tua mente! Ficarás algum tempo sem nada enxergar, nem mesmo o sol.

Imediatamente névoas e escuridão caíram sobre Barjesus, e ele vagava à procura de alguém para guiá-lo pela mão.

Rapidamente, também, quando viu o que havia ocorrido, o procônsul creu. Ele estava maravilhado com a doutrina do Senhor.

Agora Paulo e seus companheiros navegaram de Pafos, contornando a ponta ocidental da ilha, ao norte da cidade de Perge da Panfília. João Marcos os deixou lá e voltou para Jerusalém. Mas Paulo e Barnabé atravessaram juntos os montes Taurus e chegaram a Antioquia da Pisídia.

No sábado entraram na sinagoga e se sentaram. Depois da leitura da Lei e dos Profetas, as autoridades da sinagoga mandaram dizer-lhes: — Irmãos, tendes alguma palavra de exortação para o povo?

Paulo tinha.

Ficou de pé e ergueu as mãos pedindo silêncio. Quando todos estavam atentos, ele disse: — Varões israelitas e vós outros que também temeis a Deus, falo igualmente a todos vós.

— O Deus de Israel escolheu os nossos pais. Multiplicou o nosso povo no Egito. Depois, com braço poderoso, os tirou do país, da escravidão. Por quarenta anos ele suportou Israel no deserto. E depois de destruir sete nações na terra de Canaã, deu-lhes a terra por herança. Por quatrocentos e cinqüenta anos Deus cuidou de Israel e depois lhes deu juízes, duzentos anos de juízes, até o profeta Samuel. Então pediram um rei, e Deus lhes deu quarenta anos de Saul, filho de Quis, da tribo de Benjamim. E quando tinha retirado o primeiro rei, Deus elevou Davi como rei – do qual dando testemunho, disse: *Encontrei em Davi um homem segundo o meu coração, que fará toda a minha vontade.* Agora prestai atenção! Da descendência do fiel rei Davi, nos últimos tempos Deus trouxe a Israel um Salvador, Jesus, exatamente como prometera.

— Antes da manifestação de Jesus, João pregou a todo o povo de Israel um batismo de arrependimento. Mas, ao completar a sua carreira, João dizia: *Não sou quem supondes. Não, mas após mim vem aquele de cujos pés não sou digno de desatar as sandálias.*

— Irmãos, descendência de Abraão e vós gentios que temeis a Deus, a nós todos foi enviada a palavra desta salvação!

— Mas os governantes de Jerusalém não reconheceram Jesus. Não entenderam os profetas que eles mesmos lêem todos os sábados. Então, condenando Jesus, cumpriram aquelas mesmas profecias! E embora não conseguissem encontrar nenhuma causa de morte contra Jesus, mesmo assim pediram a Pilatos que ele fosse morto. E quando cumpriram tudo o que está escrito a respeito dele, eles o tiraram do madeiro e o puseram num túmulo.

— Mas Deus o ressuscitou dentre os mortos! Por muitos dias apareceu àqueles que com ele subiram da Galiléia, pessoas que são agora as suas testemunhas. E nós vos trazemos o evangelho das promessas feitas por Deus aos nossos pais – essas ele cumpriu para nós, seus filhos, ressuscitando Jesus. *Tu és meu filho,* disse Deus nos Salmos; *eu hoje te gerei.* E, para sustentar o fato de que ele o ressuscitou dentre os mortos para que jamais voltasse à corrupção, ele disse: *Eu cumprirei a vosso favor as santas e fiéis promessas feitas a Davi.* E em outro salmo: *Não permitirás que o teu Santo veja corrupção.*

— Mas Davi, tendo servido a Deus, adormeceu; e então viu corrupção; porém, aquele a quem Deus ressuscitou, aquele não viu corrupção, de modo que por ele a remissão dos pecados vos é proclamada, e, por meio dele, todos os que crêem são libertados, de tal modo que a lei de Moisés jamais poderia vos libertar.

— Cuidado! Cuidado e não desprezeis esta notícia! Ah! Cuidado para que não vos sobrevenha o que está dito nos profetas: *Vede, ó desprezadores, maravilhai-vos e desvanecei! Porque eu realizo, em vossos dias, obra tal que não crereis se alguém vô-lo contar!*

Com essa passagem de Habacuque Paulo terminou a exortação. Mas muitas pessoas, mesmo antes de deixar a sinagoga, foram ter com ele e com as autoridades, implorando para que ele pregasse outra vez no sábado seguinte. Além disso, tanto os judeus como o gentios tementes a Deus acompanharam Paulo na saída da sinagoga, clamando por mais.

— Continuem — disse Paulo dirigindo-se ao povo. — Continuem na graça de Deus.

No sábado seguinte, a notícia da pregação havia provocado tanta animação que quase toda Antioquia se reuniu para ouvir a palavra de Deus.

Mas o tamanho da multidão provocou inveja entre os líderes das sinagogas; assim, quando Paulo se levantou desta vez para falar, eles também se levantaram para contradizê-lo. Com veemência, aos gritos, eles o insultaram.

Paulo e Barnabé discutiam sem medo: — Cumpria — gritaram eles — que a vós outros, em primeiro lugar, fosse pregada a palavra de Deus. Mas vós a rejeitais. Vós rejeitais a vida eterna! Por isso agora vamos procurar os gentios! Pois o próprio Senhor no-lo determinou, dizendo: *Eu te constituí para luz dos gentios, a fim de que sejas para salvação até aos confins da terra.*

Quando os gentios ouviram essa declaração, prorromperam num interminável aplauso. Glorificavam a palavra de Deus.

E creram todos os que haviam sido destinados para a vida eterna. E divulgava-se a palavra do Senhor por toda aquela região.

Mas esses mesmos líderes judeus se aproximaram de certos devotos gentios, mulheres de alta posição, homens de autoridade civil e, usando a agitação pública como prova de futuros acontecimentos, os deixaram temerosos e persuadiram a perseguir Paulo e Barnabé, e assim os expulsaram de vez do distrito da Pisídia.

Ao partirem, sacudiram contra os seus inimigos o pó dos pés e viajaram para Icônio. Mas os discípulos que deixaram no lugar transbordavam de alegria e do Espírito Santo.

Agora, em Icônio, entraram nas sinagogas dos judeus e falaram de tal modo que veio a crer uma grande multidão, quer de judeus, quer de gentios.

Mas os judeus incrédulos incitaram alguns gentios e envenenaram as suas mentes contra os irmãos.

Paulo e Barnabé permaneceram por muito tempo, falando sem medo no Senhor, o qual confirmava a palavra da sua graça, concedendo que, por meio deles, se fizessem sinais e prodígios. Mas dividiu-se o povo da cidade; uns eram pelos incrédulos judeus, outros pelos apóstolos.

Então os judeus e gentios que os rejeitaram, juntamente com as suas autoridades, preparam-se para molestar Paulo e Barnabé — e apedrejá-los. Estes, porém, souberam do plano e imediatamente fugiram da cidade.

Caminharam cerca de quarenta quilômetros pela estrada romana, de Icônio até Listra, uma cidade da Licaônia, e lá pregaram o evangelho.

12

Barnabé

Quiseram nos matar em Icônio. Lá permanecemos o tempo suficiente para fazer discípulos e também inimigos – ambos com sentimentos extremados. Saulo era desse jeito: um pequeno lutador absolutamente destemido, uma cabeça cheia de palavras e uma voz de chicote. Quanto mais longe íamos nas nossas viagens, tanto mais eu deixava a cargo dele a pregação. Da minha parte, limitava-me a ficar observando maravilhado. Saulo começava num tom normal, como quem diz: — Ninguém quer passar por bobo, ou será que vocês querem? É claro que não. Também não *queremos* ser ignorantes... — E ele falava sério! Falava mesmo!

Não era sarcástico. Tinha uma novidade tão importante a lhes dizer e tal necessidade de dizê-la imediatamente, rápido, que o tom comedido da sua voz se tornava urgente. Então as frases ficavam mais longas, as palavras irrompiam da sua boca como um bando de pássaros, e a sua fé era um vento forte nos corações das pessoas. Algumas palpitavam de alegria: essas levantavam-se e voavam; outras, porém, sentiam-se ofendidas, outras tinham medo de sua paixão sagrada. Essas passavam a odiá-lo, e foi o que aconteceu em Icônio. Os que acreditaram em sua pregação provocaram nos que não acreditaram a desconfiança e o medo de mudanças em sua cidade. — Este homem é uma ameaça — diziam nossos inimigos. — Põe em risco a própria ordem natural das coisas. Veja, vira o mundo inteiro de cabeça para baixo! — Por isso planejavam nos matar em Icônio. Até mesmo as autoridades queriam nos apedrejar.

Mas os nossos discípulos nos avisaram com antecedência, e fugimos para Listra, viajando quarenta quilômetros para o sul por uma boa estrada romana.

Há um templo dedicado a Zeus diante das portas de Listra, uma espécie de construção funcional sem jardins e fontes. É uma pequena floresta de colunas sob um teto de madeira, contendo uma estátua de Zeus. Há um pórtico e degraus e, diante deles, um altar.

Quando nos aproximamos do templo, vimos um grupo de gente junto ao altar. Alguém gritou: — Silêncio, por favor! — Nem todos os transeuntes pararam, mas alguns sim – velhas com tornozelos estropiados, velhos apoiados em bengalas, mães jovens com crianças.

— Os piedosos — murmurou Saulo ao meu lado —, os devotos praticando as suas perigosas devoções.

— Perigosas? — disse eu.

Havia fogo sobre o altar. Um sacerdote lavava as mãos numa bacia de prata que um de seus assistentes segurava. Enxugou-as numa toalha oferecida por outro assistente, e em seguida cobriu a cabeça com o capuz da túnica.

De repente ouviu-se a nota aguda de uma flauta. O som se prolongava sem cessar.

Saulo interrompeu a caminhada e sacudiu a cabeça negativamente.
— Esse ruído não pretende ser música — disse ele. — É só para sufocar outros sons infelizes. Sinto vontade de gritar.

Um rapaz conduziu ao sacerdote um cordeiro branco, com chifrinhos dourados e uma pesada grinalda em volta do pescoço. Sei como é o sacrifício de cordeiros, mas não gostei do ouro pagão nem da grinalda. O sacerdote borrifou a cabeça do cordeiro com vinho, farinha e sal, depois cortou um punhado de lã da testa do animal e a atirou ao fogo. Ergueu as mãos e proferiu em alta voz algumas palavras estrangeiras. Ao meu lado Saulo resmungava: — Orações inúteis. Palavras vazias. Perigo!

Agora outro assistente se apresentou com uma pesada marreta, ergueu-a bem alto e desferiu um único golpe na testa do cordeiro. O animal caiu morto. Foi um trabalho bem feito, um bom golpe. Vi piores no Templo de Jerusalém. Esse sujeito sabia o que estava fazendo. Imediatamente pôs-se de joelhos. Abriu com uma faca um dos lados do pescoço do animal e apanhou o sangue numa bacia. Entregou-o ao sacerdote, que o derramou, juntamente com vinho e um pequeno bolo, sobre o fogo do altar. Enquanto isso, o assistente começou a abrir a barriga do cordeiro, e em seguida todos passaram a examinar os intestinos do animal, murmurando frases pagãs.

A flauta continuava estridente, Saulo resmungava e eu também detestava o que víamos, porque estavam examinando os intestinos em busca de sinais dos deuses. Depois o sacerdote enfiou a mão na barriga do animal e de lá retirou a vesícula, os intestinos e o fígado. Tudo foi salpicado com vinho e trigo, e aquela massa toda foi posta sobre o fogo do altar, onde chiava e estalava, produzindo uma cheirosa fumaça branca.

Quando a flauta silenciou e as pessoas ao nosso redor voltaram às suas atividades matinais, Saulo começou a falar. Não parava de falar. Dizia:
— Perigoso para nações inteiras de pagãos!

— Olhe! Olhe lá dentro! — disse ele erguendo a mão num gesto tão dramático que as pessoas se viraram para olhar. Apontava para além do altar e do pórtico, para a estátua de Zeus no interior do templo: uma pedra de peito largo, barba cerrada e lábios insolentes.

— Trocaram a glória do Deus imortal por imagens que se parecem com o homem mortal — disse Saulo.

— Você sabe — brinquei eu, pegando-o pelo braço e andando de novo — quando eu era um simples levita, um judeu entre os judeus, a minha cabeça nunca se preocupou com pagãos. A vida — acrescentei rindo e apertando-lhe o braço — está ficando complicada!

O parceiro rejeitou as minhas piadas. — A ira de Deus se revela do céu — retrucou ele — contra toda impiedade e perversão dos homens que detêm a verdade! — Desprendeu-se de mim e avançou a passos largos.

Havia imaginado que ele estava falando comigo. Pelo que me dizia respeito, estávamos ainda nos aproximando de uma nova cidade, preparando-nos para achar um fórum e fazer a nossa pregação. Tolo que fui! Saulo já estava em plena atividade. As palavras já se juntavam para irromper de sua boca como pássaros.

Precisamente ao entrar pelas portas da cidade, o meu colega iniciou um sermão para o povo: — Aquilo que se pode saber sobre o verdadeiro Deus vivo está patente a todas as pessoas. Todas! — gritava ele, enquanto cidadãos, mercadores e camponeses começavam a olhar para ele, a escutá-lo.

— Desde a criação do mundo — Saulo anunciava — a natureza invisível do único Deus verdadeiro - o seu eterno poder, a sua divindade

– tornou-se visível nas coisas que ele criou. Assim, ninguém tem desculpa. Todo o mundo conhece a Deus. *Vós* conheceis a Deus. Portanto, este é o vosso erro: que não o honrais *como* Deus, nem *lhe* dais graças. Vós trocastes a verdade por uma mentira. Vós vos curvais perante imagens de pedra esculpidas por mãos humanas. Vós adorais a criatura em vez do Criador, que é bendito para sempre! Amém!

Tentei ficar perto de Saulo. A multidão aumentava com surpreendente rapidez. Que gente! Parecia que não importava quão duras eram as palavras do meu irmão. Sorriam, riam, mostravam os dentes. Alguém segurou-me a mão e tentou beijá-la. Quando Saulo disse *Amém*, ouvi uns vinte ou trinta "améns" imitando o dele. Mas eram apenas arremedos! Eram *forçados*. Foi então que percebi o problema e explodi numa gargalhada.

— Saulo — gritei.

Mas ele estava sendo levado pela corrente das suas palavras e dizia:
— E sendo que vós não reconhecestes a Deus, Deus vos entregou à maldade, à perversidade, à cobiça, à malícia...

— Saulo! — berrei eu. — Saulo, ouça o que dizem! Estão falando numa língua estrangeira. Não estão entendendo uma palavra do que você está falando!

Meu amigo! Naquele momento eu tinha certeza de que entendia a situação melhor do que ele. Ficou em silêncio, e eu esperava que caísse na risada comigo ante o absurdo da nossa situação.

Em vez da risada, porém, ouvi Saulo dizer: — Graças a Deus, eis um aqui diante de mim!

Olhei e vi que os seus olhos se fixavam num coxo, um mendigo sentado junto ao muro do lado de dentro da porta. E o mendigo olhava fixamente para Saulo.

Baixinho, bem baixinho, o meu parceiro murmurou: — Amigo, percebo que tens fé para ser curado.

A intensidade desses dois homens – Saulo e o mendigo curvado – produziu um efeito silenciador sobre a multidão. Todos se calaram. Ninguém dizia nada. Toda a cidade curvou-se antevendo o acontecimento.

De repente Saulo bateu palmas e gritou: — "*Anastethi!*" De pé! Fique de pé!

E foi exatamente isso que o mendigo fez. Como uma mola que se soltasse, saltou de pé. E andava, pulava e fazia cabriolas. O povo ficou boquiaberto. As pessoas começaram a falar, gritar e berrar. Alguns saíram da cidade correndo. Outros corriam pelas ruas. Alguns vieram até mim com as mais loucas saudações, acariciando-me a barba, puxando-me os longos cabelos. *Zeus* — diziam eles. No meio do clamor pensei ter ouvido a palavra *Zeus*.

Saulo foi empurrado para longe de mim. Apesar de toda a minha força, não conseguia segui-lo. Logo o perdi de vista.

Alguém às minhas costas jogou-me sobre os ombros uma toga realmente luxuosa. As pessoas à minha frente passavam as mãos no meu peito.Tocavam-me os músculos dos braços, tocavam-me os dedos e os pés. — O quê! — gritei eu. — Não conseguia pensar em dizer mais nada no meio da pressão de tanta gente. — O que está acontecendo?

Agora novas multidões invadiam as ruas, saindo de prédios e de lojas. Parecia que toda a cidade vinha chegando. O coxo foi erguido e carregado sobre os ombros de homens robustos, enquanto outros apontavam e explicavam coisas que eu não entendia. Havia gente dançando, cantando e celebrando. Perguntava-me se não era o Espírito Santo soprando outra vez, como aconteceu no dia de Pentecostes dezessete anos antes.

— O quê — berrei eu. — O que está acontecendo?

Para minha grande surpresa, uma voz me respondeu em perfeito grego. — Cada mulher agora é Báucide e cada homem Filemom. — Virei-me e vi uma matrona de pele mais escura. — Mas eu — disse ela — sou judia como você.

De repente, ouvi a flauta sacrifical rompendo o ar. A multidão sufocou a própria algazarra. Cessaram as canções e a gritaria. As pessoas controlaram-se e viraram-se para as portas da cidade.

Tamborins e chocalhos e aquela flauta: e lá, junto à porta da cidade, estava o sacerdote do templo de Zeus. Calçava luvas e vestia uma longa túnica branca. Carregava um machado. Dois assistentes, um de cada lado, o acompanhavam conduzindo dois bois, enfeitados com grinaldas de lã e fitas coloridas, preparados para o sacrifício.

Diante deles, outro assistente ergueu um bastão branco, e a música cessou.

— A Zeus! — gritou ele. — E a Hermes.

Naquele momento, como se houvesse sido ceifada por uma lâmina invisível, toda a cidade caiu prostrada em adoração. Apenas três ficaram de pé: Saulo, lá do outro lado do fórum, eu mesmo e uma mulher ao meu lado.

Disse-me ela: — Eles pensam que vocês são deuses que desceram à terra na forma de mortais.

Para nosso maior horror, os cidadãos de Listra se haviam prostrado voltados para nós! Na nossa direção, na de Saulo e na minha!

Joguei a bela toga e comecei a rasgar a túnica, cheio de aflição. Saulo, por outro lado — o meu brilhante parceiro — desandou a correr. Prendeu a túnica à cintura e corria mostrando as pernas tortas na direção da tribuna de pedra ao leste do fórum. Praticamente voou para o alto da tribuna, depois caiu de joelhos e soltou um longo e doloroso gemido.

— Por que fazeis isto? Por que fazeis isto? — gemia ele. Despiu-se de sua veste. Com as duas mãos agarrou a túnica à altura da garganta e a rasgou, mostrando o peito franzino e pálido.

— Não somos pessoas diferentes de vocês! — gemia ele. — Somos de carne como vocês, respiramos, sangramos e choramos. Não somos deuses. Somos criaturas *de* Deus, criadas *por* Deus. Como poderíamos ser deuses?

Saulo levantou-se. — Mas nós *conhecemos* a Deus! — gritou ele. — Conhecemos o único Deus vivo! Nós o conhecemos tão bem que o chamamos de Pai.

— Sim — gritava Saulo, deslocando-se para a esquerda da tribuna — e este é o Deus que fez os céus e os encheu de luz, que fez a terra e a vestiu de verde, que escavou as profundezas e as encheu com os mares, que encheu o mundo de aves e peixes e animais. Este é o Deus que chamamos de Pai.

Saulo saltou para a direita da tribuna. — No passado — declarou ele —, Deus permitiu que as nações trilhassem os caminhos que vocês trilham, que adorassem coisas vãs, a madeira e a pedra trabalhadas por mãos humanas. Mas nunca, nunca ficou ele sem uma testemunha! A natureza sempre exibiu a sua glória! Ele é o Deus que sobre vocês mandou cair do céu a chuva. Ele é o Deus que lhes deu o bem e as estações frutíferas, satisfazendo os seus corações com alimento e alegria.

— E agora, nos últimos tempos, esse Deus enviou o seu Filho ao mundo, pelo qual todos nós – nós todos, povos de todas as nações – podemos chamar Deus de *Pai.*

— Nós somos os seus mensageiros! Não deuses, não anjos, mas pregadores, nós dois, Barnabé que ali está e eu, Paulo, um apóstolo de Jesus.

De um lado para o outro da tribuna andava o meu irmão. Será que sabia se esse povo conseguia entendê-lo? Eu não sabia. Talvez houvesse alguns que conheciam o grego, como a mulher ao meu lado. Mas, como as palavras de Saulo perderam a sua terrível urgência, as pessoas já procuravam jeitos para descansar os calcanhares e foram se sentando sobre o chão.

O sacerdote de Zeus e seus assistentes deixavam as portas obviamente contrariados, arrancando as grinaldas dos bois. Para eles Saulo devia parecer um tagarela maluco.

De repente ele parou bem no meio da tribuna e gritou com toda a força de seus pulmões: — *Anastethi!* Povo de Listra, de pé. Fiquem de pé. Não se curvem a ninguém! Não adorem a nada exceto ao verdadeiro Deus. Venham ao seu Filho, o Senhor vivo Jesus. Venham ao seu Filho antes que o julgamento de Deus caia sobre o mundo. Venham, e não perecerão, mas viverão e, como criancinhas, estarão perante Deus naquele último dia e dirão: — Pai, Pai, tu és meu Pai.

Tudo num instante terminou.

Saulo desceu os degraus de pedra da tribuna. O povo se levantou e foi para casa, embora cinco ou seis viessem na sua direção.

Mas eu, eu fiquei sem palavras, cantarolando baixinho para mim mesmo, aturdido com o que Saulo acabara de fazer. Havia pregado a pagãos, sem dizer nada de Israel, nada do Deus de Israel, nada da nossa escritura, nada da aliança, de Abraão, de Moisés e dos profetas! Pela primeiríssima vez Saulo se despojara de toda a religião, de toda a história dos judeus. Para os pagãos o sermão dele ia direto da criação a Jesus.

Mas eu ainda sou um levita. E um judeu, como Saulo.

Fiquei ali sem ação, perguntando se deveria sentir-me abandonado. Bem, ao mesmo tempo também me perguntava se deveria seguir o caminho de Saulo e abandonar também esta última realidade – quero dizer, a minha condição de judeu. Tinha eu abandonado minhas posses aos pés dos apóstolos. Em Antioquia tinha abandonado a sinagoga para orar nas casas dos fiéis. Mas isto — a escritura e a minha herança: seria isto também exigido de mim?

Para a liberdade foi que Cristo nos libertou.

Alguém puxou-me a túnica. Era a mulher judia. Olhava-me nos olhos ansiosa perguntando: — Você sabe ler hebraico?

Foi exatamente sete dias mais tarde, sob o manto da noite, que uma gangue de desordeiros atacou o meu irmão Saulo.

Não sabemos quem os atiçou. Talvez o sacerdote de Zeus. Talvez os nossos inimigos houvessem viajado um dia inteiro vindo de Icônio para terminar o que tinham planejado fazer antes na sua cidade. Estava claro que o ataque não fora um acidente, uma vez que escolheram Saulo especificamente, para matá-lo. Acredito que pretendiam matá-lo.

Tínhamos aceitado o convite da judia para ficar na sua casa durante a nossa permanência em Listra. Era Eunice. Saulo havia combinado que ensinaria hebraico ao filho dela, Timóteo. A casa era de Lóide, a mãe de Eunice. Essas três pessoas tinham fome de notícias dos judeus e, depois, de Jesus – e eu mesmo agora me alegrava mais do que nunca ao ouvir as escrituras da boca do meu irmão.

Certa noite, quando voltávamos para casa por uma rua estreita, cinco homens bloquearam a nossa passagem, dois à nossa frente e três atrás. Em silêncio, sem um grito, os três que estavam atrás me derrubaram e imobilizaram no chão, enquanto os outros dois se aproximavam de Saulo. Rosnei, berrei, lutei, mas não consegui tirar os homens de cima de mim ou ajudá-lo. Saulo não dizia nada. Encarava os atacantes, e percebi que estava aguardando. Concentrando-se!

Corra, Saulo! Corra!

Não correu. Recebeu um golpe terrível no tórax. Curvou-se para frente e recebeu outro golpe nas costas. Caiu. Estranhamente, seus atacantes pularam para trás. Depois tive a impressão de ouvir uma saraivada de chuva, mas não senti a água. Claro que não, pois não havia água. Logo vi que tempestade desabava: figuras escuras sobre os telhados acima de nós atiravam pedras na nossa direção. Estavam apedrejando Saulo! Ouvi as pancadas de pedras caindo na rua. Ouvi os golpes das pedras contra o seu corpo. *Saulo! Saulo!* Eu o vi enrijecer-se sob a tempestade. Eu o vi dobrar-se sobre si mesmo. Depois suspirou, e o seu corpo relaxou. Uma pedra enorme repicou na sua cabeça. Mas ele não se mexeu, não se contorceu nem tremeu. Tornara-se um boneco quebrado no meio da rua. Foi agarrado pelos braços e arrastado dali.

Os que me imobilizavam seguraram-me no chão por mais um pouco. Depois disseram: — Você achará o corpo numa sarjeta perto do terceiro marco miliário. — E foram embora.

Por um instante fiquei ali parado, completamente aturdido. Depois, todo o meu corpo começou a tremer. Levantei-me para apoiar-me sobre um joelho. Depois levantei-me de novo e comecei a correr para a casa de Eunice. Esmurrei a porta. — Timóteo, Timóteo, preciso de você — gritava eu, e, assim que ele pôs o pé na rua, saí correndo para as portas da cidade.

— Apedrejaram Saulo — gritava eu. — Eles o mataram, Timóteo! Acho que o mataram!

Não havia ninguém na rua aquela noite. Os guardas haviam deixado as portas abertas. Passamos correndo e fomos estrada afora. Em minha alma eu gritava: *Saulo! Saulo, meu irmão!*

O cordeiro, com apenas um golpe de marreta no centro da testa, caiu morto no instante. Visivelmente morto. Então, não havia recuperação. *Saulo, Saulo, o que fizeram com você?*

Numa sarjeta! Deve ter sido atirado numa sarjeta. Logo depois do terceiro marco miliário nós o encontramos, à meia encosta perto de um uádi, com as pernas dobradas sob o corpo, os braços flácidos sobre o rosto e a cabeça ensangüentada. Pulei para dentro do lamaçal que o cobria e com a orla da túnica comecei a limpar o sangue espesso. Timóteo estava de pé, gelado, acima de nós. *Saulo, Saulo.*

— Vamos levá-lo para casa — sussurrei. Bastou isso, bastou dizer essas palavras e o som da minha voz triste me desmontou e comecei a chorar.

Então, ao mesmo tempo, em tom de zombaria e humor, o meu irmão, o meu parceiro apóstolo disse: — Ei, Barnabé, que coisa mais boba!

Os olhos de Saulo estavam abertos! Brilhos débeis neles se refletiam! Olhava para mim. Mexeu-se. Mudou de posição. Estendeu a mão e tocou-me o nariz.

— Não é preciso chorar — disse ele. Depois, apoiando-se sobre as mãos e os pés, saiu da sarjeta, levantou-se e disse: — Vamos indo — e se pôs a caminhar para a cidade.

Timóteo foi mais rápido que eu. Correu na direção do homem, na direção desse milagre do Senhor Jesus Cristo, e ofereceu-lhe um ombro jovem e forte para ele se apoiar.

Sim, sim, sim. Sim, Senhor Jesus: até a minha condição de judeu! Estava disposto a entregar toda a minha herança a fim de seguir para onde fosse aquele ousado homenzinho de pernas tortas.

13

Lucas

No dia seguinte Saulo prosseguiu com Barnabé para Derbe. Depois de pregar o evangelho àquela cidade e de ali fazer muitos discípulos, revisitaram Listra, Icônio e Antioquia, fortalecendo as almas dos discípulos, exortando-os a continuar na fé e declarando que devemos passar por muitas tribulações para entrar no reino de Deus.

E quando, depois de muito orar e jejuar, haviam escolhido presbíteros para os discípulos de todas as igrejas, entregaram-nos ao Senhor em quem haviam crido.

Em seguida passaram pela Pisídia e chegaram à Panfília. Depois de pregar a palavra em Perge, desceram para Atália. De lá zarparam para casa em Antioquia, onde inicialmente haviam sido recomendados à graça de Deus para o trabalho que agora haviam concluído.

Em Antioquia Paulo e Barnabé reuniram a igreja e declararam tudo o que Deus fizera com eles, como abrira as portas da fé aos gentios. E eles permaneceram por um bom tempo com os discípulos.

14

L. Annaeus Sêneca

Sêneca, no último mês do seu exílio na Córsega,
Para Gálio, meu irmão em Roma,
Neste nono ano do reinado de Cláudio.

Saudações!

Tente me achar, *mi Galli:* Estou voltando para Roma. Dentro de quinze dias, deixe os seus olhos vagar pelas ruas de Roma e procure um sujeito alto, careca, trajando uma toga de lã cinza, um homem macilento devido a nove anos de austeridades forçadas, um homem de pele amarelada e um rosto que revela o febril rubor da nossa aflição comum, o nosso *suspirium.* Aproxime-se desse homem. Abrace-o. Observe as lágrimas caindo-lhe dos olhos, e depois delicadamente pergunte se ele não é Sêneca.

Será Sêneca. E ele o beijará e suspirará ao ver você novamente.

Ah, *mi Galli,* aos cinqüenta e três anos de idade estou ressurgindo dentre os mortos e galgando uma posição de certa influência na cidade – embora ainda não saiba quanta influência nem com que segurança vou exercê-la. Agripina – que de repente se tornou esposa do nosso super-corpulento Imperador Cláudio – obteve do marido a minha liberdade e está me confiando dois ofícios: primeiro, a pretura (e como a nossa tia ficaria feliz ao me ver atuar como magistrado, uma vez que trabalhou tanto para a nossa promoção). E segundo, a tutela do seu jovem filho, Lúcio Domitius. Este segundo presente tem uma reputação menor, mas me coloca dentro da casa do imperador, onde uma influência privada pode ser poderosa – ou perigosa. Naturalmente, não vou recusar a proposta de Agripina, mas na minha cabeça fico *pensando* na tutela, procurando as garras que o gatinho poderá ter quando se transformar num leão.

Você sabe tão bem quanto eu que as pessoas da casa de César têm mais probabilidades de morrer envenenadas do que vira-latas. Quanto mais nos aproximamos do poder, tanto mais perto estamos da avareza, da malícia e de sorridentes assassinos. Como morreu a esposa anterior de Cláudio? Qual é o boato, Gálio? Certamente *não* de velhice nem por causa de um mal devastador. E como foi que Agripina fez o velho pensar novamente em casamento? E como, quem diria, conseguiu ela persuadir o Senado a derrubar as mais severas leis da moral humana, os infrangíveis códigos de Roma? Ela é sobrinha dele! Ele é tio dela! Isto é incesto! E mesmo assim ouvi dizer que uma grande multidão marchou para o Palatino, *clamando* pela aliança incestuosa de Agripina, e imediatamente o Senado votou uma exceção, e o velho glutão, nosso imperador, agora está preso nas afiadas garras de uma leoa.

Ao me oferecer a tutela do seu filho, Agripina me informa que sem dúvida Cláudio adotará o menino em menos de um ano. Ela ressalta, portanto, que está pondo sob a minha proteção um belo tesouro. Com jovial alegria, escreve que este filho de um imperador um dia também será imperador – isso apesar da presença de Britannicus, o filho de sangue de Cláudio. E ela ratificou a sua previsão contando-me uma história, que aqui repito com meu próprio punho de modo que você, meu irmão, possa avaliar esta inestimável mulher.

Parece que quando estava no sexto mês de gravidez esperando este rapaz, Agripina pediu que uma astróloga persa lhe fizesse o horóscopo.
— Darás à luz um filho — disse a astróloga — que será imperador e, como tal, assassinará a mãe dele.

Imediatamente a sinistra Agripina respondeu: — "*Necet me dum regnet.* Que me mate – desde que reine!"

Essa é a mulher para a qual vou trabalhar.

Quanto ao filho dela, quando for adotado, receberá um nome que significa "forte" e "valente". Ela vai chamá-lo de *Nero,* e depois veremos de que será capaz esse nome. Pelo que sei, o rapaz, aos doze anos de idade, tem pernas finas; tem os cantos da boca caídos; os seus olhos azul-cinza são protuberantes e míopes; o seu cabelo é castanho, cor de cobre; gosta de dança, de música e de poesia mais do que de atividades marciais ou de estruturas jurídicas ou de administração governamental. Esta é a minha argila. Esta é a criatura que me pedem para plasmar num *Nero*: num "valente". Um imperador. Hum.

Mi Galli, sou um filósofo. Mesmo nesta ilha estéril consigo sentir-me livre nas minhas contemplações. Diga-me, então, e com sinceridade: Poderei sentir-me tão livre no palácio imperial onde os leões agitam as suas caudas num exercício irresponsável do poder?

Bem, talvez o filósofo consiga domar o gatinho, apesar da leoa sua mãe, e moldar um bom rei no fim das contas.

15

Tiago

Tiago, em Jerusalém,

Para Simão Pedro, em Cesaréia:

Por favor: dispa-se por uns tempos do manto que o esconde e venha a Jerusalém o mais depressa possível. Saulo de Tarso e José Barnabé estão neste momento viajando para cá procedentes de Antioquia. Não sei que caminho escolheram; não sei se por terra ou por mar. É possível que desembarquem no porto de Cesaréia e até mesmo que estejam perto de você na hora em que ler esta carta. Mas o meu desejo é que você chegue aqui antes deles. Precisamos discutir o que está acontecendo em Antioquia antes de nos confrontarmos com os líderes de lá.

Em Jerusalém os ânimos estão muito exaltados. É sempre assim, naturalmente (e agimos bem mantendo a disciplina e, conseqüentemente, a estabilidade, apesar da ferocidade urbana daqui). Mas eu me refiro aos ânimos das nossas comunidades.

No mês passado Judas Barsabás voltou de Antioquia furioso, condenando mil coisas. Deslocara-se para lá por iniciativa própria (não o enviei) "para saudar Saulo e Barnabé", conforme palavras dele, por ocasião da conclusão da viagem deles de um ano por Chipre e pelas províncias do norte. Ele, como Saulo, é fariseu. Protesta que queria abrir um diálogo com o homem que estudou com Rabã Gamaliel. O próprio Barsabás não foi aceito pelo grande mestre.

Agora Barsabás está de volta, arrancando as barbas e me dizendo como ficou chocado ao descobrir que os crentes de Antioquia são desprezados pelas sinagogas e rejeitados como apóstatas e blasfemos. Os judeus, diz Barsabás, estão divididos em dois grupos completamente separados. Os crentes, que agora são chamados de "cristãos", aumentam o número de seguidores congregando gregos e pagãos que encontram na rua, enquanto as sinagogas se encolhem porque os gentios e prosélitos tementes a Deus as abandonam ("E *abandonam o Senhor Deus!", vocifera Barsabás), preferindo as igrejas domésticas com a sua lamentável permissividade.*

— Estão desertando o Senhor Deus — diz Judas Barsabás em tom ameaçador —, porque em Antioquia esses "cristãos" ensinam que os gentios não precisam ser circuncidados! O batismo é suficiente, e Jesus é tudo! — Barsabás caminha de um lado para o outro da minha sala em grande agitação. — Podem ignorar a Lei! — diz ele. — Imagine, no interior das suas igrejas domésticas vi os puros e os impuros sentados lado a lado, comendo carne de animais sufocados, comendo carnes de animais abatidos e esquartejados num ritual pagão!

— E o maior líder de todos eles — diz Barsabás, puxando a barba e sacudindo a cabeça — é Saulo de Tarso. Como esperava admirá-lo! Mas encontrei-o pregando diretamente aos pagãos, não ensinando nada sobre Israel, nada sobre Moisés, absolutamente nada sobre Abraão. Como também não exige nada desses pagãos em troca da salvação, a não ser que acreditem em Jesus, que morreu e ressuscitou e logo há de vir de novo.

Simão, você e eu conhecemos Judas Barsabás; sabemos como se emociona e como perde o controle. Mas uma coisa eu lhe digo: ele tem um bom coração. Realmente almeja a salvação de todos. E teme que Saulo esteja pervertendo a palavra de modo tão desastroso que os pagãos que nele confiam não venham a receber a salvação. Por isso ele, Barsabás, ficou meio ano em Antioquia, argumentando em público contra Saulo e Barnabé e ensinando exatamente que "se alguém não for circuncidado conforme a tradição de Moisés, não poderá ser salvo!" Ele me informa que Deus lhe concedeu algum êxito. Levou muita gente a questionar a liderança de Antioquia, e alguns claramente se afastaram de Saulo e Barnabé. Mas acha que isso não é suficiente.

Assim Judas Barsabás fez seus discursos indignados em todos os cantos entre os crentes aqui em Jerusalém. Durante este último mês despertou as paixões sobretudo dos fariseus de nossa comunidade. Quer "purificar a igreja", diz ele, "e limpar o nome de Jesus dessas traiçoeiras mentiras". Argumenta que nem mesmo Estêvão, cuja língua materna era o grego, rompeu com as sinagogas, da mesma forma que os seguidores de

Estêvão – Filipe, Timão, Prócoro – jamais se dirigiram a ninguém, exceto àqueles que conheciam e adoravam o Deus de Abraão, de Isaque e de Jacó.

Simão, devo lhe dizer que Barsabás não é o único que está temeroso. É apenas o mais exaltado.

Agora ouço dizer que Antioquia está enviando uma delegação a Jerusalém a fim de defender a própria causa. Saulo e Barnabé estão a caminho, acompanhados por um certo jovem gentio. Já se fala por aqui de sua vinda e de sua energia.

Que o Espírito do Senhor Jesus Cristo nos conceda as palavras e a sabedoria durante o choque que está por vir!

Você sabe por onde anda Tomé? Há dezoito meses não tenho notícias dele.

Traga Filipe.

Deixe sua mulher ficar em casa. Não a faça correr riscos. Traga pouca bagagem.

Por favor, Simão, venha logo.

16

Tito

Estou sem fôlego. Mal consigo acompanhar. Barnabé disse que deveríamos zarpar para o sul. Disse Paulo: — Não, vamos a pé. — Por quê? — perguntou Barnabé. Respondeu Paulo:

— Para que possamos falar com todos os que encontrarmos pelo caminho. — E é isso que estamos fazendo. Difícil haver um dia de folga. Nenhum descanso. É a estação das chuvas, mas Paulo acorda antes do alvorecer e sai apressado, faça chuva ou faça sol. A impressão que tenho é a de que é uma corrida. Vamos atrás dele num passo acelerado. Ao meio-dia ele chega a uma aldeia onde moram alguns cristãos (como é que sabe onde moram?) e lá vamos nós para as casas deles. Fazemos um lanche rápido e Paulo conta a sua história. Quero dizer: a história do seu encontro com Jesus na estrada de Damasco.

Quanto mais avançamos rumo ao sul tanto mais gente encontramos que nunca viu Paulo cara a cara, de modo que para eles é uma história maravilhosa. Já a ouvi tantas vezes repetida. Paulo diz: — Eu perseguia a igreja de Deus. Queria destruí-la. Zelava tanto pelas tradições dos judeus que progredi em religião mais do que qualquer um da minha idade. — Depois, batendo na mesa ou em alguma outra coisa, acrescenta: — Mas Deus me escolheu antes do meu nascimento! E, quando viajava na estrada de Damasco, revelou-me o seu Filho. Jesus de Nazaré apareceu-me e disse: *Saulo, Saulo!* e me chamou para ser um apóstolo voltado para os gentios!

Aí está. É isso que Paulo conta em todos os lugares onde paramos. Às vezes as pessoas choram no ato, derramando lágrimas de felicidade pela mudança que nele se operou. Sempre, em toda parte dizem: "Deus seja louvado! Glória a Deus Pai" ou frases do gênero. Em seguida, Paulo prossegue e conta-lhes o que aconteceu quando ele e Barnabé pregaram aos pagãos, como o Espírito Santo desceu sobre os pagãos assim como sobre os judeus – e depois os nossos anfitriões realmente vão à loucura. Todos começam a cantar hinos, e se alguém gritar *Em nome de Jesus*, bem, então apresento o meu número, que é uma dança engraçada e falo em outras línguas. O Espírito Santo me faz falar em outras línguas.

Digo a Paulo: — Por que fui convidado? Que vou fazer quando chegarmos a Jerusalém? — E ele me responde: — Nada. Não faça nada. — Bem, isso é um enigma, e então eu digo: — Não estou entendendo. — Ele então me olha bem nos olhos e diz: — Tito — diz o meu nome solene, sério e até assustado; é o que *me* parece, assustado. — Tito — diz ele — o evangelho que prego aos gentios não deve ser pregado em vão. Não posso estar correndo em vão. Alguns falsos irmãos andaram espiando a liberdade que temos em Cristo Jesus. Querem nos reconduzir à escravidão. Querem transformar a minha pregação em nada. Mas você, irmãozinho, você é minha prova. Quem você é, o que você faz, o que não fizeram com você: tudo isso é a prova do poder de Jesus.

Bem, quando ele diz isso, a única coisa que passa pela minha cabeça é: *Na sua velocidade, a corrida não é em vão: É uma tarefa tão cansativa que está me matando.* Contei esta piada a Barnabé, que geralmente tem senso de humor. Mas desta vez me diz:

— Não, mas Saulo está falando sério. — Tenho vontade de responder: *Sei que está falando sério! Essa é a questão.* Mas Barnabé já está galopando atrás de Saulo, o homenzarrão atrás do homenzinho como um urso do deserto perseguindo uma lebre. Então também saio correndo, eu, o mais jovem de todos, mal consigo acompanhá-los.

17

Barnabé

Disse Judas Barsabás: — Eu sou judeu.

Saulo saltou de pé. — E eu não sou? Sou tão hebreu quanto qualquer um aqui presente!

Em Jerusalém as pessoas não se levantam para falar. Quem faz isso é o retórico grego. Os rabinos ensinam sentados. Jesus ensinou sentado. Assim, quando Saulo saltava de pé, conseguia a atenção, não há dúvida, mas não a atenção desejada.

Saulo apontou para Judas Barsabás e gritou: — Você é um israelita? — Bateu em seu peito magro. — Eu também sou!

Estendi a mão para cutucar o braço de Saulo. — Saulo — sussurrei — Saulo.

Simão Pedro falou com a sua voz retumbante lá do outro lado da sala. — Mal posso esperar para ouvir o que você tem a dizer, irmão — disse ele. — Sei quanto as suas palavras serão poderosas. Mas ouça primeiro para lhes dar melhor forma. Por favor, Saulo, sente-se.

Saulo sentou-se outra vez entre mim e o jovem Tito.

Declaro em seu louvor e em louvor a Deus que ele então se prendeu com grilhões espirituais e ficou ouvindo. Em louvor de Saulo, digo, e para meu próprio alívio, porque estávamos no local como embaixadores de Antioquia, e eu é que havia sido encarregado, mas o meu parceiro tinha o costume de atacar todo o mundo. Como esperava que ele continuasse preso aos seus grilhões! Estava sentado meio de cócoras, com aqueles olhos pequenos fixos no nosso oponente.

Judas Barsabás tinha uma barba longa e desgrenhada que cofiava ao falar. Era um sujeito grisalho, do tipo sangue de barata. Por isso seus arroubos sempre me pareceram estranhos, como gelo rachando.

— Eu sou judeu — repetiu Judas Barsabás. — Nasci judeu, fui circuncidado no oitavo dia e recebi o nome de Judas Macabeu, aquele salvador do Antigo Israel que sempre, sempre, até nas mais árduas circunstâncias, obedeceu às Leis de Deus e as honrou. Como ele fui treinado para observar as Leis e, desde o ano em que atingi a maioridade, guardei as festas, evitei o que é impuro, nada comi de impuro, descansei no sábado, meditei sobre a Lei tanto à luz do dia quanto à noite. Sou judeu. Nasci israelita, um dentre o povo escolhido por Deus.

Fez uma pausa para ajeitar a túnica. Depois continuou: — Mas agora, em nome de Jesus sou duplamente judeu e duplamente israelita! E como — perguntou ele com um sorriso frio — isso pode ser possível?

Estávamos sentados em longos bancos, alguns de pedra que faziam parte das paredes, alguns de madeira tosca espalhados pela sala. Os de madeira exalavam um leve cheiro, como houvessem sido salvos de um prédio destruído pelo fogo. De tão velhos eram lisos. Uma sala ampla como esta não era comum nas casas de Jerusalém, mas a minha tia Maria havia derrubado uma parede inteira a fim de abrigar uma assembléia de numerosos cristãos.

Judas Barsabás ocupava um lugar no assento de pedra no canto norte da casa. — E como isso pode ser possível? — disse ele, virando o seu rosto grisalho para um lado e para o outro, embora sem nos olhar nos olhos. Raramente olhava para os olhos das pessoas. Fixava nossas gargantas ou o cabelo, e respondeu à sua própria pergunta: — Porque me associei ao judeu dos judeus. Porque acredito no israelita que Deus Pai escolheu como sendo o último e o melhor de todos, a própria consumação de Israel. Pois o Deus que escolheu Abraão, o Deus que escolheu Israel para ser o seu povo, o Deus que escolheu os profetas para que chamassem o povo de volta outra vez, esse mesmo Deus, que não pode negar a sua própria natureza, deu testemunho de sua santa natureza escolhendo mais uma vez, para sempre. Como coroamento e conclusão de todos os seus atos de escolha, Deus escolheu Jesus de Nazaré para ser o seu Filho, o seu Bem-Amado, o Messias. E o que, irmãos e santos, significa isso? Ora, significa que somos um Israel *dentro de* Israel! – e devemos, portanto, ser um fermento para toda a massa.

Saulo ouvia atento. Cada fibra de seu corpo franzino vibrava de modo quase imperceptível, mas tinha os olhos cravados em Barsabás.

Tiago olhava para os dois fariseus, fixando ora este ora aquele. Houve um momento em que os nossos olhares se cruzaram, e ele pareceu-me sondar o que eu sentia. Dei-lhe em troca um sorriso aflito. Realmente eu não sabia o que eu estava sentindo. Não gosto de Judas Barsabás. É um sujeito briguento, faltam-lhe gentileza e humildade. Mas confesso que as suas palavras me comoveram, e de repente descobri este pensamento errante no meu coração: *como é bom estar de novo em casa.*

Estávamos reunidos na casa da minha tia Maria, a mãe do meu primo João Marcos. Não havia lugar melhor em Jerusalém. Havia ali um grande quintal bem junto à porta da cidade, e nesta sala, depois da ampliação, podiam reunir-se de trinta a quarenta pessoas. Mas, para mim, o ambiente era uma volta para casa. Depois que havia vendido as minhas propriedades e distribuído todas as minhas posses, foi Maria que me acolheu, me abençoou e me deu alimento. Por isso, as cores vermelhas das paredes e os mosaicos espalhados pelo chão, o cheiro das suas arcas e cestas, do alho trançado, das pétalas secas numa tigela, o candelabro entalhado numa viga do teto entre dois chofares, os castiçais de ferro, as lâmpadas azul-pálido – tudo eram detalhes que me confortavam. *Como é bom estar de novo em casa!*

Aqui estavam as pessoas que participaram daquele flamante Pentecostes dezenove anos atrás! Apóstolos e profetas, discípulos e mestres e amigos que eu não encontrava havia dez anos – as mesmas pessoas que, na primeira explosão do Espírito Santo, haviam atirado o seu rosto para o céu e falado em línguas que não conheciam antes! Aqui, na casa de Maria, em bancos ao meu redor, sentavam-se homens com velhas cicatrizes, pois nós todos, naqueles primeiros dias, *nos alegrávamos* por apanhar, nos alegrávamos por sermos dignos de sofrer humilhações pelo nome de Jesus!

Simão Pedro estava atrás do meu irmão Saulo; Tiago ocupava um assento isolado; João, filho de Zebedeu, cujo irmão fora assassinado pela fé, sentava-se entre a sua mãe e Maria Madalena, agora terrivelmente magra e de cabelos brancos. Em volta de toda a sala estavam os rostos daqueles primeiros dias, antes que as perseguições nos dispersassem. Rostos graves, consoladores: minha velha tia Maria e João Marcos, Filipe, André e Matias, a jovem Rode, a minha pequena Rosa, cujo nariz adunco eu amava quando ela contava seis anos de idade e eu era o homem que ela melhor conhecia, uma espécie de pai. Toda essa gente havia voltado para Jerusalém uma vez mais, por amor à unidade da igreja. Que ótima companhia! *E como é bom estar de novo em casa!*

Apenas uma figura aqui presente na assembléia na casa de Maria não estivera conosco no início. Não *conosco*, quero dizer — embora na época residisse na cidade, rondando pelas ruas feito Satã.

Saulo de Tarso, agachado ao meu lado, tenso como um gato, com os olhos de pálpebras avermelhadas cravados em Judas Barsabás, com as suas tremendas sobrancelhas negras tremendo.

— Conheço o Messias que Deus escolheu — ia dizendo Barsabás. — Acredito em Jesus: Senhor e Salvador e a Consumação das expectativas judaicas. Irmãos e santos, somos um Israel *dentro de* Israel! Pois temos em Jesus o centro da noz! Ele é a semente na flor. A fornalha no lar. Nele temos mais do que as promessas de Deus. Temos o cumprimento de todas as promessas! Em Jesus a Lei e os Profetas se completam e são, portanto, mais belos e mais compulsivos do que jamais foram. Crer em Jesus não me separa nem um milímetro do meu povo. Antes, ele é a palavra seguinte da nossa história, e também a última. Muitos apareceram entre nós afirmando que eram o Messias, o Ungido do Senhor nosso Deus. A diferença entre eles e Jesus é simples e singular: Jesus *é*.

Como se o Livro da Lei acabasse de ser aberto, algumas pessoas murmuram: *Amém, amém.*

Barsabás piscou os olhos úmidos para os que se manifestaram. — E que mais deveria dizer a Igreja? — perguntou ele. — Que mais precisa a Igreja pregar a todos, judeus ou gentios? Declaramos que Jesus é finalmente a flor de uma árvore forte e antiga, e nós que nele cremos somos o seu fruto. Por que deveria alguém labutar para derrubar essa árvore?

Várias vozes disseram: *Ninguém quer cortá-la. Quem quer cortá-la?*

Disse Barsabás: — Seria matar a flor e também o fruto!

Neste momento ele ergueu a mão direita e apontou para Saulo. — Mas este homem pensa que a flor pode viver sem a árvore. Disparou as palavras com uma lógica fria. — Este homem quer plantar um Israel *separado* de Israel, como se Deus rejeitasse o seu povo, como se Deus pudesse negar a si mesmo! Este homem nega a necessidade das Leis de Deus para a salvação dos gentios!

Como se Deus pudesse negar a sua própria natureza.

— Mas Deus — Barsabás aumentou o volume da sua melodiosa voz — enviou Jesus como judeu aos judeus, para que pudéssemos amá-lo e guardar seu nome puro e *como judeus* convidar as nações a virem e a amá-lo também! Pois vindo a Sião, todos os povos podem ser salvos! Deus escolheu Jesus, um descendente de Abraão, a fim de que, *por meio de Abraão*, como diz o próprio Deus, *todas as famílias da terra possam ser abençoadas!* E assim é que elas vêm a Sião: observando as Leis de Moisés! E assim é que amam o Messias: observando as Leis de Moisés! E assim é que em Abraão todas as famílias da terra trazem a bênção sobre si: conhecendo, honrando, observando e guardando as Leis de Moisés.

— A circuncisão — entoou Barsabás — é absolutamente necessária para a salvação.

Amém! Deus falou! Este é um profeta de verdade!

Pálido, Judas Barsabás terminou, mas na sala ainda ecoava o som da sua voz e o seu recado, primeiro na forma de gritos e depois nas conversas particulares, ao pé do ouvido. Fora uma argumentação corroborada tanto pela fria raiva e paixão quanto pelo conteúdo. O conteúdo, porém, era real, e as pessoas agora conversavam expressando suas próprias paixões.

A jovem Rode, a minha pequena Rosa, trouxe frascos de vinho que ela havia misturado com água e mel. Espalhou cestos de frutas secas pela sala, e folhas frescas de hortelã. Depois serviu vinho a todos. Reservou a taça mais bonita e o mais tímido, o mais encantador dos seus sorrisos para Tito, que estava sentado rindo como um melão partido.

Em outras circunstâncias, eu teria explodido numa gargalhada, gracejando sobre essa troca de carinhos – mas agora estava preocupado. As palavras de Barsabás tiveram um efeito óbvio e positivo sobre as pessoas. Tiago, Pedro e João haviam-se retirado a um canto, onde travavam um diálogo em voz baixa. Outros mastigavam e riam com despreocupada confiança como se os problemas já tivessem sido resolvidos. Era uma situação tensa. Eu começava a perceber quanto Saulo e eu éramos vistos como estranhos. Enveredáramos por caminhos que ninguém mais percorria – e agora aqui viéramos para expor perante esta comunidade a verdade do nosso evangelho para os gentios, aqui, no lugar central e mais santo dos cristãos. Tito, inocente no que se refere às violentas histórias dos judeus, viera como prova da exatidão das nossas diferenças.

Olhei para Saulo. Não me retornou o olhar. A sua enorme cabeça estava inclinada. Parecia tão absorto em meditação que as minhas inquietações cresceram e me senti ligeiramente só.

Pedro, Tiago e João — os "pilares da igreja", como Saulo os chamava — retornaram aos seus assentos.

Se eu tivesse conseguido ler as suas expressões, teria dito que estavam "preocupados", mas isso se parecia demais com o que sentia, e portanto rejeitei essa interpretação.

Disse Pedro: — Irmão Saulo?

Outros na sala reagiram, dirigindo a atenção para Pedro e Saulo. Mas o meu parceiro não pareceu notar nada.

Disse novamente Pedro: — Saulo?

Saulo deu um pulo, como que de susto. Levantou o rosto e aquele cenho carregado, olhou em volta pela sala com uma expressão tão calma e bondosa que as pessoas fizeram silêncio, aguardando. De repente percebi que Saulo estivera intensamente alerta o tempo todo, apenas *parecendo* perdido em pensamento.

Falou de modo indefinido, envolvendo toda a sala. — Posso falar agora? Tenho permissão para falar agora?

Pedro sorriu constrangido, como se esperasse que outro respondesse, e depois disse: — Certamente.

Saulo olhou para Tiago e disse: — Os feitos que vimos e realizamos em nome de Jesus podem ser apresentados agora à igreja?

Tiago acenou que sim.

— Obrigado, obrigado — disse Saulo. Levantou-se com meticulosa formalidade, como costumam fazer os homens de baixa estatura.

— Se devo ou não responder às... às acusações do irmão que acaba de falar, veremos depois. Essa hora pode chegar. Ou então a hora e a necessidade talvez nunca cheguem. Da minha parte, gostaria de começar apresentando com prazer o meu amigo e auxiliar, Tito. — Saulo fez um gesto na direção do jovem ruivo e inocente ao seu lado. — Santos, queiram saudar este novo santo, Tito.

Ouviram-se saudações em várias línguas: *Shalom* — diziam . — *Eirene.* "A paz esteja com você". *Ave.*

— Obrigado — disse Saulo.

Em seguida, como se acabasse de ter a idéia, acrescentou: — Que tal se eu pedisse que o meu jovem amigo tomasse a palavra? Que tal se Tito lhes falar sobre as nossas realizações em nome de Jesus fora da Judéia?

O pobre Tito ficou branco feito flor de amendoeira.

Pedro se esforçou para ser jovial. — Claro! — bradou ele.

— Porque, sabem, o Espírito Santo está neste jovem — disse Saulo, com crescente entusiasmo. — Tito é um gentio cheio do Espírito Santo. Certamente, isso lhe deveria dar autorização para falar nesta boa companhia, neste grupo de ampla reputação. Certamente, isso nos deveria dar todos os bons motivos para avalizarmos o seu testemunho como verdadeiro - certo?

— Certo, certo! — respondeu Simão. — Todo aquele em quem habita o Espírito Santo é digno de nos dirigir a palavra! Nós ouviremos. — Simão Pedro e eu somos muito parecidos: em situações tensas tentamos desesperadamente ser agradáveis.

— Quando adoramos nas casas em Antioquia — dizia Saulo —, Tito nos acompanha. E sempre que o Espírito Santo sopra pela congregação, o jovem Tito também recebe uma parte do Espírito. Participa das celebrações plenamente tanto quanto Barnabé ou eu, embora nós é que pregamos. Este é nosso sinal do Espírito, pregar. Tito tem o seu sinal também, a sua própria manifestação do Espírito de Deus!

— Alegro-me por vocês! — rugiu Simão Pedro. — Eh! rapaz, esperamos poder adorar com você hoje à noite.

Seguindo Pedro, um grande número de pessoas sorriram para Tito, murmurando louvores a Deus.

— De fato, realmente — respondeu Saulo — o jovem Tito tem fé em Jesus, pois confessa que Jesus morreu pelos seus pecados, e declara que Jesus ressuscitou para a sua salvação. De fato, realmente! O jovem Tito é um crente como nós, pois foi ele quem trouxe o seu pai para ouvir o evangelho. Este menino é o pai do homem, e o evangelho agora brilha no rosto do seu genitor.

Os circunstantes começaram a aplaudir. Tito também acenava com a cabeça e respondia aos elogios com incontrolada alegria pessoal. Seus jovens olhos brilhavam de tão agradecidos.

Saulo sorriu e disse: — Ele anda na luz, embora não seja judeu.

As pessoas disseram: — Amém!

Saulo disse: — E esta é a razão pela qual Tito está aqui! É ele um exemplo vivo da eficácia da nossa pregação, do evangelho que pregamos aos gentios. Não saímos pelo mundo por nossa própria iniciativa, Barnabé e eu. Fomos... escolhidos... pelo Espírito Santo e enviados pela igreja de Antioquia como apóstolos. Este jovem gentio, Tito, representa o fruto das nossas labutas. É apenas um dentre centenas e centenas que invocam o nome do Senhor Jesus Cristo. Tito! E não está ele unido a todos os que estão aqui presentes? Vejam como ele se alegra na salvação!

A assembléia inteira começou a aplaudir. Um ou outro emitia gritos de aprovação e alegria.

Vi o queixo de Tito tremer de emoção. O que, de repente, também me fez soluçar, porque entendi: aqui em Jerusalém a igreja e os próprios apóstolos o estavam recebendo, concedendo ao rapaz seu lugar e muito amor, tudo ao mesmo tempo.

Saulo navegou por sobre o rumor da congregação, como se ela fosse o mar e ele um barco veloz: — Vejam como Tito se alegra na salvação — entoou ele — pois é com pura alegria que ele também antecipa o retorno de nosso Senhor Jesus Cristo.

— *Amém* — responderam os circunstantes.

— Aqui está um sinal de salvação e fidelidade — disse Saulo —, um sinal tão bom como qualquer outro: o jovem Tito não teme a vinda de Jesus! Não teme o julgamento! Tem sede dele! É igual a nós. Ele também tem fome de ver o Senhor face a face!

Amém, irmãozinho! Amém.

Uma mulher se levantou, veio até Tito, tomou-o pelas mãos e o fez levantar-se. Depois o abraçou e beijou num assomo de alegria, enquanto os demais falavam o seu nome, recomendando-o cada vez mais alto a Deus.

Também senti a alegria dentro de mim, como uma grande onda de respiração, um imenso e maravilhoso suspiro. Comecei a balançar e, do fundo do meu peito, a cantar.

Vi então a jovem Rode lá fora no pátio, dançando, girando, girando, os braços erguidos feito flores; e eis que o ritmo dos seus pés era o ritmo da própria canção dentro de mim.

E Saulo ia falando com voz forte: — Não ousamos lhes contar nada senão aquilo que Cristo operou por nosso intermédio, para conseguir a obediência dos gentios!

Amém! Amém!

— Aquilo que Cristo operou por nosso intermédio — gritou Saulo —, por palavra ou por obra, pelo poder de sinais e prodígios, pelo poder do Espírito Santo, pela pregação do evangelho de Cristo!

Aleluia!

— Bendito seja! — gritou Saulo. E espontaneamente Simão Pedro completou a frase:

— Bendito seja o Santo Nome de Jesus!

Saulo gritou de novo: — Bendito seja!

Desta vez todos os circunstantes responderam: *Bendito seja o seu santo nome!*

De repente, a minha tia gritou: "Em nome de Jesus!"

Ajoelhei-me diante do meu banco. Os outros também se ajoelharam, em espontânea adoração.

Mas Tito abriu os braços, e a mulher que o abraçara fez o mesmo, cara a cara com ele. Ele começou a dançar, dois passos para a esquerda, dois passos para a direita. Agitava os braços como as asas do gavião golpeando o ar. Ergueu o rosto, fechou os olhos – depois a linguagem jorrou de sua boca. Rápido, com força, Tito gritava: "Bá-bá-bá! Bá-bá-bá!" Sempre havia uma surpreendente autoridade no tom da sua voz. Riso foi a resposta que veio de cada canto. As pessoas erguiam as mãos em grata adoração. Simão Pedro estava vermelho e rindo. O vento de Pentecostes soprava outra vez. Eu agora cantava mais alto uma canção completamente nova:

Vejam como ele derrama!
Derrama seu Espírito
Em abundância aos nossos olhos!
Vejam como em Cristo
Pela graça ele nos refaz
Herdeiros da Vida eterna!

O jovem Tito, ruborizado, declamava o seu êxtase: "Bá-bá-bá! Bá-bá-bá!" e a sala parecia tomada por um fogo.

Em seguida, enquanto eu ainda estava cantando, vi Saulo caminhar na direção de Tito. Pôs os braços em volta do rapaz e deu-lhe um abraço longo e apertado. Tito parou de falar em outras línguas e logo estava retribuindo o abraço. Permaneceram unidos no meio da congregação como um centro imóvel e cheio de paz, até que o seu silêncio inalterável também tomou conta de nós, e todos, maravilhados, nos calamos.

— Jesus Cristo é Senhor — anunciou Saulo, soltando a voz no meio do emaranhado cabelo do rapaz — para glória de Deus Pai.

Depois, dirigindo-se a todos nós, acrescentou: — Vocês testemunharam o dom que o Espírito Santo concedeu a Tito. O meu amigo fala em outras línguas. E onde está o Espírito, ali está o favor e a presença de Deus.

Saulo fez uma pausa. Subiu num banco e baixou os olhos para os rostos que se voltavam para ele. Com voz suave disse: — Irmãos, vocês não diriam que nós corremos em vão, Barnabé e eu, não é verdade?

Pôs as mãos sobre a cabeça de Tito como quem abençoa e disse: — Não temos aqui a prova de que o Espírito opera por nosso intermédio em benefício dos gentios, exatamente como o mesmo Espírito Santo opera por intermédio de Pedro em benefício dos judeus?

Houve pela casa um maravilhoso murmúrio de aprovação. Simão Pedro, com voz embargada de emoção, disse: — Nós vimos com os nossos próprios olhos. Sim, Saulo. Sim, meu irmão, sim.

— Então, como prova final de que Jesus me confiou o evangelho para os gentios, tenho mais uma coisa a revelar perante esta assembléia de santos de Jesus.

Tão baixinho as palavras seguintes foram proferidas que Saulo parecia estar sussurrando. Mas foram pronunciadas com perfeita clareza, e os circunstantes se inclinaram para a frente a fim de ouvi-lo.

— Tito — disse Saulo — não foi e nunca será circuncidado.

De imediato, uma vaia cortou o ar. Uma vaia, depois assobios, depois o som de tecido se rompendo, e vi Judas Barsabás isolado no seu canto rasgando a túnica, arrancando a barba rala e espumando na boca.

Não mais grisalho, mas sim pálido como a morte, sua violência assustava. Tornava a revelação de Saulo angustiante até para mim, embora eu concordasse com ele. No entanto, coisas que devem ser mantidas separadas haviam sido aqui juntadas, coisas delicadas com coisas duras. Parecia uma provocação e, logo, eu estava culpando Saulo por sua artimanha e por assumir sozinho o controle. Não fora uma só pessoa que viera a Jerusalém! Éramos uma delegação!

Judas Barsabás uivava de dor. Outros homens lamentavam com ele. Sentiam-se queimados por um insulto à sua pessoa? Estava essa gente realmente ofendida? Eu não sabia. A assembléia toda parecia um lago em meio a ventos contrários, confuso, agitado, ignorante.

A certa altura Barsabás conseguiu falar, soltando explosões repentinas de frases:

— Apenas os judeus foram escolhidos... Um gentio pode ser salvo... só... se ele se tornar judeu... mediante a circuncisão...

Judas Barsabás, o fariseu, estava de pé. Não para ensinar. Não ficava de pé para ensinar. Estava de pé para acusar: — Saulo de Tarso — vociferou ele, com a garganta embargada pela sua desventura — você está se esforçando para criar um povo de Deus... *fora* do povo de Deus! Saulo de Tarso, você jogou por terra a Lei com essa sua "Fé" em Jesus.

— Saulo de Tarso, você, por conseqüência, transformou o Senhor Jesus num agente de pecado, e todos os que recebem a sua palavra estão se alimentando de pó e morte, enquanto pensam que é pão e vida!

No meio da tempestade que irrompeu na casa de Maria, no meio da confusão de paixões e fortes antagonismos – e mesmo ao som do alto ganido da voz beligerante de Saulo – vi com clareza uma cena que me partiu o coração.

Lá fora no pátio, de pé, descalça, as mãos impotentes caídas, a minha pequena Rosa chorava. Começara a chover. Tinha o rosto voltado para as nuvens, mas os olhos estavam fechados e a boca se abria num uivo redondo de dor. Fui lá fora. Quando lhe toquei o ombro, a menina deu um pulo, e vi no seu olhar o clarão do horror. Mas logo me reconheceu e desabou nos meus braços.

Alguém gritava: *Jesus não veio destruir a Lei! Ele mesmo o disse — a Lei não passará até passarem o céu e a terra.*

Alguém gritou ainda mais forte: *Ele disse que aquele que violar um destes mandamentos, posto que o menor, e assim ensinar aos homens, será considerado mínimo no reino dos céus!*

A pequena Rosa com seu nariz adunco havia enfiado a cara nas dobras das minhas vestes. O seu corpo sacudia em soluços. A minha túnica fora aquecida pelas suas lágrimas enquanto os ombros sentiam o frio da chuva. Enorme e desajeitado, eu lamentava profundamente que tudo tivesse resultado nisso.

18

Tiago

Há dentro de mim uma memória fixa, uma cena singular, tão nítida e grave que sempre que ela ocupa a minha mente respiro com dificuldade e torno a me afligir. Marca o início das separações dentro da igreja.

Na época, porém, em que essa cena foi real, pensei que fosse apenas um problema passageiro - um problema sério, sem dúvida, que poderia ter conseqüências fundamentais se não fosse resolvido, mas que tinha solução, apesar de tudo, e se restringia a um pequeno círculo no seio da igreja. De fato, eu mais temia os ataques mais abrangentes vindos de fora, seja contra o nosso povo judeu, seja contra o corpo de cristãos que propagavam a glória de Jesus *a favor dos* judeus.

A pequena cisão dentro da nossa sociedade eu julgava perigosa na medida em que enfraquecia a nossa unidade frente àqueles ataques. — Tem solução — dizia eu. Talvez fosse mais exato dizer que a crise "é contornável". O meu esforço concreto, receio dizer, foi simplesmente fugir do problema. Não tinha a paciência que se exigia. Estava com raiva. E a minha falta de visão levou a soluções que envolviam um paradoxo terrível: *Dividir para unificar; dividir para sobreviver.*

Aqui está a cena: Saulo, o antifariseu, está de pé, cabeça e ombros sobressaindo a todos os demais na sala da assembléia na casa de Maria, batendo os braços como se fossem asas, esticando o pescoço e cantando de galo. Está sobre um banco, sentindo um prazer imenso por estar no meio de uma violenta discussão contra outros fariseus da comunidade que vão gritando tanto quanto ele, mas sem a sua eficiência, por serem várias vozes enquanto a dele é uma só voz cheia de sangue inflamado. Está causando tamanho escândalo entre os seus debatedores, divisões emocionais tão profundas, que outros cristãos devem estar se perguntando se escolher Jesus não é apenas a primeira de uma série de conversões.

Saulo, aquele galo de pernas tortas, pavoneando-se sobre um banco como se estivesse num terreiro, continua cantando! Este é o homem que eu elogiara, certa vez, como um vivaz e convincente estudioso da Torá. Este é aquele que na minha opinião transmitiria a Barnabé sabedoria, estabilidade, *gravitas.* Aqui estava ele, o rei da confusão, despudoradamente transformando gente boa em animais! A cena afligia a todos os presentes, mas para mim era a confirmação da decepção, porque já ouvira falar de como ele havia mudado, e agora eu via com os meus próprios olhos.

Travei os dentes, caminhei pelo burburinho na direção do canto norte da casa.

— Barsabás! — disse eu. — Cala a boca! Isso é um excesso descabido.

Ele, a boca aberta no meio de uma palavra, olhou para mim. Nem esperei o seu silêncio. Afastei-me. Dirigi-me primeiro a Pedro, depois a João, pedi-lhes que me acompanhassem e saí da casa. A minha esperança era que a nossa retirada acalmasse as paixões e permitisse que as pessoas se sentissem autorizadas a ir embora.

Num canto do quintal notei o corpanzil de José Barnabé. Não estava no interior da casa brigando em defesa de Saulo. Estava lá fora ajoelhado na chuva cinzenta, consolando a jovem Rode. Pensando bem, Barnabé nem havia participado do debate! O levita grandalhão e barbudo aconchegara a menina contra o peito e estava, suponho eu, cantando baixinho aos seus ouvidos.

— Barnabé! — disse eu.

Simão e João pararam atrás de mim olhando para ele.

— Barnabé, quando Saulo estiver em condições de ouvir, convide-o para a casa de Simão. Esperamos vocês lá. Venham, vamos falar em particular na casa de Simão.

Nós a chamávamos "casa de Simão" por força do hábito, penso eu. Desde que ele fugira da prisão de Agripa e deixara Jerusalém, a igreja havia mudado a finalidade do local. Fora transformada numa estalagem para cristãos peregrinos, aqueles que vinham para as celebrações das festas. Aqui ensinávamos e estudávamos em pequenos grupos. Equipamos uma sala com estantes para os nossos livros, as escrituras, e cartas que os santos haviam enviado do exterior.

Todavia, quando entrou na casa naquela tarde, Simão Pedro tornou-se expansivo como se ali ainda fosse o seu lar. E quando chegaram Saulo e Barnabé, foi Simão quem os conduziu para a sala de jantar e assumiu a posição de anfitrião na mesa central. Saulo foi de imediato para a mesa à direita, seguido por Barnabé. João e eu não tivemos outra escolha senão sentar à esquerda de Simão, de frente para o fariseu e o levita.

Jantamos juntos.

A mulher de Simão nos serviu. Ele não a havia deixado em Cesaréia, conforme a minha sugestão. Mas, do jeito que a situação evoluiu, fiquei feliz por tê-la aqui. A sua presença exerceu um efeito civilizador sobre Saulo. Já na hora em que nos sentávamos, o homem reafirmou a sua posição com fervor agressivo, dizendo: — Não há razão para circuncidar Tito. Se vocês o exigem, vocês adicionam ao evangelho de Jesus que me foi revelado, e se vocês adicionam ao evangelho, vocês o julgam insuficiente. Mas Jesus é suficiente. Não vamos circuncidar Tito...

Naquele exato momento a mulher de Simão entrou na sala trazendo toalhas e bacias com água. Saulo parou no meio da frase. — Oh! — disse ele. Olhou rapidamente para a intrusa, quase voltou a falar, depois olhou com mais atenção para a mulher atrás dele. — É *você*! — gritou ele. — Pedro, a sua mulher está aqui! — O homenzinho saltou de pé, apanhou as bacias das mãos dela e as pôs na mesa e, rindo feito um menino, beijou-a.

— Como é bom ver você de novo! — Pegou as toalhas de seus braços. — Ora, há quantos anos não nos vemos? Catorze! Exatamente aqui, nesta sala, não foi?

Ela sorriu-lhe com aquela seriedade bondosa — sim, exatamente como se ele *fosse* um menino. — Você está mais velho — disse ela — e abatido, coitado. — Levou a ponta dos dedos na direção da testa dele. — Você tem cicatrizes novas — disse ela, depois pegou as toalhas, pôs uma ao lado de cada bacia e deixou a sala.

O gesto da mulher teve um efeito notável. Quando se sentou de novo, os olhos de Saulo se recolheram em si mesmos, deixando o rosto mais suave.

Quanto a mim, os meus olhos se abriram. Como não havia notado o vergão grosso feito um verme junto ao couro cabeludo de Saulo? E a seqüência de cicatrizes menores que iam da têmpora até o queixo? De repente, eu também estava me lembrando de catorze anos antes quando nós três nos reuníramos aqui para comermos juntos, e a mulher de Simão nos havia servido.

Disse João: — Para onde Pedro vai, Maria também vai.

Disse Simão: — Exceto para a prisão. Exceto para a prisão.

A mulher voltou com uma grande travessa contendo tigelas de barro e uma caçarola fumegante de sopa de lentilhas. Dispôs a iguaria à direita de Pedro. Ele olhava enquanto ela enchia a tigela de Saulo, depois disse: — Não vou brigar com você, Saulo. Não espere briga da minha parte. Talvez em vez disso eu discuta com Tiago. — Mergulhou os dedos na bacia com água e enxugou-os na toalha. Olhou para mim. — Saulo pode ser um instrumento de pressão, Tiago — disse ele —, mas o problema foi-me apresentado vários anos atrás, pelo Espírito Santo. Saulo está apenas pondo em prática a vontade do Espírito: Deus já não mostra nenhuma parcialidade. Todos aqueles que o temem e praticam o que é certo — não importa a sua raça ou nação — são aceitos aos olhos dele.

Senti o rosto quente. — Sei disso — disse eu. — Sempre soube e isso eu não discuto.

Simão estava agora recebendo a sua sopa das mãos da mulher. Disse ele: — Vi o Espírito Santo derramado sobre outros assim como hoje sobre este rapaz. Sobre gente romana. Sobre os incircuncisos, Tiago, e o próprio Senhor ordenou-me que não rejeitasse ninguém.

A mulher dele se aproximou de João, sentado à minha direita.

— Simão, me ouça — disse eu. — Isso não se discute. Não estou rejeitando ninguém. Nunca rejeitei!

Ela agora aproximou-se de mim e começou a servir-me. Sorria, mas formalmente. Sempre foi o meu jeito de ser na vida o de não procurar nem receber os mais íntimos gestos de amizade de mulheres.

Fiz um gesto reconhecendo a saudação. Também me controlei amarrando-me com as cordas da formalidade. — O que está em jogo — disse eu — não é a rejeição, mas sim a recepção: *como* deveríamos receber aqueles que recebemos. Apenas com o batismo? Sem Moisés e passando ao largo das portas de Israel?

Pisando leve a mulher de Simão deixou a sala.

A minha voz elevou-se um grau mínimo. Mas a forma e a atitude continuaram absolutamente inalteradas. — Você concorda comigo neste ponto? E se concorda, não parece que você prega dois caminhos para a salvação? Isso não é apenas exorbitante; como pode ser possível? Como? Você transformaria o Messias judeu num "Cristo" para os gregos? Simão, me responda: Jesus está dividido?

Enquanto eu falava, ele ergueu as mãos com as palmas para cima, pronto para dar graças antes da refeição, mas continuei falando.

— Saulo recusa adendos ao evangelho que prega aos gentios — disse eu. — Mas há adendos e há subtrações também! Está escrito: *Prestai ouvidos aos estatutos que eu vos ensino e praticai-os, para que possais entrar na terra e tomar posse dela. Não acrescentareis à palavra que vos mando, nem diminuireis dela.* Mas Saulo, o que recusa adendos, ele mesmo faz mais do que subtrair algum detalhe da Lei: ele cancela a Torá por inteiro!

Saulo revidou com violência: — Para este e para aquele sim, mas não para todos — disse ele, olhando-me no fundo dos olhos. — Para Tito, para os gentios, porque o Senhor Jesus Cristo é tudo e para tudo suficiente. Mas não para os judeus, Tiago — disse ele bruscamente. — Você é que não prestou atenção! Escuta o que eu digo: a Torá é a Torá, sólida e ótima para o judeu. E Jesus é tanto Messias quanto Cristo, porque Jesus preenche tanto a Lei quanto a gritante necessidade do mundo! Não, não, Jesus não está dividido. Mas se você exige de Tito uma adesão a Jesus e *também* à Lei de Moisés, então Jesus está diminuído, e aí o próprio céu é que é dividido!

José Barnabé tomou a palavra. — Saulo, coma alguma coisa — disse ele. Ele mesmo parou de comer, depôs a colher e me fixou. — As obras de Deus são prova da presença de Deus — e de sua aprovação — disse Barnabé.

Não me mexi. Travei os dentes. Devolvi o olhar com o meu olhar mais fixo. Disse ele: — Deus deu a Saulo sinais e prodígios.

Como Barnabé me parecia cansado. Esse homem na verdade nunca tinha a resistência flexível de um bom guerreiro. Muita credulidade. Muita ternura.

Não conseguiu sustentar a olhada que me deu. Baixou os olhos, depois os dirigiu para Simão e disse: — Lembro quando você e João curaram o coxo, aquele mendigo junto às portas do Templo. Você disse: *Não possuo nem prata nem ouro, mas o que tenho, isso te dou: em nome de Jesus Cristo, o Nazareno, anda!* De um salto o homem se pôs de pé e louvava a Deus. Pedro, João: em nome de Jesus, Saulo fez exatamente a mesma coisa em terras estrangeiras. Em cidades onde não há sinagogas. As pessoas ficam maravilhadas. Elas ouvem. Elas crêem. Elas glorificam a Deus. É o mesmo Jesus em Listra como em Jerusalém, e a mesma salvação. Funciona. Saulo está certo. O evangelho é suficiente.

— Barnabé — disse eu — olhe aqui! Você quer então *abolir* a Lei? Tem sido a nossa fortaleza desde Moisés! Sem ela teríamos perecido mais de mil vezes, mas *com* ela sobrevivemos à Assíria, à Babilônia, à Pérsia, a Alexandre, aos Ptolomeus e aos Selêucidas! E a Roma. Abolida a Lei, certamente pereceremos!

Disse Saulo: — E daí? O Senhor vai chegar em breve!

— O Senhor exige que os seus servos *trabalhem* até ele chegar. Morta a Lei, morreremos nós *agora!* De fato, porém, não temos essa escolha: devemos vigiar e lutar pela justiça até o dia em que a própria justiça apareça. Não! Lutamos por justiça *por causa d*aquele terrível grande dia do Senhor!

Com o rabo dos olhos vi a mulher de Simão parada junto à porta. Cerrei os lábios. De repente Simão começou a gritar todo animado: — Vamos comer! Vamos comer a sopa que a minha mulher preparou...

Mas Saulo quase pulou sobre a mesa aos gritos: — Lutemos, lutemos! Que *todos* lutem por justiça! Supliquemos a todos que andem na luz! Mas não entravem o meu evangelho, não o acusem, não o solapem. Fui chamado para pregar aos gentios. Não correrei em vão.

Simão Pedro apanhou um pãozinho e, para espanto geral, atirou-o contra Saulo. Acertou-lhe a orelha esquerda, e o pequeno fariseu bufou feito um boi. A mulher junto à porta soltou um grito de alegria e depois cobriu a boca com as mãos. Barnabé, por outro lado, inspirou fundo, jogou a cabeça para trás e explodiu numa longa, estrondosa e sustentada gargalhada. O homenzarrão segurava a barriga e ria. Simão estava radiante, satisfeito consigo mesmo.

João, à minha direita, soltava risinhos.

Fiquei quieto. Simão tem a espontaneidade de um camponês, e as pessoas o adoram por isso.

Disse Simão: — Cale a boca, Saulo. Coma a sua sopa. Mergulhe o pão na sopa, depois limpe o prato com mais pão. E, pelo menos uma vez, deixe que alguém fale por você.

Saulo olhou para trás, para a mulher de Simão, cujos olhos nitidamente cintilavam. Barnabé mostrou um apetite ainda maior que antes. João pegou a colher, e Pedro, rasgando um pedaço de pão e levando-o à boca, começou a falar:

— Quando Miriã e eu nos encontrávamos em Jope, no dia antes de viajarmos para Cesaréia, tive uma visão — disse ele. — Ao meio-dia estava eu no eirado orando. Senti muita fome, depois entrei num transe. Vi os céus se abrirem. Vi algo como um enorme lençol sendo descido à terra preso pelas quatro pontas. Quando chegou ao chão, vi dentro dele todos os tipos de répteis, aves do céu e quadrúpedes, alguns puros, alguns imundos. Depois ouvi uma voz dizendo: *Levanta-te, Pedro! Mata e come.* E eu disse: *De modo nenhum, Senhor! Porque jamais comi coisa alguma comum e imunda.* Mas a voz disse: *Ao que Deus purificou não consideres comum.* Tiago, isso aconteceu três vezes. Três vezes o lençol desceu. Três vezes foi-me ordenado e três vezes me recusei a comer – por causa da Lei. Em seguida, o lençol foi recolhido aos céus, e eu acordei, intrigado com a visão.

Perguntei eu: — Por que está me olhando? Está contando essa história apenas para mim?

Simão sorriu. — Logo chegou o significado da visão, diretamente do Espírito Santo! Imediatamente acordei e havia três homens batendo à porta lá embaixo. Vinham de Cesaréia, da parte de um centurião da Coorte da Itália que do Senhor recebera ordens para vir me buscar. Um gentio, Tiago. Um homem temente a Deus, um romano que nunca fora circuncidado – e todavia, quando fomos à sua casa e quando lhe preguei a nova de Jesus Cristo, o Senhor de todos, eu sabia que o Espírito Santo desceu sobre a casa dele, sobre todos os que lá estavam, porque começaram a falar em línguas desconhecidas, louvando a Deus.

— Tiago, aquilo não foi diferente do que o rapaz de Saulo fez hoje na casa de Maria. Não pude impedir que trouxessem água para o batismo daquele gentio e da sua gente. Não foi preciso circuncidá-los. Por que deveria fazê-lo? Já haviam recebido o Espírito Santo. Todos — disse-me Simão num tom solene. Em seguida, o boi repetiu a frase: — Todos — disse ele — independentemente de sua raça ou nação, são aceitáveis para Deus.

— Você acha que eu nego isso? — disse eu.

— Bem, você negou.

— Não, não neguei.

— Negou sim, Tiago. Você exige a circuncisão. Você quer transformar em judeus os que não são judeus! Apenas como judeus você os julga aceitáveis.

— Simão!

— O quê?

— Essa é a sua intenção, me isolar neste caso?

— Não, de modo algum.

— Então a sua intenção é transformar as tradições judaicas — as sagradas tradições que defendo, que outrora aquele homem ali defendia — em lixo.

— Não, claro que não!

— Mas é exatamente isso que você está fazendo, Simão! — disse eu com energia. — E você está rejeitando as intenções do Onipotente! A voz na sua visão o convidou a comer coisas de antemão imundas. Talvez devêssemos, então, receber pessoas de antemão contaminadas e imundas. Concordo com a interpretação. Mas — eu me inclinava para a frente para fazer meu ponto de vista entrar na cabeça do homenzarrão — mas aquela voz, a voz do Senhor, Simão, nunca o convidou a *tornar-se* você mesmo uma coisa imunda! A Lei, como se aplica a *nós*, ainda é a Lei!

— Tiago! — disse Saulo. Virei-me para ele. — Onde está, então, a diferença entre nós? — perguntou ele. — O que você pede a Pedro, eu peço a você. Eu deixo que os judeus sejam judeus. Se Simão deve observar a Lei, que Simão observe a Lei. Simplesmente não exija que os gentios também se tornem judeus!

No mesmo instante, passou-me pela cabeça esta resposta: *Se Simão está comendo com os gentios, então Simão não está cumprindo a Lei!* Mas me contive.

Cruzei os braços e enfiei o queixo na garganta. Tive uma súbita sensação de pânico. Precisava de tempo para refletir, porque a minha boca havia atropelado as idéias. A última afirmação que eu fizera havia, de fato, mudado minha posição, e Saulo percebera a mudança mais rápido que eu. Tomou as minhas palavras de assalto e virou o discurso a seu favor. *A Lei, como se aplica a nós, ainda é a Lei* — dissera eu, acentuando a distinção pessoal — *nós.* O que lhe permitiu extrapolar: *mas não para os gentios.*

Deixe que os judeus sejam judeus, Saulo devolveu-me as palavras com surpreendente generosidade, para depois acrescentar: *e deixe que os gentios sejam gentios.*

No silêncio que houve em seguida, a mulher de Simão entrou na sala com uma travessa de queijos, passas e azeitonas. Viu que bem pouca sopa havia sido consumida. Nada disse para quebrar o silêncio, mas retirou-se, levando consigo a sopeira ainda cheia.

Finalmente, João falou.

Puxara uma lâmpada para si e estava protegendo a chama com as duas mãos. A luz incidia-lhe no rosto. Depois da acalorada discussão, o homem parecia moderado.

Bem, é óbvio que ele causasse essa impressão: as suas primeiras palavras deram bom motivo para tanto e serviram de advertência para a minha língua.

Disse ele: — Quatro anos atrás o meu irmão foi executado fora dos muros desta cidade. Sinto-me fraco. Não deveria chorar a sua morte. Foi o que o Senhor havia profetizado. Ele disse que nós, o meu irmão e eu, beberíamos a taça que ele devia beber. Mas eu penso nele todos os dias.

— E isto, Tiago, é o que eu penso: por que Agripa o matou? Porque Agripa queria o apoio dos judeus – e não via o meu irmão como um judeu entre judeus! Ele o via como algo diferente, embora não sejamos diferentes.

João respirou fundo. As suas narinas se dilataram, mas a boca era solene.

— Tiago — disse ele —, esse é o problema predominante hoje – seja para nós, seja para os judeus em geral: que os judeus estão divididos. Que nós *parecemos* divididos aos olhos do mundo e *estamos* divididos internamente.

De novo tomou fôlego, olhando para a chama rosada através da carne dos seus dedos. Parecia estar procurando o melhor meio de abordar a sua tese. Disse ele: — O que está acontecendo em Antioquia não deve afetar Jerusalém, nem sequer deveria parecer ter relação conosco em Jerusalém. Pois, à medida que números cada vez maiores de gentios aderem à companhia dos cristãos, os cristãos judeus são vistos cada vez menos como judeus.

Olhou para mim. — Você concorda?

Não respondi. A dor pela sua perda pessoal quase me forçou a proferir palavras de concordância. Mas a minha crescente sensação de isolamento entre esses homens e a desconfiança na minha própria língua superaram a dor.

— Deveríamos ser conhecidos como judeus, não deveríamos? — disse João, ainda olhando para mim. — Não porque talvez o meu irmão não tivesse morrido – embora simplesmente como judeu ele não teria morrido – mas porque é isso que somos. Não está certo, Tiago?

Simão, desesperado ante o meu silêncio, falou por mim: — Naturalmente! Naturalmente, está certo. Nós *somos* de Israel com uma mensagem *para* Israel.

João volveu os olhos para Simão.

— Então também deveríamos caminhar com o nosso povo — especialmente agora, quando os judeus estão ameaçados em todos os cantos do império. Especialmente agora quando os favores do imperador são tão arbitrários e instáveis. Agora não é a hora de dividir e diluir a identidade judaica — disse João — mas sim de unificá-la e reforçá-la.

— Tiago — disse ele, voltando-se para mim, sempre para mim —, você está certo. A Lei da aliança nos salvou e manteve vivos durante séculos e séculos, e a Lei da aliança ainda nos salva hoje. Vamos então purificar a Lei da aliança e reforçar a nossa adesão judaica. Além disso, agora *não é* a hora de empanar o rosto judeu perante o mundo.

Fez uma pausa. Voltou a fixar a chama da lâmpada, novamente respirou fundo, reunindo as idéias. João tem dois olhos enormes. E tem jeito de ruminante. Se alguém lhe interrompe a fala, já não vai mais ouvi-lo. Fica em silêncio. O seu irmão era vivaz, João era geralmente calado.

Agora, numa voz que mal se podia ouvir, começou a fazer uma série de perguntas.

— Que aconteceu com Israel em Alexandria dez anos atrás?

Barnabé respondeu: — Pogrom.

Simão acrescentou: — Sinagogas foram reduzidas a cinza. Mães foram assassinadas com seus filhos. Pais e maridos. Foi mais que um pogrom, Barnabé. Foi um massacre. E os sobreviventes foram amontoados em guetos como gado.

Os olhos de João cintilavam. A lâmpada mostrava lágrimas. O João da compaixão mortal.

— E o que aconteceu depois? — perguntou do fogo. — Oito anos atrás o imperador quis erigir uma estátua de si mesmo no Santo dos Santos do Templo! A abominação da desolação voltava outra vez. Saulo, talvez você tenha ouvido os uivos dos judeus naqueles dias. Durante seis meses trememos cheios de angústia, orando, planejando a guerra, entregando os nossos corpos à morte caso a estátua realmente chegasse. O imperador mudou de idéia e voltou atrás. Fomos salvos dos horrores apenas pelo assassinato dele. Esse era Calígula. Agora temos Cláudio. E os caprichos deste não são melhores que os caprichos daquele. Os judeus — disse João erguendo os olhos — devem parecer e *ser* judeus, uma unidade de sangue visível em toda parte, durante a administração do atual imperador Cláudio.

— Saulo, Barnabé — disse ele — vocês sabem o que aconteceu aqui este ano na Páscoa?

— Barnabé, olhando agora para as próprias mãos, respondeu: — Ouvimos dizer que houve gente que morreu pisoteada, atropelada.

— É verdade — disse João. — Vocês ouviram falar em números? Sabem quantos morreram?

— Não — respondeu Barnabé.

Disse João: — Pedro sabe. Quantos morreram aqui, Pedro?

Simão respondeu a essa catequese também numa voz baixa e com uma frase completa. — Vinte mil peregrinos morreram.

— Você sabe por quê? — perguntou João. — Você sabe o que provocou essa terrível debandada de gente que mataria vinte mil pessoas na Festa da Páscoa?

— Não — respondeu Simão.

— Tiago sabe. — João ficou calado por um momento. O trêmulo fogo úmido em seus olhos causara o aparecimento de lágrimas nos meus.

Disse João: — Tiago, por que não conta a eles o motivo da debandada? Mostre-lhes a razão da solidariedade judaica neste mundo romano.

Disse eu então: — O governador havia postado um regimento nos pátios do Templo para prevenir motins durante a festa. Não se trata de uma precaução extraordinária. Mas este ano um soldado, um pagão, incircunciso, baixou os calções e se expôs em público. — Fiz uma pausa e suspirei. — Os peregrinos ficaram atônitos ante a blasfêmia. Gritaram tanto de raiva que o governador pensou que houvesse começado um motim. Então ele ordenou que o exército inteiro invadisse o monte do Templo. A nossa gente fugiu aterrada. E pelas estreitas ruas de Jerusalém judeus atropelaram judeus até a morte. Circuncisos atropelaram circuncisos até a morte, enquanto os incircuncisos riam-se de nós com desprezo.

Os olhos de João se perderam novamente na chama. Respirou rápido, depois disse:

— Agora chega de Roma a notícia de que Cláudio está fechando sinagogas. A religião romana se renova. Roma detesta a "superstição" dos judeus. E o imperador, ouvi dizer, ameaça expulsar os judeus — devido ao conflito no meio de nosso povo. Devido a antagonismos que se tornaram vergonhosamente públicos. Antagonismos, assim ouvi dizer, a respeito de Jesus. Que o Senhor nos ajude; estamos *pedindo* a ira dos poderes terrenos.

Disse João: — Não interessa a Cláudio saber se alguns seguem Jesus e outros não. Aos olhos de Roma, judeus são judeus.

Novamente voltou-se para mim. A silhueta da sua face e maxilar tinha um brilho laranja causado pela chama da única lâmpada acesa. Os olhos se perdiam na sombra.

Disse ele: — Mas Roma percebe uma diferença entre gentios e judeus. Um gentio é um gentio, seja ele circuncidado ou não. Aos olhos de Deus, há certamente uma diferença. Certamente, Tiago. Mas não aos olhos de Cláudio. Pelo bem da nação e da fé, ele não pode ver judeus brigando com judeus a respeito de Jesus. Por outro lado, também não pode perder Israel de vista no meio dos outros povos, caso contrário perderemos o lugar e o privilégio no Império. Mas acredito que quanto mais gentios ele vir misturados com Israel, tanto menos ele verá a presença de Israel, Tiago — disse João. — Você não concorda?

Concordei com a cabeça.

Com genuína pena de mim e com afeto (que tem um efeito extremamente destruidor sobre meu silêncio e autocontrole), João pôs a sua mão na mesa junto à minha e continuou: — Então você sabe, não sabe? Para o nosso bem, devemos deixar que os gentios pareçam e *sejam* gentios — exatamente como pediu Saulo. Agora é a hora de melhor definir o nosso nome, a nossa nação e o nosso rosto no mundo, não é a hora de confundi-la. Só existe um Deus e um Senhor e um só Jesus e um só Messias para todos. Essa é a união que todos os crentes têm em conjunto, sejam judeus *ou* gentios. Todavia, perante o mundo que não conhece o Espírito do Senhor, nós fiéis pareceremos divididos. Mas isso podemos usar em nosso benefício.

— Saulo, meu irmão — disse João, esticando o pescoço com uma formalidade típica da sua personalidade. Chegara à tese. — Leve sim o seu evangelho aos gentios — disse ele. — Vá em liberdade, sem impedimentos, sem restrições. Estabeleça igrejas separadas das sinagogas. Da mesma forma, nós continuaremos pregando Jesus nas sinagogas, aos judeus.

— Tiago, meu irmão — disse-me ele — com a vinda da crise e dos desastres (e como poderiam deixar de vir neste mundo?), as divisões da carne dividiriam o nosso povo por completo. Os judeus não acreditariam que gentios, mesmo circuncidados, fossem sacrificar as suas vidas pelo Templo e pela Lei. Suspeitas e rixas internas ajudariam aos nossos inimigos e derrotariam o povo escolhido...

João parou. Não tinha mais palavras. Tocara o dorso de minha mão sem olhar para mim, depois retirou novamente a mão. Ninguém dizia nada. Barnabé abaixara a cabeça, repousando a testa sobre o braço dobrado. Saulo batia o indicador da mão direita contra a têmpora. Eu não conseguia decifrar a expressão do homem, embora com certeza ele houvesse reconhecido a força da lógica de João: o caminho estava livre diante dele. Eu não contestaria esse apelo final, pois amava o Templo de todo o coração, e amava o meu povo, os judeus.

Deixei a mesa e caminhei para a minúscula cozinha onde a mulher de Simão estava só, sentada no escuro, com a mão sobre a boca, o queijo que não comera ao seu lado.

— Miriã — disse eu — por favor, traga-nos um pouco de vinho. Quase terminamos.

— Está tudo bem conosco? — perguntou ela.

Fiz uma pausa e disse: — Tudo estará bem. — Depois voltei para a sala de jantar.

Ninguém se mexera. Acho que ninguém disse nada na minha ausência.

Aproximei-me de Saulo e Barnabé pelas costas, estendendo-lhes as mãos.

Saulo levantou-se, tomou a minha mão direita, sorrindo. Barnabé, delicadamente para o seu tamanho, estendeu a sua direita e segurou os dedos da minha esquerda.

— Está feito — disse eu. — Amanhã vamos falar com toda a assembléia e certificá-los de que, assim como Simão recebeu boas notícias para os judeus, você recebeu boas notícias para os gentios.

Hesitei, sem ainda soltar a mão de Saulo. Que é que eu não dizia? Que perderia eu, perdendo este momento propício para dizê-lo? Hoje os acontecimentos haviam-se precipitado. E eu não penso rápido. Meu pensamento é circunspecto e laborioso. Que será que eu poderia lamentar amanhã por não ter falado hoje? Bem, a descrição feita por João do atropelo mortal de tantos infelizes acudiu-me à mente.

— Sem dúvida — disse eu —, há riqueza entre os gentios. Será que, portanto, Antioquia se lembraria dos pobres de Jerusalém? Será que as igrejas de Antioquia levantariam e nos enviariam dinheiro para a sobrevivência dos santos de Jerusalém?

De fato, Saulo ficou radiante. — Sim, sem dúvida — disse ele, e me beijou o rosto com seus lábios úmidos e queixo áspero. Sentia-se satisfeito. Não era para se alegrar demais. Não fora uma vitória. A conclusão não devia ser vista como uma vitória.

Barnabé permanecia sentado.

A mulher de Simão entrou com um gostoso vinho quente. Ao se curvar para encher a taça do marido, sussurrou a pergunta: — Simão, o que foi que fizemos?

19

Rode

Aba Barnabé, você cantou a minha canção novamente! Depois de todos esses anos você se lembrou da minha canção de ninar, você a cantou e me fez sentir tão bem de novo. Nunca deixei de ter saudades de você.

Você me achou chorando e eu fiquei surpresa. Não sabia que alguém estava me olhando. Aba, você tem um jeito tão carinhoso! E que bela voz aos meus ouvidos.

"Rosa, Rosinha", você cantava, exatamente como quando eu tinha cinco anos:

Rosa, Rosinha,
Vê se me diz
Se amo ou não amo
Esse teu nariz?

É claro que amo:
Te amo inteirinha
Sorrindo e chorando,
Rosa, Rosinha.

É uma canção tão simples. Mas vai direto ao coração. Você lembra, não é, como eu chorava, com medo da noite. Sempre tinha tanto medo, mas você vinha ao meu catre e se ajoelhava ao meu lado, repousando a mão na minha testa, e cantava:

Rosa, Rosinha,
Olhinhos fechados

Pedindo com beijos
Pra serem selados.

E você os beijava! A sua barba enorme me fazia cócegas no rosto, e você beijava os meus olhos, e então, ó Aba, como você cantava bonito:

Dorme, dorme agora,
Não chore este mundo.
A noite é comprida,
O escuro é profundo.

Seguro em meus braços
A minha Rosinha
A salvo do mal
Até que ela fique
Velhinha, velhinha
E venha a saber
O que um pai adivinha.

Ainda não estou velha, estou? Não acho que estou preparada para suportar o que os pais adivinham. Talvez não queira saber.

Aba, você costumava jogar-me tão alto no céu que eu tinha soluços de alegria. Você me fazia voar e me dava um frio na barriga. Quando você me pegava de novo, você ria tanto que parecia um trovão acima de mim.

Por que é que você já não ri como antes?

20

Tito

Que entusiasmo! Que honra! Que companhia, eu e todos os outros caminhando para casa em bando, muito mais devagar do que na vinda quando viemos correndo para Jerusalém, porque então éramos apenas três, e Paulo estava pessimista sobre a situação. Mas agora somos nove, havendo duas mulheres, e elas não têm pressa. Isso eu posso garantir. Mas repito, que *companhia*! Olho em volta neste dia chuvoso, e quem vejo caminhando bem na minha frente? Isto é maravilhoso: é Pedro, o tão famoso Pedro, caminhando lado a lado com Paulo, e você percebe pelos seus músculos relaxados que estão felizes.

Não sei dizer quanto isso *me* faz feliz! Estou rindo. Os meus maxilares doem. Que sorte eu também estar incluído! Então Paulo diz alguma coisa animado e rápido, e Pedro se agita e lhe dá um tapa nas costas fazendo a água da chuva espirrar, e tenho a impressão de que vai derrubar o pequeno Paulo de cara no chão, mas este tem os pés tão rápidos como a sua língua. Desloca-se para a frente e evita os ganchos do enorme apóstolo. Esse é o estado de espírito de quase todo o mundo. Tagarelamos e rimos juntos.

A esposa de Pedro vem andando atrás de mim com outra mulher, e lá está Filipe conversando com João Marcos. Filipe vai percorrer parte do caminho conosco até Cesaréia no litoral. Mas Pedro, Miriã, João Marcos e a outra mulher vão conosco até Antioquia. Jesus, eu quero cantar! Quero gritar louvores a ti aqui mesmo na estrada. Quando vi o rosto de Paulo depois daquela interminável reunião, aquela reunião privada que fizeram sem a nossa presença, quando Paulo entrou no meu quartinho e me acordou com a chama da vela e eu vi o rosto dele – Jesus, foi como o nascer do sol no meio da noite! Tomou as minhas mãos, puxou-me e me beijou, dizendo que eu era o seu filho! Disse que era o seu menino e o seu irmão, exatamente do jeito que eu era. Chamou-me de santo e executou comigo uma pequena dança. Cantou e fez cabriolas descalço sobre a minha esteira, embora não tivesse voz para isso. Ó Jesus, ele pegou o meu coração e o atirou para o alto do céu. E eu voei. Porque eu também estou incluído.

Agora vejo Barnabé vindo sozinho atrás do grupo. Paro na chuva e deixo que ele me alcance e depois acerto o meu passo com o dele e lhe dou um soco no ombro. — O que é que você me diz? — digo eu sorrindo. — O que é que você acha de tudo isto? — digo sem conseguir conter o sorriso. E ele diz: — Bem, é uma mudança, com certeza. — E eu digo: — Com certeza. — Depois as palavras jorram de mim. Sinto-me tão feliz por estar caminhando ao seu lado que revelo o pensamento mais importante que tenho na cabeça.

Eu digo: — Barnabé, vou dar um banquete. — Ele inclina a cabeça para um lado e me olha lá do alto. E eu digo: — Não, quero realmente dar um banquete. De ação de graças. Na minha casa, com a minha comida, com o meu dinheiro. Você não acha que já é hora? — Mas não espero a resposta. Que poderia ele dizer exceto *Está bem?* Simplesmente vou falando e digo: — Vou aproveitar a oportunidade e convidar a igreja para a minha casa. Ah, Barnabé! Vou alugar almofadas bordadas, pratos bonitos e talheres lindos. Vou servir três pratos! Começamos com saladas, cogumelos e ovos. Vamos ter carne melhor que carne de bode. Talvez carneiro. Talvez algumas lingüiças temperadas e de boa qualidade. O meu pai sempre diz que um banquete que se respeite precisa ter lingüiças para ser bom.

— Mas vou dizer uma coisa — disse eu socando novamente o seu ombro – e desta vez notei um sorriso amoitado na sua barba. Então dei um tapa na minha coxa e continuei todo entusiasmado: — Vou lhe contar uma coisa! Há um prato que os romanos ricos costumam servir, um prato do qual o meu pai me falou e que se chama "Escudo de Minerva". É a salada mais cara, verduras, cebolas e alcachofra, mas depois você acrescenta fígado de peixe, miolos de faisão e de pavão, línguas de flamingos e miúdos de lampreia! Ha, ha! Que é que você acha?

E aqui está o que é mais importante: fiz Barnabé rir. Estamos caminhando encharcados até os ossos, e lá na frente vão nossos amigos também encharcados, rindo juntos. Que dia! Que dia mais feliz!

Então eu digo: — Barnabé, o que é que você acha? Você vem jantar na minha casa?

Ele põe a mão enorme no meu ombro e me aperta. — Claro — diz ele —, claro que sim.

21

Barnabé

i

Não se passara uma semana após a nossa volta quando se espalhou a notícia por Antioquia e toda a região de que *Saulo e Barnabé estão pregando na Rua Singon, junto ao Panteão.*

Não era de todo verdade. Era meia verdade.

Saulo estava pregando. Eu estava lá. Mas sobretudo lhe dava assistência.

A platéia aumentava dia após dia, transformando-se em multidão. Para ouvi-lo as pessoas vinham de Dafne, de Selêucia, e até mesmo de Alepo. E por que não? Há grupos de diversas nacionalidades em Antioquia, e todos gostam de um bom discurso. O estólido romano aprova a autoconfiança. Quer uma tese ousada, apoiada por fileiras de provas rígidas como pedras. O grego aprecia a espirituosidade e uma língua esperta, palavras feito raposas que conseguem voltar sobre si mesmas e surpreender por irem e virem ao mesmo tempo. Se um arengador defender um ponto de vista hoje e outro contrário amanhã, os gregos acham que é uma vitória; os romanos chamam a mesma coisa de mentira. Agora, o sírio quer paixão, um uivo semelhante ao do vento no deserto. O egípcio gosta da voz baixa e dos olhos revirados, o mistério de alguém que se esgueira por entre o mundo invisível e o visível.

Saulo era tudo isso. Ousado e esperto, espirituoso e capaz de perder o fôlego com visões sagradas – tudo isso, sem nunca ter um plano prévio para o seu discurso. Simplesmente se levantava, abria a boca e pregava.

Há uma sofisticada fonte no lado noroeste da Rua Singon, um pórtico aberto cercando três lados da piscina, com dois níveis de colunas encimadas por frontões com nichos ocupados por estátuas. O chão atrás da piscina é elevado. Ali se postava Saulo para pregar. A estrutura de pedra jogava a sua aguda voz diretamente para a rua.

Uma hora após o nascer do Sol, quando as empregadas haviam terminado as suas fofocas e estavam indo embora carregando potes de água na cabeça, Saulo vinha rua abaixo explodindo de energia e boa vontade, trazendo consigo uma tropa de sete ou oito crentes. Eu, é claro, chegava sempre mais cedo com as tagarelas garotas que vinham apanhar água, porque Saulo queria que eu ficasse no seu ponto como uma espécie de aviso para o povo de que ele estava para chegar.

Saulo e Barnabé estão pregando na Rua Singon, junto ao Panteão.

Eu pregava antes da sua chegada. E depois da sua partida. E, mesmo enquanto ele ia falando, eu costumava andar por entre as pessoas à procura dos que desejavam uma palavra mais pessoal e reservada. Nunca me queixei desse arranjo. Sou um levita. Sou um cantor de músicas. Tenho o dom de consolar e confortar com desenvoltura. Fazia o que sei fazer melhor. E Saulo? Ora, ele era grego e romano, egípcio, sírio, judeu; era escravo e livre, solteiro mas casado com cada um; masculino e feminino, criança e velho; o tambor, a trombeta e a flauta do pastor; a voz cheia de força e convicção: uma voz! Saulo era uma voz cósmica.

Era justo que ele pregasse enquanto eu servia a palavra que saía da sua boca.

Eu teria continuado naquele papel com satisfação, para sempre.

Mas não se passara nem um mês da nossa volta de Jerusalém, quando a parceria foi desfeita e Saulo deixou Antioquia, furioso.

ii

Naquele tempo Tito morava com o pai. A mãe morrera durante o terrível terremoto onze anos antes, quando o menino só contava sete anos. O pai se aposentara do exército de Roma e estava bem de vida, embora não fosse rico. Arrastado pela maré de entusiasmo do filho, um dia compareceu à nossa presença. Passou a adorar conosco. Mas era um homem taciturno, recluso e pessimista, embora não se queixasse de nada. Enquanto a mulher dele era viva, fora o seu oposto. Agora era o oposto do filho.

Numa idade em que outros adolescentes romanos tiram de sobre si a *bulla,* o jovem Tito era mergulhado nu nas águas do Orontes, nas purificadoras águas do batismo. O jovem Tito emergia agora do fundo do rio com tal explosão de tosse que tive de rir alto. Um atleta! Um corpo robusto e musculoso, uma boca sem papas na língua, um rapaz brilhante e leal, sempre alegre em qualquer lugar e situação. Eu gostava dele. Gostava muito de Tito. Mesmo nos dias em que eu estava confuso, ele conseguia me fazer rir, e depois gargalhava vitorioso, cutucava-me as costelas, batia nas minhas costas e me fazia rir de novo, mesmo sem eu querer. Tito era inocente e agradável como o ursinho brincalhão. E talvez igualmente despreocupado.

Por isso, quando me consultou sobre que comidas deveria preparar para o "Banquete de Ação de Graças", como ele o chamou, respondi com prazer. Ali estava um assunto simples, bom para mim.

Pão: Tito precisava do mais leve e mais branco, trigo do Egito. Precisava achar o "*Siligineus* doce" — disse ele. — Então, que casa de pães é melhor no meu caso? Onde devo comprar? — Queria pastéis assados cobertos com mel e recheados com fruta picada.

Carne: tinha a idéia de servir uma variedade de carne animal, aves, lebres, caça – "Nada de carne de bode!" –, perdizes, tordos – "Gostaria de achar salmonete" – lingüiça, toicinho e carne de vaca. Carne de vaca, disse ele, porque a ocasião era muito importante, e nunca tivemos condições de comprar. — Então, que casa de carnes é a melhor para o meu caso? — perguntou ele. Os animais deveriam ser abatidos na véspera. Melhor pela manhã, é claro. Mas eu não conhecia os açougues da cidade. Não no mercado geral. Conhecia apenas os poucos açougues judaicos com as suas restrições de pureza, onde o sangue era completamente drenado, nada era abatido torcendo-se o pescoço, nada sacrificado a algum deus pagão – mesmo que apenas alguns pêlos fossem queimados sobre um simples altar numa sala dos fundos – onde somente certas criaturas eram consideradas puras. Tito precisou perguntar ao pai onde *ele* comprava carne, e o pai lhe disse: — Lanius, perto da Porta de Alepo. — Feito.

Bem, o rapaz planejava escavar melões, transformando-os em tigelas, e enchê-los com cerejas e pêssegos, com geléia de marmelo, nozes, avelãs, amêndoas e sementes de papoula e "exatamente sete sementes de anis" – variação pessoal dele.

— Que emoção! — dizia ele sem parar. — Que emoção!

Tito está zonzo de tanto planejar! Como seriam colocadas as mesas, quantos convidados poderiam vir, onde se sentariam, quem ao lado de quem, a que hora começaria o banquete, quanto tempo deveria durar.

Simão Pedro disse que virá com Miriã. Simão Níger, Rufo e Alexandre e a mulher da casa, todos confirmaram a sua presença. Saulo, naturalmente. Lúcio de Cirene, Timão, Gaio, um romaninho chamado Quinto...

— Barnabé, o que é que você acha? — ficava ele repetindo a toda a hora, rindo.

— Você vem jantar na minha casa?

— Claro! — dizia eu.

E ele me socava as costas por puro prazer.

Mas depois foi lida entre nós a carta enviada por Tiago e pela igreja de Jerusalém.

A carta. Tinha sido trazida a Antioquia por Judas Barsabás. Um membro da nossa igreja, Silas, acompanhara-o nessa viagem ao norte.

Mas quem sabia que eles estavam na cidade?

Na hora escolhida por ele, por iniciativa própria, Barsabás apareceu e reapresentou-se aos membros da igreja dizendo que viera para o norte conosco, com Saulo e comigo. Talvez realmente pensasse assim, já que ele e Silas chegaram logo depois de nós. Talvez *precisasse* dizê-lo, uma vez que os nossos nomes poderiam lhe proporcionar maior aceitação entre as pessoas que havia assustado na sua última visita a Antioquia. Mas, antes de nos dar a conhecer a sua presença, passou várias semanas com judeus das sinagogas. Eu soube depois que ele fora falar com Pedro em particular.

Para mim, o primeiro sinal da encrenca que se anunciava foi encontrar Silas em Antioquia. Notei o seu rosto na multidão. Na manhã do décimo quarto dia após o nosso regresso, vi Silas perto da fonte da Rua Singon. Avancei por entre o povo que se apinhava e o abracei. — Silas, você voltou. Não sabia que tinha voltado! — disse eu.

— É, voltei — disse ele —, e com uma missão específica.

Levei-o para um canto num pórtico do outro lado da rua. Mas ele continuava olhando para trás, sacudindo a cabeça em desaprovação.

— Que aconteceu com ele? — perguntava Silas. — Veja essa multidão!

Sorri e dei de ombros. — Ele está feliz. Não, está radiante. Tem o coração na boca. Que missão, Silas?

Silas tem um jeitão pesado e lento. Andando ou falando, não consegue dobrar uma esquina com rapidez. Sem parar de olhar, disse ele: — Ouço Saulo pregar há anos, mas isto! As suas palavras são como... como anzóis de espinhel. Barnabé, ele me tira o fôlego.

Também eu parei para ouvir e avaliar a mudança em Saulo. Começara a pregar mostrando mais do que confiança, mais do que ousadia. Atirava-se de cabeça, com uma espécie de alegria. Era como se alguém houvesse cortado os arreios que prendiam um potro explosivo.

— Ouça — disse eu. — Você está ouvindo? Está ouvindo o barulho de água da multidão? São risos, Silas! — As pessoas sorriem quando ouvem Saulo nos dias de hoje. E a multidão *ria* produzindo o ruído de um céu cheio de pardais.

Disse eu então: — Que missão, Silas?

Ele olhou-me, piscou e disse: — Depois que vocês partiram de Jerusalém, o conselho continuou discutindo sobre a questão de Antioquia. Acho que pensaram que tinham agido sem levar em conta todas as conseqüências. Chegaram a algumas conclusões. E escreveram uma carta com duas ou três instruções para a preservação da paz no corpo da Igreja. Tiago, você sabe – foi ele que escolheu as palavras. Veja, mandaram a carta por intermédio de mim e Judas Barsabás. Recomendaram-nos que observássemos tudo atentamente.

Então Silas, muito sério, pediu-me que o ajudasse a reunir a nossa gente em algum lugar, a fim de que a carta pudesse ser lida a todos com as devidas explicações.

Assim, no primeiro dia da semana, a congregação se reuniu na casa de Simeão Níger. Não vi Saulo. Durante todo o tempo da refeição perguntava-me se Saulo decidira não comparecer.

Depois do jantar, cantamos hinos e alguns fizeram orações, embora nesse dia ninguém profetizasse. Ninguém se levantou para falar em outras línguas.

Na hora marcada para que os pregadores pregassem e os professores ensinassem, o próprio Judas Barsabás avançou e tomou o assento no centro do átrio de Simeão. Retirou das dobras da túnica um pequeno rolo, que abriu e segurou bem alto diante do rosto: uma única folha de papel. Os olhos úmidos e míopes, de sobrancelhas arqueadas, com a formalidade de um embaixador, a barba que era um mísero feixe de estopa: Judas Barsabás leu a sua carta, frio como um vaso de estanho.

Os irmãos, tanto os apóstolos como os presbíteros em Jerusalém, aos irmãos que estão entre os gentios em Antioquia, na Síria e na Cilícia:

Saudações!

Visto sabermos que alguns [que saíram] de entre nós, sem nenhuma autorização, vos têm perturbado com palavras, transtornando a vossa alma, pareceu-nos bem, chegados a pleno acordo, eleger alguns homens e enviá-los a vós outros com os nossos amados Barnabé e Paulo, homens que têm exposto a vida pelo nome de nosso Senhor Jesus Cristo. Enviamos, portanto, Judas e Silas, os quais pessoalmente vos dirão também estas coisas.

Pois pareceu bem ao Espírito Santo e a nós não vos impor maior encargo além destas coisas essenciais:

- *que vos abstenhais das coisas sacrificadas a ídolos,*
- *que vos abstenhais do sangue,*
- *que vos abstenhais da carne de animais sufocados,*
- *e que vos abstenhais das relações sexuais ilícitas.*

Destas coisas fareis bem se vos guardardes.

Saúde!

Judas Barsabás enrolou o papel lentamente, apertando-o bem com as duas mãos.

Depois sorriu e começou a ensinar sobre essas novas proibições.

— O que Tiago tem em mente — disse ele, e em seguida fez uma pausa para inclinar humildemente a cabeça — e nós também, é óbvio, que os gentios que se converteram a Deus nunca mais deverão, agora ou no futuro, ser perturbados por nós, pelo nosso modo de viver ou pelas nossas tradições estabelecidas. Houvésseis vós estado comigo em Jerusalém algumas semanas atrás, concordaríeis que o irmão Saulo argumentou em vossa defesa com admirável fervor retórico. Certo, certo. De fato, argumentou com tal habilidade que Jerusalém foi persuadida a liberar-vos dos costumes do judaísmo. Não precisareis, por conta própria, observar as festas e a Lei.

— Por outro lado, embora a vossa igreja seja composta sobretudo por gentios, ainda há judeus entre vós. Percebeis? Ali está José Barnabé e, ao lado dele, o seu primo João Marcos. Perto de mim está um dos pilares do tempo de nosso Senhor Jesus Cristo, Simão Pedro, a boa rocha do Senhor. Vejo Manaém ali no canto, um homem criado no palácio de Herodes.

Certo, certo. Acredito que pelo menos um quarto da vossa congregação é de judeus. Em benefício deles vos imploramos compreensão: que *eles* também não sejam perturbados por *vós*.

— Trata-se, acreditamos nós, de uma troca justa.

— Pois a Lei proíbe que eles consumam qualquer coisa imunda. Se vós, gentios, servis o que é imundo, então, ou pondes em risco a comunidade, no caso de eles se recusarem a comer, ou então pondes em risco a eles, às suas almas e à sua salvação. Também pondes em risco a nós, os fiéis de Jerusalém, que só podemos lamentar a perda de irmãos e irmãs por nós amados.

— Certamente, o amor por aqueles que vos trouxeram ao amor de Jesus vos obrigará a honrar estas pequenas exigências de Jerusalém, a observar algumas pequenas abstenções de coisas sacrificadas aos ídolos, de sangue e de atos contra a castidade. Certamente ninguém se negaria...

Alguém gritou: *Anathema esto!* De repente, ecoando pela casa, uma voz gritava: *Anathema esto!* Maldita seja a sua carta!

Barsabás parou, boquiaberto, olhos esbugalhados.

Ante o seu olhar, Saulo apareceu e, mancando muito, dirigiu-se para o átrio.

— Retrocesso! — gritou Saulo. Tinha a voz embargada. As palavras engasgadas na garganta.

Parou junto à grade do átrio, fuzilando Barnabé com olhar vermelho de fogo. De repente pulou a grade gritando: — Leis, leis impostas aos gentios!

Barsabás ergueu os braços ao céu.

Mas Saulo congelou-se em cima dele. Ali ficou por um instante - um estranho rosnado em sua boca. O rosto branco feito um lençol, todas as cicatrizes, alaranjadas e salientes. Os seus membros tremiam violentamente. - *Arr! Arr!* - rosnava ele. Falar parecia impossível. A boca tentava, mas ele não conseguia dar forma ao rosnado animalesco.

De repente, com um uivo, o pobre Saulo precipitou-se para a porta e para as trevas lá fora, deixando Judas Barsabás tremendo, embora as sobrancelhas deste embaixador estivessem arqueadas e os cílios caídos, o retrato do comedimento cortês.

Baixei a cabeça e cobri o rosto. As entranhas dentro de mim se contorciam. *Saulo, Saulo! Por que você precisa nos conduzir a tais extremos?*

Na minha triste escuridão, ouvi pessoas se aproximando de Barsabás, consolando-o, pedindo-lhe desculpas pela explosão, louvando-lhe a bondade. Logo os elogios se estenderam a Tiago e aos seus esforços para torná-*los* simpáticos. Honraram o mensageiro implorando que Barsabás falasse novamente. Sem dúvida, o peso da persuasão estava agora com ele, e ele falou. Ergui o rosto e fiquei atento. Não acusou Saulo. Nem sequer mencionou Saulo ou o embaraço causado um pouco antes. Em vez disso, com muitas palavras, levantou a igreja de Antioquia. Fortaleceu as pessoas, e elas sentiram-se fortes e alegram-se com a sua exortação.

Finalmente, o próprio Simão Pedro concordou. — Tiago e Jerusalém estão certos — disse ele. — Entre o amor e o orgulho, escolha-se o amor.

iii

No segundo dia daquela semana, por volta das três horas da tarde, fui andando sozinho até a casa onde Tito morava com o seu pai.

As ruas de Antioquia não são como as de Jerusalém, sinuosas e sem saída. Aqui as ruas são retas e largas. Cruzam-se, formando ângulos retos, desenhando blocos quadrados. A rua principal está pavimentada com mármore novo. A superfície cintila à luz do sol.

Era, de fato, uma bela tarde de primavera. As chuvas haviam cessado. O céu estava sereno, limpo e azul. Os campos de cevada fora da cidade iam branqueando, preparando-se para a colheita. As rotas do vasto mar já estavam abertas, de modo que as ruas da cidade estavam cheias de mercadores do ocidente e mercadorias frescas, e todos os mercados zumbiam como enxames de abelhas.

Não havia necessidade de levar um presente para Tito no dia da sua celebração. Mesmo assim, dentro de um envelope de couro eu tinha um pequeno pingente de prata e um cordão entrelaçado para que Tito pudesse carregar o pingente sobre o peito, caso quisesse. O cordão eu comprara. Tinha um estilo meio grego. Mas passara a noite anterior fazendo eu mesmo o pingente. É o que eu faço, embora não muito bem. Entendo de metais.

Mesmo à distância pude ver que a porta da casa do pai dele estava aberta. Não escancarada, mas também não estava fechada. Não estava trancada nem assistida por um serviçal. Aberta. Entrei sem bater e fechei-a. Ninguém aguardava no pátio. Não havia rumores que animassem o interior da casa.

— Tito? — Chamei o seu nome baixinho, indeciso. — Tito? Você está aí?

Entrei na casa. O *hall* estava escuro, mas vi uma figura na porta do lado oposto, de pé, imóvel.

— Tito, é você?

Os meus olhos foram se ajustando. Avancei. Era o jovem Tito, segurando as lágrimas.

— Barnabé? — disse ele. — Venha ver.

Levou-me por uma passagem estreita para a sala de jantar. As mesas estavam polidas. Havia novas almofadas sobre cada um dos divãs. Flores espalhadas pela casa inteira.

Outro ser humano estava presente: Saulo, andando junto ao muro do fundo como um leopardo numa jaula. Com exceção de Saulo, a sala estava vazia.

Tito estudava os meus olhos com um apelo de criança. — Barnabé — sussurrou ele, numa voz quase inaudível. — Onde estão eles? Por que não vieram?

Saulo parou de andar. O homenzinho fuzilou-me com os olhos.

Impotente, abri o envelope de couro e tirei dele o pingente e o cordão. — Isto é para você — disse eu.

Tito vestia uma túnica de branco deslumbrante. Acabara de chegar do pisoador. O tecido estava escovado e muito macio. Passara óleo no cabelo. A sala recendia um perfume fresco e bom.

Tomou o meu presente, o couro na sua mão esquerda, o pingente na direita. Mas acho que não sabia o que estava fazendo.

Disse eu: — A corrente é grega. Eu não...

Então Saulo explodiu: — Responda ao rapaz! — gritou ele. — E diga também para mim! Exponha as hipocrisias deles bem alto! Por que os convidados *não* vieram?

— Ah — disse eu. — Bem, realmente não sei — acrescentei arrasado com a triste notícia. Eu sabia, eu sabia, mas sussurrei: — Talvez tenham decidido não vir.

— Por quê? — vociferou Saulo.

Tito baixou os olhos. A voz de Saulo o fez titubear.

— Não se zangue comigo — disse eu a Saulo. — Eu vim.

Saulo vibrava de raiva. — *Por quê*, Barnabé?

Para Tito, esse *Por quê* foi um golpe. Lágrimas rolaram pelo seu rosto.

Fitando-o com uma dor terrível, sussurrei: — Talvez estejam esperando até que ele sirva alimento que é puro, não... imundo.

— E de que lado está *você*, Barnabé?

— O quê? Há lados para estar? Saulo, não é necessário que haja lados!

— Venha comigo — ordenou o homenzinho. Já estava em movimento, saltando sobre aquelas pernas arqueadas. Agarrou Tito pelo pulso e o puxou. — Venha comigo. — Empurrou o pobre rapaz para fora da sala, para fora da casa, pelo quintal, para a rua.

Fui atrás, com muito medo.

Tito parecia escravizado naquela garra de gavião de Saulo. Acompanhava-o porque o seu físico ajudava, não porque a sua mente estivesse disposta.

Depois de dobrar três esquinas eu já sabia para onde Saulo estava indo. Tudo em mim odiava esse dia. A luz do sol era uma zombaria, e o céu azul era falso como um quadro pintado.

Saulo, por que você precisa nos conduzir a esses extremos?

Talvez ele estivesse certo. Talvez fosse justo. Mas o que para ele era justiça para mim era uma pancada na cabeça.

Saulo esmurrou a porta da casa onde Simão Pedro estava alojado. Não parou de esmurrar até que ela se abriu, revelando João Marcos. Saulo já foi entrando levando Tito a reboque.

João Marcos ficou de lado olhando para mim. Dei de ombros e o segui em silêncio.

No interior da casa estavam Pedro e Miriã, Judas Barsabás, Manaém e Simeão Níger com a mulher e os dois filhos – em resumo, todos os judeus que Tito havia convidado e que haviam decidido não comparecer à festa. Preferiram reunir-se aqui.

O coitado do Tito mantinha a cabeça baixa olhando para o chão.

O corpo de Saulo estava ereto, a enorme cabeça levantada, os lábios vermelhos, tensos de emoção.

— Quem vai pedir desculpas a este rapaz aqui? — perguntou ele. — Há neste lugar alguém que sinta vergonha?

Pedro se pôs de pé. Disse ele: — Tito, nós te amamos...

Saulo interrompeu com veemência. — Mas de repente você não aceita comer com ele? Você comeu com ele muitas vezes no passado. O que mudou? O que subjuga você? Tiago escreve uma carta, e imediatamente Simão se curva e se torna um hipócrita!

Disse Pedro: — Que linguagem forte, Saulo. São apenas questões de decência e solidariedade...

Saulo cortou as palavras de Pedro como um serrote: — *Para a liberdade foi que Cristo nos libertou!* — gritou ele.

Disse Pedro: — Então deixe que Tito use a sua liberdade para não ofender os judeus. Deixe que ele *escolha* servir somente alimentos puros.

Paulo caminhou em direção a Pedro de queixo empinado: — Se você, um judeu — gritou ele — comportou-se como um gentio, como pode agora forçar um gentio a comportar-se como um judeu?

— Eu aprendo. Sou esclarecido — disse Pedro. — Estou disposto a ouvir o povo que é fiel à Lei. Deixe que Tito faça a mesma coisa.

— Não por ordem sua! — berrou Saulo. — Se você ou Barsabás ou o fiel Tiago lhe ordenam, não pode ser liberdade. É obediência!

Pedro retrucou com voz estrondosa: — Jesus, não eu! *Jesus* ordena que amemos a Deus e ao próximo.

A voz de Saulo de repente calou-se. Recolheu-se sobre si mesma e voltou tensa e inaudível como uma serpente. — Estou convencido — disse ele, esquadrinhando todo o mundo com os seus olhos brilhantes em suas pálpebras vermelhas. — Estou convencido de que em Jesus nada é por si mesmo impuro. É impuro apenas para aqueles que *pensam* que é impuro. Vocês judeus estão colocando as suas mentes escravas acima das liberdades que Jesus nos dá a todos. Estão exigindo que os gentios vivam sob o domínio da fraqueza de vocês. Agora sei, e daqui por diante vou pregar isto aonde quer que eu vá, que todos aqueles que confiam nas obras da Lei estão sob um maldição. Sob uma *maldição*, Simão. Pois é isso que a Lei faz melhor: revela em nós o pecado, revela em nós a fraqueza, como a fraqueza que vejo em você exatamente neste momento. E nos conduz às promessas e à justiça que temos em Cristo Jesus, nosso Senhor!

A isso Pedro não respondeu. Ninguém respondeu. A sala inteira estava chocada e muda.

Até mesmo eu, de pé, no fundo, atrás de meus companheiros e do meu parceiro apóstolo, senti uma espécie de horror ao ouvir tais palavras. Apenas um mês antes, a Torá simplesmente nada significava para Saulo. Ele e eu dizíamos a mesma coisa. Não havíamos todos em Antioquia repetido juntos a mesma coisa? Claro que sim, entre risos e júbilo: *Em Cristo Jesus, nem a circuncisão, nem a incircuncisão têm valor algum, mas a fé que atua pelo amor.*

Agora, porém – agora Saulo dissera outra coisa completamente diferente. Uma coisa nova. Uma coisa assustadora. Não que a Torá não tinha nenhum valor, mas que a Torá carregava uma maldição.

Como se poderia responder a uma ofensa tão grave?

Não, não, não, não, ele simplesmente não quis permitir-me a escolha de um mero silêncio.

Saulo estudou a sala como quem estuda o tempo. Creio que reconheceu de imediato as conseqüências da sua proclamação. Excluíra-se do corpo dos crentes presentes naquele lugar.

O homenzinho empinou o queixo. Assumiu a atitude de pura teimosia de um poste. Vi no seu rosto a mesma expressão que vira quando se desvencilhou da morte, quando se levantou da sarjeta em Listra e foi caminhando de volta para a cidade com a testa ainda sangrando.

Saulo virou-se e me encarou.

— Barnabé — disse baixinho — você está comigo?

Foi então que o meu silêncio se tornou afinal uma declaração.

— Barnabé? — repetiu Saulo.

Baixei os olhos. Baixei a cabeça. Apenas com um esforço tremendo permaneci de pé. Ah! Eu queria ceder e chorar.

Num tom de voz ainda mais suave e ponderado, Saulo disse: — Tito, para que serve o presente de um estranho?

Num instante senti os dedos do rapaz pegando o meu pulso. Levantou-me a mão esquerda e nela colocou o couro amassado e suado. Na mão direita pôs-me um cordão quente e um fino pingente de prata. Em seguida, juntos, partiram. Apenas os dois. Não os segui. Não pude. Ouvi a porta do outro lado do pátio primeiro abrir-se e depois bater e fechar-se. Ouvi os passos que nos deixavam. Alguém encaixou a trava nos suportes. Foi aquele som e aquele gesto – a porta da rua sendo travada – que me fizeram cair de joelhos cheio de dor.

iv

Simão Pedro permaneceu em Antioquia depois que Saulo partiu. Ninguém pregava mais na Rua Singon. Em vez disso, Pedro começou a pregar numa ampla caverna sob uma escarpa rochosa do Monte Estaurino na parte leste da cidade.

Postava-se de pé na parede dos fundos. As pessoas ocupavam todo o espaço até a boca. A caverna media 10 metros de largura por 13 de profundidade – e a sua altura era quase equivalente à largura. A voz de Pedro precisava da acústica da rocha. Caso contrário, soava muito pastosa e suave. Podia-se ouvir o som, não dava para entender as palavras sem a rocha arredondada para ampliá-las.

Dentro da caverna havia uma pequena fonte. A água formava uma piscina numa depressão do solo, e nela batizávamos os gentios que criam em Jesus. Nos meses e anos seguintes, a congregação de Antioquia desfrutou de uma sensação de concórdia. De harmonia. Cresceu em números. E Jerusalém se alegrava.

A respeito de Saulo, dizia-se: — Deixem que ele vá. O nosso povo e as nossas sinagogas estão em todas as partes do império. O que pode fazer um homem sozinho diante de um povo inteiro?

Da minha parte, estava triste demais para ficar. Precisava sair de Antioquia por uns tempos.

Fui ver João Marcos e lhe expus meu problema.

Disse-lhe: — Gostaria que o Senhor voltasse logo. Amanhã. Hoje.

Disse-lhe: – João, sinto como se estivesse aqui de passagem. Não tenho nenhum lar a não ser com Jesus.

Disse-lhe: — Você viajaria comigo?

Calei-me e pensei nas implicações.

Disse-lhe: — Não deixe que Saulo lhe cause preocupações, João. Ele está com raiva de você, por isso partiu com Silas. Bem, está com raiva de mim também. Rejeita-me e leva consigo um cidadão romano como ele. Está com raiva de todo o mundo, João. De Pedro. De Antioquia. De Jerusalém.

Suspirei.

— Viaje comigo, João. Vamos pregar juntos, como primos e parceiros.

Assim foi que navegamos para Chipre. A ilha onde nasci. O primeiro lugar onde Saulo e eu paramos na nossa viagem tanto tempo atrás.

Terceira Parte

Corinto

22

Timóteo

No décimo nono ano de minha vida, o apóstolo Paulo voltou novamente para Listra, entrou na nossa casa como se nunca houvesse partido e permaneceu conosco por uma semana. O jovial Barnabé não estava com ele. Senti falta desse grande sujeito, da sua grande risada e da barba que era ainda maior. Outro homem viajava com Paulo. Moroso, fleumático, nem amável nem rude, de gestos impassíveis, disse que se chamava Silas. Mas Paulo insistia em chamá-lo de Silvano – nome que não se usava em Jerusalém.

Paulo nos informou que, tão logo as neves do inverno se derreteram, haviam atravessado as Portas da Cilícia – o elevado e rochoso desfiladeiro nos montes Taurus, ao norte de Tarso, região da cidade natal de Paulo. Disse-nos que fizeram breves visitas às igrejas estabelecidas dois anos antes, confirmando-as na fé com a sua pregação.

— Como vai o seu hebraico? — perguntou ele com um rápido sorriso nos lábios. Segurava a minha mão entre os seus longos dedos. Sentou-se no banco ao meu lado. — Como vai o seu hebraico?

— Consigo ler — disse eu. — Leio todas as noites para a minha mãe. Ela também está aprendendo o vocabulário.

— Você sabe escrever grego?

— Sei. Sempre soube. E latim também.

— Você saberia conversar com os romanos em Roma?

— Sem dúvida.

— Timóteo — disse Paulo, agora sem rir, olhando-me nos olhos, o seu rosto se impondo com uma espécie de urgência, sobressaindo a estreita lâmina do nariz. — Que tal você vir comigo? Que tal você agora me acompanhar nas minhas viagens?

Paulo estava mudado.

Na primeira vez que passou por Listra costumava reagir ao que acontecia ao seu redor, rápido como um pardal, disposto, aprendendo, a cara refletindo de imediato o que tinha visto, a fala – uma enxurrada de respostas.

Agora, Paulo ia abrindo o seu caminho, reto feito um navio, esperando que o mundo reagisse à *sua* passagem. Agora, a expressão do rosto surgia de fontes dentro dele, e as suas palavras visavam – como as palavras do Criador – a dar existência a coisas novas, a produzir acontecimentos, a invocar. Assim, lançou-me a pergunta como uma prancha pela qual eu poderia embarcar no seu navio: *Que tal você viajar comigo?*

As cicatrizes do apedrejamento sofrido em Listra eram espessas e rosadas ao longo do couro cabeludo, uma espécie de espanto saliente. As roupas eram mais pobres, de lã grosseira que não fora alvejada. Carregava duas sacolas de couro nas suas viagens, uma para a comida, roupa, penas e papel e outros objetos pessoais, outra para a agulha, as facas e o material do seu ofício. Antes eu não sabia que ele trabalhava com lona e couro.

Disse ele: — Preciso de um amanuense.

Disse eu: — Para onde iríamos?

— Agora não devo obrigações a ninguém — disse Paulo, navegando em suas próprias águas. — Ninguém. Nenhuma congregação. Nenhuma autoridade, nem em Jerusalém nem em Antioquia. Somente a Cristo Jesus, o meu Senhor.

Soltou-me a mão e ergueu o dedo indicador entre nós como se na ponta equilibrasse um globo, uma esfera invisível, um mistério. Disse ele: — O que prego recebi de Jesus. Quando eu era um homem violento, ele chamou-me pelo nome, e eu ouvi e acatei e tornei-me um homem de paz. Mas muito antes que pudesse ouvir – desde o ventre da minha mãe –, o Senhor Deus me chamara, me chamara para pregar no poder do nome de Jesus. E depois, cinco meses atrás...

— Timóteo — murmurou Paulo, queimando-me com o brilho do olhar — menos de cinco meses atrás, enquanto me encontrava de cabeça descoberta sob a chuva matinal, Deus me abriu as janelas do futuro e disse-me para dirigir-me a Jerusalém. Depois de uma ausência de catorze anos, voltei a Jerusalém e mostrei aos apóstolos o evangelho que Jesus me dera para os gentios. Os apóstolos nada acrescentaram! Por que deveriam? Sou um enviado de Jesus! Esta mão — sussurrou Paulo, abrindo os dedos da mão direita — os pilares da igreja apertaram esta mão tratando-me de igual para igual. Timóteo, aperte a minha mão.Venha comigo. Vamos para as nações do mundo.

Novamente estendeu-me a mão. Mas eu não sabia o que fazer. Naquele momento não sabia se devia apertá-la ou não. Hesitei, e seu gesto congelou-se no ar, embora a expressão continuasse inalterada.

Levantou o braço e apontou para trás, como se fosse uma asa estendida. — Para onde vou? — disse Paulo com uma voz mais cheia. — Naquela direção, Timóteo. Para o oeste. Para o mundo. Para o grande mundo redondo que encerra o mar. O plano é o seguinte: Vamos pregar nas cidades. Nas metrópoles do império, onde as estradas pavimentadas se cruzam, onde Roma constitui autoridades e nas regiões circunvizinhas atingidas pelo comércio. Em cada cidade convocaremos igrejas, Timóteo, assim como eu e você fomos convocados. Assim como nós, essas igrejas levarão o evangelho para o interior, para cidades e aldeias, para cabanas e casebres. Antes que o Senhor retorne, eles o conhecerão. Crerão nele *e* no seu retorno. Com os seus lábios confessarão que Jesus é Senhor. Nos seus corações crerão que Deus o ressuscitou dos mortos – e assim serão salvos. Todos os que invocarem o nome do Senhor serão salvos da ira que está por vir.

— Mas Timóteo, meu filho, meu filho querido, como podem invocar aquele em quem não crêem? E como podem crer naquele de quem não ouviram falar? E como podem ouvir falar dele sem um pregador? Tome a minha mão. Tome a minha mão. Timóteo, calce as sandálias e venha percorrer o mundo comigo. *Que formosos são sobre os montes os pés do que anuncia as boas-novas.* Venha espalhar comigo as novas da salvação.

Homem singular: não se mexeu. Não piscou nem moveu os olhos até eu baixar os meus. As minhas orelhas – a minha testa, o meu rosto, o meu pescoço – tudo estava em fogo. E havia entre nós a mão direita de um homem, palma estendida, os dedos delgados ligeiramente curvos, esperando.

Mãe, não chore. Você não deve chorar. Foi o seu treinamento que me fez conhecer o único Deus verdadeiro. Foi a sua oração que me ensinou a ouvir-lhe a voz. A voz do nosso Deus me chamou, Mãe, e não tenho outra escolha que não seja ir. Cuide agora da sua mãe, minha avó. Dispomos de muito pouco tempo.

Paulo e Silvano – e eu calçando as minhas sandálias – pegamos a estrada. Logo descobrimos as suas estratégias.

Paramos em Icônio por alguns dias.

Depois novamente em Antioquia da Pisídia.

E embora Paulo apontasse para a Ásia no oeste, o Espírito Santo fechou-nos aquele caminho ocidental.

Em vez disso, viajamos para o norte através da Frígia: 32 quilômetros, 32 quilômetros, 32 quilômetros todos os dias. Paulo atacava a estrada e as distâncias. Silvano chegava depois com uma hora de atraso. Carregávamos cajados como armas de defesa contra ursos e lobos e bandidos. O meu pai me ensinara a manejar o sabre, que eu levava embainhado debaixo da túnica. Paulo com a sua língua e eu com a minha lâmina, tínhamos armas para nos proteger durante o sono da noite. Eram 32 quilômetros, 32 quilômetros, e as estalagens no fim do dia eram imundas, acomodações de tijolo e estuque agrupadas em três lados de um pátio. Salas públicas no piso térreo onde se podia comer e beber; em cima, dormitórios, o chão dos quais à meia-noite ficava apinhado de estranhos. Paulo, Silvano e eu dormíamos formando uma espécie de círculo com nossa bagagem no meio.

Eram 32 quilômetros, 32 quilômetros, durante os quais Paulo mal parecia respirar, tão concentrado estava ele na sua jornada. Mas exatamente no dia em que entramos no ponto mais ocidental da Galácia, alguma coisa nele se partiu. Paulo soltou um gemido e depois caiu para frente sobre o pedregulho, completamente inconsciente. Bateu no chão com tal violência que dos dois lados do corpo a poeira se levantou.

O impassível Silvano não parou nem disse nada. Tomou o apóstolo nos braços e suspendeu o corpo de Paulo sobre um dos ombros e começou a arrastá-lo na direção da cidade de Pessino no leste. Fui atrás. A cidade e a região estão entre os braços do Rio Sangário.

Na praça da aldeia aproximei-me de pessoas totalmente desconhecidas. Saudei-as discretamente em grego e disse: — O meu pai está doente. Será que poderiam nos abrigar?

Abrigaram-nos. Embora estranhos na Galácia, não nos fizeram nada de mal. Não nos trataram com desdém ou desprezo. Cobriram Paulo. Aqueceram-no e lavaram-no. Massagearam-lhe os braços e as pernas. Das suas próprias bocas algumas mulheres gálatas injetaram água na garganta de Paulo, fazendo-o engolir. Usaram o mesmo método para alimentá-lo, mastigando primeiro a comida, transferindo-as depois para ele como num beijo. A sua doença peculiar foi um teste para a sabedoria e compaixão dessas mulheres. Durante cinco dias o apóstolo jazeu inconsciente sobre lençóis estranhos. Mas ao acordar, foi a compaixão e a sabedoria que mais o comoveram.

Paulo despertou cheio de afeição para com aquelas que cuidaram dele. O seu amor logo se transformou em palavras. Como elas o haviam alimentado com as suas próprias bocas, assim ele lhes serviu o nome de Jesus – e o Espírito de Jesus alimentou-lhes o coração. Alegraram-se ao ouvir as novas de Paulo.

Para mim esta foi uma prova sagrada de que a escolha de seguir Paulo fora uma escolha acertada: que os gálatas o receberam como se ele fosse um anjo de Deus, como o próprio Cristo Jesus.

23

Lucas

i

Em seguida Paulo tentou viajar para a Bitínia, mas o Espírito de Jesus não lhe permitiu. Assim, passando pela Mísia, foram para Trôade no oeste, onde me encontrei com ele e lhe dei remédios que eu mesmo havia preparado. Os seus olhos tinham sofrido um derrame.

Enquanto estávamos em Trôade, Paulo teve uma visão no meio da noite. Viu um macedônio de pé implorando-lhe com estas palavras: *Passa à Macedônia e ajuda-nos.*

Depois dessa visão, procuramos imediatamente um caminho para a Macedônia, convictos de que Deus nos chamara a pregar-lhes o evangelho.

De Trôade, então, navegamos direto para a ilha de Samotrácia, onde passamos a noite. No dia seguinte, zarpamos para Neápolis, e de lá percorremos 16 quilômetros a pé pela estrada romana que levava a Filipos, que é a principal cidade da região da Macedônia e uma colônia romana.

Ficamos em Filipos por muitos dias.

No sábado saímos pela porta da cidade e descemos para a margem do rio, onde imaginamos que houvesse um local de oração. Sentamo-nos e falamos para as mulheres que lá se reuniam regularmente.

Certa mulher ouvia nossas palavras com a máxima atenção. Lídia de Tiatira era o seu nome, uma comerciante de corantes purpurinos que adorava a Deus. O Senhor abriu-lhe o coração à pregação de Paulo, de modo que foi batizada com toda a sua família.

Disse ela: — Se me julgaram fiel ao Senhor, por favor venham e fiquem na minha casa.

Conseguiu convencer-nos.

Semanas mais tarde, enquanto nos dirigíamos para o local de oração, veio ao nosso encontro uma jovem escrava que tinha um espírito de adivinhação, cujas previsões haviam enriquecido os seus donos. Seguia-nos gritando: — Estes homens são servos do Deus Altíssimo! — Dia após dia, cada vez mais alto, a menina gritava: — Eles vos anunciam o caminho da salvação!

Por fim, Paulo ficou tão aborrecido que se virou e disse ao espírito: — Em nome de Jesus Cristo, eu te mando: retira-te dela!

Na mesma hora, o espírito saiu e a deixou.

Mas quando os donos da escrava descobriram que a sua fonte de riqueza se fora, pegaram Paulo e Silas e os arrastaram para o mercado perante a tribuna das autoridades.

— Estes homens são judeus! — declaram eles aos magistrados. — Estão perturbando a nossa cidade! Defendem costumes ilegais que os romanos não podem aceitar e praticar!

Uma multidão se juntara e agora muitos emprestavam os seus altos brados a essas acusações.

Os magistrados, então, ordenaram que fossem rasgadas as vestes de Paulo e Silas e que os dois fossem espancados com varas. Executou-se a ordem. Lictores infligiram muitos golpes nas costas dos acusados, que depois foram atirados na prisão. O carcereiro, que recebeu ordens para vigiá-los com máxima atenção, conduziu-os para a parte mais profunda do cárcere, onde prendeu-lhe os pés a cepos.

Nas trevas da noite, Paulo e Silas oravam e cantavam hinos com voz tão forte que o resto dos prisioneiros acordou e ficou apreciando. À meia-noite um terremoto atingiu a cidade, abalando as fundações da prisão e todas as portas se abriram. As correntes de todos também se partiram. Quando o carcereiro acordou e percebeu que as portas estavam abertas, sacou da espada e preparou-se para cair sobre a sua ponta, certo de que todos os prisioneiros haviam fugido.

Mas Paulo gritou bem forte: — Não faça isso! Nós ainda estamos aqui!

O carcereiro pediu tochas e precipitou-se para dentro da prisão. Tremendo de medo, primeiro prostrou-se diante de Paulo e Silas, depois trouxe-os para fora da prisão e disse: — Digam-me, digam-me, que devo fazer para ser salvo?

Disseram eles: — Creia no Senhor Jesus, e você será salvo, você e a sua família. — Imediatamente anunciaram-lhe a palavra do Senhor. Naquela mesma hora da noite o carcereiro conduziu-os para a sua casa onde lhes lavou a feridas. Depois ele e a sua família foram todos batizados. Serviu-lhes comida, alegrando-se por ter crido em Deus.

Pela manhã, os magistrados enviaram guardas à prisão, com o seguinte recado: — Soltem aqueles dois.

Mas, ao ouvir tal ordem, Paulo disse aos guardas: — Os magistrados nos açoitaram *publicamente*, nos açoitaram sem que fôssemos condenados, açoitaram dois homens que são cidadãos romanos, e agora querem nos expulsar *em segredo*? Não! Que venham aqui pessoalmente e que nos escoltem para a liberdade outra vez, em público.

Os guardas relataram isso aos magistrados, que ficaram aterrados quando souberam que haviam açoitado cidadãos romanos. Acorreram à prisão e pessoalmente libertaram Paulo e Silas e lhes pediram para deixar a cidade.

Assim, os dois deixaram a prisão e foram visitar Lídia. Demoraram-se o tempo necessário para visitar a todos os crentes de Filipos, exortando-os na fé – e só então partiram.

ii

Agora, depois de passarem por Anfípolis e Apolônia, chegaram a Tessalônica, onde havia sinagogas de judeus.

Paulo passou a freqüentá-las, como de hábito fazia. Durante três sábados discutiu com eles usando as escrituras, explicando e demonstrando que era necessário que o Cristo sofresse e ressuscitasse dentre os mortos.

Dizia Paulo: — Este Jesus, que vos proclamo, é o Cristo.

Alguns dos judeus foram persuadidos. Juntaram-se a Paulo e Silas, assim como muitos gregos devotos e um bom número de mulheres importantes.

Mas os outros ficaram com ciúme. Juntamente com alguns maus elementos da ralé atiçaram uma multidão irada e tumultuaram a cidade. Unidos, precipitaram-se todos para a casa de Jasom, onde Paulo e Silas se hospedavam. Capturaram o próprio Jasom e outros crentes e os arrastaram à presença das autoridades da cidade.

— Estes homens viraram o mundo de pernas para o ar! — gritavam eles. — E agora vieram para cá, e Jasom os recebeu. Estão desafiando os decretos de César, proclamando que há outro rei chamado Jesus!

Tanto o povo quanto os magistrados ficaram perturbados com essas acusações. Embora as autoridades decidissem apenas exigir garantias de Jasom para depois deixá-lo ir embora, o ânimo geral era tão ruim que os crentes foram procurar Paulo e Silas para pedir-lhes que, para o seu próprio bem, deixassem Tessalônica.

Quando anoiteceu, Paulo e Silas acataram a sugestão, viajando para Beréia. Ao chegaram àquela cidade, foram para a sinagoga judaica. Os judeus de Beréia eram mais nobres que os de Tessalônica, pois receberam a palavra com avidez, examinando as escrituras diariamente para ver se os fatos eram exatamente como Paulo e Silas diziam.

Conseqüentemente, muitos dentre eles creram. O mesmo aconteceu com muitas mulheres gregas de posição social elevada, bem como com muitos homens.

Mas quando os judeus de Tessalônica souberam que a palavra de Deus era proclamada em Beréia por Paulo e Silas, eles mesmos foram lá, agitaram e atiçaram a multidão.

Novamente os crentes pediram que Paulo partisse, desta vez para o litoral. Mas Silas e Timóteo permaneceram em Beréia. Alguns cidadãos conduziram Paulo para o sul, até Atenas. Após receberem do apóstolo a ordem para que Silas e Timóteo fossem ter com ele, voltaram para as suas casas.

Enquanto aguardava os colegas em Atenas, Paulo circulou pela cidade, e foi sentindo uma raiva cada vez maior diante dos numerosos ídolos que viu por lá. Discutia com todo o mundo, com qualquer um: na sinagoga, com judeus e gente devota; no mercado, com gregos; com filósofos epicureus, com filósofos estóicos, com gente treinada e gente comum.

Diziam alguns: — Que tagarela! Que sabichão!

Diziam outros: — Não sei não, mas parece que exalta a duas deidades estrangeiras; uma chamada Jesus, e a outra que é companheira de Jesus, Anastásis.

— Merece uma investigação — diziam eles.

Nada melhor para ocupar o tempo dos atenienses e de todos os que lá moravam do que contar e ouvir novidades. Assim foi que levaram Paulo para o Areópago e lhe disseram: — Que ensinamento é esse que você prega? Explique-se. Esclareça-nos.

Paulo levantou-se e dirigiu-lhes a palavra.

— Povo de Atenas — disse ele —, percebo que, em todos os sentidos, vocês são muito religiosos. De fato, ao passar pelas ruas da cidade observando os objetos de sua adoração, notei um altar com a inscrição: *A um deus desconhecido*. O que vocês adoram como desconhecido, eu agora lhes proclamo.

— O Deus que fez o mundo e tudo o que nele existe – o Senhor do céu e da terra – não vive em santuários feitos por mãos humanas! Tampouco é servido por essas mesmas mãos, como se precisasse de alguma coisa. Ele mesmo dá vida à humanidade! E respiração! E tudo o mais! De um só homem criou todas as nações que habitam sobre a face da terra. Ele fixou os tempos previamente estabelecidos e os limites da sua habitação, para que possam procurar a Deus na esperança de encontrá-lo.

— Mas Deus não está distante de cada um de nós, pois "Nele vivemos, e nos movemos e existimos". Assim disseram alguns de seus poetas: — Porque dele também somos geração.

— Sendo, pois, geração de Deus, não devemos pensar que a divindade é semelhante ao ouro ou à prata ou à pedra — alguma coisa criada pela imaginação de mentes que também são criadas.

— Deus não levou em conta os tempos da ignorância, mas agora notifica a todos em toda a parte para que se arrependam, porque ele estabeleceu um dia no qual julgará o mundo com justiça por meio de um homem escolhido por ele – e disso deu certeza a toda a humanidade ressuscitando esse homem dentre os mortos!

Assim que os atenienses ouviram falar de ressurreição dentre os mortos, metade deles vaiou e fez piadas. A outra metade disse: — Talvez possamos ouvi-lo em alguma outra ocasião.

Assim Paulo calou-se e foi embora do Areópago.

Alguns passaram a crer: Dionísio, que era um areopagita, e uma mulher de nome Damáris. Mas Paulo não ficou por lá. Logo deixou Atenas e foi para Corinto.

24

L. Annaeus Sêneca

Sêneca, com Nero e Agripina, na vila de Agripina em Antium,
Para Gálio, meu irmão em Roma,
No nono ano do reinado de Cláudio.

Saudações!

Suponho que se possa considerar uma vantagem do meu ofício o fato de que eu também sou convidado a evitar a fria imundície das ruas de Roma nos gelados estertores do inverno. A primavera chega antes e mais agradável à beira-mar. Esta vila é capaz de transformar o mais forte estóico num epicureu. *Mi Galli,* deslumbrantes paredes brancas, elegância digna de um templo por dentro e por fora – o retiro de Agripina está pousado exatamente na ponta de um promontório que descortina o mar.

Maravilhosos crepúsculos colorindo de vermelho as paredes. Postados na varanda, ficamos afogueados. Até nossa carne torna-se etérea. E por todas as colinas lá embaixo há degraus gigantes, jardins em socalcos, e pórticos de mármore à sombra de densas roseiras em flor.

Neste local, no décimo quinto dia de dezembro, há treze anos e três meses, Agripina deu à luz o meu atual pupilo, o futuro imperador de Roma: Nero. Difícil e prejudicial para a mãe, um mau agouro para os outros. Agourento. Gálio, esse rapaz sabe ser cruel. Já o vi, rápido como um gato, com a indiferença de um gato, socar o crânio do seu meio-irmão Britânico, deixando a pobre criança muda de espanto. E por quê? No mês passado o imperador Cláudio levou a termo a adoção. Nero é agora o seu filho mais velho. Nero é completamente "Nero". Mas Britânico ignora o nome adotado e o chama pelo nome de nascimento, *Dimitius*, e só por isso o mais velho, sem dizer uma palavra, parte o crânio do mais novo.

"Nero" quer dizer *forte* e *valente*. Talvez seja. Ou talvez o nome devesse significar forte e extravagante. Com treze anos de idade, já não controla os seus prazeres. Embora uma natureza extravagante possa um dia proporcionar dons extravagantes, também pode aplicar castigos extravagantes. Poderia também vir a deleitar-se com o tormento alheio. Se algum dia este jovem leão vier a provar sangue humano, creio que nunca mais se alimentará de trigo.

Sim, não há dúvida. Mas o meu consolo é este: tendo recebido nas minhas mãos o gato ainda filhote, posso de algum modo moldar a sua maioridade. Até certo ponto creio que suavizei-lhe a natureza animal, incutindo-lhe a razão, uma mente racional, capaz de freá-lo, mantê-lo sob controle e servir-lhe de guia. Mas veja! Acabo de usar a palavra "animal". Deveria tomar cuidado com as minhas comparações para não ofender os animais.

Os seres humanos agem por vontade e deliberação própria. Os animais agem por instinto. *Instintivamente*, os animais tratam-se com civilidade natural. Não mordem nem maltratam os seus semelhantes. Onde os animais seguem os instintos, os seres humanos devem escolher obedecer à razão. Estas duas ações, que definem a diferença entre nós, de fato atuam como freios da violência. Então, quando desobedecem à *razão*, ou a ignoram por completo, os seres humanos se tornam piores que os animais e se estraçalham entre si. Alimento a esperança de que, no fim das contas, esteja conduzindo o filho da minha responsabilidade para o interior dos longos e serenos aposentos da razão.

Pode ser.

O rapaz é inteligente, Gálio. É também hipersensível e mimado pelos rasgados elogios que o acompanham por toda a parte. Mesmo sendo baixo e atarracado, a fé nos elogios lhe confere a postura de um aristocrata. Aos treze anos, já chama atenção. Não é possível que não tenha consciência disso. O seu cabelo é abundante e crespo por natureza e tem um brilho intenso. As sobrancelhas são muito arqueadas. O nariz é nobre. Mas seus modos emporcalham o seu aspecto.

Raramente sorri. A boca tende mais para o beicinho, e o que mais percebo no seu rosto é o desdém. Acordes musicais e simples pinturas têm o poder de provocar o êxtase no meu delicado Nero, isso é um fato. E há quem exalte essas emoções como provas de uma natureza compassiva.

Eu acho que são excessivas. Revelam a extravagância da sua alma e me preocupam, pois não são sinais de razão.

Nero Claudius Drusus Germanicus! Exatamente enquanto estou escrevendo, posso vê-lo sentado ao sol junto ao mar, um objeto achatado e brilhante na palma da mão. Demoradamente, ansiosamente, contempla uma moeda recém-cunhada – uma moeda de ouro que traz as efígies de Cláudio e da sua mãe. Agripina, a rainha do mundo! No que pensa o seu filho, segurando-a em sua mão? Agripina, que traça os mais elevados desígnios para o futuro do filho. Agripina, a mãe que em relação ao passado dele já falhou.

E se falhou no passado por não treiná-lo, que terá feito visando o futuro do império? Você percebe, Gálio, como enfrento altos e baixos ao avaliar a minha tarefa? Como vacilo entre a esperança e o medo?

Uma mãe melhor pouparia o rapaz de tanto mimo! Não há nada como a paparicação para estimular a volubilidade e arrogância dos filhos. Nenhuma restrição; todas as liberdades; nenhuma recusa aos desejos do seu tolo coração – essas concessões produziram um rapaz que não tolera contrariedades. *Deveria* ter sido criado ouvindo a verdade, não elogios. *Deveria* ter aprendido a temer. *Deveria* ter sido forçado a respeitar os mais velhos, levantando-se humildemente à presença deles, e então saberia julgar e manter o respeito que hoje *ele* recebe.

Nero não deveria ter conseguido o que exigia por meio da raiva. Em vez disso, deveria ter recebido a mesma coisa quando estivesse novamente sorrindo – como presente e recompensa, não como merecimento. A criança deveria ter tido uma noção da riqueza de sua mãe, mas não o uso dessa riqueza. Deveria ter sido censurado!

Apesar de tudo isso, continuo fazendo um grande esforço, com muita coragem, valendo-me da filosofia, acreditando que os jovens imitarão os adultos mais próximos deles. Havia um rapaz que foi criado na casa de Platão. Quando voltou para casa, um dia, viu o seu pai, por uma bobagem qualquer, ter um acesso de raiva. — Pai — disse ele —, nunca vi isso na casa de Platão. — Qual dos dois deveria ele copiar? Mande-o de volta para a casa de Platão! Deixe-o crescer no espírito de Platão! Quanto a Nero, quem imitará? Mantenho-o junto a mim, rezando para que a razão possa moldá-lo mais do que as impiedosas e maliciosas artimanhas da sua mãe.

Perdoe-me, irmão. Usei a maior parte de minha epístola falando de mim mesmo. Mas esta parte final, dedicada a você e ao *seu* futuro, é de longe a mais importante.

Gálio! Convenci a família de César a guindar você ao ofício de cônsul! A sua indicação acontecerá dentro de um mês. Tudo isso logo ficará evidente.

Ah! tem mais uma coisa. Outro presente vem depois. De fato me prometeram, *mi Galli,* que daqui a um ano você galgará um posto ainda mais alto, o ofício de procônsul. Você receberá o governo da Acaia, com residência na mais que movimentada Corinto.

25

Prisca

i

Os ventos marítimos sopram do oeste para leste, a maior parte das vezes. Bem que sabíamos disso Áqüila e eu. Voando – a sensação era de que voávamos –, atravessamos o Adriático no início da nossa viagem para Corinto. Mas depois tivemos de lutar para progredir na direção sul pelas costas da Macedônia e da Acaia. No Golfo de Corinto o nosso barco voltou a voar, no sentido leste.

Do outro lado de Corinto está o Golfo de Sarona, onde o vento oeste na primavera sopra forte e contrário ao viajante que vai para o ocidente. Cerca de seis meses depois da nossa chegada do oeste, o apóstolo Paulo quis atingir Corinto vindo do leste. De Atenas. As tempestades invernais haviam esgotado a sua fúria. Os navios voltavam a navegar. Mas, por causa do vento e dos perigos do mar, ele preferiu viajar a pé. Queria independência – confiar a viagem apenas a si mesmo. Estava ansioso.

Vinha sozinho e também se sentia solitário, penso eu. Preocupava-se tanto com a sua igreja recém-nascida de Tessalônica que enviara Timóteo para o norte a fim de visitar os crentes de lá. Também estava fraco. Fisicamente. O coitado nunca se havia recuperado do colapso sofrido na Galácia. A bem da verdade, os romanos o tinham depois espancado em Filipos. Alguns destes detalhes foi o próprio Paulo que me contou muito tempo depois. Outros eu vi pessoalmente durante sua primeira visita a Corinto. Alguns tento adivinhar. Talvez ninguém o conheça melhor do que eu; portanto, os meus palpites são muito bons. Não acho que Paulo quisesse gastar mais de dois dias nessa viagem.

Assim, o primeiro dia, quando saiu de Atenas, foi muito longo. Percorreu o Sagrado Caminho para Elêusis, cerca de 22 quilômetros, onde sentou e comeu uns figos. Depois seguiu para a costa de Sarona, outros 19 quilômetros até Megara. Dormiu sobre uma peça de couro num bosque de oliveiras.

Sem perder tempo, no segundo dia Paulo teve de andar oito quilômetros por uma trilha estreita cavada no flanco da montanha. À sua esquerda havia um precipício rochoso que descia direto para o mar. À sua direita, a montanha erguia-se altaneira e sinistra. Esse trecho específico de estrada é chamado de Rochas de Serion em memória de um assaltante que tinha esse nome. Dizem que Serion costumava obrigar viajantes solitários a ajoelhar-se e lavar-lhe os pés. Depois, no momento em que estavam concluindo a tarefa, com os seus pés limpos ele os chutava para o precipício.

Paulo percorreu essa sinuosa trilha, contou-me ele, "fedendo suor". Não tanto pelo medo dos ladrões – embora ainda se escondam nas acidentadas encostas acima da estrada –, mas pelo medo do precipício. As alturas o seduzem, disse ele. As alturas provocam nele uma estranha gana de aproximar-se da borda, olhar para baixo e inclinar-se até perder o equilíbrio, e cair. O seu coração bate feito um martelo diante da possibilidade. O martelar é em parte desejo e em parte terror de que possa de fato *cometer* essa idiotice. *Sou dois homens brigando pela alma de um.*

Pois bem, quero agora contar da melhor maneira possível o que aconteceu com Paulo na sua chegada a Corinto. Talvez devesse dizer o que Paulo fez. Não entendo bem a história. Mas é um peso que trago na lembrança. Quero dizer, ela *pede* para ser contada.

Ao aproximar-se da cidade aquela tarde, mesmo antes de chegar ao istmo, Paulo ergueu os olhos e pela primeira vez viu o Acro-corinto. Assomava como uma realeza por sobre a paisagem ao redor. Deixou-o estupefato. Aquela rocha singular, aquela rocha cinzenta com oitocentos metros de altura, prendeu os seus olhos e tornou-se o seu destino. Quase, penso eu, o seu destino fatal.

Percorreu o istmo como um fantasma, sem ter consciência de nada exceto daquela rocha diante dele. Por que foi assim? Não sei dizer. Não entendo. Mas aqui estão algumas coisas que eu sei: que havia uma estrada pavimentada chamada "Travessia do Arrastão" que liga os dois lados do istmo; que ela se estende por seis quilômetros desde o Golfo de Sarona a leste até a Baía de Corinto a oeste; que ao longo dessa estrada almocreves arrastam cargas de navios, e até mesmo navios, sobre amplas plataformas de um a outro mar – e que Paulo percorreu essa estrada cheia de homens aos berros e tensos animais e barcos flutuando em terra seca, *completamente alheio a tudo*! Em Corinto não conseguia se lembrar de nada.

Lembrava-se do Acro-corinto, só disso.

Disse que veio para Corinto tremendo de fraqueza. Talvez a fraqueza o prendesse àquela firme rocha, da mesma forma que um enfermo se fixa à chama de uma lâmpada no escuro. A rocha o atraía para frente, disso não resta dúvida. Direcionava-lhe os passos.

Há muralhas no alto do Acro-corinto, o último refúgio no caso de a cidade ser um dia sitiada. Paulo, aproximando-se pela parte leste, observava enquanto aquelas altas ameias indiferentes se incendiavam ao ocaso do Sol. Depois a própria rocha transformou-se num perfil negro contra a lona do céu de um verde profundo. Ao entrar pela Porta do Istmo, agora já no crepúsculo, Paulo viu fileiras de tochas acesas subindo a rocha obliquamente. Não podia ver os corpos de quem as carregava, mas via o caminho que subia pela rocha: um amplo desenho em ziguezague.

Uma faixa de fogo cingindo a cintura do Acro-corinto, que agora parecia mais maciço do que nunca, um território negro oprimindo os pulmões da terra. Há templos por lá: dez santuários ao longo da estrada que vai subindo. Paulo viu também o clarão das fogueiras no flanco da montanha. Lá no alto há antigas salas de jantar que são sagradas; mesas e bancos de pedra para as festas de Deméter. Acima de todos, escondido nas alturas, está o templo de Afrodite, pequeno, comparado a outros templos, mas é cercado de celas de sacerdotes e se expande com aposentos subterrâneos, um dos quais é tão profundo que recebe as águas de uma fonte natural.

Paulo deitou-se sobre a peça de couro num vinhedo ao sopé da rocha. Talvez tenha dormido. Se dormiu, foi um sono fugaz e intranqüilo, não mais de uma ou duas horas. Cismava sob o peso do Acro-corinto. Assentava-se – disse ele – como um trono sobre o seu peito.

Então, horas antes do alvorecer, levantou-se, dobrou a peça de couro, ajeitou as sacolas nas costas e pôs-se a caminhar ao luar. A cidade toda dormia. Caminhava só, as sandálias rangendo no cascalho.

Paulo achou a estrada que escalava a rocha e começou a subir. A ascensão começa no lado norte, no meio de uma confusão de construções coríntias, depois atravessa pomares, depois torna-se mais acentuada, com longos desvios para a esquerda, longos desvios para a direita, formando os ziguezagues onde Paulo vira o fogo horas antes. Não havia tochas agora. Ninguém. Lutava sozinho. Ao frio, sentiu calor por causa da subida. Nas sombras mantinha os pés nos sulcos deixados pelas carroças. Lá embaixo a terra ao luar tinha uma palidez líquida, mas o lado norte era o lado escuro da rocha, e nem sempre conseguia distinguir onde estava a margem da estrada, onde o precipício.

Finalmente, o ziguezague da estrada terminou e ele subiu em linha reta, cruzando pela face norte, na direção do espaldão do Acro-Corinto e contornou para as escarpas do lado oeste. Pouco antes da última curva, Paulo viu fogo ao longe, no Porto de Lecaeum na Baía de Corinto. Depois o perdeu de vista. Quando saiu para o luar, viu que a Lua ia descendo. De repente sentiu um vento ululante, que lhe puxava a capa de sobre os ombros. Queria levar embora suas sacolas. Soprava com fúria, ininterruptamente. Acima de Paulo, o rosto da rocha olhava, negro e prata, impassível, para a lua branca. Abaixo dele viu uma depressão que ia juntar-se a outra rocha, mais baixa.

Paulo, agora ofegante, fechou o punho da mão direita e golpeou a própria testa várias vezes, com força, infundindo coragem na alma. Imbuiu-se de força de vontade para avançar e subir, como se a escalada se tivesse transformado num combate. De fato, a vontade ficou mais vigorosa, e aí sim foi subindo – mas na pele tinha marcas de medo porque estava tão alto, a trilha era estreita e às vezes o chão era solto e com freqüência muito íngreme, e ele não conseguia ouvir os próprios passos. Não ouvia a própria respiração. Ouvia apenas o rugir do vento nas suas orelhas. Mas foi subindo.

Houve uma trégua quando entrou numa passagem protegida de ambos os lados por rochas calcárias mais altas. Depois superou a subida final e descobriu que estava numa espécie de vale cheio de sombras. O chão tinha lombadas e era inóspito, porém mais plano que antes, e o vento era quebrado por rochas mais altas ao redor.

As estrelas agora iam se apagando. As profundezas do céu perdiam a sua perfeita escuridão. A leste, o céu ficara cinza por trás dos dois picos mais altos do Acro-corinto.

Paulo não se deteve nas sombras. Avançou para o pico do norte, o mais alto dos dois.

Foi subindo. Já sem trilha, sobre cascalho solto, usava mãos e pés ao mesmo tempo. Foi subindo, e o céu cinza se iluminava, o vento gemia nas pedras deixadas para trás. Quem entende essas compulsões? Paulo sabia apenas que não desistiria até chegar ao topo. Arquejando muito, os músculos queimando pelo esforço prolongado, foi subindo.

No topo do outeiro mais alto havia um monte de pedras mal-talhadas, formando uma espécie de altar. Sobre as pedras, uma plataforma, espaço suficiente para um homem apenas, nada mais. Paulo pôs no chão as sacolas. Despiu a túnica e deixou-a cair sobre as sacolas. Rastejando, subiu na plataforma, primeiro os joelhos, depois os pés. Lentamente, levantou-se e ficou ereto. Ergueu os olhos, respirou fundo e gritou aterrorizado.

No rude clarão vermelho do amanhecer, Paulo era a criatura mais alta na terra. Disse ele à própria alma: *Aproxima-se uma tempestade!* Sentia terror do céu, do lugar em que entrara. Traiçoeiros, o vento e os céus, mancomunados, atacavam o seu corpo. Lá embaixo ao longe, por todos os lados em volta, podia ver o mundo emergindo das trevas, os retalhos cultivados pelos camponeses, os vinhedos, os pomares. Ao norte, a Baía de Corinto e o Mar Jônico com os navios ancorados. Ao leste, o Golfo de Sarona e o Egeu ao nível do chão. Mais perto, como seixos a seus pés, a própria cidade de Corinto. O vento continuava soprando, ainda ininterrupto. *Aproxima-se uma tempestade!* Paulo sentia frio e suava um suor malsão. Sentia aquele impulso idiota de atirar-se de cabeça do céu para a terra. Mas o vento o preservou!

Com tal violência lutava o vento para derrubá-lo que Paulo, enfurecido com a força contrária, encontrou a vontade de lutar contra ela. A fúria externa destruiu os impulsos internos. Lutou contra o vento, e a contenda o purificou, proporcionando-lhe um centro para os pensamentos e um propósito para a sua pessoa.

De repente, jogou a cabeça para trás e se pôs a uivar.

— Jesus Cristo! Senhor Jesus, piedade, tem piedade de mim! Nada quero conhecer senão a ti! Nada quero pregar senão a ti, Cristo — gemia ele —, nada quero senão *ser* crucificado contigo. Vive em mim! Vive em mim, Jesus!

Imediatamente, Jesus lhe apareceu no meio do vento e disse: *Não temas. Eu estou contigo. Nada te atacará nem te fará mal. E não te cales. Desce e prega exatamente como dizes, pois tenho muito povo nesta cidade.*

A boca de Paulo foi calada. O vento penetrou-lhe as narinas com um cheiro terrível de divindade. Dourado estava o céu acima dele, vermelha a rocha sobre a qual se erguia, e cor de rosa as minúsculas casas lá embaixo. O sol ia invadir o Egeu. No mundo todo, Paulo seria o primeiro a vê-lo e a saudá-lo.

ii

— Prisca — disse Áqüila —, por onde você andou?

No dia em que vi Paulo pela primeira vez no mercado – depois da chuva, depois que as multidões haviam-se dispersado, depois que o homem voltou à sua costura para impermeabilizar a tenda de Timóteo –, disse eu: — *Posso sentar-me um pouquinho ao seu lado?*— Ele parou e me olhou. Os seus olhos têm a cor de nozes polidas. — *Prisca* — disse ele. Fiz um aceno afirmativo com a cabeça. — *A mulher de Áqüila* — continuou ele —, *coureiros de Roma.* — Acenei outra vez, sem conseguir deixar de olhar para ele. — *Por que você quer sentar-se ao meu lado?* — perguntou ele, e imediatamente respondi: — *Porque você mencionou o nome de Jesus.*

Deixei de acrescentar que também estava chorando a morte da minha mãe. Não mencionei o conforto que me trouxeram as palavras que ele antes pronunciara: — *Os mortos em Cristo ressuscitarão primeiro, depois, nós, os vivos...* — Prendeu a agulha num dos pontos, estendeu o braço e tomou-me a mão direita na sua esquerda e examinou a parte interna dos meus dedos. Com um calo na lateral de seu indicador direito, tocou um calo semelhante na minha mão. Depois levou-a na direção da boca, fazendo-me avançar um passo. — *Sente-se* — disse ele. Beijou-me a ponta dos dedos, e eu me sentei. *Nós vos rogamos* — disse ele ao retomar sua agulha.

Timóteo apressou-se a molhar a pena num tinteiro novo que acabara de abrir. Paulo curvou-se sobre seu trabalho e começou novamente a ditar o que Timóteo escrevia. *Nós vos rogamos, irmãos, que acateis com apreço os que trabalham entre vós e os que vos presidem no Senhor e vos admoestam. E que os tenhais com amor em máxima consideração, por causa do trabalho que realizam.* Um homem pequeno – mais ou menos do meu tamanho, fulgurando como ferro na fornalha do ferreiro, a sua enorme cabeça deformada por cicatrizes, a parte posterior de seu pescoço fino como o caule de uma plantinha –, mas o homem tinha lábios macios como água e beijou-me os dedos com tal ternura que me sentei ao seu lado aos prantos, pensando na minha mãe que nunca mais me beijaria.

— Prisca — repetiu Áqüila —, por onde você andou?

Já ia adiantada a tarde. As ruas de Corinto estavam desertas. Os cidadãos, ricos e pobres, já se encontravam nas casas de banho para os seus prazeres. Eu caminhara para casa sozinha. Quando entrei, a minha sombra caiu sobre o trabalho manual de meu marido, o que o fez parar e virar-se.

Não consegui responder.

Áqüila se pôs de pé, aproximou-se e olhou bem para o meu rosto. Tem vista fraca. Não consegue ver bem de longe. Os seus movimentos são todos lentos e extremamente cautelosos.

— Prisca, qual é o problema? — disse ele. Tocou-me o queixo com o dorso de uma das mãos e ergueu o meu rosto em direção ao dele. — Você andou chorando?

Acariciei-lhe o dorso da mão, passei por ele e fui para o meu quartinho de trabalho. — Não, e tenho boas notícias — disse eu. — Não estamos sozinhos. Áqüila, já não precisamos ficar tão sozinhos!

Virei-me. Ele era uma sombra que ocupava todo o espaço da porta, escurecendo a sala como eu fizera antes. Disse ele: — Não me sinto solitário.

Disse eu: — Conheci dois homens que confessam o nome de Jesus. Aqui em Corinto. Há um terceiro que não vi. Vou conhecê-lo amanhã. Mas Áqüila! Áqüila, um deles é um apóstolo que viu Jesus *vivo*. Depois da ressurreição! Nada melhor que isso nos poderia ter acontecido! E você precisa ver a costura que ele sabe fazer! Mesmo enquanto vai falando, os seus dedos voam – dedos compridos, perfeitamente precisos no couro. Lona também. Tenho certeza. Tem ferramenta própria. Isso é importante. E que conversa, Áqüila! As palavras que saem da boca desse homem! A voz que tem! Deixe-me prevenir você: é um som que dá nos nervos, mas o conteúdo, Áqüila, acalma e conforta o espírito...

Disse o meu marido: — Beba isto.

Fora até o jarro de água, enchera um copo e o trouxera. — Prisca — disse ele —, beba esta água e sente-se.

Tomei dois goles. Não me sentei.

— Mas é o que eu *fiz* que preciso lhe explicar — disse eu.

Sei que naquele momento parecia ansiosa. Áqüila postou-se junto ao jarro de água, imóvel, para me ouvir.

— Não planejei nada — disse eu. — Apenas fiz. Achei que era o que tinha de fazer. Talvez o Espírito de Jesus tenha agido por meu intermédio. Mas o que quero dizer é que *realmente* não vamos mais estar sozinhos. Porque ele vai morar conosco. Eu o convidei para morar conosco. E participar do nosso negócio. Áqüila? Ele concordou.

Meu marido pôs o copo na prateleira. Chegou-se ao meu lado e sentou no banquinho. — Prisca — disse ele —, vá devagar. Deixe-me acompanhar você. Qual é o nome dele?

— Paulo — disse eu. — É um fariseu. Ou então era.

Áqüila fez um aceno afirmativo com a cabeça.

Aguardei em silêncio.

Disse ele: — Esse Paulo viu o Senhor ressuscitado?

— Viu. De verdade. Uns dezoito anos atrás. Veio aqui para Corinto a fim de pregar o nome de Jesus.

Disse Áqüila: — Os que vieram pregar Jesus em Roma trouxeram problemas.

— Se este homem trouxer problemas, serão santos problemas.

— Como você sabe? Como pode afirmar isso?

— É o que o coração me diz, porque é o que sinto. E também o que penso, depois de ouvi-lo falar sobre a volta de Jesus. Paulo sabe o que vai acontecer então — mesmo com aqueles que estão dormindo. Áqüila, ele sabe o que vai acontecer com a minha mãe. Quando o arcanjo em voz alta clamar e o som da trombeta de Deus abrir os céus, a minha mãe ressuscitará primeiro. Antes de nós. Paulo disse *primeiro*, porque nós que estamos vivos seremos então arrebatados *com* ela para o encontro com o Senhor nos ares. Áqüila! Eram lágrimas de alegria as que você viu no meu rosto.

— Três homens? — disse ele. — Você convidou os três para morar conosco?

Coitado do meu marido. Meu *paciente* marido. Quantas vezes corro demais e muito à frente dele.

— Timóteo e Silvano viajam com o apóstolo — disse eu. — Mas não, não ficarão conosco. Dormem na casa de Tício Justo, ao lado da sinagoga. Paulo também se alojava lá, até hoje. Bem, o motivo do meu convite é que Erasto, o Administrador dos Mercados, o estava ameaçando. Então eu disse a Erasto que Paulo viera a Corinto a fim de trabalhar para nós. Disse-lhe que as nossas taxas comerciais cobriam os custos de um sócio. Portanto, Paulo é nosso sócio agora. Então, o meu convite não foi apenas para uma semana ou algo parecido. Pedi que morasse com a gente. Enquanto estiver na cidade...

O meu marido ergueu um dedo pedindo-me para ficar calada por um momento. Com o mesmo dedo bateu na lateral do nariz, olhando de soslaio para a porta na direção da luz.

Finalmente disse: — Estes quartos não são suficientes.

— Mas Áqüila, eu ...

— Prisca, não temos espaço suficiente.

— Mas eu prometi...

— Calma, calma — sussurrou ele, erguendo o dedo. — O Mercado do Norte ainda tem lojas à venda. É novo e bonito. Boa drenagem na praça. — O tom de Áqüila tornou-se um murmúrio, como se ele estivesse se recolhendo sozinho em algum lugar privado. Mas eu, sua mulher, agora docilmente em silêncio, voltava a me alegrar, porque "murmurar" é o seu jeito de fazer cálculos.

— Mais de quarenta lojas naquele mercado, e todas as portas debaixo de um pórtico bonito e espaçoso, um pórtico que se estende internamente em volta dos quatro lados da praça. Certo, certo. As lojas que vi têm quatro metros e meio de largura por quatro metros e meio de profundidade e são altas. Certo, e no fundo há degraus que levam para um ático em cima da loja.

— Então — disse Áqüila, virando para mim os seus olhos míopes — você e eu vamos dormir no ático. O apóstolo Paulo pode dormir com a bancada e a ferramenta em baixo na loja.

iii

Ah, Paulo! Como se parece com o surgir do Sol a sua entrada nas nossas vidas!

Alguns dias após a mudança para a loja do Mercado do Norte, nós, os três, entramos numa cômoda rotina.

O ático tinha uma janela que fechávamos à noite, Áqüila e eu. Dava para o leste, e as persianas podiam ser abertas para deixar entrar a brisa e uma nesga de céu. À primeira luz da aurora Paulo costumava acordar e acordar-me com os seus ruídos lá embaixo. Imaginava que estivesse se vestindo. Jarras batiam na prateleira de madeira. A água ressoava nas bacias de latão. Ouvia suspiros – suspiros baixos com gemidos que costumam acompanhar a locomoção difícil. Depois, pela janela, ouvia o ranger das solas das suas sandálias atravessando o frio.

A porta da loja se abria e fechava-se, com um ligeiro baque da tranca. E, antes mesmo do canto dos pássaros, as vozes murmurantes de Paulo e Timóteo produziam um zumbido matinal lá embaixo. Como se pareciam com um cobertor mais gostoso que os lençóis aquelas vozes sob meu corpo entorpecido! Todos os dias, até partir para Tessalônica com uma carta, todos os dias, sem nunca falhar, aquele jovem devoto com os seus cacheados cabelos cor de mel chegava e havia uma troca de saudações quase formais com o apóstolo. Mas logo as vozes se calavam. Sobrevinha um silêncio, e depois podia-se ouvir uma espécie de movimento rítmico e uma espécie de gemido.

Mentalmente eu via Paulo e Timóteo de pé, com as mãos no estômago como dois velhos judeus, balançando rápido para frente e para trás, e gemendo orações sem palavras endereçadas a Deus. E assim o rubro fogo da manhã se acendia nas nuvens em frente à janela. Áqüila acordava, levantava e se vestia. Naquela altura eu já podia ouvir Paulo afiando facas numa pedra de amolar, enquanto Timóteo começava a ler as escrituras em voz alta – era a sua atividade matinal. Só eu ainda estava na cama – eu, deitada de costas lá em cima, deixando a alma flutuar ao sabor dos simples prazeres da companhia.

É provável que Áqüila estivesse dizendo a verdade: *Ele* não sentira a solidão em Corinto. Mas eu sim. Nos últimos seis meses sofrera uma solidão assustadora.

Devido às amargas divisões de Roma, tínhamos decidido ficar em silêncio na sinagoga, o meu marido oculto entre os homens, eu despertando sérias suspeitas entre as mulheres nas galerias superiores. Talvez a solidão combinasse com Áqüila. Mas para mim parece uma acusação. Fico triste quando não tenho amigos, e a tristeza se transforma numa desgastante doença. Sinceramente, não consigo comer. Sinto-me sempre à beira das lágrimas. E depois, na primavera daquele ano, o meu pai... meu pai!

Ah! Como pode aquele homem transformar o seu desprezo num punhal assim? Será que percebe a crueldade? O meu pai usou até mesmo a morte da esposa para punir-me pelas minhas convicções, pela fé que ele se recusava a considerar.

— Sua mãe morreu — escreveu-me ele. E a carta não dizia mais que isso: — Sua mãe morreu de desgosto menos de dez dias depois que você a deixou sozinha em Roma.

Pai, eu a deixei com você!

Você abandonou a sua mãe.

Não, não abandonei! Eu a convidei, mas ela escolheu você.

Você abandonou a sua mãe.

Assim eu sofria de algo infinitamente mais mortal do que a solidão. A angústia do coração. Espasmos de culpa físicos, violentos. Pobre Áqüila! Contemplava tudo e sentia-se meio sem jeito sem nada poder fazer. Sabe de uma coisa? Eu tinha muita pena dele naqueles dias. E uma parte de mim queria muito confortá-lo. Mas era a parte menor. Eu também não sabia como ajudar o meu marido. Só sabia chorar, não controlava as lágrimas – e assim era a causa da sua solidão particular.

Mas depois me apareceu esse magricelinha; esse pregador intrometido de pernas tortas; a Voz desse cabeçudo e compulsivo valentão, o sol nascente da minha vida – e disse eu a Áqüila: *Pedi que viesse morar conosco.* E o meu querido marido respondeu: *Ele pode dormir embaixo na oficina.*

— O Senhor esteja contigo — entoava Paulo quando eu finalmente deixava o ático e descia a escada.

— E contigo também — respondia eu cantando, ao curvar-me para apanhar o jarro de água e depois saindo para o ar livre.

O Senhor esteja contigo! Santo Deus, que música! Tu, Senhor, puseste mais alegria no meu coração do que os celeiros têm trigo ou os barris têm vinho!

Essa então era nossa rotina: Timóteo lia as escrituras. Paulo e Áqüila trabalhavam nas suas bancadas atendendo os pedidos de nossos clientes. E eu dirigia-me à fonte próxima da Estrada do Lecaeum. No caminho, parava para fazer as compras do dia-a-dia, enchendo a sacola de peixe defumado, frutas secas, pão amanhecido — que sempre conseguia mais barato e mais rápido do que o pão quente.

Depois, sempre, tão certo como a luz do dia, ao voltar para o Mercado do Norte eu ouvia, bem do outro lado da praça, aquela Voz nasal, alta, insistente, castigando, repreendendo e conclamando toda a cidade de Corinto. Desde a manhã até o meio da tarde o apóstolo recortava o couro e falava; cortava em curvas perfeitas e falava; perfurando e costurando, curvado sobre a bancada, ia falando. Apenas com som e sentido, criava um lar espiritual, uma residência, um lar para a minha alma.

Falando, trabalhando:

Se uma mulher vinha à oficina trazendo um cinto para consertar, Paulo abandonava o serviço que estava fazendo, pedia-lhe que sentasse, procurava um fio melhor, avaliava com o toque dos seus delicados dedos o dano sofrido pelo cinto – e, simultaneamente durante todo o processo, prendia a atenção da mulher com perguntas. Quando ele também estava sentado, transformava as respostas dela em ensinamentos e conversas que se prolongavam durante todo o tempo em que ela permanecesse na loja.

— Minha senhora, como se chama? (*cortando, desbastando a margem áspera do couro)* — De que família é você? Onde nasceu? (*abrindo buracos novos no couro velho)*

— Seu marido é soldado? Da Gália Cisalpina? Reformado? (*costurando, costurando)* — Então, em que guerra está o seu Fortunato lutando agora? — Nenhuma? Está certo, "reformado", claro (*costurando, apertando os pontos mais devagar do que seria necessário*) — Ah, com certeza! Acho que a "Paz Romana", como você diz, atinge o mundo inteiro. Com os meus próprios olhos pude ver que essa maravilhosa Paz de Augusto ainda impede guerras em volta do círculo do mar! Então, neste caso o seu marido está em paz? Está em paz no seu coração? E você também? (*mordendo a linha, partindo-a entre os dentes, pegando óleo de boa qualidade para dar novo brilho ao couro).*

— Ouça. A Paz Romana pode ser boa, mas não é santa. Não se pode adorá-la. E não vai durar para sempre. A paz do mundo não pode durar mais que o mundo, certo? Tampouco mora em corações humanos. O seu marido Fortunato está em paz? Você está? Sabe o que fazer quando o mundo e sua paz forem destruídos? Pois serão destruídos no dia da ira, no dia em que a justiça de Deus será revelada. Pois então o mundo deixará de existir. E haverá (*esfregando o couro, esfregando com as suas mãos ágeis, deixando-o macio*) haverá tribulação e aflição para todos os que praticam o mal, glória e honra, porém, para todos os que praticam o bem. (*Devolvendo o cinto à mulher, sorrindo com aqueles seus lábios vermelhos e suaves.*) Em que guerra o seu marido, o bom Fortunato, está lutando hoje?

O dia inteiro, dia após dia, as pessoas são atraídas para a Voz como se fosse uma bandeira comprida desfraldada ao vento. Eu não estava mais sozinha. Habitava um milagre. O pequeno Paulo parecia ganhar tamanho. A meus olhos o seu nariz estreito tornava-se nobre, e as espessas sobrancelhas transformavam-se em trincheiras voltadas para o mundo.

Ah, Paulo, como você brilha enquanto está pregando! Como feito água você cintila à oblíqua luz do Sol!

Quando o mês de maio chegou, apesar de Timóteo ter viajado, a nossa loja estava cheia de gente. Ficavam de pé ao longo das paredes e sentados no chão. Esparramavam-se pelo pórtico da nossa porta. O meu querido Áqüila trabalhava em silêncio, paciente, ocupando um espaço cada vez menor. Raramente fala com alguém a não ser comigo. Com Paulo ficava completamente mudo – talvez em admiração. Pasmo, talvez, diante da habilidade que tinha o apóstolo de inundar de repente a sala com as suas palavras.

Trabalhando à noite, quando a oficina estava à sua disposição, Áqüila desenhou e construiu uma bancada desmontável. Eu nada sabia do projeto até a manhã em que a levou para fora, dispôs sobre ela as ferramentas de Paulo e junto a ela deixou o banquinho dele. Daquele dia em diante, Paulo passou a trabalhar e a pregar na sua bancada no pórtico, onde platéias maiores podiam ouvi-lo.

— Vocês sabem o que é certo. Está escrito nos seus corações. Vocês sabem também o que é errado, pois praticá-lo é sofrer acusações da sua consciência. Praticá-lo é tumultuar os seus pensamentos secretos. O que está escondido para o mundo não está escondido para vocês. Tampouco está escondido aos olhos de Deus, que está prestes a julgar todos os segredos humanos e a punir o que é errado. E como se salvarão vocês da punição naquele dia?

Em tudo o que você diz está o Espírito de Deus. Eu, Priscila, vendo mercadorias. Fico atrás de você na loja e recebo pedidos. Através da porta vejo você em ação e me maravilho com as multidões:

— Ídolos não podem salvá-los da ira.

— Tudo o que é feito por mãos humanas é menos que humano – o que significa menos que nada comparado ao Deus vivo.

— E nada intensifica a ira de Deus mais do que isto: que os seres humanos criados por ele lhe dêem as costas para adorar o trabalho das *suas* próprias mãos como *eles* fossem criadores à semelhança dele!

Ah, Paulo, como você odeia ficar curvado enquanto está pregando. A postura do trabalhador – tão aviltante. Tão própria do escravo. Contudo, você a escolheu. Em particular você me confidencia que ela significa que você é um escravo a serviço do Senhor. Sim, sim, claro: mas observo os seus olhos e sei que você odeia ter de curvar-se.

Mesmo assim, as multidões continuam aumentando. As mulheres voltam com os seus maridos. Os maridos voltam com amigos. Fortunato traz um colega chamado Estéfanas. Estéfanas traz Acaico, até mesmo para receber a sua pregação mais dura:

— Existe a história do povo de Israel, com quem o verdadeiro Deus estabeleceu a sua aliança, a quem Deus sustentou com a comida e bebida da sua misericórdia.

— Quando esperavam por ele no seu monte santo, os filhos de Israel ficaram inquietos. Então assumiram o controle da situação. Derreteram braceletes, grilhetes, colares, todos os tipos de anéis de ouro, e com o metal derretido formaram um bezerro. Disseram eles: "Este é o teu Deus, ó Israel!" A esse bezerro traziam oferendas. Em sua honra, o povo se sentava para comer e beber, levantando-se depois para dançar.

— Que era o bezerro? Um nada, um ídolo! Coríntios, prestem atenção: Por seus pecados três mil pessoas morreram num único dia.

Enquanto você vai contando essa história, um homem me vê na multidão e me acena concordando com entusiasmo. Você está curvado e não pode ver. Mas eu me sinto sufocada diante do poder desse evangelho. Paulo, o homem é Crispo, o principal da sinagoga, convertido à fé pela sua pregação!

— A história do bezerro de ouro foi escrita como um aviso terrível para nós – porque Israel nos representava a todos perante Deus, e é para nós que o fim dos tempos vai chegar! Coríntios, se Deus não poupou o povo da sua aliança, por que pouparia vocês?

A esta altura você limpa a bancada e salta para cima dela. Eu me apresso a segurar a plataforma. Você grita:

— Eu subi o Acro-Corinto de vocês. Lá em cima, no topo, passei pelas salas de jantar onde o povo honra Deméter com as suas refeições.

— Digam-me: Quem é Deméter? O que é ela?

— A deusa da germinação, dizem vocês. A mãe do renascimento na primavera da terra? Não é, de modo algum!

— Deméter é um demônio! Ela é mais desastrosa do que mil ídolos juntos! Quando a adoram, vocês abandonam o Deus vivo em troca de uma criatura que se arrasta e gagueja debaixo da terra! Como tal insulto *deixaria* de enfurecer o Deus que é pai de todos nós? E por que ele os pouparia da sua ira?

— Contudo, Deus *quer* poupá-los! Deus mostrou o seu amor por vocês enviando o seu Filho ao mundo para morrer a morte que vocês deveriam ter morrido.

— Enquanto vocês estavam levando vidas ímpias; enquanto vocês mantinham relações com demônios; enquanto vocês eram pecadores e inimigos dos céus – exatamente então o Filho dele, o Senhor Jesus Cristo, morreu no madeiro maldito. Creiam nisto! Creiam! E permitam que sua crença se baseie nisto: que Deus o ressuscitou dos mortos — dessa ressurreição eu, que hoje lhes falo, sou uma testemunha!

— Gente, rejeitem os demônios! Voltem-se para aquele que pode salvá-los da ira que está por vir! Voltem-se para Jesus, o Filho de Deus e o Senhor da Glória. É pelo fato de ele ter aparecido a mim que tenho autoridade para gritar: "Venham!" Venham para aquele que os tornará justos no dia do seu retorno. Pois está escrito: "Bem-aventurados aqueles cujas iniqüidades são perdoadas, e cujos pecados são cobertos; bem-aventurados aqueles a quem o Senhor jamais imputará pecado."

Ah, Paulo! Como a sua presença em Corinto se parece com a aurora!

A praça do Mercado do Norte não é muito espaçosa. A Ágora de Corinto é quatro ou cinco vezes maior. Francamente admito que os oradores não tinham nenhum problema na Ágora, que era o único lugar na cidade planejado para multidões. Contudo, culpo Erasto pelas táticas que usou contra Paulo. Foram exageradas. Mostraram – ainda creio nisto – um ressentimento pessoal do Administrador dos Mercados contra o apóstolo.

Um dia, cerca de setenta ou oitenta pessoas de pé na praça ouviam a pregação de Paulo, de pé sobre a oscilante plataforma de sua bancada. Eu segurava firme com as duas mãos, o meu rosto junto aos seus pés. Áqüila e Timóteo tinham ido ao porto de Cencréia, deixando-nos sozinhos na oficina. De repente a atmosfera na praça do mercado e todos os seus ruídos se alteraram.

Paulo ficou estático e interrompeu a pregação. Senti um tremor no chão sob meus pés: o galope de um cavalo. As pessoas que estavam no fundo da praça começaram a gritar. Eu queria ver. Queria soltar a bancada e levantar-me para ver a confusão que se aproximava – mas tinha medo de soltar as mãos. Paulo poderia cair. Continuei segurando, ouvindo gritos e palavrões, o choque de metais, a pancada de objetos rígidos sobre corpos de carne e osso, gritos de xingamento. Em seguida as pessoas se puseram a correr, espalhando-se em todas as direções, e no meio de tudo apareceu um cavalo a galope. Sobre o cavalo, o gordo e corado Erasto!

À sua volta, dispersando o povo a socos e golpes chapados de espada, apareciam jovens soldados a pé, de capacete, com armaduras e armas.

— Fora! Fora! Dêem o fora daqui! — gritavam eles. — Estão bloqueando as lojas! Vão para casa, vagabundos! Vão para casa!

Erasto estava de olho em Paulo. — Você está pondo minha paciência à prova, senhor! — anunciou ele, parando o cavalo bem na nossa frente.

Paulo sobre a sua bancada, Erasto sobre o seu cavalo – olhavam-se olho no olho lá no alto, acima de mim. O meu cabelo começava a se soltar, impedindo-me a visão.

Erasto sacou da espada com um gesto solene. — Por que você insiste em bloquear o comércio da minha cidade? — perguntou ele. Apontou a arma para a garganta de Paulo.

— Uma vez — disse ele — tive compaixão. Mas duas vezes para mim já é demais.

O cavalo debaixo do magnífico Erasto estava de cabeça baixa e virada para trás. O pobre animal estava exausto. O seu montador usava duas pesadas capas sobre a sua túnica, anéis e colares, sandálias de tiras trançadas sobre os gordos calcanhares. Todavia, apesar da aparência ridícula, os seus olhos cintilavam de raiva. Hostilidade. As suas tropas, agora desvencilhadas do povo e nos encurralando, eram frias, desprovidas de emoção e perigosas.

Paulo continuou ereto, olhando despreocupado – olhando com estranha curiosidade – para o Administrador dos Mercados. Do meu ponto de vista inferior, parecia que os seus lábios a custo continham um sorriso.

Erasto suspirou fundo e desviou os olhos. — Está em meu poder, senhor — disse ele, enfatizando as palavras com um gesto de espada —, remover bloqueios. Tenho esse poder e muito mais: posso punir a insolência e arrancar o desacato da cara do arrogante!

Paulo! Acredite nele e desça daí!

Mas Paulo examinou Erasto mais de perto. De fato, inclinou-se para frente deixando a grande cabeça pender para um lado.

Erasto, o Administrador dos Mercados, percebeu o gesto. — Amarrem-no — gritou ele. — Amarrem-no e arrastem-no para fora da cidade!

Avançaram três soldados, um deles trazendo cordas.

— Erasto — disse Paulo em voz baixa e maravilhado. — Conheço você.

Rápido, saltou da bancada e tocou o focinho do cavalo do Administrador. — Sei exatamente de que você tem medo.

Um soldado reagiu. Agarrou Paulo pela túnica.

— Espere — gritei eu.

Mas outro soldado segurou-me por trás pela cintura.

O pobre do cavalo nem sequer se assustara.

Erasto fixava Paulo. Tinha os olhos presos no rosto de Paulo.

— Meu irmão — disse Paulo —, você tem medo de ser um joão-ninguém. Você tem medo de não ser nada nesta cidade.

O soldado puxou os braços de Paulo para trás e dobrou-lhe os cotovelos em torno da haste de uma lança.

Disse Paulo: — E tudo porque você não é nobre de nascença. Mas eu lhe digo, Erasto, Deus está escolhendo você.

Um soldado aproximou-se de Paulo com as cordas, preparando-se para prender-lhe os pulsos contra o estômago. Erasto de fato esticou o pescoço para ver Paulo atrás do soldado.

Disse Paulo: — Você nasceu escravo, não foi? E comprou a sua própria liberdade. Você é um *liberto*, não um nobre. E prisioneiro do medo, porque os nascidos nobres têm o poder de desprezá-lo. Você luta, luta, luta por alguma posição no mundo. Ó meu irmão – mas não há necessidade disso, porque *Deus* está escolhendo você agora.

Dois soldados, um de cada lado, pegaram as extremidades da haste da lança e ergueram Paulo do chão. Ele ficou suspenso. A túnica se rasgou na altura do peito. Ergueram o seu corpo que ficou balançando na haste e entre gemidos de dor.

Mesmo assim curvou o pescoço, manteve os olhos em Erasto e a Voz continuou fluindo-lhe da boca: — Ouça! — disse Paulo. — Esta é a verdade: Deus escolhe o que é fraco no mundo para humilhar os fortes! Erasto! Deus escolhe os tolos para humilhar os sábios. Deus escolhe os que são humildes e desprezados na sociedade – escolhe até mesmo os que nada são – a fim de reduzir a nada os que pensam que são muita coisa...

Acho que somente a remoção de Paulo entre dois soldados foi capaz de quebrar o transe do Administrador, fazendo-o lembrar-se da ordem que dera à tropa.

— Esperem — gritou Erasto. — Para onde vão? Tragam o sujeito de volta.

Libertei-me também do meu insensível soldado, apanhei uma faca da bancada e corri na direção de Paulo. Enquanto os seus capturadores tentavam entender o que se passava pela cabeça do chefe, cortei as cordas que prendiam Paulo na altura do estômago. Caiu de joelhos, simplesmente rindo. Quem diria! O homem se divertira durante o episódio todo, num nível interior mais profundo. Seu prazer teve em mim o efeito imediato da luz do Sol, e a minha própria alma elevou-se às alturas. Viramo-nos ao mesmo tempo e vimos Erasto desmontado, vindo na nossa direção com todo aquele seu volumoso aparato.

Havia fome e apelo sincero nas suas trêmulas bochechas.

— Por favor — disse ele de mãos postas à altura do peito —, que Deus é este?

iv

Mas depois chegou aquela madrugada quando o que me acordou não foi o barulho de nosso sócio na parte de baixo da loja, mas o som de meu próprio nome.

— Prisca, Prisca! — ouvi com alarmante clareza e de imediato estava acordada. Quem... ?

— Prisca.

Não era Áqüila. Ele dormia um sono pesado aqui no ático. Na verdade, o chiado de sua respiração deu-me a perceber que a voz que dizia meu nome não estava tão perto. Infiltrava-se pelas frestas do assoalho.

— Priscila... desça. Eu... preciso de você.

Entrecortando as palavras ouvia-se aquele suspiro, aquele gemido, o som suspirado da locomoção difícil.

Desci descalça, o cabelo solto.

Paulo estava estranhamente debruçado na borda da mesa de trabalho. As suas costas e torso torcidos formavam um ângulo impossível. Parecia não poder se mexer.

— Paulo?

Uma única lâmpada queimava sobre a mesa. Escavava horríveis porções de sombras no pescoço, na garganta e no rosto do apóstolo. Sua cabeça estava presa num ângulo extremo, projetando-lhe o queixo como o de um cadáver num campo de batalha.

— Paulo?

— Priscila — disse ele sem virar-se ou mover-se —, não consigo fazer isto sozinho. Por favor. Seja Timóteo esta manhã.

Priscila. Ninguém me chamara Priscila antes. *Pequena Prisca,* carinhosamente me transformava numa pessoa querida.

— Deixe que me apóie em você — gemeu ele. Abaixe-me, ponha-me no chão.

Curvei-me ao seu lado e senti o peso dele passar da mesa para o meu ombro. Lentamente ajoelhei-me. Ele respirava fundo e bufava de dor, mas quando eu já estava rastejando no chão, ele girou e escorregou para o lado.

— Paulo?

— Tire — disse ele — tire-me a túnica.

— Qual é o problema? Que aconteceu? Por que você tem tanta dor?

— Ah, pequena Prisca — fingiu um riso abafado — faz de conta que são as minhas abluções matinais. Por favor, tire-me a túnica.

Tirei. Ele se endireitou. Virou-se de rosto para o chão e esticou os braços em cruz. Vi as suas costas à luz da lâmpada e não pude me conter: soltei um grito de dor.

Disse Paulo: — Tem óleo de oliva na jarra sobre a mesa.

— Ah, Paulo! — sussurrei eu.

A carne das costas estava dilacerada e brilhava embranquecida com velhas feridas e cicatrizes, com vergões e cortes tão ressecados que toda a superfície da pele estava fendida como terra assolada pela seca.

— Por favor — disse ele ao pó do chão — derrame óleo nas minhas costas. Depois, com a toda a força, massageie e faça-o penetrar nos músculos até os ossos. Por favor.

Em silêncio, comecei a chorar. Peguei da mesa a jarra e inclinei-a, deixando o óleo cair sobre a carne castigada.

O óleo frio causou-lhe um tremor.

Ajoelhei-me ao seu lado e toquei-o com a palma das mãos. Senti como estava áspero pelas surras e chibatadas. Suavemente, muito suavemente comecei a massageá-lo.

— Força — disse ele.

Obedeci. Pressionei mais forte, mas isso de repente o fez gemer e então recolhi as mãos junto ao peito.

— Priscila — ordenou ele —, você precisa massagear com força.

Tentei. Fechei os olhos. Desafiando todos os instintos em mim, apoiei nos braços todo o peso do meu corpo e pressionei-lhe os ossos das costas. Desta vez ele gritou, eu também e fiquei paralisada.

Passou-se um momento.

Disse Paulo em seguida: — Se você não fizer o que peço, hoje não poderei ficar de pé direito. Qualquer movimento poderia rasgar-me a pele e ensopar a roupa de sangue. Pequena Prisca, sinto muito –, mas preciso da sua ajuda.

Outro momento se passou enquanto eu olhava para as minhas mãos, brilhando à luz da lâmpada. O cinza da aurora já rompia sobre a cidade. Ouvi os primeiros pássaros questionando o ar.

Disse Paulo em seguida: — Erasto convidou-me a morar na casa dele. Que você acha disso? Diz que tem espaço mais que suficiente. Acaricia uma na outra as mãos gordas e diz que é o mínimo que pode fazer. A minha presença na sua casa, argumenta ele, enobreceria o seu nome e a sua família.

Astuto Paulo, o apóstolo de Deus! Baixei novamente as mãos, e lentamente, bem lentamente esfreguei o terreno irregular das suas costas. Ele gemia. O gemido ecoava em mim como se fosse meu, mas eu pressionava forte. Forte, cada vez mais forte, e os dois gemíamos juntos: *Ohhh, ohhh!*

Paulo continuou falando. Para o meu bem. Enquanto ele falasse, enquanto eu prestasse atenção ao que ele dizia, eu não poderia imaginar o grau de seu sofrimento.

Dizia ele: — Priscila. — Chamava-me por este lindo nome, *Priscila*. — Não tive medo do Administrador dos Mercados. Nem a espada nem os soldados me intimidaram. Pressione forte, forte. Desde o princípio eu sabia que a minha palavra teria poder sobre as mentes dos gentios. Você sabia que vi Jesus ressuscitado no meu caminho para Damasco? Todos os que me conhecem sabem disso. Mas até hoje nunca contei a ninguém como era Jesus.

— Força, filha. Onde está o seu vigor? Pressione com força.

Sou uma mulher miúda. As minhas mãos são miúdas. Ritmicamente o massageava, todo o peso do meu corpo pressionando-lhe as costas. Tanta força imprimia sobre ele que dentro da cabeça podia ouvir o ranger dos meus dentes.

Paulo gemia e ria, ria e fungava e gemia. — Preste atenção — disse ele. — Quando do chão ergui os olhos, o firmamento estava aberto e olhei para dentro do céu. Priscila, eu vi a habitação de Deus Pai.

— Isso, isso, você está indo bem. — rosnava ele feito um animal. — Você está esfregando muito bem.

O céu que se iluminava fazia o interior da casa parecer mais escuro que antes.

Disse Paulo: — Senti um vento de tempestade e havia uma grande nuvem brilhante envolvendo tudo. Dela saíam relâmpagos de fogo. Vi o firmamento, cintilando como cristal. Ouvi um som como o rugir de águas. No firmamento havia uma espécie de trono, um trono de safira, azul claro e fulgurante. Nele o Pai tomou assento enquanto um rio de fogo fluía diante dele. Miríades de milhares o serviam. Dez mil vezes dez mil criaturas estavam à sua presença. E aí Prisca, Prisca! – naquela imensa nuvem, cercado de luz, apareceu o Senhor, o Cristo, o Filho de Deus. Sentou-se à direita do Pai, muito acima de todo governo, autoridade, poder e domínio, acima de todo nome que é proclamado nesta era ou qualquer era futura – para que todos os povos, todas as nações e todas a línguas da terra o servissem. Seu reino é sempiterno. Jamais será destruído.

— Esse é aquele que chamou o meu nome e me enviou. Ele, a aparência visível do Deus invisível.

— Adão um dia brilhou com essa espécie de glória, Priscila. Mas depois a perdeu, e todos os seus filhos também. Contudo, isto é o que testemunhei, que Jesus Cristo veio restaurar novamente a glória, primeiro para os judeus e depois para os gentios: pois ele é o novo Adão, o Senhor radiante do universo, através do qual todos os seres e todas as pessoas existem. É a palavra *dele* que está na minha boca. Por que deveria ter medo de qualquer poder na terra? Não tenho. Não tenho – exceto talvez da ira de Prisca, no caso de eu pensar em aceitar o convite de um oficial importante e abandonar a humilde loja dela.

— Pronto, minha querida Prisca — suspirou Paulo, erguendo-se sobre os cotovelos —, agora você pode parar. Os músculos já estão relaxados. A pele já não está queimando. Estou ouvindo o seu marido lá em cima. Está na hora de ir trabalhar.

26

Timóteo

i

— Veja — disse Erasto, estendendo um volumoso braço na direção de cinco sorridentes "clientes" no átrio da casa —, veja o que posso fazer pelo seu mestre.

Quando voltei de Tessalônica, Erasto insistiu para que Silvano e eu deixássemos a nossa casinha perto da sinagoga e nos mudássemos para a casa dele. Embora a oferta tivesse sido feita solenemente a nós três, Paulo preferiu ficar na loja de Áqüila.

— Veja que enorme prazer me dá botar fora o meu dinheiro!

Todas as manhãs quando Erasto emergia do seu quartinho sem janelas, era recebido por dois servos, um na sala apresentava-lhe as roupas num cabide polido, o outro esfregava e lavava-lhe o corpo em preparação para o novo dia. Ataviado, adornado e perfumado, tendo-se refeito com pão passado no mel, algumas tâmaras e azeitonas, o Administrador dos Mercados encaminhava-se para o seu átrio. Ali, de seis a doze homens, assim que o avistavam, punham-se de pé e gritavam-lhe elogios. Ele lhes dava moedas. Ou então fazia um sinal para que um servo lhes desse cestinhas de comida. Às vezes convidava dois ou três deles a acompanhá-lo nas suas rondas, executando pequenas tarefas que lhe ocorriam.

— Veja — dizia Erasto, distribuindo dinheiro entre os servis "clientes", como os chamava. — Estes homens não significam nada para mim. Não se aproximam do meu coração mais que do meu átrio. Mesmo assim, eu os ajudo. Mas aquele Paulo! — gritava ele, abrindo amplamente os braços. — Paulo eu amo! O destemido Paulo eu elogio! Quem mais falou comigo como ele? O seu mestre tem uma língua igual a uma pá: ele desenterrou o tormento da minha alma. Ah, Timóteo, você é jovem demais para saber como é maravilhoso poder dormir de novo. De novo?

Na verdade, nunca dormi um sono tão profundo em toda a minha vida. O abutre que me bicava o fígado – aquele abutre morreu! Ah, irmãozinho, eu quero agradecer-lhe! Quero derramar sobre ele a minha gratidão! Por que é que ele recusa os meus presentes?

— É uma questão de consciência, imagino — disse eu. — Prefere não ser um peso para aqueles a quem serve, Erasto.

— Peso nenhum! — vociferou ele. — Não é absolutamente um peso! Tenho uma casa com sete quartos. Não perco nada cedendo um. Ganho um hóspede. Ganho a honra.

— Mas Paulo diz que o evangelho é de graça. Ninguém deveria comprar a verdade. Ninguém pode. *Esse* é o presente, Erasto, e vem de Deus.

— Irmãozinho — declarou ele, esvaziando-me os pulmões com uma pancada nas costas —, meu simpático irmão grego, o apóstolo Paulo está magro feito um palito! Precisamos botar carne em cima daqueles ossos!

E assim Erasto nos convidava todos os dias para jantar – e não somente a nós, mas a quem quer que visse na companhia de Paulo. Realmente acontecera uma transformação na vida desse homem. Como amigo e benfeitor, já não fazia distinção entre a classe alta e a classe baixa. (Todavia, mantinha a sua própria altura por meio dos benefícios que concedia.) Qualquer um que amasse Paulo, ele amava. Aqueles que creram em Jesus antes dele, ele amava com uma afeição ainda mais volúvel. E aquelas pessoas, muito poucas, a quem o próprio Paulo havia batizado, eram adoradas de modo extravagante pelo oficial de Corinto.

Então, quando o outono chegou, lâmpadas e tochas ardiam noite adentro na espaçosa casa de Erasto, pois sempre havia um bom número de pessoas que aceitavam os seus convites e compareciam. Mesmo quando o ar estava mais fresco, o meu anfitrião bufava pela casa, suando todo satisfeito.

Feliz Erasto! Pobre Erasto – mais mole do que se poderia imaginar.

— Timóteo — disse ele uma noite quando estávamos sozinhos. — Timóteo, diga-me uma coisa. — Pegou a minha mão todo súplice. — Eu ofendi seu amigo?

Nunca conseguira chamar Silvano de *seu* amigo porque esse outro colega de Paulo era lacônico demais. Silvano não falava. Nem respondia a abraços ou beijos. Erasto sabia lidar com o silêncio dos seus subordinados, mas o silêncio de um hóspede da casa o deixava confuso. Perplexo. Certos dias, passava a perseguir o taciturno Silvano com um rio ininterrupto de conversa animada. Noutros, tentava competir com ele: dois mudos vagando pela mesma casa. Mas depois, quando as uvas começavam a amadurecer, Silvano desapareceu. Deixou Corinto e a casa de Erasto sem uma palavra. Nenhuma explicação. Nem obrigado, nem até logo.

Erasto queria saber: — Ele falou com você? Disse-lhe o motivo? — Ainda segurando-me a mão, meu enorme anfitrião puxou-me para baixo até que nos sentamos no mesmo banco, joelho com joelho. — Será que fui amável demais para o gosto dele? — perguntou Erasto. Mas os seus olhos descartaram e responderam à sua própria pergunta. — Não, a gente nunca pode ser amável *demais*. É sempre melhor errar do lado da amabilidade. — Depois me agarrou forte e novamente cravou os seus olhos nos meus: — Então, qual é o problema de Silvano? Você sabe? Paulo sabe? Aposto que Paulo sabe. Eu também sei. Vou lhe dizer uma coisa, irmãozinho, acho que o homem tem uma bronca contra o mundo. Talvez se ressinta da companhia de gente polida. Talvez nunca tenha aprendido a conviver com gente assim – não conseguiu fazer a transição para a independência do jeito que alguns de nós conseguimos e nos culpa pelo nosso sucesso. Seja como for, é melhor assim. É melhor que siga o caminho dele enquanto nós procuramos o nosso bem.

— Timóteo! — concluiu a fala com outra pancada nas minhas costas: — Você é o grego mais esperto que conheci na vida!

E quem pode descrever o rubicundo prazer com que o oficial da cidade recebia os crentes na sua casa para a adoração e celebração da ceia do Senhor?

Nunca suspendemos os encontros na casa de Tício. Áqüila e Priscila ainda cuidavam dos crentes naquele local. Mas quando Crispo – o principal da sinagoga ao lado! – apareceu anunciando a sua nova fé em Jesus, a maioria dos gentios tementes a Deus o seguiu. Assim, a sinagoga estava perdendo almas; as salas de jantar de Tício estavam transbordando, e as salas de jantar de Erasto, Administrador dos Mercados, apanhavam o transbordamento.

A sua hospitalidade era totalmente genuína. Em trajes vistosos, ele mesmo – não os seus servos – acompanhava escravos pelo átrio até o interior da casa: escravos, educados ou rudes; diaristas, mendigos, marinheiros, padeiros, banqueiros; gente sem nenhum nome, gente invisível no mundo, gente inglória – todo o mundo.

A todos dizia ele: — O Senhor esteja contigo.

Com um sotaque dos bem-nascidos, os lábios cheios conferindo um delicioso esplendor às palavras, dizia ele: — O Senhor esteja contigo — e depois beijava a cada um, sempre exibindo na testa a marca de uma apoplética alegria.

Esse é o homem que estava disposto a arrastar para fora da cidade o corpo indefeso de Paulo, amarrado atrás de seu cavalo. Eu observava o prazer com que arrastava os crentes para os seus aposentos privados, e sorria vendo a transformação.

Constantemente crescíamos. Constantemente nosso glorioso Senhor permitia a expansão da nossa pregação, de tal forma que no inverno foi-me legada a liderança dos que adoravam na casa de Erasto. Já nem mais cabíamos em duas casas.

Paulo descobriu um homem que tinha uma casa construída na base do Acro-corinto. De fato, descobriu-o *por causa da* casa. Era uma mansão duas vezes maior que a de Erasto. Além disso, segundo Paulo, situava-se exatamente junto às portas da idolatria. Paulo passara por ela regularmente durante nove meses, uma vez que regularmente, sempre sozinho, subia a estrada para a sinistra e colossal rocha capaz de engolir o nosso sol no inverno.

Uma tarde, de repente, saiu do caminho. Bateu à porta da mansão e perguntou o nome do proprietário.

— Gaio — disse a empregada.

— Posso falar com Gaio? — perguntou Paulo.

Ela informou que o patrão estava nos banhos.

Então o meu mestre e amigo foi ele mesmo direto para os banhos a leste da Estrada do Lecaeum. Ainda como judeu, totalmente vestido, caminhou pela sala das piscinas mornas, entrou na sala do vapor e da água mais quente e ali encontrou Gaio deitado, recebendo a assistência de um servo que com uma lâmina curva lhe limpava o suor.

Paulo sentou-se ao lado dele e disse: — Você é Gaio? Você é dono da casa entre a cidade e o sopé norte do Acro-corinto?

Depois, em janeiro, os cristãos começaram a se reunir também naquela casa. Assim havia três igrejas em Corinto.

Embora Prisca e Áqüila dividissem o papel, a ela cabia o trabalho principal na igreja que se reunia na casa de Tício. As suas orações em público e as suas profecias eram muito mais poderosas, edificando os mais humildes, animando os desanimados, consolando os desolados.

E embora eu fosse o líder visível da igreja que se reunia na casa de Erasto, era a personalidade do nosso magnífico anfitrião que dominava. Ele estava encantado com a prática de falar em línguas. Sempre que alguém era levado a isso, Erasto erguia os seus enormes braços e aprovava com aplausos. Orava constantemente para que o Espírito Santo lhe concedesse esse mesmo dom – o que, de fato, o Espírito Santo lhe negou até que Paulo e eu deixássemos Corinto, mas esta é outra história, para outra ocasião. Diferente da igreja que se reunia na casa de Tício, onde os diálogos eram mais suaves e inteligíveis, a nossa se tornou um corpo de adoradores muito barulhentos.

Mas, apesar da sua ruidosa alegria e incessante hospitalidade, Erasto sentia a ausência de Paulo na sagrada refeição. Desde que o apóstolo começara a adorar na casa do homem chamado Gaio – um homem, incidentalmente, cuja condição social fora recebida por herança, não conseguida por trabalho e astúcia —, Erasto me agarrara para conversas noturnas e me submetia a interrogatórios.

— Como está Paulo? Como está o apóstolo? Gosta da igreja na casa de Gaio? Quantos na sua opinião estão se reunindo lá atualmente? Menos do que aqui, é bem provável. Empreendimentos novos levam tempo para crescer.

Numa suave noite de março, Erasto voltava para casa de um jantar, e suas pobres bochechas tremiam de emoção. Pegou-me pela mão e me conduziu a um banco, sentou-se e lutou por vários minutos até conseguir falar.

— Timóteo — disse ele. O ato de falar encheu-lhe os olhos de lágrimas. Cobriu o rosto com as mãos gordas. Os ombros subiam e desciam. Depois falou para o vazio das mãos e disse: — Paulo, o apóstolo. Contaram-me hoje à noite que Paulo, o apóstolo — ele batizou Gaio. É verdade, e toda a família dele. Timóteo. Timóteo, por que ele não batizou a mim?

O que aconteceu em seguida foi tudo planejado por Paulo. Nada mais fiz do que mencionar como Erasto estava desapontado.

Quatro semanas mais tarde, em abril, um mês antes da celebração dos Jogos Ístmicos, de manhã cedo, quando Erasto entrou no átrio para encontrar-se com os seus "clientes", ficamos surpresos ao descobrir que apenas um homem lá se encontrava. O meu amigo magricela. O descarnado Paulo, cabeça de lua cheia – um sorriso maroto nos lábios, um sorriso nos olhos, e toda a sua pessoa centrada em Erasto como uma abelha numa flor. Ao lado dele, no chão, estava uma enorme lona dobrada.

— Erasto — anunciou Paulo —, isto é para você.

O magnífico sujeito ao meu lado ficou perplexo. As bochechas já lhe tremiam de emoção, embora *que* emoção fosse ainda preciso decidir.

Disse Paulo: — Um homem tão importante como você precisa ter acomodações distintas para ver os Jogos.

— Eu? — murmurou Erasto.

— Um homem — disse Paulo num tom de anúncios e instruções: — Um homem tão aristocrático como você não deve, porém, sentar-se muito tempo ao sol do estádio. Por isso, meu querido amigo — continuou Paulo — tenho um presente para você. Costurei um toldo da melhor qualidade para você se abrigar enquanto estiver vendo os jogos, bom e nobre Erasto.

Paulo curvou-se e começou a desdobrar a lona.

Erasto acompanhava o gesto tão de perto com a respiração suspensa que quase caiu com a cara no chão.

Disse Paulo: — Um dossel melhor que qualquer vela, para o qual Áqüila fez uma leve estrutura de madeira. E você está vendo? Pode medi-lo agora? — Ficou de pé e deu dois passos para o lado. — É grande o bastante para cobrir duas pessoas com todo o conforto.

A esta altura o magro presenteador aproximou-se do gordo receptor. Paulo pôs as mãos sobre os arfantes ombros diante dele.

— Erasto — disse ele — como ficaria grato se você me convidasse para ser essa segunda pessoa. Que acha, meu senhor? Posso assistir aos Jogos ao seu lado?

Céus! Que berreiro se ouviu no átrio do Administrador dos Mercados naquela manhã! Erasto babou-se todo de gratidão e alegria.

Sabe, Paulo realmente amava Erasto com amor igual ao que nutria por mim.

— Meu filho — disse ele, sustentando o enorme Erasto cujos abraços equivaliam ao peso de uma parede desabando. — Meu querido filho.

ii

Alguma coisa em mim ansiava por parar junto aos portões da largada. Queria muito sentir o limiar de pedra sob os pés. E agachar-me, abaixando o ombro direito. Ouvir abaixo de mim as cordas nos seus sulcos. Um corredor consegue ouvi-las, sabia? Consegue ouvir as cordas tinindo tensas no instante em que o diretor da corrida as arranca do fosso. Antes mesmo que as traves caiam dos postes e a pista se abra à sua frente, o competidor *sabe* que vão cair. As cordas presas aos postes, as cordas presas às traves dos portões da largada, são cordas que se prendem diretamente aos seus calcanhares, suas ilhargas e seu coração.

Ah, como queria sentir novamente aquela maravilhosa atenção total, quando estou curvado, de prontidão, e não há mais ninguém, não há mais arquibancada em volta, nenhum ser humano em lugar algum do mundo a não ser os homens alinhados à minha esquerda e à minha direita, e a única terra que ainda existe é a argila branca da pista estendida diante de mim, esperando!

Várias vezes naquela primavera – sempre à noite, quando os carpinteiros haviam saído e o estádio estava deserto sob o céu – fui andando sozinho até a Vila Ístmica, deixando a memória tomar conta de mim. Naqueles dias o complexo inteiro cheirava a pó de serra e pedra nova, porque o antigo Templo de Poseidon e o estádio acabavam de passar por uma reforma.

Mas que significavam para mim esses montes pagãos de pedra branca? Bem, muita coisa, muita coisa.

Confesso, traziam de volta à vida o espírito do meu pai. No silêncio do anoitecer caminhava até o ponto de largada da pista, já pronto com os seus postes típicos, um para cada corredor. Ajoelhava-me e tocava os longos sulcos que saíam em leque do fosso do diretor da corrida até os postes. Oito sulcos à sua direita, oito sulcos à sua esquerda: dezesseis cordas para dezesseis postes para dezesseis atletas, todos na mesma linha. Papai teria ficado muito surpreso com esse número. Desatava as sandálias, tirava a roupa e me aproximava de um poste recém-entalhado. Passava a mão nos entalhes e via onde seria presa a trave. Quando, a um só puxão nas dezesseis cordas, as traves caíssem, abrir-se-iam os portões e dezesseis corações explodiriam.

Virava-me para a pista. Posicionava-me de brincadeira, os pés descalços sobre o limiar de pedra. Abaixava o ombro direito. Curvava-me assumindo a conhecida posição agachada – e imediatamente os joelhos começavam a tremer. Até sua morte, meu pai me treinara para isto – precisamente isto. Se eu teria gostado de participar do evento pela corrida em si ou por causa do meu pai, eu não sei. Mas teria gostado. Tê-lo-ia amado como religião. Com certeza teria honrado Melicerta, o deus-menino dos jogos do entardecer que, como papai me disse, fora trazido para estas plagas no dorso de um golfinho.

Mas teria corrido por ele, por meu pai. Teria corrido como um apaixonado, rápido e devoto, pois ele correria dentro de mim. Ah, papai! Ó meu desesperado pai, todo o seu movimento reduzido pela tosse, o seu corpo alquebrado pela doença – para ele as minhas pernas e a minha velocidade eram tão preciosas como a própria vida.

Os Jogos Ístmicos? Bem, poderiam ter sido os Jogos Olímpicos ou Pítios ou os Jogos Nemeus de Argos. Não tinha importância: tenho certeza de que ele teria arrastado a sua magra carcaça vermelha para *qualquer* lugar onde houvesse uma prova sagrada para me ver correr – e depois morrer, feliz com a minha vitória. Mas morreu em casa em Listra, alguns dias antes de eu me tornar um homem e antes de poder, como homem, inscrever-me para os jogos e salvá-lo. Em seguida a minha mãe fez de mim um judeu. E o apóstolo fez de mim um cristão. Agora não posso fazer o juramento dos atletas. Não posso descer aos aposentos subterrâneos e prestar juramentos a demônios e ídolos. Não posso correr.

Assim aconteceu que, em abril, lá no estádio ístmico, quando a noite ia caindo, respirando o perfume das oliveiras em flor trazido nas asas da brisa, agachado junto ao poste da largada, senti que os meus joelhos começaram a tremer. O meu posicionamento apenas, aquela postura de prontidão do corredor, me fez ofegar de saudade e dor. Pensei ouvir meu pai chamar meu nome. Pensei ouvir, lá longe, a leste, o tufante som da sua tosse. Mas a leste de mim estava o golfo, e a leste do golfo o Egeu – mares vastos demais para serem cruzados por um som.

27

L. Annaeus Sêneca

Sêneca, em Roma,
Para Gálio, meu irmão em Corinto,
No décimo primeiro ano do reinado de Cláudio:

Saudações!

Você está bem? Já se instalou? Já fez a sua aparição formal nos Jogos Ístmicos? Já concluiu, com aquela graça e charme dos Annaeus, a Grande Rodada de Recepções, Jantares, Eventos Teatrais – todas aquelas bajulações astutas com que se recebe um novo procônsul em sua tomada de posse? De que cor está sua cara? Será que o meu bendito irmão já não fica vermelho? Certamente Corinto imita Roma, onde a bajulação é uma loucura. Aqui, quem modera os elogios não é mais sincero, é mais vulgar. De fato, por mais grosseiro que seja o elogio, por mais delicadas que sejam as nossas modestas recusas, somos ávidos pelo mel. Ah, mas não é verdade? Você se lembra daquele grande amigo de nosso pai, Crispo Passieno? Era extraordinário quando se tratava de identificar e definir falhas da natureza. Bem, Crispo costumava dizer que nunca batemos a porta na cara da bajulação, mas a fechamos delicadamente, como alguém que rejeita a sua amante: se ela fizer menção de voltar, ficamos felizes – e se derrubar a porta, exultamos.

Sabe, Gálio, estou falando de brincadeira. Ninguém que eu conheço é mais indiferente à bajulação. Indiferente e por isso protegido, uma vez que a parte de nós mais aberta a elogios também está aberta a ataques. Mas você nunca será apunhalado com esse tipo de linguagem. À primeira palavra você a reconhece; antes da segunda, você já a cortou.

Gostaria de ter essas duas características suas: o encanto que merece a adulação e o bom senso de rejeitá-la pura e simplesmente.

Desejos, desejos, meu irmão! Gostaria que a maioridade tivesse concedido essa graça e modéstia a Nero, que agora recebe o título de *Princeps Juventutis.*

Como você sabe, ele tornou-se um homem. De repente, um homem. Por um *fiat*, por aclamação pública, por quaisquer poderes capazes de cancelar o Tempo e as Estações a fim de forçar esse menino a assumir a maioridade dois anos antes que qualquer outro mortal comum – um homem!

Tem passado neste mundo escassos catorze anos. Contudo, na noite de dezessete de março o jovem foi vestido com a túnica de listras cor de açafrão – um sinal, neste lugar, de bom augúrio — e foi posto na cama assim vestido. Pela manhã foi acordado antes do nascer do Sol e conduzido para o altar da família, onde realizou vários atos sagrados. Consagrou a bela e delicada toga de sua infância aos *Lares*. Comportou-se com decorosa solenidade. Solenidade genuína, devo admitir, embora superficial, pois o seu amor pelo ritual é de fato um amor pelo teatral e dramático. Solenemente, em seguida, retirou do pescoço a corrente de ouro com a *bulla* que o protegera das vulnerabilidades da juventude.

Depois, um séqüito completo de assistentes o escoltou até o Capitólio. No antigo templo de Júpiter, o nosso pequeno Nero fez oferendas e sacrifícios como se já fosse o *pater* de alguma rica e conhecida família. A essa altura, um sacerdote trouxe o traje branco. Nero inclinou a cabeça. O sumo sacerdote agitou a indumentária branca à sua frente, às suas costas, ao seu redor, envolvendo-lhe o corpo numa toga mais branca que as nuvens esvoaçantes. Quando Nero Claudius Drusus Germanicus ergueu a cabeça e quando cruzou a mão direita à altura do peito para segurar as dobras da *toga virilis* – aquela túnica radiante como a *gloria* –, o menino se tornou um homem.

A *gloria* deixou o templo, em seguida.

A *gloria* desceu até o Fórum, onde a multidão bramia à sua espera. A essa altura, Roma inteira entregou-se à celebração. O dia de Nero foi também o dia de Baco, as Bacanais. Sacerdotisas, cabeças coroadas com heras, em cada esquina fritavam bolinhos, que depois de mergulhar no mel vendiam aos mascarados que dançavam e cantavam pelas ruas. Medidas de trigo foram distribuídas de graça. Soldados receberam bônus de prata. O Circo Máximo abriu os seus portões a cem mil espectadores –

e lá estava Nero, elevado em seu fulgurante traje triunfal, pela primeira vez tomando o seu lugar no assento imperial.

Acontece, Gálio, que naquela ocasião havia duas vozes junto aos ouvidos do menino-homem. Qual na sua opinião ele ouvirá?

Uma dessas vozes era a minha. No início do dia, à medida que a nossa procissão se deslocava com deliberada sobriedade do palácio para o Capitólio, eu, andando ao seu lado, meio passo atrás, tive tempo de fazer-lhe um sermão particular, preparado de antemão.

— As nossas almas são feitas à imagem de Deus — disse eu — ou assim deveria ser.

— Nero, a razão natural controla o mundo – isto é, a vontade de Deus tornada visível para que o homem possa estudá-la. Mas a razão mais preciosa e mais íntima, que vive dentro de nós – esta é a verdadeira mente de Deus. Valha-se dela. Faça-a sua. Filho, você não pode conhecer uma felicidade duradoura a não ser que ela venha da pura paz da consciência. Com a mente de Deus, domine as suas paixões. Com a divindade da razão dentro de você, domine as suas paixões. Para o nosso bem, Nero: domine as suas paixões.

O rapaz prosseguia caminhando obstinado meia passada à minha frente. Eu ocupava o espaço à esquerda enquanto a sua mãe caminhava exatamente ao seu lado à direita. Cláudio seguia diante de todos carregado num divã sobre os ombros de seis servos.

— Um dia — disse ao rapaz, falando alto para que a mãe pudesse ouvir —, esta procissão carregará você ao trono de todo o poder. Nas suas mãos depositarão a vida do império, o destino do mundo. Sobre as suas costas cairá o terrível peso da grandeza – pois você terá o papel de Deus nas questões humanas. Nesse dia — disse eu —, para o bem da terra, para o bem do *orbis terrarum*, a sua alma deve ser a imagem de Deus, para que todas as suas ações sejam pias.

Essa era a minha voz, aquela que o entregou à idade adulta.

A outra voz recebeu o homem que ele se tornou. Forte, brutal, múltipla e poderosamente persuasiva, a segunda voz bramava no Circo Máximo, bradava pelas ruas por onde ele passasse:

— Nero Imperator! — declarava ela, embora ele ainda não o fosse.

— Nero Caesar!

Louca de júbilo e inflada de bajulação, essa voz proclamava: — *Nero Divinus!* — Já, você percebe: a divindade.

Desejos, desejos, *mi Galli*. Gostaria que Nero, como você, não se deixasse afetar por essa gritante e interesseira mendacidade. Pois quando quem se entrega a elogios excessivos é um imperador, aquela parte que então fica mais exposta a ataques somos *nós mesmos*, o povo que depende da sua sabedoria e boa vontade.

Imperador? Nero Imperator?

A meu ver, esse dia não deve estar distante. O ridículo Cláudio está velho, muito velho. Sempre tremeu. Mas agora a tremedeira é grotesca. Está senil, o seu cérebro tem a consistência de uma almofada. Porém, o seu mísero corpanzil, Gálio, embora bojudo e porcino, ainda vibra com os seus apetites! Come, bebe e copula mais do que nunca. Logo deverá morrer disso. Todos os dias freqüenta salões de banquetes assistido por quatro mulheres: uma síria loira, uma núbia enorme de lábios carmim, uma judia esbelta que lhe faz provar carinhos cruéis e uma egípcia cor de bronze. Enquanto come, do teto caem rosas e água perfumada. Escravas nuas servem – sempre dançando. Quando o rubicundo imperador começa a afundar o nariz no prato, chegam mais dois dançarinos que realizam diante dele a união de Psiquê e Cupido aos gritos e arranhões de flautas e liras.

Observo Agripina que observa essas festas. Comparece, mas não come. Também já não toca no marido. E ele ignora a presença dela.

Observo aqueles seus olhos fixos e faiscantes de serpente.

Então, como é que o ar da Acaia está afetando a sua saúde? Os seus pulmões, *mi Galli* – conseguem inalar a umidade grega sem se afogar?

Escreva-me. Faça-me rir. Descreva Corinto. Saudações de nosso sobrinho Lucano. Escreva.

28

Tito

Perfeito! Estou a caminho. Praticamente correndo. Por que "praticamente"? *Estou* correndo. O tempo está bom. As tâmaras estão maduras. O sol vai alto e seco. As minhas pernas estão fortes, e tenho mil razões para apressar-me. Algumas na cabeça, outras no coração. Mas aqui está a causa principal: vou fazer tudo para chegar ao mar. Não há tempo para fazer todo o percurso a pé. Por isso, quando chegar ao porto de Selêucia – ainda hoje, só faltam 25 quilômetros –, vou tentar achar trabalho. Pode ser como estivador. Melhor seria como marinheiro. É embarcar e viajar. Posso aprender. Se for absolutamente necessário, vou pagar pela primeira passagem. Levo algum dinheiro aqui na bolsa. Fora isso, estou agindo por minha própria iniciativa, totalmente independente – embora tenha dado a entender a Barnabé que deveria vir comigo. Não quis. Disse que já não quer saber de viajar. Diz que não iria achar um verdadeiro lar em parte alguma do mundo.

Velho demais. Cansado demais. Aguardando que Jesus venha. Diz que a sua última viagem para Chipre foi a última para sempre. Isso foi há mais de dois anos, na mesma época em que Paulo partiu com Silas. Na verdade, acho que Barnabé não tem certeza se quer ver Paulo novamente. Eu quero. Esta é uma das mil razões para a minha viagem.

Quem sabia, quando ele foi embora, que não iria voltar? Eu não. Pedro sabia. Barnabé sabia. Muita gente sabia. Eu não. Devia ser novo demais para perceber os indícios. Como por exemplo, que Paulo foi embora zangado. E que (foi o que todos me disseram depois) perdeu a briga. Que briga? Houve briga? Eu achava que ele estava apenas sendo bom comigo e censurando as pessoas por me machucarem não comparecendo ao meu banquete. Mas foi uma *briga*. Então fiquei meio sem saber de que lado *eu* estava.

Depois Judas Barsabás passou a pregar que Paulo estava destruindo o reino de Deus, e o povo concordava com essa opinião. Assim comecei a me sentir um estranho. E o Espírito Santo tirou-me o dom de falar em línguas, de modo que, quando adoramos, sou um peso morto. Comecei a sentir saudades de Paulo, que uma noite em Jerusalém havia dançado comigo e me havia dito que eu estava bem. Muito bem. Estava bem do jeito que eu era.

Esta é, portanto, a razão sentimental de eu empreender a minha grande aventura.

Uma razão muito forte, solidão. E amor.

Esta segunda razão é mais forte. Foi a que me fez tomar a decisão. Nem sequer pensei no caso. A razão surgiu ontem e hoje estou correndo e amanhã vou estar a bordo de um navio.

No outono do ano passado, Silas apareceu em Antioquia. Silvano. Diz que Paulo o chama de Silvano – e ele detesta esse nome. Bem, quando apareceu, informou que eles tinham chegado até Corinto. Disse que ele decidiu voltar para restabelecer a amizade com seus velhos amigos e para "arriscar a sorte", segundo as palavras dele, com Pedro. Na adoração na casa do velho Simeão Níger, mais tarde, falou sobre as igrejas que ele e Paulo haviam iniciado nas suas viagens a Corinto. Igrejas primeiro na Galácia e depois na Macedônia e na Acaia. Uma coisa eu confesso: fiquei *maravilhado* com essas notícias. O meu amigo, o meu Paulo, estava ainda em atividade naqueles lugares longínquos, fungando e bufando e pregando Jesus. Que emoção! Senti uma felicidade que há um ano não sentia.

Mas a mesma notícia provocou uma reação completamente diversa em Judas Barsabás. Naquela noite ele ficou sombrio e muito pálido, fato que lembro por causa do que aconteceu logo em seguida: ele desapareceu. Quero dizer, no *dia seguinte* – um mês antes de o inverno chegar –, Judas Barsabás tinha sumido. E quem sou eu? Ninguém me contou para onde ele foi. Bem, também não pensei em perguntar. As coisas mudam.

Mas ontem de manhã o bom velho Barnabé veio bater à porta de meu pai. Para falar comigo, não com meu pai. Um encontro privado, disse ele. Entre dois homens. Levei-o para a sala de jantar, sentamos e ele pôs sobre a mesa à sua frente uma bolsa de couro, em seguida cruzou as mãos sobre ela e baixou a cabeça de modo que a sua enorme barba se amassava contra o peito. Está ficando grisalho o Barnabé. Tem pés de galinha na cara, e o nariz está maior, avermelhado, e não consigo me lembrar da última vez em que riu.

— Tito — disse ele. Ergueu os grandes ombros e depois emitiu um suspiro assobiado pelo nariz. — Há notícias — acrescentou. Virou-se e me olhou exibindo rugas em torno dos olhos.

— Judas Barsabás escreve de Pessino, na Galácia, onde vem pregando há seis meses. — Desviou novamente o olhar fixando-o nas mãos cruzadas, como se fossem peixes mortos. Brancos. Inúteis. — Estou — disse ele — preocupado. Pessino, Pália, Orcisto... Tito, você se lembra destes nomes? Silas foi o primeiro que os mencionou. São cidades onde Paulo plantou igrejas. Agora Judas Barsabás escreve que está obtendo êxito ensinando-lhes a Torá. Estão "com alegria e júbilo", escreve ele, se preparando para ser circuncidados. Barsabás enumera catorze homens que já estão comprometidos e outros vinte que com certeza serão circuncidados no inverno – enquanto o resto dos crentes, escreve ele, louvam a Deus pela verdade.

Então lá estou sentado, eu, Tito, olhando para esse homem enorme e triste, meio me perguntando e meio sabendo a razão de ele me contar tais fatos, e o meu estômago já se contorce de medo e de prazer, tudo ao mesmo tempo.

Barnabé descruzou as mãos e abriu a bolsa de couro e começou a tirar coisas de dentro dela.

Uma folha de papiro, escrita em ambos os lados. — Esta é uma cópia da carta enviada por Barsabás, palavra por palavra, embora a caligrafia seja minha.

Um punhado de dinheiro. — Isto pode levar um viajante frugal, que saiba barganhar com paciência, até a Atália. Se ele puder trabalhar e não for orgulhoso, esse mesmo viajante pode cobrir o resto do caminho até Corinto. Em cinco semanas. Talvez seis.

No fim, um belo cordão trançado. E preso nele um pingente feito de prata.

— Este foi um presente — disse Barnabé — esticando o cordão entre os dedos, permitindo que o pingente tocasse a mesa. — Foi dado por mim a um amigo meu, mas o meu amigo o devolveu. Gostaria de saber — disse ele, sem virar-se, mas fixando o disco de prata — gostaria de saber se pode tornar-se de novo um presente. E se o amigo pode ficar com ele desta vez. Porque eu o amo. E receio que vou sentir uma tremenda saudade dele.

Isso foi ontem.

E hoje estou correndo o mais rápido possível. Belo sol, pernas boas e fortes, muitos bons motivos para fazer a viagem. Estou percorrendo uma estrada profunda, cortada na rocha, que vai descendo, descendo – a parte mais fácil do dia. Acima de mim estão os terraços de Selêucia. Daqui a um minuto, depois de uma curva, vou ver a baía e os navios de combate da frota romana e as docas. Vou procurar trabalho. É cedo demais para gastar o dinheiro que Barnabé me deu.

29

Prisca

i

— Ei, você! Mulher! Pare!

Acabara de sair da casa de Tício para um ofuscante sol do meio-dia. Os olhos estavam se ajustando. Não conseguia ver o homem que gritava, embora achasse que conhecia a voz. Parecia enfurecido.

— Pare! — gritava ele. — Mulher de Áqüila, judeu do Ponto, tenho uma coisa a lhe dizer.

Era comigo. Parei. Protegi os olhos com as mãos e tentei achá-lo, mas só consegui toldar a vista com lágrimas. A rua ensolarada estava cheia de gente, seguindo em direções opostas. Carroças moviam-se lentamente atrás de bois, as rodas afundando os sulcos da rua.

— É, você que anda de cabeça empinada! Você, de passinhos delicados e saltitantes!

Pestanejei para ver melhor. Lá estava ele. Vindo ao longo do muro da rua da sinagoga. Sóstenes, o principal da sinagoga em pessoa, caminhando de lado, um olho pregado em mim, o rosto oblíquo feito um quadrúpede.

— Meretriz! — gritou ele.

Virei para bater à porta de Tício. Mas quem ia me ouvir naquela hora? Virei novamente, suspendi a borda da túnica e comecei a atravessar a rua, gritando por sobre os ombros: — Eu e você não temos nada a ver.

Sóstenes arrancou um tijolo do muro que unia a sinagoga à casa de Tício – e de repente descobri quem vinha nos atirando tijolos durante a adoração.

A sinagoga fica ao norte da Estrada de Cencréia, mas a porta e a fachada dão para o leste, formando um ângulo reto com a parede da casa de Tício Justo. No tempo em que Tício freqüentava a sinagoga, este muro era elogiado pela sua proteção. O espaço intermediário era cultivado como uma pequena Judéia. O proprietário era benquisto por ter isolado a "pequena Judéia" da rua erguendo um muro de tijolos entre as duas construções, tendo no meio um lindo portão.

Mas depois Paulo foi banido da sinagoga.

Imediatamente Tício, o gentio, também se afastou, convidando o apóstolo a pregar na sua casa.

Em seguida, causando muito espanto, o principal da sinagoga - Crispo - acompanhou Paulo para a casa ao lado. Durante algum tempo adorou nas duas casas. Mas o povo o acusava de "dançar entre duas opiniões". Pediram-lhe que abandonasse Paulo. Não quis. Assim, ele também foi totalmente cortado.

O corte causou uma sangria extraordinária. Os gentios começaram a passar da congregação dos judeus para as igrejas nas casas de outros gentios, Tício Justo, Erasto, Gaio.

Surgiu — como *tinha de* surgir — um novo chefe para a sinagoga; mas este era um homem colérico: Sóstenes, que jurava aos membros da sinagoga que curaria a ferida.

Não conseguiu. Não curou. E foi talvez esse fracasso que o deixou louco.

Nos últimos tempos vinha atirando tijolos contra a casa de Tício durante a nossa adoração. Sempre imaginei que fossem crianças - até agora, quando vi Sóstenes arrancar aquele tijolo do muro e partir para cima de mim.

— Meretriz! — gritava ele. — Puta! — e pior que puta: *adúltera.*

Acelerei o passo. Pulei o esgoto do meio da rua. Era um meio-dia claro e movimentado! Tive de costurar por entre centenas de pessoas, mas ninguém prestava atenção a coisa alguma.

— Não tenho nada a ver com você — gritava eu. — Você não tem nada a ver comigo!

— Você é a mulher — berrava Sóstenes — que abandonou o companheiro da juventude! Você esqueceu a aliança do seu Deus! O seu caminho a leva para o fundo até a morte!

Eu corria para o oeste na direção da Basílica Juliana, na direção do mercado. Corria como uma escrava, as pernas de fora voando soltas.

De repente, um passo atrás de mim, o homem vociferou: — O sangue que corre em suas veias...

Dei um grito e acelerei.

Mas ele agarrou-me pela túnica, puxou-a e me fez virar.

— O sangue que corre nas suas veias é judeu — berrou ele e me fez cair de joelhos —, mesmo que o seu coração não seja.

Sóstenes, o rosto inflamado, o cabelo um emaranhado horroroso, ergueu o tijolo acima de mim.

— Já não basta você ficar de pé entre os homens em oração — gritou ele. — Mas você! Eu ouvi o que mais você faz!

À luz do sol o tijolo era enorme. Senti um tremendo zumbido no ponto do escalpo em que iria bater rasgando-me a pele. Atirei os braços para o alto.

Sóstenes agarrou-me os dois pulsos com a mão direita e os torceu. Soltei um grito.

— Com os meus próprios ouvidos — sibilou ele, curvando-me para trás à sua frente — ouvi você desgraçar a nação.

Estava bem acima de mim, ameaçador feito uma tempestade. O áspero calçamento rasgava-me os joelhos.

Sibilava Sóstenes: — Ouvi você orar, mulher — *orar* em voz alta, orar entre os *homens*! Pelas janelas abertas ouvi você proferir ensinamentos a homens como se a *sua* autoridade fosse maior que a deles! Ah, mulher...

Ergueu-se e o tijolo subiu mais para golpear mais forte. Abaixei a cabeça entre os ombros. Sóstenes começou a jogar-me de um lado para o outro gritando: — Mostre a cara! Mostre a sua cara desavergonhada...

Depois disse: — Ai!

Lá no espaço acima de mim, Sóstenes disse: — Ai — e me soltou.

Desabei.

Ao mesmo tempo ouvi o *baque* surdo de um corpo de peso respeitável contra o chão, e não era o meu.

Uma doce fragrância me envolveu, em seguida – o perfume de um corpo limpo. Braços fortes deslizaram sob as minhas costas e joelhos e fui suspensa com muita facilidade, suspensa como se fosse um bebê, e como um bebê comecei a chorar.

— Mas cubro a cabeça — soluçava eu.

O homem que me carregava perguntou: — O quê?

— Nunca profetizo — continuei soluçando — sem cobrir a cabeça.

— Bem, claro que não — disse ele. — Agora, aonde você quer que a levemos?

Olhei. Vi Sóstenes sentado no esgoto, as pernas esticadas como dois cabos de vassoura, a boca totalmente aberta tentando respirar, a cara vermelha como o trono de Salomão. O tijolo ainda na mão esquerda, esquecido. Mas os olhos não estavam inconscientes.Via as pessoas passando. Via a expressão delas. Viu o bom homem que me carregava.

— Aonde você quer que a levemos?

O meu salvador era negro, um núbio.

— Posso caminhar — disse eu, mas falava soluçando. — Posso... caminhar para casa — repeti.

— Claro que pode. Mas a minha patroa nunca o permitiria.

— Patroa?

— Lá está ela. Esperando você. Entendeu?

Olhei e vi uma mulher me sorrindo atrás das cortinas semi-abertas de uma luxuosa liteira. Sete homens robustos — todos da mesma altura, todos trajando a mesma libré vermelha — estavam postados ao lado das longas hastes que sustentavam o belo camarote. O homem que me carregava também estava de vermelho.

— Ela ouviu os seus gritos — disse ele, caminhando para a liteira. — Ela me mandou enfiar boas maneiras na cabeça daquele perfeito idiota ali no chão. E agora implora a sua companhia.

De fato, a mulher abriu completamente as cortinas de modo que o núbio pôde me ajeitar sobre almofadas ao lado dela.

— Ah, coitadinha! — disse ela ao receber-me. Tinha delicadas marcas de sorriso no canto dos olhos e em volta da boca, e tinha um maxilar saliente.

Assim que foram fechadas as cortinas, ofereceu-me um pano branco brilhante.

Olhei para ele, para a delicada tecedura da peça.

— Para as suas lágrimas, minha querida — disse ela. — Enxugue-as.

Não poderia aceitar, não poderia sujá-lo. Então a mulher inclinou-se, apoiou o meu pescoço num dos seus braços e com suaves toques do pano enxugou-me os olhos.

Uma criança, uma criança: eu não era mais que uma criança aquele dia, derrubada por um homem furioso, erguida por um escravo e entregue aos cuidados de uma mulher que nunca vira antes. Um anjo, imagino, que amei no instante em que vi.

— Como devo chamá-la? — perguntou-me ela. Tinha olhos cinza. A voz como a das pombas. Arrulhava.

— Prisca — disse eu.

— Pois bem, Prisca — disse ela, umedecendo o pano com saliva e limpando os cortes em meus joelhos —, me chame de Febe. Moro em Cencréia. Mas antes vou levar você para a sua casa, depois vou para a minha.

— Posso caminhar — disse eu, embora deva confessar que estava me desmanchando ao toque daquela mulher.

— Onde você mora? — disse ela.

— No Mercado do Norte — respondi eu.

Abriu as cortinas. O sol entrou. — Marcus — ordenou ela —, leve-nos ao Mercado do Norte. E tire aquele coitado do meio da rua. É indecente deixá-lo ali.

Bem, se eu logo passei a amar Febe, ela foi igualmente rápida em amar Áqüila. Já naquela tarde passou a considerá-lo um homem grave e sábio – ela, em cujos modos eu via gravidade, sabedoria e graça, as três coisas juntas.

(De fato, a sobriedade do meu marido se deve tanto à cautela física quanto a deliberações mentais. Tem uma miopia terrível, sabe? Mas quem era eu para estragar impressões alheias?)

No dia do nosso primeiro encontro, Febe passou a tarde inteira conosco na loja. Quando contei a Áqüila a história do atentado que sofri, ela ouviu falar de Sóstenes e da sinagoga, e isso a levou a fazer perguntas: por que o homem da sinagoga estava tão revoltado contra nós? Áqüila respondeu. Sentia-se sinceramente agradecido pela intervenção da mulher. E também comovido, imagino, pelo seu interesse, civilidade e atenção – pois a nobreza viera à nossa humilde loja. Áqüila respondeu, certamente, e com um sentimento mais profundo do que eu ouvira dele antes. Sua resposta trouxe outras perguntas: mas em primeiro lugar, por que deixamos a sinagoga? Por que os que estavam mais perto de nós mais nos odiavam? Como conseguíamos manter essa "alegria peculiar", segundo as palavras dela, diante das ofensas de outros seres humanos?

E quem, perguntou ela, adorávamos na casa ao lado?

Áqüila se pôs então a falar de Jesus. Lentamente, como o movimento do sol, descreveu a vida reta de nosso Senhor, enquanto a mulher de olhos cinza o fixava atenta, bebendo as suas palavras como água. Descreveu o terrível sofrimento que Jesus suportou e a morte que morreu pelos pecados dos homens – a fim de que os que nele crêem possam libertar-se do pecado e tornar-se justos como o próprio Cristo diante de Deus Pai. Cozinhei uma panelada de mingau de aveia. Suficiente para todos. Timóteo chegou. Nenhum de nós dois disse uma palavra. O que estava acontecendo na nossa oficina era simplesmente algo maravilhoso para nós dois. Em silêncio servimos os escravos lá fora junto à porta, mingau e também vinho temperado. E prestávamos atenção, todos nós.

À luz do crepúsculo Áqüila declarou que no terceiro dia Jesus Cristo ressuscitou dentre os mortos: a morte, portanto, perdera o seu poder sobre nós, e nada mais poderia nos afligir, nada poderia nos matar, como antes podia acontecer.

— Essa — disse Áqüila, o meu sóbrio marido, em tom solene e com aspecto lúgubre — essa é a razão de nossa alegria.

Alegria — disse ele, balançando a cabeça como um jumento num funeral. Disse *alegria* — e eu, de pé junto à porta, perdi o controle. Olhei para Timóteo, vi o mesmo prazer nos seus olhos brilhantes, e explodi numa gargalhada.

A Sra. Febe olhou-me meio sorrindo, meio indagando.

Timóteo também não se conteve. O riso enrugou o rosto do rapaz – depois ele cedeu, jogou a cabeça para trás e explodiu numa risada.

— Oh, Áqüila — gritei eu. – A sua alegria nunca é frívola, nunca é leviana, raramente motiva sorrisos. Uma alegria tão solene e maciça me parece boba.

— Oh, Áqüila — gritei eu — você é tão... maravilhoso!

— Realmente — disse Febe. — Você, meu amigo, é um pregador maravilhoso.

Logo em seguida ele baixou os olhos míopes e sorriu de verdade, por causa do rubor que lhe queimava as bordas das orelhas.

Passei a amar essa mulher de Cencréia cada vez mais, pois ela definira com precisão a pura maravilha que antes comovera a mim e a Timóteo: o meu silencioso marido, o Áqüila que nunca tem palavras, havia falado. De fato – havia pregado, de fato, e o Espírito de Deus estava sobre nós.

Disse Febe: — Vou voltar amanhã. Vocês precisam me mostrar mais desta alegria amanhã.

Beijou Áqüila. Ah, quanta emoção! – Também me beijou e pôs em volta do meu pescoço o precioso pano branco. Depois saiu. Os escravos acenderam as tochas que seguraram no alto. As hastes da liteira foram enfiadas em tiras de couro presas aos seus ombros. Em silêncio se afastaram, o abençoado fardo entre eles.

Em seguida nós três cantamos hinos. Cantamos até que as lâmpadas se apagaram e a cidade ficou escura e os fogos no Acro-corinto começaram a morrer sobre suas cinzas.

ii

Timóteo ficou conosco a noite inteira. Dormiu na loja, pronto para abrir a porta quando Paulo chegasse. Mas não chegou. Por isso Timóteo, quando foi embora na manhã seguinte, prometeu ir procurá-lo e mandá-lo de volta, para um relato mais completo dessa maravilhosa mulher, Febe de Cencréia.

No meio da manhã, o grande e solene Erasto chegou com o seu cortejo ao Mercado do Norte. Fez a ronda das lojas no sentido anti-horário, depois parou diante da nossa e bateu na bancada desmontável que Áqüila construíra. Viera para ouvir o seu querido amigo Paulo, disse ele. Dissemos-lhe que Paulo não estava. Disse ele que lamentava não poder ouvir o apóstolo, mas se alegrava, acrescentou batendo na bancada de madeira com o seu anel, se alegrava por saber que Timóteo dormira bem — mesmo não sendo no seu próprio quarto na casa do Administrador dos Mercados. Certamente hoje à noite Timóteo trocaria as rudes acomodações de uma loja num mercado pela macio catre de uma residência privada.

Ah, e que mandássemos informações a ele, Erasto, quando Paulo estivesse pronto para voltar a ensinar.

Dissemos que mandaríamos.

Agradeceu-nos, e o cortejo prosseguiu.

Seis ou sete pessoas aguardavam do lado de fora da porta. Disse-lhes que não ficaria surpresa se Paulo não aparecesse naquele dia. Disseram que esperariam.

De fato, não apareceu.

Bem, chegou o outono, encompridando as noites e encurtando os dias. A maioria dos que regularmente se reúnem para os ensinamentos de Paulo passavam as horas do dia nos seus pomares e vinhedos, colhendo tâmaras e outros frutos maduros, pisando uvas. Escravos e servos, mercadores, ferreiros, artesãos, lojistas – até banqueiros que financiavam o frete durante aquelas últimas semanas de mares moderados – todos estavam mais ocupados que de costume. No verão e no inverno as pessoas tinham tempo de conversar e receber instrução para as suas almas. No outono cuidavam dos seus trabalhos.

No ano passado, por essa época, Paulo reduzira o seu trabalho de ensino a fim de treinar algumas pessoas em particular, preparando-nos para ensinar como ele fazia. Imaginei que estivesse fazendo a mesma coisa este ano. No outono passado selecionara cinco de nós: eu, Áqüila, o moderado Estéfanas, Tício Justo, Timóteo, naturalmente, e Silvano, até que este desapareceu. Paulo declarou que não ficaria em Corinto para sempre. Queria deixar mestres quando partisse. Queria enviar mestres e pregadores para as cidades e aldeias da vizinhança. Bem, tinha candidatos excelentes para o mesmo treinamento este ano: Gaio, Crispo, um liberto chamado Tércio, que escrevia tão bem quanto Timóteo, um escravo chamado Acaico — e Febe. Eu já tinha grandes idéias para a maravilhosa mulher chamada Febe.

Portanto, não havia razão para se preocupar se Paulo ficasse ausente por um dia. Imaginei que ele, como qualquer outro agricultor na época do outono, estivesse colhendo o que havia semeado na primavera: pregadores para pregar o evangelho.

Naquela noite, porém, Paulo não voltou nem para as casas onde muitas vezes se alimentava nem para a loja onde dormia.

Ao anoitecer apareceu Timóteo, mas sem novidades. Erasto, fiel à sua palavra, andara pela cidade perguntando por Paulo. Nada tendo descoberto nas suas buscas, enviara um enxame de clientes seus para fora da cidade, para a estrada do Arrastão cheia de cargas e estrangeiros, de um lado para Ístmia e do outro para o Lecaeum – mas esses também não conseguiram encontrar o apóstolo. Erasto estava preocupado. Sugeriu que Timóteo passasse uma segunda noite conosco, preparado para ir correndo confortar o seu coração ansioso no instante em que Paulo aparecesse.

Deitei-me no escuro e não dormi. Áqüila dormiu. Profundamente, como de costume. Timóteo também, no seu catre lá embaixo, logo encheu a loja com aquele ronco viscoso e tranqüilo. Tranqüilizara-se a si mesmo lembrando a total independência de Paulo.

— Realmente, Prisca — dissera ele quando eu estava na escada segurando a lâmpada: — é da natureza dele ser solitário, sem ter de dar satisfação a ninguém.

Disse eu então: — Mas quem vai lhe fazer massagem pela manhã?

Timóteo olhou-me e submeteu-me a um exame cuidadoso. Depois sorriu o seu lindo sorriso grego. O rosto se abriu em flor selando a afinidade que nos unia. Tínhamos uma tarefa em comum.

— Vá dormir — disse Timóteo. — Paulo conhece os seus limites tão bem como conhece os seus amigos.

Subi a escada e apaguei a luz. Mas não consegui dormir.

Paulo conhece os seus limites. Ah, Timóteo é muito jovem, um rapaz tão cheio de sol. Poderia ter um coração de filho ou irmão, sem dúvida – mas não o coração de uma irmã de Paulo nem os temores de um coração de mãe. Concordei que Paulo conhecia os seus limites. Mas nunca acreditei que fosse escolher viver dentro deles.

Deitada, fiquei ouvindo o vento lá fora, olhando pelas frestas das persianas. Era uma estrelada e fria noite de outono. Fiquei de bruços, suspirando. *Não! Paulo desafia os limites!* Não conseguia prender meus pensamentos no ático. Ficava imaginando se ele, naquele exato momento, não estava expondo o corpo aos elementos, prejudicando-se a si mesmo.

Havia noites inteiras que ele passava subindo o Acro-corinto sozinho e não descia antes do amanhecer. Mesmo que fosse por uma noite só, a prática me assustava. O que o faria demorar-se duas noites?

Falou-me ele sobre o cheiro dos templos pagãos pelos quais passava, sobre a sua repugnância compulsiva ao cheiro de bode, sobre o seu ódio profundo pelas vozes guturais e adoração de sombras demoníacas. Não presumo entender-lhe os motivos, por que se sentia atraído para aquilo que desprezava, por que provocava os antros do inimigo, por que submetia o corpo a testes tão rigorosos, a subida, o frio, os ventos cortantes do topo, a altura – tendo ele pavor das alturas. *Não! Paulo assalta os limites!* Contou-me que lá no alto do pico norte da rocha ele orava em voz alta, gritava as suas súplicas na cara do vento uivante. Rodeado, disse-me ele, pelas pálidas populações dos céus, vigiava e esperava e pedia que Cristo viesse – aos olhos do qual tudo ficaria em silêncio, tudo seria doce e tudo seria mais quente que as asas da galinha que abriga os pintinhos reunidos.

Mas os seus anseios incontroláveis, dizia-me ele, e as suas súplicas o envergonhavam por causa das nações lá embaixo, para as quais ele ainda não pregara. *Vem, Jesus! Não venhas ainda!* Havia tanto, tanto ainda por fazer. Paulo dizia essas coisas com lágrimas nos olhos, com um olhar tão distante e misterioso que o julguei preso a uma visão. Enxergava com os olhos do espírito coisas que eu não podia ver. Aquilo me assustava, porque um de nós já não parecia habitar o mundo mais real. Um havia sido transportado, outro deixado para trás, e eu não sabia qual deles era Paulo e qual era a sua pequena Priscila.

O que, perguntava-me eu no terror da vigília da meia-noite, poderia mantê-lo exposto no alto da rocha por *duas* noites seguidas? O que poderia absorvê-lo lá no alto? O que seria ele quando novamente descesse até nós?

Ou será que Jesus viria e nos colheria um por um? Ah, seria a mais cruel de todas as colheitas!

Aguardava a batida noturna, mas ninguém batia, e o sono de Timóteo prosseguia ininterrupto.

30

Timóteo

— Vão processá-lo! Ao meio-dia! Ao meio-dia será formalizada a queixa!

Foi um dos funcionários particulares de Erasto — que agora atua como arauto — quem nos alertou sobre a crise. Saímos correndo da loja de Áqüila na manhã fria, muito fria.

— Processar quem? — Nossa conversa era uma confusão só.

— Paulo. Ao meio-dia. No fórum.

— Por quê? Qual é a acusação?

O arauto não soube dizer.

— Quem vai apresentar a queixa?

Isso o arauto sabia. Sóstenes, em nome da sinagoga.

— Que é que eles querem?

O arauto não soube dizer.

— O que eu quero saber é que *punição* estão pedindo. — Quem perguntava era Prisca, de olhos arregalados. — Açoitá-lo de novo?

O arauto deu de ombros.

— *Matá-lo* desta vez?

O arauto parecia aflito.

— Onde ele está agora?

O arauto não soube dizer.

Prisca choramingando: — Quem *de fato* sabe?

Erasto, talvez. Pergunte a Erasto. O coitado que nos trouxe a notícia era apenas um funcionário que soube dos fatos através de Erasto, e o que nos informou era tudo o que Erasto lhe dissera.

— Vou até lá — disse eu. Os olhos de Prisca estavam anuviados, o que deixava seu rosto muito miúdo, os ossos muito frágeis. — Vou tentar encontrar Erasto.

Imediatamente saí correndo. Se fiquei sem fôlego, não sei dizer. Os meus pés tinham asas. Corri para a casa de Erasto. Não estava. Depois, para os seus escritórios. Lá também não estava, mas um escriba fora procurar o procônsul romano, Gálio, a fim de pedir uma audiência antes da instauração do processo. Erasto achava que podia usar a sua influência para persuadir Gálio a não acolher as acusações.

Que Deus abençoe Erasto!

Na esperança de que ele estivesse entre os membros do Conselho da Cidade aguardando uma audiência, corri na direção sul atravessando o fórum, passei pelo *bema*, como aqui chamam o tribunal, deixei para trás os pilares do pórtico sul e cheguei à porta da Câmara do Conselho. Gálio havia estabelecido salas de reuniões formais ao lado da Câmara, e Erasto era muito conhecido dos administradores da cidade.

Certo, vários dos magistrados o tinham visto um pouco antes. Mas não, não sabiam dizer onde se encontrava agora. Nem estavam interessados em alongar a conversa.

Paulo de quê? Tarso? Nunca ouviram falar nele.

Também nada sabiam sobre as acusações formalizadas pela manhã.

A sinagoga? Quem vai saber o que fazem naquela sinagoga?

Não, claro que não. Ir à residência do procônsul não vai adiantar nada. Já fecharam as portas ao público.

Lamento. Não posso ajudar. Tenha paciência. Espere até Gálio julgar o caso, e tudo se saberá.

Caramba! Eu não tinha mais fôlego. Aquela conversa inútil me deixara mais cansado do que a corrida acelerada. Fui para o lado oeste do pórtico, arquejando como se estivesse no fim de uma corrida, sentindo gosto de sal na boca.

Quem detinha Paulo? Onde deveria procurar? Havia um cárcere embaixo da casa do procônsul.

Se estivesse viajando, se estivesse de volta em Tessalônica, não poderia sentir-me mais longe de Paulo do que me sentia naquele momento. Não me sentiria tão *impotente.*

Em seguida, por uma casualidade mais que mera, vi Erasto saindo da taverna onde os nobres romanos costumam se reunir de manhã para comer pães doces que mergulham no vinho.

— Erasto! — gritei. — Erasto!

Ergueu uma cara cheia de tragédia e se pôs a caminhar em minha direção.

— Que disse o procônsul? Vai anular o processo?

O homem passou por mim direto e entrou no pórtico sul, sem parar, perdido, em profunda depressão.

Caminhei ao lado dele. Fomos uns duzentos passos até o fim do pórtico, e ele então se virou e refizemos todo o caminho de volta. Erasto ia falando – para si mesmo e para mim.

Não vira o procônsul — não, absolutamente não vira Gálio.

Apesar de ele não ter enviado nenhum funcionário no seu lugar; apesar de ter ido pessoalmente pedir uma audiência, eles — todos eles funcionários públicos também! — nem sequer aceitaram levar o seu nome até o procônsul. Erasto não tinha sangue nobre! Erasto não era ninguém, ninguém, e foi tratado como se fosse um escravo.

Batia nas coxas enquanto andava: — Impotente! Impotente! — Seu lábio barbeado brilhava de suor.

Que havia conseguido com a *sua* reputação? Bem, passara a última hora inteira sentado na taverna com um factótum ceceante, um subsecretário que aceitou o dinheiro dele para a comida, mas que recusou o seu caso.

Haveria um processo, disse Erasto, quase às lágrimas. Uma vez iniciado o procedimento, ninguém — certamente não o impotente Erasto — poderia intervir. Gálio ouviria os argumentos. Gálio julgaria. Gálio decretaria a punição. Paulo talvez obtivesse o direito de falar em sua própria defesa...

— Mas como — choramingava Erasto, atirando as mãos ao céu — como pode Paulo preparar uma defesa decente se não sabe com antecedência de que está sendo acusado?

Disse eu: — Erasto, onde ele está? Onde está Paulo?

Parou de andar.

— Num quarto de hóspedes — disse ele. De repente começou a rir. — Caramba! Com os diabos! — Erasto começou a arranhar o rosto com as unhas, sempre rindo. — Num quarto de hóspedes! — gemeu ele — depois prorrompeu em sufocados soluços. — Sinto muito, não tem graça, é horrível — disse ele, olhando para mim. — Paulo está trancado na sinagoga, num dos quartos preparados para viajantes fatigados...

Mas eu conhecia aquele quarto! Eu mesmo dormira lá! Paulo não estava sob custódia romana, estava num lugar familiar. De repente pareceu-me tão perto de mim!

— Podemos vê-lo? — perguntei eu. — Vamos falar com ele!

— Irmãozinho, sinto muito, sinto muito — não podemos.

— Não? Por que não?

— Estão furiosos com você.

— *Comigo*? Erasto, *comigo*?

— Com os judeus que os rejeitaram para seguir Paulo.

— Isso não é novidade! — gritei eu. — Desde que Crispo se foi, eles estão furiosos.

— Mas tem outra coisa que é novidade.

— O quê?

Erasto sacudiu várias vezes a cabeça, aflito.

— Insulto — disse ele. — Dois dias atrás o chefe da sua sinagoga, Sóstenes, foi humilhado por alguém da turma de Paulo. Uma mulher. Ele afirma que ela mandou oito escravos lhe dar uma surra diante de mil pessoas nas ruas da cidade. Diz que a mulher era a nossa pequena Prisca...

— Prisca? — perguntei eu sobressaltado.

Erasto se virou completamente na minha direção, erguendo os ombros e as sobrancelhas num penoso apelo. — Eu não acredito — falou soluçando. — Prisca não seria capaz de bater em ninguém. É mentira. É uma deslavada mentira!

— Prisca — murmurei eu. *Então é por isso que você fala de açoites e morte. É por isso que os seus olhos estão sombrios de terror!*

— Não se preocupe, Timóteo — disse Erasto, avançando para abraçar-me. — Não vão punir a pequena Prisca. É Paulo que eles querem pegar.

— Erasto, escute aqui! — disse eu, agarrando as suas mãos antes que elas me agarrassem. — A mulher com oito escravos é Febe de Cencréia. Você a conhece? Eu a conheço. Se alguém sofreu um ataque dois dias atrás, não foi Sóstenes. Foi a própria Prisca!

O queixo de Erasto caiu ante a notícia.

— O fato já aconteceu antes. É algo que nos persegue — disse eu, arfando novamente, esmagado pelo mal que em nenhum lugar do mundo nos abandona. Talvez nunca pudéssemos vencer a corrida.

— Paulo foi atacado na cidade em que nasci e recebeu tal surra que o julgamos morto! Foi surrado em Filipos. Foi aprisionado em Filipos. Tentaram surrá-lo em Tessalônica. Tentaram surrá-lo em Beréia...

Ah, como fui *infantil*! Queria chorar por Paulo. Queria chorar pela minha própria impotência. Queria o sabor doce da raiva pura e simples. Queria atirar pedras contra a sinagoga.

— Erasto — disse eu, ainda segurando-lhe as mãos. — Erasto, será que você... — disse eu procurando uma palavra, um gesto, um muro para pôr fim à situação, um muro contra a minha raiva e nossos inimigos. — Erasto, será que podemos encher o mercado? Quando eles julgarem Paulo, podemos encher o fórum com gente nossa? Gente nossa, claro, claro... mas outros também. Coríntios, servos, marinheiros, estrangeiros, qualquer um, todo o mundo. Mil vezes *mais* que os amigos de Sóstenes. É possível isso? Há um jeito de se conseguir isso?

Erasto não perguntou o motivo. Que teria eu respondido? Que preciso de um muro?

Em vez de falar, o homenzarrão ergueu as nossas mãos até que juntas formaram uma tenda, sob a qual começou a mexer os pés. Dançava. Entre os pilares do pórtico sul, Erasto me conduzia saltitando numa dança absurda.

— Irmãozinho, profeta de Deus — anunciou ele —, você me devolveu os meus poderes outra vez. Sim! — berrou ele. — Podemos fazer isso!

Soltou-me e bateu palmas e virou-se para o primeiro escravo uniformizado que passou. — Hei, você! Venha cá — gritou ele. — Quem é seu dono?

O escravo parou e disse: — Pertenço a Annaeus.

— Ótimo. Vou pagar Annaeus pelo seu tempo e serviço. Sou Erasto, o Administrador dos Mercados de Corinto. Agora faça-me o seguinte favor: corra por entre as lojas anunciando que devem, todos eles, paralisar as atividades hoje ao meio-dia. Por uma súbita ordem expressa minha, todo comércio deve ser paralisado para que o povo se divirta, isto é, com exceção das padarias, cujo pão eu mesmo vou comprar e distribuir no fórum. Ao meio-dia! Avise que haverá pão no fórum ao meio-dia.

31

Prisca

Mas tu disseste, ó Senhor, tu disseste a Paulo, que ninguém o atacaria para prejudicá-lo! Jesus, cumpre a tua promessa! Cumpre a tua promessa!

Eu queria ver Paulo quando ele saísse. Queria estar perto dos acontecimentos. Não era uma escolha minha. Era uma necessidade do meu coração. Mal sabia, então, como continuava avançando por entre a multidão na direção do *bema* e da cadeira do juiz.

Sou uma mulher leve e pequena. Qualquer coríntio é mais alto que eu. Esgueirava-me pelos espaços entre as pessoas. Perdi Áqüila. Cheguei sozinha à plataforma diante do *bema*. Apoiei um pé no primeiro degrau de modo que ninguém pudesse ficar na minha frente.

Ó Deus e Pai de meu Senhor Jesus Cristo, conforta Paulo, conforta o teu servo e meu querido irmão na sua aflição!

O *bema* tem duas vezes a minha altura, e a mesma medida se estendia à esquerda e à direita. É semelhante ao rostro de Roma: os dois são pódios para discursos, para encontros e proclamações. Ou julgamentos. Há salas ao rés-do-chão dos dois lados. Paulo estava numa daquelas salas, aguardando.

A plataforma entre mim e o *bema* estava vazia. Tinha três degraus e era cercada por um parapeito.

Ninguém ocupava o espaço que separava a plataforma do *bema*. Não era permitido a ninguém, durante os julgamentos.

Observei os servos trazendo o assento de Gálio, feito de madeira trabalhada, magnificamente acabada, com apoio para os braços e encosto.

Multidões se agitavam por todos os cantos do fórum, rindo, gritando, desfrutando da animação do vinho do meio-dia e das barrigas empanturradas. Haviam-se reunido para comer. Mas a aparição da cadeira do procônsul indicava que haveria julgamentos em breve e concentrou os confusos interesses de todos.

O homem a meu lado gritou: — Quem é o acusado? Quem vai ser condenado?

Reconheci a voz. Dei uma olhada rápida para o lado e vi Apeles, o irascível sapateiro que desprezara Paulo desde o início. Fedia suor, mas não me mexi para não perder o lugar junto à plataforma.

Kyrie, eleison!

Abriu-se uma porta nos fundos, atrás do *bema*. Quatro soldados emergiram e posicionaram-se à esquerda e à direita da cadeira. Depois, um escriba, com o seu equipamento de escrever, encaminhou-se para um banquinho e sentou. Vários secretários apareceram, depois Gálio em pessoa.

Era alto e esbelto, a espinha ligeiramente curvada para a frente. O vento enfunou-lhe a toga. Quando recolheu o tecido nas mãos, pude ver como o peito era encavado. Onde havia espaço para o fôlego nesse homem?

Movia-se com elegância. Cumprimentou as multidões inclinando a cabeça, mas franziu ligeiramente as sobrancelhas e, encobrindo parte da boca com a mão, sussurrou alguma coisa a um dos secretários, que olhou para o povo e deu de ombros.

Gálio ajeitou-se na cadeira. Por baixo da toga os joelhos saltados causavam aflição. Tossiu num lenço branco e depois acenou com a cabeça.

O escriba chamou um nome em latim. Não o nome de Paulo. Não o nome de alguém que eu conhecesse. *Paciência, paciência, Prisca*: enquanto as orações se evolavam de meus lábios.

Após a convocação daquele nome, um baixinho rotundo saiu agitado da sala à esquerda do *bema*. Vinha seguido por outros três, dois carregando armas e um em algemas, um sujeito muito magro de cabelos louros e compridos.

— *"Adsevero!"* — gritou o baixinho em latim e subiu pisando duro, passou pelo parapeito em direção à plataforma. Levava uma tabuleta sobre a qual estavam inscritas exatamente estas palavras, que provavelmente ele não sabia ler: — Eu declaro — disse ele — que este escravo me pertence em virtude da lei dos Quirites! — Nervoso, com raiva, apontando para o homem algemado: — Este aqui! Este escravo bárbaro! Foi achado na Trácia, apresentando-se como um *grammaticus*!

Gálio inclinou-se para frente. Disse ao escravo louro: — Você sabe ler?

O homem rotundo gritou: — Suponhamos que saiba! E daí? Que é que isso tem a ver com o caso?

As pessoas mais próximas da plataforma gargalharam e vaiaram com desprezo, mas não saberia dizer se foi por raiva ou então se foi porque o escravo sabia ler.

— E você — disse Gálio ao proprietário — suponho que tenha comprovantes de propriedade.

— Documentos de compra! Comprei-o jovem! Insolente, preguiçoso...

O procônsul ignorou o resto da invectiva do rotundo. Inclinou-se para a esquerda e disse ao escriba: — O processo está aberto. — Era um pronunciamento formal, que o escriba rapidamente transcreveu nas suas tabuletas. — A questão que aqui temos — disse Gálio — diz respeito à propriedade a qual, se comprovada, condena o escravo pelo furto de sua própria pessoa. Nesse caso o *fugitivus* será açoitado e terá a testa marcada com a letra F.

O povo presente manifestou-se com um mísero aplauso.

O sapateiro Apeles gritou: — Eu treino escravos! — Chegou até o parapeito e deu um tapa no traseiro do escravo branco. — Bom senhor, rico senhor — ria-se ele — deixe-me treinar o seu escravo careca!

Enquanto isso, o procônsul estava nomeando um juiz para o caso e marcando a data do julgamento das provas. Voltou-se para o autor da demanda, que concordou: — Certo, certo, certo.

— Evacuar o tribunal — ordenou um soldado. Senhor e escravos saíram pela passagem estreita entre a plataforma e o *bema*.

Em seguida, o escriba levantou-se para chamar outro nome.

No instante em que se ergueu, o meu coração disparou. Fazia dois dias que não via Paulo. Que tinham feito com ele?

Mas de novo, não era Paulo. Era um nome estrangeiro.

Apareceram dois coríntios que discutiam uma questão de propriedade.

Quando subiram na plataforma, disse um deles em voz alta – tanto para o juiz quanto para o outro: — Convoco você perante a justiça. — Disse ele: — *In ius te voco* — submetendo a si mesmo e a sua causa à autoridade oficial. Trouxera um torrão como símbolo da terra que dizia ser propriedade dele.

Gálio pronunciou as formalidades.

Os dois começaram a fazer reivindicações e contra-reivindicações. De ambos os lados empenhou-se dinheiro como garantia do veredicto final.

Eu não prestava atenção. Apoiava-me ora num ora noutro pé. Olhava em volta procurando Áqüila, Timóteo, Tito ou alguém cujo rosto familiar pudesse confortar-me. *Jesus, guarda-o a salvo. Jesus, guarda-nos a todos.*

No alto, atrás do *bema*, por entre os pilares do pórtico sul, pensei ter visto a forma de uma mulher: Febe...

Mas logo depois o escriba se levantou e anunciou em latim: — Que se apresente Sóstenes da parte da sinagoga dos judeus.

Sóstenes!

Um som impetuoso encheu-me os ouvidos, um som de cascata, o rugido de meu próprio sangue.

Da sala à direita do *bema* cinco homens saíram para a luz do dia. Lá estava ele! Paulo! Paulo estava no meio deles, de pulsos amarrados.

Dirigiram-se à plataforma onde a eles se juntaram outros seis homens. Estes, portanto, estavam esperando na multidão ao meu redor. Como não percebi? Eram todos membros da sinagoga, e eu os conhecia. Reconheci as caras. Homens carrancudos, solenes.

Salva-o, Senhor! Salva o teu servo, Paulo.

Era a minha ansiedade que o deixava tão pálido? Fora sempre tão pálido? Aquela sobrancelha negra conferia à cabeça uma palidez lunar. Tinha os olhos mais vermelhos que de costume. Irritados. O pescoço, translúcido. Podia ver-lhe os nervos e veias. Vestia apenas uma túnica, como um escravo que vai levar um recado. Não se virava a fim de olhar para as pessoas. Não me viu. Queria que falasse para poder ouvir-lhe a Voz. Conheço Paulo melhor pela sua voz.

Nove dos homens que estavam sobre a plataforma se dispuseram em semicírculo, de costas para o parapeito. O décimo homem ganhou o centro, com um papiro enrolado na mão direita. Estava de costas para mim, mas o reconheci. Pelos seus cabelos sabia que era Sóstenes. Odiava aqueles cabelos de nós apertados e caracóis medonhos.

Sóstenes, o principal da sinagoga, ergueu o papiro como uma oferenda sacrifical na direção do *bema*, da cadeira e do juiz que a ocupava. Fez uma mesura e começou a desenrolá-lo, ao mesmo tempo em que anunciava em grego: — Com permissão de Gálio, e implorando a sua indulgência, vamos ler e apresentar uma queixa...

Mas Gálio ergueu uma lânguida mão.

Tossiu. Disse ele em latim: — Por que aquele homem está amarrado?

A interrupção confundiu Sóstenes. Ou talvez tenha sido a pergunta. Olhou para Paulo, que sem pestanejar devolveu-lhe o olhar.

— Bem, ele, aquele ali, é Paulo — começou Sóstenes, ainda falando grego — esse mesmo elemento, Paulo de Tarso...

— *Solve eum!* — disse Gálio.

Sóstenes gaguejou e calou-se. Limpou a garganta. — Queira desculpar-me — disse ele. — Que foi que o senhor disse?

Gálio sorriu. Em grego disse ele agora: — Desamarrem o homem que trouxeram à minha presença. — Falava da maneira mais urbana, como se estivesse convencendo uma criança a ficar boazinha.

Sóstenes se aprumou. — Não, mas a lei o permite. — Bateu na testa e foi citando: — "Se o adversário resistir" - assim estabelece a sua lei, a sua própria lei, procônsul - "se o adversário resistir, o queixoso pode usar a força, mas sempre na presença de testemunhas". Veja: temos dez testemunhas...

Gálio ergueu um dedo delgado, que moveu para a esquerda e para a direita. — A menos que sua acusação se refira a algum crime perigoso — disse ele —, não há necessidade de mantê-lo amarrado.

— Mas esse é o caso! — replicou Sóstenes imediatamente. A acusação especifica uma selvagem fúria física...

— Corte as amarras, judeu!

Atrás de mim, uma voz áspera gritou: — Corte as amarras!

As pessoas começaram a rir, embora o caso fosse sério. Chegaram mais perto da plataforma. O Apeles de cheiro azedo se comprimia contra mim. Eu queria gritar, mas tinha a boca seca. Tentava engolir.

— Corte as amarras!

Sóstenes se virou e distribuiu olhares rápidos e nervosos pela multidão.

Paulo, o meu Paulo, mantinha-se em silêncio, encarando Sóstenes com curiosidade. Não, era mais que curiosidade: com intenso interesse. Não olhava para mais ninguém, mais nada, apenas para Sóstenes.

De repente o chefe da sinagoga empertigou-se e encarou o procônsul acima dele no *bema*. — Senhor — disse ele —, se me permitir ler a acusação e aduzir o depoimento de pelo menos uma testemunha, saberá como são perigosos os crimes que foram praticados em nome desse homem.

Ergueu o papiro para começar a leitura.

Novamente, Gálio interrompeu, sorrindo. — Meu amigo — disse ele, curvando-se para frente e fazendo um gesto para que Sóstenes se aproximasse mais, mais, ainda mais.

Pestanejando, com passo rígido, Sóstenes obedeceu.

— Meu amigo, quero poupá-lo de um embaraço ainda maior.

O tom da voz do procônsul era íntimo, dando a entender que a questão agora era apenas entre eles dois. Mesmo assim podíamos ouvi-lo. Todos podiam. A multidão fez silêncio para ouvir, e o silêncio tomou conta do fórum.

O silêncio me assustava. Minha boca ainda tentava engolir. Olhei para Paulo naquela túnica delgada, os pulsos amarrados com cordas, pálido e perfeitamente calmo, observando Sóstenes.

Disse Gálio: — Se sua acusação diz respeito a uma altercação pela qual você passou no dia anterior ao de ontem na estrada de Cencréia, uma altercação física na qual você recebeu um golpe desferido contra a sua pessoa, sugiro que retire a queixa ou que a reveja...

Era eu.

Meu rosto pegou fogo ao ver o caso reconhecido publicamente. Aquela "altercação" *me* envolvia. Quantos estavam agora olhando para Prisca?

Sóstenes respondeu aos gritos: — Por quê? — Batia o pé e gritava: — Por que está nos *perseguindo*? Por que deveríamos retirar a queixa?

Baixinho, aos poucos, a multidão começou a rosnar.

Gálio fez uma pausa e tossiu. — Porque o senhor, Sóstenes — disse ele articulado e frio — foi o agressor. O senhor começou a altercação.

— Eu, eu — gaguejou Sóstenes. Agitou o papiro como uma batuta na cara do juiz e gritou: — Eu não comecei nada!

— Cuidado! Cuidado! — disse o procônsul. — Não diga mais nada antes de conhecer todas as testemunhas desse infeliz evento. — Levantou-se e virou-se para a porta atrás dele. — *Veni huc* — chamou ele. — Venha até aqui.

A frase convidava apenas uma pessoa, porém duas entraram pela porta.

A primeira foi um núbio — *aquele* núbio, na verdade! Fiquei na ponta dos pés de alegria. Aqui estava o maravilhoso negro que me apanhara quando pensei que seria espancada. *Marcus! Seu nome era Marcus!*

Imediatamente atrás dele — movendo-se sem pisar o chão, suavemente flutuando pela plataforma na direção de Gálio — entrou

Febe, o meu esplendor de Cencréia! O cortês romano tomou-a pela mão e a conduziu com um gesto dignificante.

Oh, Paulo, essa é a mulher que eu quero lhe apresentar. Você vai amá-la tanto quanto eu.

De repente, tudo ficou bem naquele dia, de fato muito bem!

Gálio baixou os olhos para Sóstenes. Febe também baixou os seus, mas foi para mim! Acho que olhava para mim!

Radiante, eu olhava para ela.

— Nunca mais, senhor, me acuse de perseguições. — Gálio crispou os lábios com ar superior de desprezo. — Acuse-me em vez disso de perseguir a verdade. Esta testemunha especial apresenta um depoimento desinteressado, percebe? Nada a ganhar, nada a perder. E goza da maior reputação. Você seria um louco *desvairado* se a contradissesse.

— Pois bem, Sóstenes da sinagoga judaica — disse Gálio dando um passo para trás e imprimindo na voz a entoação de um retórico: — se a sua acusação não envolve nenhum crime perigoso, queira imediatamente soltar esse "elemento", como disse você, esse Paulo de Tarso, e deixá-lo livre e à vontade.

Sóstenes enxugou a boca. Olhou para Paulo. Virou-se para os homens atrás dele, buscando alguma palavra, algum conselho, penso eu. Havia uma enorme confusão no seu olhar, e naquele instante eu não o odiava. Ninguém do seu grupo reagiu. Vacilaram, olhavam para os próprios pés. Somente Paulo continuava olhando para o coitado com atenção constante.

— *Corte* as amarras, judeu! — O grito em meus ouvidos, o inesperado grito me fez estremecer. Apeles, o sapateiro, gritava: — Maldito judeu-ratazana, corte as amarras!

Alguém gritou: *Corte!* Outros formaram coro: *Corte! Corte!*

Sóstenes reagiu. Amassou o papiro e o atirou ao chão. Apontando para o *bema*, gritou: — Nós também temos leis! — Havia nele uma convicção inflexível. O homem estava abrindo a alma! — As nossas leis são leis de morte e de vida, leis maiores que os códigos humanos, porque são as leis do céu!

— Corte as amarras, palerma! Corte as amarras, seu judeu nojento!

Escárnio e riso, miados, vaias, assobios encheram o fórum lembrando o ronco e os raios de uma tempestade iminente.

Com toda a força dos seus pulmões, Sóstenes rugiu: — Este homem está persuadindo outras pessoas a adorar a Deus de um modo contrário às leis do céu!

Gálio aconchegou-se nas dobras da sua toga. Não pude ouvir-lhe as palavras. Li os lábios. Disse ele: — Já que esta é uma questão que diz respeito à sua própria lei, resolvam o caso vocês mesmos.

Percorreu a agitada multidão com um olhar impassível. Depois, tomando Febe pela mão, conduziu-a pela saída dos fundos. Soldados, secretários, o escriba, todos o seguiram...

— *CORTE AS AMARRAS!*

De imediato, o sapateiro Apeles avançou. Passou por mim de um salto, pulou por sobre o parapeito e já estava na plataforma. Vi a lâmina redonda da faca na sua mão. De um só golpe, cortou a corda que prendia as mãos de Paulo. Depois, girando para a esquerda, desferiu uma cotovelada na cara de Sóstenes.

Sóstenes ficou rígido. Abriu a boca. Mas um segundo golpe na cabeça o fez cambalear e cair no espaço entre a plataforma e o *bema*. E foi então que a grande tempestade explodiu.

Uma onda de homens avançou, quebrando o parapeito e invadindo a plataforma. Caíram em cima do ponto onde Sóstenes caíra. Em tumulto, gritando com a fúria de animais. Formaram um muro, um círculo que escondia a sua violência.

Os nove homens da sinagoga haviam desaparecido.

Fiquei lá, tapando os ouvidos com as mãos, chorando pelo meu irmão de sangue, o meu colega judeu.

Mas depois, mais alto que a multidão, penetrando-me as mãos, os ouvidos e a cabeça, cortando o ar como a lâmina de um punhal, chegou o grito agudo de uma única Voz!

— *Batam em miiim!* — cantava numa nota só, irrompendo feito uma bandeira no céu. — *Batam em miiiiiim!*

Conhecia aquela Voz! Nasal, plangente, suplantando todos os outros sons! A Voz pertencia a Paulo!

Tudo isso aconteceu num piscar de olhos.

Vi Paulo no alto do *bema*, na borda frontal do *bema*, no instante em que ia saltar.

Tinha os olhos nele quando se atirou lá do alto para o meio da violência que o engoliu.

Saí correndo. Subi os degraus à minha frente. Avancei por entre as pessoas e por cima delas, até poder enxergar dentro do poço entre a plataforma e o *bema*. Lá no fundo estava Sóstenes inconsciente. E Paulo também.

Paulo, o meu Paulo, tinha estendido o corpo, de barriga para cima, sobre Sóstenes, abrindo os braços para cobrir completamente o outro.

Entre mim e Paulo insinuou-se o sapateiro Apeles, de faca erguida na mão esquerda, pronto para cair cortando. Paulo olhava firme para o sapateiro, suplicando: — Aqui! Bata em mim! Não bata nele!

— Me dê um motivo! — rosnou Apeles. — Lute comigo!

Ao que Paulo respondeu: — Não posso. Não quero.

De repente Apeles armou um golpe de direita e acertou Paulo na boca, gritando: — Lute comigo, maldito!

Suspirei.

Paulo cerrou os olhos por um instante, depois abriu-os novamente e fixou Apeles. Assentiu com enorme compaixão. — Está bem —disse ele. Um filete de sangue aparecia entre os dentes. — Apeles, não tenha medo.

O sapateiro berrou na cara de Paulo: — Lute comigo, seu bastardo! Defenda-se!

Paulo não se mexeu. As cordas como braceletes ainda em volta dos pulsos. — Está bem — disse ele. — Está tudo bem.

Apeles desferiu um golpe em falso. Depois, com um grito e com força redobrada, acertou Paulo na testa, partindo-lhe a pele até o osso.

Comecei a soluçar. Nenhum outro som se ouvia.

Os olhos de Paulo estavam fechados.

— Bastardo! — gritava Apeles. — Judeu sangue de barata!

— De repente a ferida se encheu e o sangue transbordou. Escorria sobre a testa e pelos cabelos de Paulo. Ele abriu os olhos. Não movia os braços. Piscou várias vezes e enfocou Apeles. Limpou a garganta e sorriu. — Não se preocupe — disse ele com sua voz nasal. — Está tudo bem. Porque eu amo você.

Apeles recuou como se ferido. — Que foi que você disse? Não diga isso!

— Não há motivo para ter medo de mim, Apeles — disse Paulo. — Porque eu amo você.

O sapateiro avançou com todo o seu peso. Desceu a mão esquerda com a faca que pressionou contra a garganta de Paulo e sussurrou: — Não *tenho* medo. — Choramingava: — Maldição, não *tenho* medo. Quem aqui pode matar quem?

— Só Deus pode matar — disse Paulo. — Mas Deus sabe o seu nome, Apeles. Deus está chamando você pelo nome. Ele está falando com você através de mim. — Nesse momento Paulo ergueu a cabeça. Levantou-se, apoiou-se nos cotovelos, obrigando o sapateiro a retirar a faca da sua garganta, fazendo o sangue escorrer pelo rosto e fazendo Sóstenes mexer-se debaixo dele.

Paulo olhou Apeles olho no olho e disse: — É Deus que está falando. É Deus quem diz: *Eu amo você, Apeles. Amei você durante toda a sua vida.*

Um perfeito silêncio caiu sobre o mundo. Eu não estava soluçando. Continha a respiração. Em seguida ouvi um doloroso lamento: — Aiii! Aiii! — Era o sapateiro Apeles que tentava equilibrar-se sobre os calcanhares. Seus lábios tremiam. A expressão era de total estado de choque. — Aiii! Aiii!.

Disse Paulo: — Fique em paz, Apeles, amado de Deus. Não há razão para temer.

— Aiii! — chorava ele. Levantou-se. Já ninguém o pressionava. As pessoas se haviam afastado. Deixou cair a faca de lâmina curva e começou a recuar pela plataforma. Virou-se e entrou no fórum, do lado norte, sempre choramingando.

E assim a tempestade passou.

De fato, já *havia* passado antes. Eu é que não notara. A multidão se havia dispersado. As pessoas andavam pelo mercado nas suas frenéticas atividades costumeiras, mercadores, soldados e crianças correndo. Os pedreiros faziam as marretas ressoar na pedra. As lojas estavam abertas. Os cães vasculhavam o lixo à procura de pedaços de pão, carne empoeirada, grãos de sal no chão.

Aqui estava Áqüila, em silêncio, atrás de mim. Há quanto tempo estava ali?

Acenei na direção da passagem entre o *bema* e a plataforma. Áqüila fez um gesto positivo com a cabeça. Descemos e nos ajoelhamos ao lado de Paulo e Sóstenes, dois homens feridos apoiados um no outro.

Sóstenes estava confuso. O cabelo cheio e bem cortado reluzia de lama, suor e sangue. Era o sangue de Paulo. Mas não creio que Sóstenes soubesse quem o amparava, que braços o abraçavam, que rosto estava junto ao seu.

A fonte da testa de Paulo havia bordado de vermelho o rosto dos dois.

— Tome — disse eu. Enquanto Áqüila segurava os cotovelos de

Sóstenes e o levantava, desatei o precioso pano branco do meu pescoço e o entreguei a Paulo. — Tome, use isso — disse eu.

Paulo dobrou o pano duas vezes, abaixou a cabeça e o pôs sobre a ferida.

Áqüila levou Sóstenes embora, como se fosse um bêbado.

Paulo suspirou.

— Priscila, Priscila — sussurrou ele. — Minha pequena Prisca, como é bom ver você novamente. Tinha certeza de que você estaria aqui.

Em seguida ergueu os olhos na minha direção e começou a rir enquanto me olhava meio tonto.

— A razão de eu não me deitar de bruços sobre Sóstenes — disse ele — é que estou cansado de levar surras nas costas. Elas já não agüentam. Pensei em apresentar aos carrascos uma parte nova de meu corpo. Retirou o pano e abaixou a cabeça que ficou a poucos centímetros dos meus olhos. — Priscila, veja aqui uma coisa: não é que o sapateiro abriu de novo a velha cicatriz? Aquela cicatriz antiga.

32

Timóteo

Em seguida fomos embora.

Durante o tempo que levamos para vender a loja de couro, desfizemo-nos do que havíamos juntado nos dezoito meses em Corinto. Ficamos com o indispensável, que pusemos em sacolas novas feitas de materiais velhos. Paulo ditou, eu escrevi e nós despachamos uma carta para ser lida em várias cidades da Galácia, Pessino, Pália e Orcisto. Enfiamos o dinheiro da loja em cintos que prendemos ao corpo. Despedimo-nos de uma centena de amigos, aos prantos, fazendo a última ceia e recomendando-nos a Deus.

Depois caminhamos para Cencréia. Éramos um belo grupo na estrada: irmãos e irmãs das três igrejas, Crispo e a sua família, Erasto e Gaio, cada um com os seus criados. Éramos cerca de vinte pessoas, rindo, suspirando, cantando hinos. Aquela noite Febe hospedou a todos na sua vila – "por causa do meu amor por Áqüila". Paulo pregou, prometendo voltar. Na manhã seguinte, seis de nós tomaram um barco para Éfeso, na Ásia, onde nos dividiríamos em dois grupos de três. Áqüila, Priscila e Sóstenes planejavam estabelecer-se em Éfeso, enquanto nós – Paulo, Tito e eu – navegamos para a distante Síria. Paulo queria urgentemente chegar a Jerusalém.

Foi a ira de Paulo que nos fez sair tão rápido da cidade.

E foi Tito, ou melhor, a notícia trazida pelo jovem Tito, que incendiou a ira de Paulo.

No dia em que o apóstolo foi levado à presença do Procônsul Gálio – na verdade, durante a própria acusação – dois homens encontraram-me muito acima do fórum, na colina do Templo antigo, de onde eu podia observar tanto a multidão como a cena muda no *bema*. O primeiro deles foi um dos guardas da Porta de Cencréia. Disse que me vira por acaso. Eu sabia onde se encontrava Paulo? O segundo era um desconhecido, um jovem robusto, bem musculoso, corado e esbanjando saúde.

Eu sabia sim, sabia onde Paulo se encontrava. Por que alguém iria querer saber? Lá, disse eu, espetando o ar com o dedo. Aquele amarrado, aquele acusado de crime, aquele é Paulo.

O jovem acompanhou a minha linha de visão e de repente ficou muito vermelho. A sua pele começou a tremer como o flanco de um cavalo de batalha.

O guarda disse que precisava voltar ao seu posto. Disse que aquele jovem viajara desde Antioquia na Síria à procura de Paulo. O nome do rapaz era Tito. Será que eu, perguntou o guarda, o levaria até Paulo num momento em que fosse oportuno?

— Se — disse eu — não o puserem na cadeia ou não o matarem antes.

O jovem fuzilou-me com os olhos, horrorizado.

— Matar? Matar Paulo?

O guarda me agradeceu pela boa vontade e foi embora.

De repente lamentei por ter extravasado a minha raiva. O jovem era sensível demais para tanto. E parecia realmente preocupado com Paulo.

— Bem, *matá-lo* não — disse eu.

Tentei explicar as circunstâncias que conhecia, as acusações, a sinagoga, o chefe da sinagoga, Sóstenes – mas os dois não tirávamos os olhos do fórum lá embaixo, cada vez mais nervosos. A multidão, que formara um bolo fechado no *bema*, rastejava e rosnava como uma fera que se aproxima da sua presa. O procônsul estava de pé, uma mulher ao seu lado. Estávamos longe demais para identificar o rosto dela. Sua postura parecia familiar. Ele virou-se e foi embora pela porta dos fundos. Todos os que estavam no *bema* – todos, inclusive os soldados – o seguiram. Depois, com um rugido rouco e continuado, toda a multidão convergiu para um ponto na frente do *bema*, e Paulo e Sóstenes, os dois, desapareceram, como se o mar os tivesse engolido.

Saí correndo. O mesmo fez o jovem Tito, que teria chegado antes de mim se soubesse o caminho. Tínhamos de correr para o oeste para chegar ao leste, voltando para o poço de Glauce.

Quando atingimos o canto noroeste do fórum, a multidão já mudara de direção. Estava se dispersando e impedindo o nosso avanço. Vi Erasto num cavalo. Havia mais três ou quatro galopando entre a multidão aos gritos de "Circulando! Circulando!".

Eu não tinha idéia de onde Paulo se encontrava.

Só depois que o fórum voltou ao seu normal vi um rosto conhecido: Áqüila no extremo leste do fórum, ajudando alguém a subir os altos degraus da Fonte Peirene. Corri, alcancei-o e fiquei assustado ao descobrir Sóstenes nos seus braços — Sóstenes, aturdido e coberto de sangue.

Áqüila me disse que era sangue de Paulo.

Disse que Paulo estava junto ao *bema*.

Virei-me e corri — e desta vez o jovem Tito, que eu esquecera, passou por mim voando como se tivesse asas.

Depois ocorreu uma cena ridícula.

No momento em que Tito chegou ao *bema*, também chegou Erasto no seu cavalo, gritando: — Paulo, Paulo, que lhe aconteceu? — Começou a desmontar.

Paulo estava sentado na plataforma face a face com Prisca, como se estivessem num piquenique. Paulo, ensangüentado, a frente de sua túnica vermelha de sangue que ainda não secara – esse mesmo Paulo virou-se para ver Erasto, mas acabou vendo Tito.

Soltou um grito. Paulo, o apóstolo, soltou um grito e de um salto se pôs de pé e abraçou o jovem. — Tito! Tito! Tito! — gritava ele, e o jovem ria mostrando fortes dentes brancos. De repente, Paulo fraquejou. Caiu sentado na plataforma, a cabeça pendendo para a frente. Todos precipitaram-se na sua direção, estendendo os braços, mas ele balançou a cabeça num gesto negativo, ergueu os olhos e sorriu.

— Tontura — disse ele. — Apenas tontura.

Erasto anunciou solenemente: — Ora, exatamente por esse motivo trouxe o meu cavalo, com uma sela macia e preparado para levar você para casa, Paulo – para a minha casa, Paulo, onde podemos curar você.

Erasto abaixou-se como se fosse pegar o apóstolo nos braços. Mas a atenção de Paulo não estava nele.

— Tito — disse ele. — Ó Tito, venha e me dê o seu ombro para eu me apoiar. Mostre-me o seu amor, meu doce Tito.

Assim os dois saíram pelo fórum, Prisca ao lado deles, e eu ouvi algo que soou como três baforadas de vento. Olhei, e vi o grande Erasto dominado pela emoção. Fora um dia difícil.

Aquela noite, na loja, Paulo não se conformava. Andava de um lado para o outro da salinha, cuspindo fogo, ditando jatos de palavras que eu me esforçava por transcrever num papiro novo. Parecia que o homem perdera mais sangue do que ele queria admitir. Quando menos se esperava, caía pesadão, pálido, desmaiado, imóvel. Não importava, assim que recuperava os sentidos, levantava-se de novo, andava, esbravejava.

— *Kuno-tharses!* Nojentos! Falsos! Inimigos da liberdade de Cristo! Timóteo, eles me estenderam a destra da comunhão! Tito se lembra disso, não é verdade, Tito? Ninguém exigiu que você fosse circuncidado. Nada me foi acrescentado. Nada! Mas agora querem destruir o evangelho de Cristo!

O jovem Tito nos trouxera um exemplar de certa carta de um homem chamado Barsabás, uma carta na qual Barsabás agradecia a Deus pelo fato de que trinta e quatro homens seriam provavelmente circuncidados na Páscoa. A carta tinha o endereço de Antioquia, mas fora originada em Pessino, na Galácia – o mesmo lugar onde Paulo caíra enfermo dois anos e meio antes, a cidade onde Paulo e Silvano e eu havíamos pregado e estabelecido uma nova igreja.

— Circuncidados! — uivava Paulo. — Circuncidados! Os cães estão nos perseguindo, roubando os filhos de Deus como se fossem ovelhas, cortando-os e fazendo-os sangrar, atirando-os sob o jugo da Lei, atirando-os direto para o inferno!

— *Circuncidados!* Ora, que passem a faca em suas partes mais sensíveis — e cortem! Tomara que se castrem a si mesmos!

O mar estaria inviável à navegação em menos de um mês. Então a neve fecharia as passagens nas montanhas. A época das viagens era limitada.

Paulo queria partir para Jerusalém em cinco dias. Primeiro Jerusalém, depois Antioquia – e aí sim, quando as Portas da Cilícia estivessem abertas aos viajantes, para a Galácia antes da Páscoa. Tito e eu concordamos. Dissemos que estaríamos preparados no dia seguinte.

Áqüila e Prisca se haviam mantido calados a noite toda, parte da qual passaram sozinhos no ático acima da loja. Pensei que estavam perturbados por causa da ira de Paulo, ou então os acontecimentos daquele dia, suas lutas e triunfos os haviam deixado perplexos. Mas eu estava errado. A razão do seu silêncio mais se aproximava da perda.

Quando escureceu e o frio foi chegando, desceram a escada e, falando baixinho, nos abriram o seu coração: — Paulo, por favor, leve-nos com você. — Disseram que sabiam viver em tendas. Já se haviam mudado uma vez, abandonando tudo, e estavam preparados para mudar-se sempre que necessário pela causa do evangelho do seu Senhor Jesus Cristo.

Paulo parou de andar. A agitação desapareceu. Apanhou a lâmpada a óleo e chegou até Prisca que estava parada junto à escada. Ergueu a lâmpada ao lado dos seus rostos, formando em volta deles um halo de luz tímida, ele com aquele olhar de gavião, ela de olhar incerto.

Distintamente, sem som de voz, sussurrou: — Priscila? — Chamou-a de "Priscila". Eu nunca ouvira esse nome antes.

Prisca abaixou a cabeça e fixou o chão entre eles. Os seus olhos escuros perdiam-se numa sombra. Tinha o cabelo todo puxado para trás, de modo que apresentava a Paulo a brancura do rosto da testa. Fez um aceno quase imperceptível com a cabeça.

E Paulo disse: — Está bem. — Em seguida depôs a lâmpada e voltou às suas inquietas passadas. Perguntava-se em voz alta: Será que Áqüila conseguiria vender a loja em menos de *dez* dias? Paulo esperaria dez, disse ele, não mais que dez. Morreria se tivesse de esperar mais que isso.

Certamente, Áqüila poderia vender a loja em menos de dez dias.

Ótimo, ótimo.

E que tal, perguntou Paulo, se os dois percorressem apenas meia jornada conosco? Até Éfeso, ficando lá enquanto nós seguíssemos viagem? Paulo disse que Corinto deveria servir de modelo para a próxima metrópole. Que Prisca e Áqüila achassem onde morar e estabelecessem outra loja e fizessem amigos em Éfeso, exatamente como tinham feito em Corinto. Assim preparariam a chegada de Paulo em Éfeso numa data posterior. Pois ele voltaria, disse com entusiasmo. Claro que sim, voltaria para continuar a sua missão entre os gentios, assim que resolvesse os problemas no leste.

Não, disse ele. Desta vez não viajaríamos a pé. Tomaríamos um barco para o leste. — Os ventos soprarão a nosso favor, súbitos e fortes — disse ele. E Deus também há de estar conosco.

Nossa espera de dez dias teve duas vantagens:

Primeiro, Paulo teve tempo de recuperar as forças – embora quando partimos para Cencréia, a pé, o pernas-tortas não tomasse a frente do grupo, como teria feito outrora. Paulo tinha envelhecido, tinha mesmo. O corpo estava cansado. E as costas o atormentavam mais do que se poderia imaginar. Caminhava meio curvado devido à dor.

Segundo, Paulo teve tempo de falar com Sóstenes. Ambos homens ardorosos, os dois debateram no mercado, discutiram na rua, brigaram ao lado da sinagoga e gritaram tão alto na Pequena Judéia que pensei que fossem pegar tijolos para acabar um com o outro.

No fim, Sóstenes encheu o cinturão de dinheiro e viajou conosco.

33

Paulo

Paulo, apóstolo – não da parte dos homens, nem por intermédio dos homens,
mas por intermédio de Jesus Cristo e de Deus Pai,
que o ressuscitou dentre os mortos,
às igrejas da Galácia:

Graça a vós todos e paz da parte de Deus Pai e do nosso Senhor Jesus Cristo!

Como podeis agir assim? Como podeis tão rápido desertar daquele que vos chamou na graça de Cristo? – desertar dele por um evangelho diferente? Não, não e não! Não há nenhum outro evangelho. Mas há pessoas diferentes, diferentes pregadores, aqueles que estão entre vós neste exato momento, atormentando-vos, tentando perverter o evangelho de Cristo! Eu vos digo: se alguém – mesmo um anjo vindo do céu – vos pregar um evangelho contrário àquele que vos preguei, que ele seja condenado ao inferno. Estais me ouvindo? Devo repetir? Se alguém vos estiver pregando um evangelho contrário àquele que já recebestes, *que ele seja condenado ao inferno!*

Pois o evangelho que eu prego não é alguma coisa humana. Não o recebi de homem algum nem de mulher alguma. Veio mediante uma revelação de Jesus Cristo! E foi aceito por toda a Igreja!

Ouvistes qual foi o meu proceder no judaísmo, como sobremaneira perseguia a Igreja de Deus, tentando até destruí-la. Ouvistes como no judaísmo avantajava-me a muitos da minha idade, sendo extremamente zeloso das tradições dos meus pais. Quando, porém, Deus, que me separou antes de eu nascer, o Deus que me chamou pela sua graça –

quando aprouve a esse Deus revelar o seu Filho em mim para que eu o pregasse entre os gentios, *não consultei carne e sangue!* Nem subi a Jerusalém! Não fui ouvir os que eram apóstolos antes de mim.

Parti para as regiões da Arábia. Preguei em Damasco. E apenas após três anos fui finalmente me encontrar com Pedro. Fiquei muito tempo com ele? Não! Não mais do que quinze dias passei com ele em Jerusalém, e não vi outro apóstolo senão Tiago, o irmão do Senhor.

Ouvi-me, pois vos digo a verdade! Diante de *Deus*, testifico que não minto!

Deixando Pedro, fui direto para as regiões da Síria e da Cilícia onde preguei o evangelho que recebi de Cristo. Eu plantei, e do Espírito veio o crescimento. Igrejas surgiram e o povo creu, exatamente como aconteceu convosco na Galácia!

Somente catorze anos depois subi outra vez a Jerusalém, desta vez com Barnabé e Tito. Fui expor aos pilares da igreja o evangelho que eu pregava entre os gentios. Fui levado por uma revelação. E fui porque falsos irmãos estavam espreitando a liberdade que temos em Cristo Jesus, planejando nos reduzir à servidão.

Prestai atenção: aqueles pilares que pareciam ser de maior influência *nada* me acrescentaram. Nem mesmo Tito, grego de nascença, foi compelido a ser circuncidado! Pelo contrário, quando viram que me fora confiado o evangelho para os incircuncisos, como a Pedro fora confiado o evangelho para os circuncisos, e quando conheceram a graça que me foi dada, Tiago, Pedro e João estenderam a mim a destra da comunhão, a fim de que nós fôssemos para os gentios e eles para os circuncisos.

Prestai atenção. Estais me ouvindo? Eu mesmo, um judeu de nascença e não um gentio, cri em Jesus Cristo para ser justificado pela fé em Cristo, e não pelas obras da Lei, pois pelas obras da Lei ninguém será justificado. Ninguém, nem judeu nem grego! Mediante a Lei, morri *para* a Lei, a fim de viver para Deus. Estou crucificado com Cristo. Já não sou eu quem vive, mas é Cristo que vive em mim. E esse viver que agora tenho na carne vivo pela fé no Filho de Deus, que me amou e a si mesmo se entregou por mim.

Mas *vós*, vós gálatas insensatos! Vós que tínheis aquele modelo em mim quando eu pregava entre vós! Vós (ah, temo ter trabalhado entre vós em vão) – vós: quem vos fascinou a vós outros agora?

Vós tínheis uma imagem pintada bem diante de vossos olhos de Jesus Cristo morrendo na cruz! Nada poderia ser mais claro!

Permiti que vos pergunte: recebestes o Espírito pelas obras da Lei? – ou recebestes o Espírito ouvindo com fé? Bem, então perdestes o juízo nesse meio-tempo, pois tendo começado no Espírito, estais agora querendo terminar na carne. Tivestes a experiência de *Deus* pelo Espírito e nos milagres, e agora parece que aquela experiência foi toda em vão.

Mas a Escritura diz que Abraão "creu em Deus, e isso lhe foi imputado para justiça". Não vedes que os verdadeiros filhos de Abraão são gente de fé? A Escritura preanunciou que Deus vos justificaria a vós, gentios, pela fé. Portanto, desde Abraão a Escritura pregou o evangelho que vos inclui, dizendo: "Em ti serão abençoados todos os povos". Todos os que têm fé são abençoados com Abraão – que foi ele mesmo o primeiro e o principal, uma alma cheia de fé.

Em Cristo Jesus sois todos filhos de Deus, pela fé. Porque todos quantos fostes batizados em Cristo de Cristo vos revestistes. Não há judeu nem grego! Não há escravo nem liberto! Não há homem nem mulher – porque todos sois um em Cristo Jesus. E se sois de Cristo, também sois descendentes de Abraão e herdeiros segundo a promessa de Deus.

Prestai atenção: enquanto são crianças, os herdeiros em nada diferem de escravos, mesmo que possam legalmente vir um dia a ter a propriedade. Os menores estão sob guardiões, tutores e curadores até o tempo determinado pelo pai para a sua herança – exatamente como os judeus estavam sob a tutela da Lei enquanto aguardavam o cumprimento da promessa. Vindo, porém, a plenitude do tempo, Deus enviou o seu Filho, nascido de mulher, nascido sob a Lei, para resgatar os que estavam sob a Lei, a fim de que recebêsseis a adoção de filhos. E porque sois filhos, enviou Deus ao nosso coração o Espírito do seu Filho, que clama: *Papai! Pai!* De sorte que por intermédio de Deus já não sois escravos, mas filhos e herdeiros.

Outrora, quando não conhecíeis a Deus, servíeis a deuses que, por natureza, não são deuses. Mas agora que conheceis a Deus – agora que sois conhecidos por Deus –, como podeis voltar a ser novamente escravos? Escravos de espíritos rudimentares fracos e pobres?

Por favor, por favor eu vos suplico, bravos gálatas, sede novamente como eu – como eu sou como vós. Em nada me ofendestes. Certamente vos lembrais de como cheguei até vós: estava doente. E, posto que a minha enfermidade foi uma dura tentação para vós, nunca me desprezastes. Nunca revelastes desgosto. Antes, me recebestes como um anjo de Deus – como o próprio Jesus! Havia tanta exultação entre vós naqueles dias! Que aconteceu desde então? Houve um tempo em que teríeis arrancado os olhos para dá-los a mim. Tornei-me agora, porventura, vosso inimigo, apenas por vos dizer a verdade?

PARA A LIBERDADE FOI QUE CRISTO NOS LIBERTOU! Permanecei, pois, firmes e nunca vos submetais a jugo de escravidão.

Prestai-me atenção! Eu, Paulo, vos digo que, se vos deixardes circuncidar, Cristo de nada vos aproveitará. De novo, testifico a todo o homem que se deixa circuncidar, que está obrigado a observar *toda* a Lei! Quem quer se justificar pela Lei está desligado de Cristo. Seria decair da graça! Porque é pelo Espírito, pela fé, que aguardamos a esperança da justiça. Porque em Cristo Jesus nem a circuncisão, nem a incircuncisão têm valor algum, mas a fé que atua pelo amor.

Filhinhos, vós corríeis tão bem! Quem vos impediu de obedecer à verdade? Aquele que vos perturba, seja ele quem for – aquele homem sofrerá a sua condenação. Tomara que ele se mutile a si mesmo!

Tenho confiança no Senhor de que o vosso pensamento será exatamente igual ao meu.

Mas longe esteja de mim gloriar-me, senão na cruz de nosso Senhor Jesus Cristo, pelo qual o mundo está crucificado para mim, e eu para o mundo. Pois nem a circuncisão é coisa alguma, nem a incircuncisão, mas o ser nova criatura. Paz e misericórdia sejam sobre todos os que andarem em conformidade com esta regra, segundo o Israel de Deus.

Daqui por diante, que ninguém me moleste, pois eu trago no corpo as marcas de Jesus.

A graça de nosso Senhor Jesus Cristo seja com o vosso espírito.

Amém.

34

Barnabé

Saulo partiu irado. Saulo voltou irado. Ó meu Pai celestial, perdoa o meu cansaço. Não poderia suportar a ira dele. Nem a dele, nem a de ninguém. Não tinha ânimo para outra briga.

Eu sei, eu confesso: provavelmente eu mesmo fui a causa. Fui aquele que enviou Tito para Corinto com a notícia de que Barsabás estava arando os campos de Saulo. Mas era uma questão de certo e errado. Não tive outra escolha *exceto* a de informá-lo. Acho que pensei que ele fosse para *lá*, caso resolvesse viajar. Para a Galácia. Não me ocorreu que ele percorresse todo o caminho de volta até Jerusalém e que depois viesse com sua fúria para o norte até Antioquia. Por que deveria esperá-lo em Antioquia?

Mas veio rugindo feito um leão. Por isso fechei-lhe a porta na cara. Recusei-me a recebê-lo.

O querido e obediente Tito veio imediatamente visitar-me. Sentou-se e comeu comigo no meu pequeno aposento. Jovem e corajoso Tito, de repente um homem feito, acostumado a duras viagens e independente: poder contemplar novamente o meu amigo trouxe verdadeiro calor a esses velhos ossos. E descobri que isso também eu não tinha previsto. Tito voltaria – mas nunca tão cedo. Corinto é muito longe. Só os ricos ou os da família real vão e voltam tão rápido.

Tito me falava todo esbaforido de panoramas e cidades. Por exemplo, perguntou-me se sabia que as portas de bronze junto ao Templo de Jerusalém – as portas chamadas "Formosas" – tinham sido feitas em Corinto.

Respondi que sim. Eu sabia. — Mas você é o mais felizardo de nós dois — disse eu — porque eu de fato nunca vi as fundições de Corinto.

E eu também sabia, continuou Tito, ansioso feito um serelepe, que o bronze de Corinto era o melhor do mundo? Elogiado por César Augusto e amado por Tibério?

Não, não sabia disso.

Bem, sabia que as portas chamadas "Formosas" valiam mais do que nove das outras portas juntas? E que *elas* (fez uma meia pausa; quase me sufocava com seu entusiasmo) eram revestidas de prata e adornadas de ouro?

De repente eu estava rindo com a minha visita, para mim uma surpresa e um puro prazer. Quando acontecera isso pela última vez?

— Não — disse eu. — Não tinha idéia do valor.

De repente Tito ficou sério.

— Barnabé — disse ele.

Parei de rir. — O quê?

— Por que você não quer encontrar-se com Paulo?

Tito usava o nome helenizado. Acho que era sem pensar. Quero dizer que não havia nenhum recado oculto na sua escolha do nome. Mas fazia que me sentisse excluído, e por isso também preciso de perdão pelo fato de invejar a amizade entre Tito e Saulo. Parecia nova, mais profunda que antes.

Disse Tito: — Por que você não se senta e conversa com Paulo?

Peguei o frasco de vinho e enchi sua taça. — Foi ele que mandou você falar comigo? — perguntei. — Você está falando por ele?

— Não. Ele não sabe. Gritaria comigo se soubesse.

Lamento. Outra descoberta minha: eu meio que desejava que Saulo o *tivesse* enviado.

Enchi a taça de vinho.

— Talvez seja melhor falar de outro assunto — disse eu.

— Mas eu amo Paulo, pois que outra pessoa me defendeu quando Pedro não quis jantar comigo? — disse Tito, sério, inocente, na flor da sua juventude. — E amo você, porque aquela outra pessoa que me defendeu foi *você* — disse Tito, de repente cortando-me o coração. — Antes de eu crer em Jesus — disse ele —, quando era apenas um menino, eu acreditava em vocês dois, quero dizer na sua amizade. Ficava muito feliz de ver vocês juntos, e Paulo ficava falando e você rindo. Eram dias perfeitos, Barnabé. Aqueles dias eram tão perfeitos! Por que agora você não quer encontrar-se com Paulo?

Fingi beber um gole de vinho. Aquele era, de fato, o melhor vinho que eu tinha. Era para celebrar a visita de Tito.

— Onde ele está alojado? — perguntei.

— Onde sempre se alojou. Na casa de Simeão Níger.

— Está irado?

— Acho que sim.

— Estava irado em Jerusalém?

— Sim, claro.

— Que é que ele fez por lá? Por que foi até lá?

— Foi gritar com Tiago — disse Tito.

— Você estava por perto? Você ouviu o que ele disse a Tiago?

— Estava. Ele nem esperou até que estivessem a sós. Começou a gritar na hora.

— Nossa! — disse eu.

Ó Pai celestial, estou tão cansado, tão cansado. E contudo pressionei o meu jovem hóspede. — O que foi — perguntei — que ele disse a Tiago?

— Disse que ele já estava lutando contra o diabo — respondeu Tito.

Tito baixou a cabeça. Pôs o dedo no vinho derramado e começou a desenhar círculos na mesa.

— Lutando contra o diabo — repeti eu.

Tito deu de ombros e continuou. — É, isso: "lutando contra o diabo" — diz ele. E depois acrescenta que já está lutando contra "principados e potestades". Diz que foi apedrejado e assaltado e flagelado e coberto de cicatrizes, as marcas de Jesus. Em seguida ele grita na cara de Tiago: "Então, por que devo lutar também contra o meu próprio povo? E por que o meu próprio povo precisa destruir o trabalho que eu realizo por Cristo?" Estas são exatamente as suas palavras: *destruir o trabalho que eu realizo por Cristo.*

— Abre, em seguida, a bolsa e dela retira a carta que você me deu para entregar a ele e a esfrega no nariz de Tiago, berrando: "Chame os seus cachorros de volta! Estão mordendo!" Paulo berra, e a sua cara vai ficando cada vez mais vermelha: "Estão mordendo, devorando gentios! Ou então, se você não os mandou sair para circuncidar, controle-os, Tiago. Controle os homens que vêem você como autoridade". Tiago pergunta: "Quando fui capaz de controlar quem quer que fosse?"

— E Paulo responde: "Você sabe que tem domínio sobre Jerusalém." E Tiago, todo suave, diz: "Nós lhe pedimos, meu senhor, para persuadir os gentios a observar quatro simples regras em consideração aos judeus. Lembra?" E depois acrescenta: "Como posso dominar alguém, se não consigo mandar em você?"

— Barnabé. — Tito baixou a voz, lembrando. — Depois eu fiquei com medo. Achei que não tinha jeito: haveria sopapos.

— Quando Tiago disse: "Não consigo mandar em você", Paulo ficou roxo e gritou: "Só Jesus!" e ergueu a mão como se fosse estapear alguma coisa. "Só o Senhor Jesus Cristo manda em mim!" Tiago não perdeu a calma. Disse: "E como você sabe que Jesus não está mandando também em Judas Barsabás?" Paulo emitiu um som gutural. Acho que estava engasgado. Tiago disse: "Todo o julgamento do que é certo ou errado só repousa em você?" E acrescentou: "O que é *você*? *Você* é agora a Lei? Você tomou o lugar de Moisés?"

— Nesse momento estou observando Paulo e estou com medo. A mão ainda está no ar. Ele treme. Os olhos minúsculos na sua cabeça grande – estão vesgos. Ele mostra os dentes e diz: "*Arrr, arrr,*" como se tivesse engolido a língua. Ou ele vai cair em cima de Tiago e agarrá-lo, ou então vai desmaiar, e eu tenho de ampará-lo. Nunca vi uma cosia assim!

— O que acontece depois é igualmente muito estranho. Ele simplesmente abandona a briga. Refiro-me a Paulo: ele desiste. De repente, solta um pequeno suspiro, e está tudo acabado. Pestaneja, limpa a garganta com força várias vezes, volta-se para o lado e esfrega a testa. Depois olha novamente para Tiago e, no seu tom normal de voz, diz: "Vou a Galácia para a salvação dos gentios. E veja aqui — diz ele —, também vou para a salvação de Jerusalém. Você se lembra de que mencionou uma coleta de dinheiro para os pobres de Jerusalém? Tiago assente. Não sei dizer o que Tiago está pensando nesse momento. Suas pálpebras se fecham e encobrem os sentimentos. Mas acena afirmativamente e diz: "Lembro sim." Paulo informa: "Vou atender o seu pedido. A começar pelas igrejas da Galácia, vou fazer uma coleta em todas as igrejas que plantei, até mesmo entre os gentios lá da Macedônia e da Acaia.

— Barnabé, o que é que uma coleta tem a ver com tudo isso?

Tito parou de falar. Não respondi à sua pergunta, embora, de repente, eu também me lembrasse de que Tiago tinha falado dos pobres de Jerusalém. O que me surpreende é que Saulo se lembrasse. Até este momento, eu me esquecera por completo da sugestão.

Tito bebeu um gole de vinho, depois olhou para mim. — Não entendo essas coisas, Barnabé — disse ele —, mas é o que aconteceu. Que mais devo lhe contar? Não há mais nada a contar. Por que você não vai vê-lo? Talvez Paulo esteja – não sei – o quê? Triste? Será que uma pessoa pode ficar irada e também triste ao mesmo tempo? Por que você não vai se encontrar com ele, Barnabé?

A cena que Tito acabara de descrever era exatamente o tipo de coisa que eu já não suportava. Saulo brigando, outros brigando com ele, e ninguém que esteja por perto pode escapar ileso. Cada um tem de escolher um lado. E a cena era extrema. Saulo deve ter ficado pior no ocidente. Apenas uma vez eu o vira perder o controle antes, em todo o caso, perder a fala: quando Barsabás leu os quatro decretos na casa de Simeão Níger.

— Porque estou velho, Tito — disse eu —, e cansado. Olhe para mim, meu filho. Olhe para o dorso da minha mão. Que é que você vê?

— Veias.

— Veias azuis. Veias inchadas feito serpentes. As manchas escuras da idade. De que cor ficou o meu cabelo?

Tito sorriu rápido. — Prata, meu pai! Prata igual ao meu pingente.

Ergueu o presente como um triunfo entre nós.

Ah, Tito! Sorri ante o seu gesto. Sorri sentindo uma súbita alegria pelo fato de um jovem usar o presente de um velho.

— Prata em você é um bem precioso — disse eu. — Em mim, prata é velhice. — Ergui a taça. Bebemos os dois.

Pensei na interpretação de Tito: Triste? Poderia Saulo estar *triste*? Nunca notara essa emoção nele. Nunca. Parecia mais provável que estivesse cismando. Há tantas formas de raiva em Paulo, pensava eu, como há mudanças de tempo no mar. Não confie em nenhuma delas. Mesmo uma noite calma pode de repente afundar o seu barco.

Tito me deu uma ligeira pancada no ombro. — Por que você não se senta e conversa com o seu irmão, Barnabé? — disse ele.

Desta vez respondi. — Ele gritou comigo também, Tito — disse eu.

— Mas é o jeito dele — disse imediatamente o jovem. — Ele grita mesmo.

— Eu sei, eu sei. Eu apenas não seria capaz de agüentar o fardo outra vez. Ah, Tito — disse eu —, o homem veio me procurar. Achou-me na Rua Singon, pregando a um grupo de mulheres. Ele estava lá longe, e eu ouvi a sua voz, mas não era uma saudação. Ele gritava: "Você escreveu para ele *também*, Barnabé?" Levantei os olhos, sorrindo, feliz por vê-lo. Mas ele estava caindo em cima de mim com perguntas que pareciam acusações. "Você mandou alguém para Pessino quando enviou Tito para Corinto? Espero que sim. Você condenou Barsabás pela sua traição? Você sabe, ele traiu o Senhor!" Saulo berrava. Não dizia *Com licença.* Nem *A paz esteja contigo.* As suas primeiras palavras foram violentas – e aqui estão as palavras exatas, Tito. Na rua, na frente das mulheres, Saulo atirou os braços para o alto e gritou: "Barsabás está mandando gentios para o inferno! Gentios estão morrendo por causa de Barsabás!"

Falando baixo, disse-me Tito: — Conheço essas palavras, exatamente essas palavras. Eu as ouvi também. Estava lá.

— Você estava na Rua Singon?

— Pertinho, bem atrás dele.

Olhei bem para o jovem ao meu lado. — Então você pode me entender, não é mesmo, Tito? De repente, percebi como eu estava cansado. Como estou cansado. Não respondi a Saulo. Não consegui. Não fui capaz de dizer absolutamente nada.

— Virei-me e fui embora. Voltei para cá, para o meu pequeno alojamento, fechei e tranquei a porta.

Tito, esse jovem cheio de energia e alegria, pareceu-me suspirar. Levou um tempinho e depois disse: — Mas foi nessa ocasião que acho que vi a tristeza dele, Barnabé.

35

Tiago

Saulo tem uma irmã! Confesso que fiquei pasmo ao descobrir que Saulo tinha uma irmã — que, aliás, morava perto de mim, poucos passos ao norte, numa casa pegada ao muro da porta da torre. Uma irmã em Jerusalém! Não deveria causar surpresa o fato de que um homem nascido no seio de uma família, criado em família, *tem* uma família. Mas eu me surpreendi. Ao mesmo tempo, senti um prazer pessoal quando soube. De certo modo, imaginar os vínculos e as obrigações inerentes ao fato diminuía o homem – a força do homem, a sua presença visível. O lutador não tinha os pés tão ágeis como parecia.

E o fato de que Saulo, em suas duas visitas anteriores a Jerusalém, nem a havia mencionado, nem, pelo que sei, havia ido à casa dela; o fato de que tinha uma ligação que não queria reconhecer – um segredo a guardar, alguma coisa a esconder – o diminuía ainda mais.

Foi durante sua terceira visita que ele expôs o assunto diante de mim. Ele tinha um pedido, ele disse.

Depois que havíamos debatido, depois de uma notável exibição de fraqueza da sua parte (esse homem tem uma tendência para a emoção debilitante), depois que eu havia traçado a linha, por assim dizer, que ele não devia ultrapassar, mansamente me perguntou se eu não poderia falar com a irmã dele em seu nome.

Explicou – de novo todo mansinho – que eles não se falavam havia mais de vinte anos. A separação aconteceu por um consentimento mútuo, pois ela tinha tanto zelo pelo Deus de Moisés quanto ele tivera antes de mudar de fidelidade. Será que eu aceitaria ir pessoalmente, perguntou ele, uma vez que a irmã desprezava os crentes em Jesus, mas a minha reputação era respeitada mesmo entre os fariseus? Eu era Tiago, o Justo, disse ele. Tiago, o Portal.

Naquela época os *Sicarii* haviam começado a rondar as ruas de Jerusalém. Assim denominam os romanos os judeus mais ferozes que escondem uma pequena faca, uma *sica*, nas dobras dos seus mantos e que, quando cruzam com o inimigo desprevenido, o matam com rápidas facadas e depois continuam andando despercebidos, sem nunca alterar o passo, enquanto atrás deles a vítima se debate e cai ao chão.

Os que os *Sicarii* eliminam são judeus transigentes, judeus ricos e coniventes cujo ódio por Roma os fanáticos não consideram suficientemente apaixonado ou manifesto. Embora Saulo não tivesse nem riqueza, nem *status*, parecia gostar demais de Roma – e uma visita pessoal à sua irmã poderia ser desastrosa. Saulo explicou que o marido dela era um violento fanático da Lei, da pureza do Templo e da liberdade de Jerusalém: odiava os que cooperavam com Roma, interpretando essa submissão como idolatria. *Nenhum senhor exceto Deus!* jurava ele com intuito assassino.

Saulo disse-me que precisava de algo que estava em poder da irmã – e será que eu podia, perguntou em perfeito, deliberado e articulado aramaico, ajudá-lo a consegui-lo?

Durante um único dia da sua breve visita a Jerusalém, Saulo assombrou-me por três motivos. Este era o segundo: não o fato de que ele precisava de algo de alguém, mas que admitisse o problema assim como a sua incapacidade de resolvê-lo. Precisava de algo em poder dela; e precisava de mim para ir buscá-lo.

Esse "algo" era um pequeno díptico de madeira que a irmã recebera do pai deles. Era um documento legal. Suas superfícies enceradas preservavam o certificado e a assinatura das testemunhas do fato de que Saulo é um cidadão romano. Ele fora, disse-me então, preso em Filipos, onde também fora açoitado e encarcerado. E foi só depois do seu sofrimento – e da intervenção de Deus por meio de um terremoto – que os magistrados aceitaram a sua palavra de que era um cidadão. Mas se tivesse consigo a prova, poderia ter simplesmente evitado a vara e os grilhões.

Saulo precisava de mim, e eu concordei com ele.

Fui à casa da sua irmã e descobri que ela tinha um filho. Saulo tinha um sobrinho em Jerusalém! A sua família *era* uma família.

Um rapaz simpático abriu-me a porta: tinha uma cor vermelha, esperta, e um denso emaranhado de cabelos negros. Quando lhe disse o meu nome e pedi para ver a dona da casa – sua mãe? – ele me deixou junto à porta e desapareceu.

A irmã de Saulo nunca apareceu. Veio um homem, alto, de maxilares salientes, uma testa lisa, olhos cinza, um olhar sombrio, um homem de beleza notável, obviamente o pai do rapaz simpático e o marido, suponho eu, da casa.

Não disse nada.

Eu falei sem ter sido convidado. Fiz o meu pedido — o pedido de Saulo, na verdade, mencionando-o como cunhado — enquanto o homem me olhava lá da sua altura, examinando-me em segredo.

Quando terminei, disse ele: — Já ouvi o que você tinha a dizer. Não tenho nenhuma restrição contra você.

Agradeci pela aprovação e pedi desculpas por não saber o nome dele. Gostaria, disse eu, de chamá-lo pelo nome.

Não me disse nome algum. Simplesmente ficou me olhando.

Então repeti o pedido de Paulo com algumas variações.

Disse o homem: — Não existe coisa alguma do gênero em minha casa.

Ao que eu retruquei: — Talvez a sua mulher saiba. Talvez ela tenha escrito o certificado, uma vez que ela também morou com a família de cidadãos romanos...

Disse o homem: — Não existe, meu senhor, coisa alguma *romana* nesta casa, viva ou morta. E se alguma coisa romana entrasse viva nesta casa, sairia morta. Eu a mataria com as minhas próprias mãos.

Fechou a porta sem despedir-se.

Esse homem era uma amostra do sentimento geral da cidade. Jerusalém era um poço de suspeitas. A raiva fervia em cada casa. Mas eu não tinha dúvida de que *naquela* casa havia um desprezo particular, pessoal e assassino, envolvendo o próprio Saulo, por razões que iam além do meu conhecimento.

Quando voltei a falar com ele, disse a Saulo que a sua irmã não sabia de nada sobre o díptico e que era melhor evitar por completo a família dela.

Assentiu sem me sondar para saber de outros detalhes.

Quero registrar também o meu terceiro assombro durante a sua rápida visita: o fato de Saulo pensar que um líder de uma igreja de Jerusalém pudesse exercer uma liderança no exterior. Nem sequer uma vez durante as nossas discussões dei vazão à série de assombros que ele provocou em mim. Aprendi, por uma questão de necessidade, a manter a compostura.

Mas este foi o maior dos três assombros: Saulo pediu-me para controlar Barsabás e outros pregadores da Galácia! Fez uma extraordinária concessão ao alcance da minha autoridade – embora eu na verdade acredite que ele não tenha considerado plenamente o assunto. A coisa surgiu como uma expressão apaixonada com uma premissa pressuposta. Eu, naturalmente, não podia – e portanto não prometi – satisfazer o seu pedido.

Mas oxalá fosse verdade! Oxalá o próprio Saulo soubesse obedecer! Oxalá fosse possível, mediante a liderança de uma pessoa sobre todas as igrejas, eliminar todas as dissensões entre as igrejas! Oxalá estivéssemos unidos em todas as partes, com o mesmo pensamento e o mesmo julgamento.

Manifestei esses sentimentos a Paulo antes da nossa separação.

Manifestei-lhe também os meus sentimentos de pesar pela cruel recusa da sua família ante o seu pedido.

Disse ele: — A minha casa não está em nenhuma cidade terrestre.

36

Timóteo

Entre Jerusalém e Antioquia, Paulo sentiu na carne o duro peso das suas aflições físicas. As costas maltratadas o obrigavam a mancar e caminhar com dificuldade como um homem mais velho e mais pesado. Sentava-se com mais freqüência para descansar. Eu carregava uma das suas duas sacolas de couro. Já não conseguíamos andar 32 quilômetros por dia como outrora quando partimos de Listra, muito tempo atrás. Quinze, talvez.

Mas, quando entramos em Antioquia, Paulo se transformou. O passo ficou rápido, a boca travada, o corpo tenso, forte, ereto. Ia na frente de todos nós descendo um amplo bulevar denominado Rua de Herodes e Tibério. Avançava aos saltos sobre as pernas arqueadas, sem mostrar nenhum sinal de fraqueza.

— Aonde ele está indo? — perguntou Tito.

Mas Tito conhecia a cidade. Eu não. Ele não esperava de mim uma resposta.

Paulo virou numa travessa fechada. Tito ficou radiante. — Rua Singon — gritou ele —, perto do Panteão.

O jovem apertou o passo para acompanhar Paulo. Eu ia atrás deles lutando sob o peso da bagagem.

Paulo não entrou em Antioquia pelo portão. Golpeou-o como um raio caído do céu.

Quando virei na travessa fechada, Paulo e Tito já haviam entrado numa avenida mais ampla. Contudo, já podia ouvir a voz do apóstolo acima dos ruídos comuns da cidade. Não o que ele dizia, mas como o dizia: reconhecia seu grito esganiçado de serrote feito agressão, questionamento.

Quando finalmente os alcancei, Paulo estava postado junto a uma fonte toda trabalhada observando as costas de um homem espadaúdo que ia se afastando.

— Barnabé? — dizia Paul. — Barnabé?

O homenzarrão sacudia a cabeça e continuava andando.

O jovem Tito estava parado, mudo, olhando ora para Paulo ora para a figura que se afastava. As suas faces, de tão vermelhas, pareciam ter sido estapeadas.

Falando muito baixo, Tito disse a Paulo: — Acho que agora ele está triste. Acho que você o fez ficar triste.

Nenhum dos dois notou a minha chegada.

Por um breve instante Paulo bambeou como se algum cordão interno tivesse sido cortado. Depois se recompôs e perguntou: — Tito, onde é que os cristãos se reúnem? Onde estão reunidos neste momento?

— Numa caverna — disse Tito. — Uma gruta. Vou levar vocês até lá.

Assim, logo em seguida, estávamos de novo caminhando pela cidade, mas agora íamos um pouco mais devagar. Tito informou que Pedro começara a pregar nessa caverna depois que Paulo havia partido para Antioquia. — A pregar e a batizar também — disse ele. — É porque há uma pequena fonte no interior da caverna.

Fomos por ruas retas para o oeste da cidade. — É lá — disse Tito, apontando para o rochedo do Monte Estaurino.

Um tosco muro de pedra havia sido construído recentemente para fechar a entrada da caverna. Das janelas no alto do muro vinha o som de vozes de homens e mulheres cantando o refrão de um hino – não era um hino que eu ouvira antes, mas mencionava o nome de Jesus como Senhor, e isso fez Tito olhar para Paulo e abrir-se num sorriso.

— Estou em casa! — disse ele. Deu um tapa nos ombros de Paulo, de brincadeira, só para provocar. — Gente nossa — disse ele. — Me sinto bem por estar de novo em casa!

O rapaz nunca se ausentara antes da sua cidade natal. Meio saltitante foi até a parede, abriu a porta de madeira e acenou para que entrássemos.

Entramos, Tito na frente, depois Paulo já revigorado e, por último, eu.

Foi preciso um tempo para os meus olhos se adaptarem à escuridão. As pessoas eram sombras à minha frente. Seu canto ficou hesitante.

Tito jogou a cabeça para trás e gritou: — Vejam quem está aqui! É Paulo! — e o canto parou por completo.

As sombras vivas mexeram os pés. Mas ninguém dizia palavra. Comecei a ver indivíduos, todos de pé, todos se virando para nos ver, mas não conseguia ler os seus rostos. Estranhos! Eram-me estranhos, com certeza. Mas pareciam estranhos também a Paulo. Tive a sensação de que invadíramos um terreno proibido.

Tito, ainda com o seu sorriso no rosto, disse: — Fui a Corinto e o trouxe de volta. Vejam, é Paulo – quero dizer, *Saulo*!

Os joelhos de Paulo estavam dobrados, o peso do corpo apoiado na ponta dos pés. Reconheci a postura: um corredor em prontidão. Meu coração disparou na expectativa.

Deu um passo à frente. — Igreja de Antioquia — anunciou ele abruptamente. — Tenho algo a lhes dizer.

O seu tom de voz não era o de saudação; prometia uma reprimenda, e a reação do grupo foi algo parecido com uma fuga.

Mas imediatamente um dos homens gritou: — É você, o perturbador de Israel?

Rápido como um raio, Paulo retrucou: — Eu não tenho perturbado a Israel. Estava citando a Escritura, a resposta de Elias às acusações de Acabe. E o resto da citação diz: *Mas tu sim.*

Não, não eram estranhos. Um conhecia o outro. Então o que estava acontecendo aqui? Por que Paulo estava tão cauteloso? Por que precisavam essas pessoas usar de cautela com *ele*?

O homem disse: — O quê? O quê? — e eu o identifiquei: era o mais alto de todos, tinha um pescoço comprido e era completamente calvo. — Você veio nos censurar outra vez? — gritou ele.

Tito interpôs um apelo: — Um momento! Um momento, por favor!

Mas Paulo o ignorou. Passou por cima dele e foi dizendo: — Você merece censura, Manaém? A igreja de Antioquia merece censura?

Uma mulher respondeu: — É o Espírito que conhece os nossos corações! Não você!

Respondeu Paulo: — Os corações se manifestam na ação.

— Certo, e que me diz das *suas*? — gritou uma outra voz. Um homem vestido de soldado deu um passo adiante. — Eu vi você em ação — disse ele, erguendo o punho. — Você é um maluco, Saulo.

— Eu sou um homem livre — disse Paulo. Abriu os braços para incluir todo o grupo de adoradores. — Antioquia, ó Antioquia — disse ele —, aqui aprendi sobre a liberdade, aprendi de vocês. Vocês me ensinaram que todas as coisas são legais, e eu acreditei. *Vocês* ainda acreditam nisso? Ou será que sacrificaram as próprias liberdades para as quais Jesus Cristo nos libertou?

Várias pessoas se puseram a falar ao mesmo tempo.

— Foi você que nos amarrou com nós apertados — diziam eles. — Pedro nos libertou!

— Não podemos nos sentir livres e também culpados! — diziam eles.

— Saulo, Saulo, por que você voltou de novo?

Paulo fez-se ouvir no meio da gritaria. Soltou aquela sua notável voz aguda e anunciou o tema que nos trouxera de Corinto para cá: — Se alguém em Antioquia ainda reverencia as perversas palavras daquele profeta perversor, Judas Barsabás, *deve* sentir-se culpado.

— Ara! Vá embora daqui — disseram eles. — Jesus é nosso juiz, não você.

Mas Paulo ganhara impulso. Já havia começado a pregar. — Vou lhes mostrar o que é uma vergonha — dizia ele. — A vergonha é esta: ter uma vez conhecido a liberdade e novamente escolher para si mesmo o jugo da Lei. Mas pior do que essa vergonha — gritava ele —, vou lhes mostrar um pecado e uma traição...

O povo murmurava: — Vá embora, vá embora — mas Paulo não lhes dava ouvidos.

Gritou ele: — *Este* é um pecado digno de condenação: persuadir *outros* a trocar a própria liberdade pelos vínculos da Lei. Ó Antioquia! — gritou Paulo, exatamente no momento em que o povo começava a ir-se embora para os fundos da caverna — Antioquia, você está envergonhada? É vergonha o que você sente? Você desistiu da liberdade?

No fundo da caverna o homem alto e calvo se abaixou e entrou numa fenda estreita da rocha. Outros o seguiram, entrando num túnel que devia conduzir a uma segunda saída.

Paulo continuou pregando, mesmo falando para as costas das pessoas: — Ou será que sentem alguma coisa pior que a vergonha? — gritava ele. — Vocês apóiam a traição dos que proclamam um falso evangelho, que destroem as almas dos gentios? Vocês aprovam o pecado condenável? Vocês apóiam Judas Barsabás...

Mas as pessoas foram-se embora. Todos desapareceram. A voz de Paulo ecoava no oco da rocha: — como uma vez me apoiaram a mim?

Fez silêncio.

Pela primeira vez pude ouvir os sons mais suaves da caverna. Ouvi a água murmurante. Havia uma piscina na rocha escavada no meio do chão. Era disso que Tito tinha falado, a fonte onde Pedro batizava. Olhei para o jovem e percebi que ele estava fixando Paulo, outra vez visivelmente ansioso.

O próprio Paulo tinha permitido aos seus olhos um olhar sonhador para o fundo da caverna.

Num tom neutro de voz, como se pensasse alto, disse ele: — Então nós mesmos teremos de resolver o problema.

Um segundo som suave surgiu das sombras, o estranho ruído dos passos de um velho. Aparentemente, um dos adoradores não partira com os demais. Emergiu de um canto escuro e veio capengando até nós: um negro com sobrancelhas de lã branca, apoiado numa bengala. *Toque-toque!*

Embora lentos, os seus passos iam na direção de Paulo, que podia notar e estava observando a aproximação: cauteloso, segundo a minha impressão.

— Meu amigo — disse o velho —, venha ficar outra vez na minha casa, exatamente como você fez noutra ocasião.

Paulo não respondeu. Franziu a testa. Abriu a boca e arredondou os lábios em silêncio, como se fosse dizer uma palavra.

O velho parou na frente de Paulo. Outrora a cabeça do apóstolo atingiria a altura de seu pescoço. Mas agora, depois que a idade o curvara para o chão, os olhos dos dois estavam no mesmo nível.

Lentamente o velho foi abrindo os braços. — Venha, Saulo — disse ele. — Seja novamente meu filho.

Soltando um grito, Paulo caiu sobre o pescoço dele e, abraçando-o, o beijava.

A bengala foi ao chão com um ruído.

Ouvi o velho sussurrar: — Não é limitação demais, ou será que é, ser meu filho?

Paulo sacudiu a cabeça, sem conseguir falar.

— Meu amigo Saulo — sussurrou o velho —, meu amor por você não é um jugo, ou será que é? Não anula a sua necessidade de liberdade, anula?

Os dois estavam de rostos colados. Um não podia ver a cara do outro. Mas eu podia. Vi o queixo de Paulo tremer. Vi as suas narinas dilatadas e os olhos cerrados.

O velho negro ainda sussurrava no ouvido dele: — Ou o seu dever de amar um velho tonto como eu – com certeza, essa é uma lei que não irá matar você, não é mesmo?

37

Barnabé

Ó Jesus, estou cansado. Estou velho. Nunca pensei que fosse ficar tão velho. E desanimado, assustado e triste com o mundo, uma vez que deveríamos pregar o teu nome, mas estamos fracassando, fracassando e nos dispersando...

Cristo, onde estás tu?

Que estás esperando?

Quando irás voltar novamente?

Por que não voltaste quando éramos todos tão ruidosos em nossa alegria? Ah, como aqueles dias foram bons! Tudo era novo, a comida, os nossos sentimentos, o Espírito Santo! Eu costumava rir. A alegria morava como cócegas no meu peito, sempre pronta a explodir. Nada então impedia o meu riso.

O mundo inteiro parecia puro como a criação. Tudo era possível. Eu ouvia as histórias. Ouvia as maravilhas: como a terra tremeu quando tu morreste, e as rochas se partiram, as tumbas se abriram e os santos entraram caminhando em Jerusalém. Ou então como aqueles que mentiram ao Espírito Santo caíram fulminados aos pés de Pedro. Ou como, num único dia, nem bem dois meses após teres ressuscitado dentre os mortos, três mil pessoas foram batizadas e acrescentadas à Igreja. Três mil!

Não estávamos preparados então? Éramos bons. A pregação era boa. Jesus, Jesus, naqueles dias nós nos dedicávamos ao ensinamento dos apóstolos e à comunhão e às orações com o coração muito leve e cheio de alegria. Tínhamos tudo em comum. Eu não fui o único que escolheu vender a sua terra e dar o dinheiro à Igreja. Todos dávamos, cada um conforme a sua capacidade, e todos recebíamos, cada um conforme a sua necessidade. Freqüentávamos o Templo todos os dias. Todos os dias juntos partíamos o pão nas nossas casas. Todos os dias partilhávamos a comida, louvando a Deus, desfrutando do louvor de um mundo sorridente...

Por que não voltaste *naqueles dias*?

Diga-me, Jesus: Que vantagem teve a tua espera?

A luta é uma coisa boa? Somos melhores graças aos problemas existentes entre nós?

Não, certamente não. Nunca quis ser um velho. Não. E, agora que sou, acho que é pior do que jamais imaginei.

Quando a igreja era jovem, eu pensava no teu reino como um jardim, magnífico, harmonioso e verde, com frutas para comer, relva para a gente correr como gazelas, um ar precioso para respirar, e gritar, e rir. Agora penso no reino como um sofá na escuridão, uma cama para descansar, sem mais sofrimento, sem mais mágoas, sem mais lágrimas. No passado eu costumava pensar que a realidade *começaria* no céu. Agora só espero que a realidade acabe.

Tu demoraste, e o mundo se tornou pesado devido aos desgostos. Pedro foi embora. Ele, Silas e João Marcos partiram de Antioquia para Roma. Nunca mais os verei. Sinto saudade do meu primo.

Saulo, por outro lado, voltou, mas rabugento e irado. O Espírito Santo deveria nos consolar. Mas, quando Saulo está por perto, o Espírito reprova e condena. O Espírito Santo julga e nos divide.

Que temos em comum agora? Que benefício traz a tua palavra entre nós? Por que tu esperas?

Por que não vieste ontem? Exatamente *ontem*? Antes que o anjo da morte descesse a Antioquia e visitasse a casa de Simeão Níger, o homem que carregou a tua cruz?

Ó Senhor Jesus Cristo, se tu estivesses aqui ontem, o meu irmão, meu querido amigo Simeão Níger, não teria morrido!

Ah, perdoa-me, perdoa-me. Quem sou eu para ficar censurando? Estou perdendo o senso, a bondade e o autocontrole. Estou velho, estou muito cansado.

38

Timóteo

No meio da noite um gemido me acordou. Um longo, suplicante gemido que me provocou contrações no estômago e me fez sentar no catre, tremendo. A voz era a da minha mãe. Inclinei-me para frente, gelado, convencido de que eu era uma criança em Listra e de que a minha mãe gemia pelo meu pai.

Com o coração aflito gritei: *Mamãe, Mamãe, onde você está?*

Não me respondeu.

Meu pai estava morrendo. Eu não tinha ouvido os gemidos da descoberta da morte? Minha mãe contemplava a brilhante fonte de sangue brotando da garganta do meu pai e que, fluindo sobre a cama, formava uma coberta purpurina. Era o fluxo da sua vida visível que o abandonava.

Uma segunda vez ouvi o gemido, desta vez com palavras distintas atravessando as portas: — Simeão! Ohhh, Simeão!

Não, eu não estava em Listra. Não era uma criança, embora aquela dor da infância continuasse comigo.

— Paulo? — sussurrei. — Paulo, você ouviu aquilo?

Mas o silêncio do quarto era completo. Eu não conseguia ouvir a respiração dele.

Estendi a mão para acordá-lo e achei o catre vazio.

Levantei-me na absoluta escuridão e fui tateando na direção da porta.

A casa toda parecia expandir-se, como pulmões inalando, e o gemido já estava por tudo ao redor, saindo do nada: — Simeão, me leva com você! Simeão, eu quero ir com você!

Simeão: o velho negro que se apoiava num bastão e havia convidado Paulo a ficar na casa dele.

Do lado de fora do quarto eu vi uma luz tênue além, num canto mais distante.

Descalço, tomado pela dor do meu pai, caminhei sobre tapetes na direção daquela luz.

Cheguei àquele canto.

Num quarto que não era maior que o nosso, mas iluminado por lâmpadas a óleo postadas sobre mesinhas de canto, encontrei Paulo, o meu amigo e professor. Ele estava ajoelhado do lado esquerdo da cama, com a túnica rasgada, a cabeça maior e mais pesada do que nunca. A mulher de Simeão estava ajoelhada do lado direito. Simeão jazia no meio. Ela acariciava a testa escura do marido, inclinando-se para beijar-lhe o rosto, puxando-lhe a mão, puxando com uma raiva extenuada, abaixando a cabeça, escondendo os próprios olhos na palma da mão dele.

E Simeão não opunha nenhuma resistência aos puxões dela. A força da vontade já não estava nele. Tinha o queixo caído. A pele negra adquirira uma palidez esbranquiçada, especialmente em volta dos lábios. Simeão Níger morrera.

Cheguei carregado de dor, e aqui havia mais dor para fazer companhia à minha. Éramos uma família ligada pela tristeza. A mulher de Simeão era a mulher do meu pai, a minha própria mãe. As duas mulheres cantavam a mesma canção, de modo que o tempo entrou em colapso e todas as mortes de todas as partes se transformaram nesta única morte. O meu amigo e meu professor, Paulo, estava mudo. É possível que na cabeça lhe esfuziassem pensamentos, mas tinha os olhos fixos em Simeão, e os lábios estavam crispados. Lábios exangues, brancos, crispados.

Eu também me ajoelhei. Toquei as solas dos pés do velho. As unhas eram grossas e irregulares. A pele do tornozelo parecia casca de árvore. Era um negro no qual vi a imagem do meu pai, e dei vazão à minha dor. Comecei, como as mulheres, a emitir um zumbido nasal, num falsete de flauta, expressando a minha lamentação.

O meu zumbido cresceu, provocando um aceno de aprovação da viúva. Ela se deixou cair ao lado do marido e entregou-se às lágrimas sem nenhum controle.

Em seguida ouvi algo como o som de pancadas num ritmo furioso que acompanhava a minha música, e vi que Paulo balançava para frente e para trás, golpeando o peito nu com uma mão espalmada.

— Ah, meu pai! — dizia ele. *Zás!* Os seus olhos secos, avermelhados, quentes como um forno. — Ahhh — *Zás! Zás* — meu pai!

— Pai *dele* também!

— Ele era um homem bom! — dizia Paulo. Ergueu a voz como se acusasse alguém.

— Um homem bom! O melhor dos homens! Este é o homem que carregou a cruz de Jesus. Este é o homem que carregou... — Paulo baixou a voz até um sussurro — que me carregou.

O quarto em seguida ficou em silêncio.

Os dois pranteadores haviam puxado os braços de Simeão para si, deixando-os esticados, Paulo segurando o braço direito, apertando-o, a mulher de Simeão o braço esquerdo, chorando sobre ele. Pareciam iguais, Paulo e a mulher. Aos meus olhos pareciam anjos prestes a voar para o céu, carregando o corpo entre eles.

Mas finalmente eu falei: — Senhora — disse eu —, onde estão os seus filhos? Alguém foi avisar os seus filhos que o pai deles morreu?

Paulo olhou-me sem entender. — Rufo — disse ele —, como se eu houvesse perguntado o nome deles. — Alexandre — disse ele.

— Onde moram? — perguntei. — Como vou achar a casa deles de noite?

A viúva ergueu-se e me estendeu a mão. Levantei-me e segurei-a. — Obrigada, Timóteo — disse ela. A ternura da voz me desconcertou. Mal conseguia suportar essa piedosa gentileza. O marido dela era negro. Ela era loura. Juntos formavam o quadro da graça na velhice. Por que não podiam ter morrido juntos, como Báucide e Filemom?

Disse ela: — Leve a empregada. O catre dela fica junto à porta. Ela vai lhe mostrar o caminho.

Assim, fui o portador de uma notícia infeliz para homens que mal conhecia, e fui guiado por uma menininha. Eu fui aquele que assustou as pessoas ao bater às suas portas no meio da noite. Alexandre, quando o avisei da morte do pai, entrou para acordar a família. Rufo não tinha família para acordar. Nem sequer fechou a porta. Precipitou-se pelas ruas na direção da casa do pai.

Quando a menina e eu voltamos, Paulo e Rufo tinham transferido a cama de Simeão para o átrio, perto da fonte. Os lençóis haviam sido removidos. O corpo repousava sobre a estrutura de madeira, da qual também fora removido o revestimento. Um pano sobre a virilha cobria-lhe a nudez.

A mulher de Simeão estava lavando o cadáver ossudo com água e esponjas. Na lã das sobrancelhas do velho brilhavam gotículas de água.

Assim que nos viu entrar, Rufo pediu à empregada lençóis novos, almofadas limpas e o melhor manto de Simeão.

Paulo flutuava pelo ambiente, como uma folha ao vento. — Onde há azeite de oliva? — perguntou ele.

— Incenso? — acrescentou depois. — Há incenso na casa? E mirra?

Disse ele com vigor: — Não vamos chorar!

Paulo repetiu essa idéia, embora sem se dirigir particularmente a ninguém. — Não devemos chorar como quem não tem esperança — disse ele. — Jesus morreu e ressuscitou. Simeão Níger ressuscitará.

Cheio de compaixão, Paulo acrescentou: — Rufo, é possível achar mirra a esta hora da noite? Algum conhecido nosso tem aloés?

Mas havia mirra, já misturada a ungüentos, já em frascos, pronta para o uso. Foi aplicada ao corpo de Simeão pelos membros da família, conferindo um novo brilho à sua pele. Escureceu a palidez esbranquiçada. Encheu o ar com um cheiro pungente que fez o meu nariz escorrer — e novamente voltei a ser a criança de Listra, parada e confusa diante do cadáver do pai.

Rufo ergueu o pai nos braços para que a mãe pudesse passar uma túnica nova por sobre a cabeça do falecido. A estrutura da cama estava agora coberta com lençóis limpos. O cadáver de Simeão foi disposto com os braços esticados ao longo do corpo, a cabeça sobre uma almofada, os pés na direção da porta.

As pessoas começaram a chegar. Não apenas Alexandre e a sua família. Outros.

A notícia se espalhara. Os crentes entravam chorando. Duas mulheres sentaram-se a um canto e tocaram flautas, a melodia tecendo tristeza no ar, penetrando em nossas almas. Flores despetaladas foram lançadas sobre o leito de Simeão e sobre os quadrados brancos e pretos do chão de mármore. A fonte de água doce fluía.

A alvorada ia iluminando o céu acima do átrio. A manhã descia sobre a terra.

À medida que mais e mais gente ia entrando na casa de Simeão, eu me refugiei junto à parede além do átrio, num canto mais afastado do *hall* de entrada. Chorando nossa dor comovemos a comunidade, não há dúvida. Mas a mesma dor nos isola. Temos consciência imediata dessa dupla realidade: amor e isolamento. Não sei explicar. É como o estado de embriaguez. É como flutuar acima das pessoas, acima dos queridos amigos que são também estranhos com rostos sem feições.

De repente Paulo parou ao meu lado.

Pegou-me pelo antebraço e me apertou até doer.

— Nosso tempo está acabando! — disse ele, falando rápido, baixinho, preciso e sério. Não olhava para mim. Seus olhinhos estavam presos em Simeão Níger, que jazia negro sobre lençóis brancos no átrio. Os ombros de Paulo estavam arqueados de tensão. Ao meu lado, parecia simiesco, encolhido mais do que o normal. — Timóteo, temos tão pouco tempo! Não que Cristo venha logo. Mas nós é que vamos *morrer* logo. Se algum dia eu tive uma casa neste mundo, esta aqui era a minha casa. Mas olhe só para ele. Ah, Timóteo, *olhe só* para ele. Simeão Níger está morto.

O homem alto e calvo que atacara Paulo na caverna de Pedro entrava agora na casa abaixando a cabeça. Juntou-se aos pranteadores enfileirados no átrio. Fiquei surpreso ao ver lágrimas. Quando baixou os olhos para Simeão, um suspiro fugiu-lhe do peito e de repente ele me deu pena.

Paulo apertou-me o braço.

— Simeão estava presente quando o Senhor Jesus morreu — disse ele. — Este é o homem que me fez entender a cruz de Cristo. Pelos olhos de Simeão eu vi o madeiro melhor do que qualquer outra forma. Olhe, Timóteo. Olhe para o rosto dele. Os olhos fechados. A vista virou pó. Ó Jesus, Jesus — dizia Paulo, apertando-me tão forte que me assustei —, o tempo é curto, o mundo é vasto e eu sou fraco. Tão fraco.

Entrou Tito. O homem ao seu lado, imaginei que fosse o pai dele. O homem entrou na triste procissão, mas Tito viu Rufo e correu por entre a multidão e abraçou-o abrindo um berreiro. Rufo acariciou a cabeça do rapaz e disse: — Calma, calma, Tito. Calma, calma.

As pessoas estavam sentadas em bancos, sobre almofadas, nos tapetes que cobriam o chão. Havia gente de pé pelas salas de jantar, outros ajoelhados lado a lado em vários grupos, outros sentados até sobre as mesas das salas de jantar, aguardando. Sozinhos ou na companhia de pessoas próximas, aguardando. Alguns cantando ao choro das flautas, a maioria em silêncio, cabeças abaixadas, aguardando como se alguma coisa estivesse prestes a acontecer. Aguardando, em vigília.

De repente Paulo soltou-me o braço e de um salto ficou de pé, ereto. A cabeça subia e descia sobre o pescoço estreito como uma garça que quer ver melhor.

— Ah, não — disse ele para si mesmo. Tremia. — Essa não!

O rosto dele estava branco. As cicatrizes junto ao couro cabeludo estavam enrijecidas e alaranjadas. Os olhinhos piscavam rápido.

— Ah, Barnabé — sussurrou Paulo. — Não, não, não.

O homem espadaúdo, o barbudão que Tito chamara de "triste", acabava de entrar na casa. Triste, realmente! Aproximou-se do átrio com enorme lentidão, como se fosse uma montanha solta, desenraizada, só, e forçada a deslocar-se de um lugar para outro.

Ouvi uma convulsão sufocada na garganta de Paulo. Olhei e vi que ele começava a chorar. Tinha a boca aberta como a de uma criança, a testa franzida num apelo desesperado, o peito arfante.

Pôs-se a andar para a frente.

— Barnabé? — disse ele, indagando.

Acho que não sabia o que estava fazendo. Tinha os braços afastados do corpo, num gesto simiesco e vazio. Não caminhava direto para a frente, mas ia para a esquerda e depois para a direita, como um animal que se achega medroso.

— Barnabé?

O homenzarrão virou-se e viu o homenzinho chegando. Gelou.

Pareceu que, de repente, todos na casa concentraram toda a atenção apenas nos dois. As flautas se calaram. A multidão em volta de Barnabé se afastou. Abriu-se um caminho atrás dele. Se quisesse, podia virar-se de novo e fugir.

Mas Paulo estava chorando. Sem graça. Infeliz. Paulo berrava publicamente, sem ter vergonha. Não era o Paulo que eu sempre vira antes. Aquela não era nenhuma figura imponente, nenhuma ameaça assustadora.

O espadaúdo não fugiu. Olhou para Paulo numa confusão que o chocava e deixava vesgo.

— Barnabé, meu irmão! — chorava Paulo, agora mal avançando em respeito a algum muro invisível entre eles. — Barnabé, por favor: me perdoa.

Barnabé soltou um suspiro audível, curvando-se para a frente.

— *Me perdoa?*

Paulo caiu de joelhos.

— Eu sou fraco, mais fraco do que imaginava.

Ergueu as mãos espalmadas. Impeliu também o rosto para o alto, na direção do montanhoso Barnabé. E toda a água do rosto refluiu para as orelhas e o pescoço.

— Estou aflito, irmão Barnabé — disse ele — pelas mortes que nos cercam, aflito. Estou aflito como os que não têm fé! Estou aflito como os que não têm esperança! Porque a fraqueza *mata* a esperança! E eu preciso... preciso... preciso de você!... — Os soluços dominaram o apóstolo.

Ele era agora o único na casa a quebrar o silêncio. Ninguém falava. Ninguém interrompia. Rostos boquiabertos observavam, enquanto pés inquietos se mexiam, fechando novamente o caminho atrás de Barnabé.

Ah, Barnabé: os olhos naquela cabeçorra grisalha, ainda fixos em Paulo, começaram a cintilar. O nariz e a testa iam se transformando numa mancha vermelha. Apoiava-se ora num pé, ora no outro.

Paulo forçou as palavras superando a sufocação da dor: — Nosso tempo está acabando — disse ele. — Não temos tempo para divisões. Temos de ser um só. Deve haver uma só mente entre nós, a mente de Cristo. E a humildade de Jesus. — Cruzou as mãos e se inclinou, curvando a cabeça, deixando o corpo ainda menor do que já era.

— Barnabé — disse ele para o tapete.

Em resposta, o homenzarrão ergueu as mãos e ficou parado.

— Barnabé — Paulo falava tão baixo que Barnabé virou um dos ouvidos para ele.

— Pelo amor de nosso Senhor Jesus Cristo, me perdoa. Por favor, me perdoa. Não fui humilde. Não tive o incentivo do amor. Julguei você, meu irmão. Quando não tinha o direito, eu...

Talvez tenha sido uma coisa boa o fato de Paulo ter desviado o olhar e não ter visto o grande desastre que estava por lhe acontecer.

Ouviu-se um som de trombeta. Houve um enorme mugido, e Barnabé, a montanha, abriu violentamente os braços e aos trambolhões avançou e caiu de joelhos abraçando Paulo. O homenzinho desapareceu, mas a sua voz elevou-se num doce e chorado lamento. Berravam e gemiam e choravam, os dois em conjunto. Vieram à tona para respirar. Trocaram beijos molhados. Olharam-se nos olhos e explodiram rindo, rindo sem parar —, Paulo com o seu ridículo *Ti-hi* e Barnabé com o seu clangor de trombeta como se anunciasse a chegada do reino.

Tito batia palmas. Correu para os dois e começou a dar-lhes tapas nas costas, rindo e louvando o Senhor.

Ouviu-se um clamor geral, uma algazarra chilreando pela casa, tensões se quebrando, um movimento fluído retornando, suspiros e sorrisos e respirações profundas.

Em seguida apresentou-se uma nova atração, um drama mais suave que prendeu a atenção de todos:

A viúva de Simeão Níger saiu de perto do corpo do marido. Percorreu o caminho aberto por Tito, só que desta vez Paulo e Barnabé a viram se aproximar. Agarraram-se um ao outro para não cair. De pé, o homenzarrão e o homenzinho aguardavam e a viam se aproximando.

Caminhando, a mulher abriu os braços. Num gesto espontâneo os dois abaixaram a cabeça como se fossem receber uma bênção.

Ela parou diante deles. Depois, com a borda do polegar, trêmula, a viúva traçou duas linhas na testa de Saulo, uma linha vertical da testa até o nariz, outra horizontal de uma têmpora à outra. Paulo estremeceu. A mulher esticou o braço para o alto e marcou Barnabé com as mesmas duas linhas.

— Sou a mulher do homem que morreu — disse ela. — E sou a sua mãe, Saulo; a sua mãe, Barnabé. Pois sou a profetisa por meio da qual o Espírito Santo primeiro enviou vocês de Antioquia. — Ela os fitava, com a testa exibindo mil rugas. — Eles se reúnem — murmurava ela, como se falasse para si mesma. — Os meu filhos vieram de longe. Ah, vejam como os filhos voltaram para a casa da mãe!

Todo o mundo presente disse baixinho: — Amém.

— Saulo — disse ela —, Barnabé, vocês gostariam de carregar com Rufo e Alexandre o ataúde do meu marido daqui até a sepultura onde ele esperará Jesus? Não gostariam?

Eles agora já não estavam curvados. Cada um dos dois se perdera no olhar dessa boa mulher. Não estavam curvados, digo eu – mas nenhum do dois dizia palavra.

— Ficaria muito grata pelo serviço — disse ela. — Saulo, ficaria orgulhosa de ver você partilhar o fardo juntamente com todos os meus filhos. Pode ser?

Alguém atrás dela disse: — Diga que sim. — Era o homem alto e calvo, que se surpreendia a si mesmo.

A viúva de Simeão, rápida como um passarinho, ficou na ponta dos pés para beijar o rosto de Paulo. Tomou-o nas mãos, trouxe-o para os lábios e beijou-lhe as cicatrizes junto ao couro cabeludo, uma depois da outra, com beijos precisos e cheios de carinho. Depois, quando o liberou, quando a mulher se afastou e o apóstolo ergueu o rosto para o público, nós mesmos observamos um silêncio preternatural. A pele dele brilhava! A expressão de Paulo ardia com um fogo maravilhoso – e agora ele falava, e as palavras que dizia eram tão radiantes quanto o seu rosto.

— Que ninguém diga — disse ele — que não há ressurreição dos mortos!

A viúva virou-se para nós. Ergueu novamente os braços, desta vez para pedir que nos sentássemos.

Sentamos. Entendemos. Paulo ia começar a pregar.

Encaminhou-se para o átrio. Ficou ao lado do corpo brilhante e disse:

— Se não houver ressurreição dos mortos, então Cristo não ressuscitou. E se Cristo não ressuscitou, então este meu pai morreu para sempre. Se a nossa esperança de Cristo se limita *apenas* a esta vida, somos os mais infelizes de todos os homens.

Ah, meu professor! Você voltou de novo! E como parecia lépido. Sadio, leve, solto!

De repente, Paulo proclamou: — Mas, de fato, Cristo *foi* ressuscitado dentre os mortos! As primícias daqueles que dormem! Pois, visto que por meio de um homem veio a morte, também por meio de um homem veio a ressurreição dos mortos! Em Adão todos morrem. Em Cristo todos serão vivificados. E esta é a ordem da ressurreição: primeiro, Cristo Jesus; depois, na sua vinda, os que são de Cristo; e então virá o fim, quando ele houver destruído todo principado, toda potestade e poder, e quando ele entregar o reino ao Deus e Pai.

— Alguém dirá: "Como ressuscitam os mortos? Em que corpo vêm?"

— Santos, que pergunta insensata!

Ah, como Paulo estava alegre agora. Meneava o corpo, contorcia-se, saltava sobre as suas pernas finas feito bastões – e nós todos nos deixamos tomar pelo seu estado de espírito, estávamos todos alegres.

— Ouçam — disse ele. — O que se semeia não nasce se não morrer. E o trigo dourado que surge em nada se parece com a semente!

— O corpo de Simeão é a semente. A sua ressurreição será como o trigo. A de vocês também. A minha também. O que é semeado é perecível. Mas o que nasce — ora, isso é *im*perecível.

Paulo baixou o olhar para o rosto sombrio de Simeão. Com o dorso de seus longos dedos acariciou-lhe o maxilar, os lábios, a garganta.

— Vocês percebem como a carne morta se corrompe? — perguntou ele.

Pensei no meu pai em Listra, cujos pulmões se corromperam e lhe faltaram antes mesmo de ele morrer. *Sim,* disse eu no meu coração. *Sim, eu percebo.*

— Vocês percebem como estão impotentes os velhos ossos?

Sim.

— Como o corpo fica inerte? Semeia-se em desonra — disse Paulo. Depois ergueu os olhos e riu, espalhando a luz mais maravilhosa. — Mas ressuscita-se para a glória! — gritou ele.

— Semeia-se em fraqueza. Mas ressuscita em poder.

— Semeia-se corpo natural. Mas ressuscita corpo espiritual. Primeiro o natural; *depois,* o espiritual, porque esta é a ordem das coisas. O primeiro homem foi formado da terra, mas o segundo homem veio do céu. Assim nós, que trouxemos a imagem de Adão, o que acham vocês que nos acontecerá? Ora, logo traremos a imagem de Cristo no céu!

De repente Paulo pulou sobre a balaustrada do átrio, os seus olhinhos faiscando, a boca rasgada num sorriso.

— Eis — gritou ele — que lhes revelo um mistério. Nem todos dormiremos, mas transformados seremos todos! Num momento! Num abrir e fechar de olhos, ao ressoar da última trombeta. A trombeta soará, e os mortos ressuscitarão incorruptíveis! E nós nos revestiremos da imortalidade!

Barnabé se levantou. Barnabé *irrompeu* como uma fonte, depois balançava ao sabor de algum ritmo interior.

Paulo virou-se e dirigiu os dardos brilhantes do seu prazer direto para o montanhoso amigo.

— Quando o corpo corruptível se revestir da incorruptibilidade — gritava o apóstolo, meio rindo — no dia em que o que é mortal se revestir de imortalidade, *então,* se cumprirá a palavra que está escrita: *Tragada foi a morte pela vitória. Onde está, ó morte, a tua vitória? Onde está, ó miserável morte, o teu aguilhão?* O aguilhão da morte — gritava Paulo, batendo palmas ao ritmo das suas palavras — é o pecado! E a força do pecado é a Lei. Graças a Deus, que nos dá a vitória! Por intermédio de nosso Senhor Jesus Cristo!

Imediatamente Barnabé se pôs a cantar! Um delicioso barítono, uma voz perfeita, maviosa: o céu estava nessa voz.

— O Senhor diz ao meu Senhor — cantava ele, e todo o mundo se levantou e respondeu cantando: — Senta, senta, meu Filho, senta!

Ah, que manhã! Ah, que congregação me rodeava agora.

Barnabé tornou a cantar: — O Senhor diz ao meu Senhor!

O povo se levantou e repetiu: — Senta, senta, senta!

E Barnabé deixou fluir os seus lindos versos:

Senta, senta à minha direita
Autoridades humildes
Sob teus pés.

Meu Filho, senta e assume o comando
Poderes e regimes
Teus pés oprimem.

E qual foi no fim o inimigo?
Dos inimigos, quem
Sucumbiu no fim?

— A morte! — gritava o povo, por todos os cantos pondo-se de pé. — A morte foi a última a sucumbir!

Bradou Barnabé:

Tragada foi a morte pela vitória!
E todos saberão
Que perdeu seu aguilhão...

Acima de todo o mundo, o homem calvo jogava para trás a cabeça e cantava:

— Graças sejam dadas a Deus!

Uma donzela gritou: — Em nome de Jesus! — e imediatamente as pessoas caíram de joelhos, respondendo em uníssono: Amém!

— Em nome de Jesus — gritou novamente a donzela, e eu percebi que alguém não se ajoelhara com os outros. Primeiro ouvi, depois olhei e vi: Tito! O jovem Tito proferindo sons num rápido refrão selvagem: — Bá-bá-bá! Bá-bá-bá! — E dançava movendo o corpo musculoso e fluente como se fosse o de uma garota, dois passos para a esquerda, dois passos para a direita: — Bá-bá-bá!

Barnabé, encanecido e grisalho, com aqueles ombros e coxas enormes, parecia estar nadando pela congregação na direção do átrio. Não, era para a balaustrada do átrio que nadava, para Paulo empoleirado numa das colunas.

E Paulo – agora menor, encolhido, exausto, pálido – o viu e aguardou enquanto o homenzarrão vinha vindo.

O que começara como luto, em lágrimas funéreas e vigília de dor, tinha no fim das contas se transformado em dança. Toda a casa ecoava e brilhava de júbilo. Certamente, o Espírito Santo estava presente.

Mas no meio de tudo, como se os dois estivessem completamente a sós, Paulo e Barnabé se encontraram com olhares que delicadamente se estudavam.

Está tudo bem com a gente, Barnabé? Realmente tudo bem?

O homenzarrão encaixou as duas mãos debaixo dos braços do homenzinho e o retirou de cima da balaustrada envolvendo-o num abraço.

Ah, Paulo, eu amo você. Está tudo bem com a gente para toda a vida.

Eu vi. Eu, Timóteo, testemunhei o milagre. Ainda a guardo no meu coração, essa cura de desentendimentos.

Ó Jesus, a água que jorra do perdão: como é doce e mitigadora, como reativa o nosso amor! É a vida entre nós, a vida da igreja, e aqui estamos novamente num só corpo, e tu és a cabeça, tu és a fonte, pois tu és a plenitude que nos preenche a todos em tudo.

39

Lucas

Depois de passar algum tempo em Antioquia, Paulo partiu e foi de cidade em cidade através da região da Galácia e da Frígia, fortalecendo todos os discípulos e as igrejas em sua passagem.

40

Timóteo

Depois de Antioquia – depois da única visita que fiz àquela cidade – nos deslocamos a passos lentos pelo grande desfiladeiro, as Portas Cilicianas, e em seguida fomos por terra até Éfeso.

Tito, com os músculos tremendo como os flancos de um potro, estabelecia um ritmo que para Paulo era impossível. O alegre rapaz corria na frente, depois voltava com sorrisos e pedidos de desculpa.

As passadas de Paulo se tornaram rígidas, travadas. O corpo miúdo dava a impressão, pela lentidão dos seus movimentos, de estar carregando um fardo de carne muito maior.

Em cada cidade onde Paulo estabelecera igrejas no passado, nós paramos. Ele pregava. Renovava as amizades e as convicções das pessoas e em toda a parte convencia o povo a começar uma coleta de dinheiro para os pobres de Jerusalém.

Enquanto estávamos no meio dessas congregações, Paulo não dava nenhum sinal de suas aflições físicas. Nenhum. Ficava ereto. Falava com voz firme. Caminhava com vivacidade e energia.

Mas quando novamente pegávamos a estrada, um trio sem nome nos fluxos apinhados de viajantes, o seu corpo cedia e manquitolava. Eu o observava. Observava os seus olhos. Estou convencido de que ele ignorava essa diferença entre o Paulo público e o Paulo privado.

Em Listra soubemos que a minha avó morrera. Lóide, a mãe da minha mãe, a sua única companheira, toda a família que lhe restara desde a minha partida três anos antes.

Ela, a minha mãe, não sabia onde eu me encontrava. Não conseguiu me dar a notícia. Teve de chorar na solidão por mais de um ano, e agora o meu aparecimento repentino nada mais fez, aparentemente, do que renovar-lhe a dor. De fato, queixou-se ela: — Você voltou para casa apenas para ir embora. Acho que nunca mais vou ver você.

Eu também fiquei cheio de pesar. Pela minha avó. Pela coitada da minha mãe, vivendo sozinha. E pelo meu pai.

Disse a Paulo: — Você prega a ressurreição dos que adormeceram em Jesus. Isso inclui a minha avó, e eu me sinto confortado. Mas o que acontecerá com aqueles que *não* adormeceram em Jesus? Paulo — implorei eu —, o que acontecerá com eles?

No dia em que deixamos Listra, a minha mãe agarrou-se a mim.

— Eu vou voltar — disse eu.

— Não, não vai — disse ela. — Eu sei a quem você serve. Vou morrer antes de você voltar. A minha casa já não é a sua casa.

Disse ela em seguida: — Leve estas coisas. Já não preciso delas.

Foi para os fundos da casa e de lá nos trouxe dois presentes: a carroça que fora do meu pai e o burro que fora da minha avó.

Depois disso seguimos pela estrada na velocidade de Tito.

Passamos a maior parte do tempo entre os gálatas. Lá as energias de Paulo atingiram o ponto mais alto, conversando, censurando, pregando, implorando, chamando de volta ao evangelho os homens que Judas Barsabás desviara do bom caminho.

Haviam recebido a nossa carta.

Gigantes, esses gálatas, louros e bravos guerreiros que se sentiam mais felizes em combate. Apesar de tudo isso, aquela carta os deixara tão infelizes como crianças postas de castigo.

Desesperadamente, queriam recuperar a afeição de Paulo. E também o seu perdão.

Perdão ele agora tinha em abundância. E logo descobriu como gostava de distribuí-lo. Isso o renovava. Conferia-lhe autoridade, sobretudo porque o fato provocava nos agradecidos gálatas uma disposição à obediência maior que nunca, provando que para eles a suprema autoridade era a de Paulo.

Judas Barsabás foi derrotado! Judas Barsabás foi embora. Paulo o seguiu até as portas da cidade para vê-lo partir. — Queixada de asno — disse-me Paulo. — Lúgubre, esbranquiçada, macilenta e oca queixada de asno. — Foi com prazer frio e sério que ele acompanhou a retirada de

Judas Barsabás, como se estivesse, com o cinzel das suas palavras, entalhando o sarcófago do sujeito.

Mas com os gálatas Paulo era definitivamente um tio carinhoso.

— Mostrem a sua gratidão — dizia-lhes ele. — Meus filhos, tendo sido perdoados, tornem pública a sua gratidão. Logo vou partir para Éfeso. Depois que eu for embora, deixem que os mais velhos entre vocês recolham dinheiro nas igrejas das aldeias, para depois levar essa coleta a Jerusalém. Levem-na para os santos que vivem na pobreza e lá adoram no Templo.

Quando o verão chegou, terminamos o circuito das nossas viagens.

Áqüila e Prisca nos receberam em Éfeso na Ásia, onde já surgira uma pequena igreja, que adorava na casa deles.

Quarta Parte

Éfeso

41

L. Annaeus Sêneca

Sêneca, em Roma,
Para Hélvia, minha mãe, em Córdoba,
Primeiro dia do reinado de Nero:

Veja, Mãe, como a roda gira, como a fortuna sobe e desce – e depois sobe de novo. Sou o mesmo que por nove longos anos definhou no exílio. Contudo, hoje à noite, menos de cinco anos após o meu regresso, recebi um presente de ouro de Agripina, a mãe do príncipe regente, um presente pessoal de agradecimento da mãe do imperador de um império tão vasto quanto o mundo.

Devo agora amar a fortuna mais do que a amava na Córsega, aquela rocha impiedosa?

Está feito. Nero é, como pretendia a sua mãe, *imperator.* O Senado o acolheu. A cidade o recebeu como se ele fosse a primavera depois de um interminável inverno. E eu carrego sobre os ombros uma dupla responsabilidade, honrosa e onerosa: primeiro, orientá-lo; segundo, escrever as palavras que ele profere perante o mundo.

Já não sou um homem qualquer do império. Por acaso não sou *fortunae filius*, o seu filho louro? O preferido da fortuna? Deveria então oferecer sacrifícios à sua vertiginosa roda?

Veja como agora sou a língua na boca do poder:

Hoje, trajando um manto vermelho e uma armadura dourada, Nero foi carregado para fora da cidade, onde solenemente saudou as tropas romanas usando ... palavras minhas.

Em seguida foi carregado para o Senado onde, numa toga mais simples, ele declamou... exatamente as minhas palavras, nobres e boas.

Oxalá fossem elas também os seus pensamentos!

Se o dever me obrigar a tomar decisões, fiquem sossegados que eu hei de pensar apenas no bem-estar e na felicidade de Roma. Eu reconheço, dizia a criatura conforme eu escrevera, *a minha inexperiência, minha juventude, minha ignorância. Mas cercado pelos mais sábios conselheiros, hei de me fixar nos exemplos mais nobres...* E assim por diante.

Quando concluiu, o Senado o aprovou com estrondoso aplauso. E por que não? Eu coloquei na sua boca ótimos compromissos: *Comprometo-me a separar de modo absoluto o Estado da minha pessoa. Cidadão entre os cidadãos, como o primeiro entre eles, devo a mais absoluta lealdade e o máximo respeito para com a Lei e o País.*

Assim, nesta noite a cidade está fervendo. Veja o que eu realizei com o meu poder menos evidente, concebendo as palavras que ele profere: o discurso de Nero é considerado o mais sábio de todos desde os dias de Augusto. Tal elogio significa muito para Nero, que está celebrando a noite com amigos, e não pára de repetir trechos do discurso.

Da minha parte eu, que me alegro menos com elogios, retirei-me para os meus aposentos.

Mas, ao anoitecer, Agripina encontrou-se comigo e quis expressar seu agradecimento mais pessoal dando-me um presente, um apagador de página de ouro – com o qual posso raspar do pergaminho palavras antigas para poder inscrever outras novas. *E quanto à alma, madame? Isto apagará velhas palavras de uma alma mais jovem?* Ela beijou-me na calva. Sorriu. Essa mulher é bela. Lustra a sua beleza assim como um centurião lustra o seu escudo – ou um carrasco a sua espada.

Então raspei uma página, espevitei o pavio de uma lâmpada e lancei a mão da pena. Mãe, que palavras novas devo escrever nesta página velha?

Bem, deixe-me ver. Por que não lhe descrever como é belo e astuto o rosto da Fortuna, e assim você ficará sabendo a razão pela qual ela de mim não receberá nenhum sacrifício?

Faz alguns dias, apenas uns poucos dias, Agripina assassinou Cláudio. Aí está resumida uma longa história. Ela matou o rei para tornar o próprio filho rei. Assim a roda gira: o de cima desce e o de baixo sobe – e a mão que faz a roda girar mais que rude, é suave.

Mas por que acusar apenas esta mulher de uma prática que goza de tanto prestígio em Roma? Calígula assassinou Tibério. Logo o próprio Calígula foi assassinado, e o tímido Cláudio tornou-se imperador.

Era a vez de Cláudio.

Ele começara a mostrar muito pouco amor por Nero e um amor excessivo por Britânico, seu filho de sangue. E os conselheiros dele se tornaram ousados na sua oposição a Agripina – sobretudo Narciso. Diante de um exército de cortesãos, Narciso agradava Britânico e abraçava-o dizendo: — Ó criatura deserdada, quando terá você a coragem de expulsar os pretendentes deste lugar? Deus o proteja — continuava Narciso — até que você se cerque de gente boa, almas que abominam o incesto, a prostituição e a traição! — Essa cena enigmática não passou despercebida aos olhos de Agripina.

Além disso, Cláudio, sob o efeito da bebida, fizera sombrias advertências, dizendo que o seu destino era primeiro suportar, depois punir os pecados das suas esposas. E na presença de Agripina resmungara algo sobre apresentar Britânico ao povo de Roma, para que o povo finalmente "tivesse um César de verdade".

Pouco tempo depois Agripina participou de um dos excessivos banquetes do marido – fato raro para ela, embora a sua participação ainda agradasse ao velho rei. Veio cheia de graça e beleza, estranhamente condescendente. *Está tudo bem,* afirmava o seu comportamento. Sorria.

Uma travessa de cogumelos foi trazida à mesa, os cogumelos preferidos de Cláudio.

Halotus, o degustador imperial, sorveu um pouco do molho, depois com as suas próprias mãos apresentou a travessa a Cláudio.

Agripina mordiscou alguns dos cogumelos menores à sua frente. Sorriu e fez um gesto concordando que estavam ótimos. Apontou para os maiores.

Cláudio comeu os maiores – e depois pediu mais.

Passou-se uma hora.

De repente, o imperador foi tomado por uma tremedeira. O seu rosto ficou branco. Segurava o enorme abdome com as duas mãos e berrava feito um boi.

Estava na hora de chamar Xenofonte, o médico do palácio.

Ele foi, obviamente, o segundo e não o primeiro a ser convocado.

Antes, naquele mesmo dia, Agripina solicitara os serviços de Locusta, a envenenadora do palácio, que havia jurado que o veneno dos cogumelos mataria de modo quase instantâneo. Mas o velho devia estar habituado a invasões estranhas. Não apenas a ação do veneno nele foi mais lenta, mas foi também mais fraca, provocando severas evacuações e quase mais nada. Cláudio parou de berrar.

Agripina correu e interceptou Xenofonte junto à porta. Entraram juntos na sala do banquete.

Xenofonte examinou o enorme *corpus* do rei e disse: — Meu senhor, trata-se de uma indigestão sem gravidade. Deixe-me pincelar-lhe a garganta com uma pluma. O senhor irá vomitar e melhorar de imediato.

Cláudio concordou. A pluma provocou a expulsão de enormes quantidades de comida, e, por um momento, o imperador julgou que poderia voltar a comer.

Mas os espasmos voltaram violentos, obrigando o rei a dobrar-se sobre si mesmo.

Foram necessários quatro escravos para carregá-lo com todo aquele peso da mesa para os seus aposentos.

Roma nunca mais viu Cláudio vivo.

A pluma fora mergulhada em veneno. Não havia outro médico de plantão aquela noite, exceto Xenofonte.

A Fortuna não tinha outro rosto a não ser o de Agripina.

A imperatriz sentou-se junto ao leito do marido por dois dias a fio. Ele gemia e rangia os dentes, mas não conseguia falar. Arrotava sem parar mas sem nada expelir, a não sem uma bílis rala e viscosa. Qualquer movimento o prostrava com tonturas.

Agripina passava as mãos pela garganta do marido descendo até o peito, até o abdome inchado, onde sentia uma terrível protuberância do tamanho de uma cabeça humana.

Finalmente, o velho expeliu fétidos gases e, sob o toque das mãos examinadoras da mulher, morreu.

Assim Nero tornou-se imperador.

E agora, Mãe, o seu segundo filho não tem menos poder do que ninguém no império.

Mãe, uma vez eu lhe escrevi que a mais humilde choupana pode estar equipada como a mais rica mansão: com *virtudes,* dizia eu – você se lembra? "Justiça e temperança criam espaço para a bela companhia de amigos", escrevia eu. Não esqueci as minhas palavras. "Sabedoria e retidão são cadeiras e mesas. O conhecimento de Deus é de fato comida e bebida. E veja, dizia eu, como uma choupana é, no fim das contas, um palácio".

Mas a roda gira.

E aqui nesta carta escrevi a mesma coisa, porém invertida: veja como um palácio, por *falta* de virtude, se torna uma choupana, um tugúrio, um buraco de ratos, uma fétida vala comum. Esse é o lugar em que estou vivendo.

A roda gira, e não sei dizer se no presente momento estou acima ou abaixo do eixo.

Não, jamais amei a Fortuna. Não iria amá-la agora.

42

Prisca

Gostaria de ter estado às portas da cidade para saudar o meu amigo à sua chegada, para poder abraçá-lo e dizer-lhe como era bom vê-lo outra vez. Mas não estive e não fiz nada disso.

Gostaria – embora não tenha esse direito – que ele tivesse vindo à procura da sua Priscila. Gostaria que ele tivesse me procurado e me tivesse imediatamente encontrado cheio de alegria e dito a Áqüila: *Não há dúvida, esta é uma casa pela qual vale a pena esperar.*

Com freqüência, durante os nove longos meses da sua ausência, eu permitira que o meu coração me afligisse com fantasias tolas. Num dia qualquer eu podia, quando estava para dobrar uma esquina, ser tomada pela sensação de que lá estava ele do outro lado da rua, sorrindo, esperando para me saudar com aqueles seus olhos vivos, da cor de nogueira polida, a bela cabeça equilibrada sobre a haste daquele seu pescoço. Nunca havia mais que decepção do outro lado da rua. Mas o doce e melancólico sofrimento da expectativa perdurava o dia inteiro. E na escuridão, antes do alvorecer de Éfeso, acordada no meu catre, ouvia o seu chamado: *Priscila, Priscila, desça até aqui. Preciso de você.* O som da sua voz era para mim como um perfume que me tomava de assalto os sentidos.

Quando, porém, de fato ele chegou, não veio me procurar. E me senti boba por causa das minhas expectativas.

Veio numa carroça puxada por um burro.

Veio com livros e pergaminhos, agora para ele mais preciosos do que as ferramentas da sua profissão de coureiro.

Veio cercado por um pequeno exército de homens, ouvintes, pregadores, trabalhadores, todos para mim estranhos – todos, com exceção de Timóteo.

Timóteo, que apareceu na porta da nossa casa com sua linda cabeleira encaracolada, seu sorriso aberto e pagão e seu anúncio proferido baixinho: — Nós voltamos.

O que Paulo fez em Éfeso depois da sua chegada foi concentrar as atenções *fora* de Éfeso, pela província da Ásia.

Os homens que arrebanhou (e continuava arrebanhando), ele os treinava como pregadores, instrutores, viajantes, "meus colaboradores", como os chamava, "no evangelho". Rejeitava o termo "discípulo". Ria muito na ruidosa presença deles, ria com aquele seu riso esganiçado mais do que eu o ouvira rir antes. Esse bravo esquadrão de animados "companheiros" deve ter preenchido alguma necessidade dele.

Paulo alugou uma sala de aula numa construção cercada de colunas na parte sul da Rua do Porto. O dono do imóvel, certo sr. Tirano, cedeu-lhe o ambiente por uma bagatela porque Paulo escolheu ensinar no calor do meio-dia quando o resto da cidade tirava uma soneca.

Lá ensinou durante o ano inteiro e no ano seguinte também.

De Éfeso despachou um rio de "colaboradores para o reino de Deus", seus "conservos no Senhor", "soldados que lutavam com ele", "voluntários", *companheiros* como Justo, Tíquico e Demas – como o homem chamado Lucas, que Paulo designou o seu "médico amado". Seus *companheiros*, então, saíram proclamando o nome do Senhor Jesus Cristo ao norte de Esmirna e Pérgamo, ao nordeste de Filadélfia e Sardes, no leste de Magnésia e Trales.

Um exemplo dos homens a serviço do apóstolo será suficiente. Peço permissão para descrever Epafras, nascido em Colossos. Trata-se do companheiro que conduzira o burro que puxara a carroça que trouxera o atarefado Paulo para Éfeso. Era um homem vigoroso, do tipo decidido. Paulo o enviou ao extremo leste, de volta à sua terra natal no vale do rio Lico, para que lá desse início a uma igreja. Alegria, alegria e estonteantes elogios aguardavam Epafras no seu regresso sete meses mais tarde, pois não apenas conseguira plantar uma igreja na casa de um homem de posses chamado Filemom, como tinha também pregado em várias cidades ao redor de Colossos, Laodicéia e Hierápolis – *e* trouxera para a sala de aula novos homens para serem treinados e enviados, como, por exemplo, Arquipo, que dois anos mais tarde foi enviado para dirigir a igreja de Laodicéia.

Paulo tinha revelações extravagantes a fazer sobre o entusiasmado Epafras. Esse homem orava muito. Orava constantemente e sempre pelos outros. Esse homem era "o nosso amado conservo" e "um ministro de Cristo em nosso nome" e "um escravo de Jesus Cristo", coisa que Paulo não dissera de ninguém a não ser de si mesmo.

Mas Áqüila e eu – *nós* tínhamos sido fiéis. *Nós* tínhamos sido resignados colaboradores. Sem auxílio de ninguém, exceto de Sóstenes (cujo conhecimento do Senhor era limitado), fomos Áqüila e eu que estabelecemos uma igreja em Éfeso, e o fizemos quando éramos estranhos no lugar. Não nascemos aqui. Áqüila é do Ponto!

Mas quem somos nós? Que mérito tínhamos em meio àquela energia efervescente? Não somos *companheiros*, disso não há dúvida. Meu marido é homem de silêncios, míope, impassível e tímido a ponto de quase se apagar.

E eu? Sou apenas uma mulher.

Estou errada. Peço perdão.

Paulo não treinava apenas homens, não era apenas homens que ele enviava a pregar.

Eu estivera com ele, obviamente, no verão e no outono de sua chegada a Éfeso. Ele adorava em nossa casa com certa freqüência e nessas ocasiões pregava e comia no seio da nossa comunidade. E nós, com certeza, éramos bem-vindos entre os membros da sua companhia móvel.

Mas, visto que ele nunca me dispensou a saudação efusiva que eu tanto esperava, também me retraí. Olhava para ele a uma certa distância, lutando contra os meus sentimentos como se fossem uma doença.

Ah, Paulo! Não apenas você veio montado e não andando, você chegou mais velho. Os seus pobres ossos parecem caídos como os galhos de uma oliveira antiga. Como posso olhar para você sem tentar ajudá-lo?

E eu percebo, Paulo. Apesar da impetuosa energia das suas obras, vejo em você algo que o perturba, algo mais querido e mais profundo do que esse pesado ministério. Seu impulso já não é espontâneo; requer concentração e vontade, não é mesmo?

Se, durante a adoração eu tinha e impressão de que ele me olhava de relance, o meu coração desfalecia, e eu reprimia um suspiro. Lutava contra o calor e o sorriso que me aflorava aos lábios. Evitava olhar para o seu rosto, para o seu poderoso crânio e olhos penetrantes, porque na verdade ele não olhara para mim. Poucas vezes o fazia. Eu tinha consciência de que era apenas o meu anseio que criava a impressão contrária.

Assim, servi-me da raiva para expulsar a esperança. Protegi o meu coração num escrínio de raiva.

Em seguida, o apóstolo Paulo privou-me também disso – isto é, da raiva.

Num dia de julho, de manhã bem cedo, quando já passara doze meses em Éfeso, Paulo enviou Tito à nossa casa perguntando se eu prepararia um jantar para a nossa gente. — Quatro — disse Tito, piscando —, se Áqüila estiver presente. Caso contrário, três.

Eu era sensível a esse tipo de coisas, como um piscar de olhos, mas nunca as entendi, e nada perguntei.

Quatro. Áqüila estaria sem dúvida presente.

Decidi servir frutas do verão, queijo de cabra, pão de trigo do Egito e pombos assados.

Naquele tempo morávamos numa casa completamente cercada de outras casas, parede com parede, a entrada percorrendo passagens estreitas, escada acima, escada abaixo, e depois a escuridão. Só tínhamos um quarto com janelas altas para a luz durante o dia. Em todos os outros cômodos convivíamos com lâmpadas acesas e fumaça contínua.

Pensei que Tito seria o outro convidado.

Simplesmente pelo fato de ter sido ele quem pediu a refeição, suponho eu.

Mas estava errada. Estava errada sobre muitas coisas.

Porque o companheiro de Paulo, quando ele chegou à porta da nossa casa, era uma mulher.

Eu os conduzi para o único ambiente com janelas, onde a mesa já havia sido posta. Quando entraram na sala notei como Paulo segurava o braço da mulher, com intimidade, com um cavalheirismo de que eu jamais o imaginara capaz. Ela respondia ao toque dele com algo mais do que a simples aceitação do fato. Havia um vínculo. Devia haver uma história. Ela era, pensei eu, dois ou três anos mais velha do que Paulo, embora não precisasse apoiar-se nele. Tinha cabelos longos, grisalhos, penteados e presos à moda das mulheres da Macedônia. Suas vestes eram lindas e simples, os olhos cautelosos e inteligentes, o corpo mostrava a robustez de outrora.

Áqüila entrou por último.

Convidei meus hóspedes a se acomodarem nos canapés em volta da mesa. Era a minha intenção deixá-los para servi-los. Áqüila sentou-se ao pé da mesa. Preparei-me para sair.

Mas Paulo apoiou-se sobre um dos joelhos para sentar a sua companheira e em seguida levantou-se e aproximou-se de mim, realmente olhando-me nos olhos, estudando-me o rosto. Estendeu a mão e, pela primeira vez desde a sua partida de Corinto dezoito meses antes, segurou a minha mão na dele.

— Prisca — disse ele —, esta é a sua mãe. Mas ela não veio aqui para receber honrarias ou admiração. Veio para aprender com você.

43

Tiago

Cruzes inundam a nossa terra, e delas pendem cadáveres. Há um fedor entre nós, e o sofrimento do povo clama aos céus.

Em seu primeiro ano como governador da Judéia, Antônio Félix mandou as suas legiões sanguinolentas percorrer o interior para prender e matar os bandos de homens que se escondem nas montanhas.

Ele os classifica como "bandidos". Talvez sejam, pois roubam. Transformam qualquer viagem num empreendimento perigoso.

"Subversivos", Félix também os chama, e sem dúvida o são. Odeiam Roma. Odeiam os impostos romanos. Odeiam os ricos que engordam à sombra de Roma. Odeiam todos os judeus colaboradores – pois quem serve a Roma, dizem eles, serve a um deus que não é Deus.

Porém os pobres, os camponeses, as classes mais humildes de sacerdotes; os falidos da nossa terra, os oprimidos e os famintos – esses acreditam no que os "subversivos" dizem. Os judeus pobres conhecem na própria pele as aflições de Roma. Mandam os seus filhos juntar-se aos bandos dos bandidos, e os seus filhos são crucificados.

Sobre Félix ouvi dizer que ele exerce a autoridade como um rei, mas é medroso e bajulador feito um escravo. Quando somos governados por cães subservientes, não há mais honra. Há um fedor, e nenhuma certeza.

Ah, que chorem os ricos! E aqueles que fazem amigos neste mundo, que uivem por causa das misérias que logo os acometerão! Pois os amigos deste mundo são inimigos de Deus! E as riquezas apodrecem, o ouro enferruja e a ferrugem devora a carne como o fogo!

Isto é o que eu digo: quem vive hoje em luxo mundano está engordando o seu coração para a carnificina de amanhã.

Hoje de manhã estava eu caminhando fora da cidade pela estrada do Portão do Jardim. Caminhava com os olhos voltados para o chão, a mente cheia de pensamentos graves. Mas depois percebi uma respiração ofegante. Olhei e vi que passava pelo Gólgota.

Naquela pequena colina há pesados postes fincados no chão, cada um esperando a trave e o corpo que nela morrerá.

Mas um poste já tinha a sua trave, e dessa trave pendia um corpo.

A respiração ofegante que ouvi saía do peito de um jovem crucificado.

Um rapaz, seus braços finos presos à trave por grossas cordas, a cabeça forçada para trás contra a madeira de modo que a boca pendia aberta, ofegante – um mero rapaz, seu pescoço era uma coluna de marfim por sua pureza.

Fui até a cruz, parei diante dele e comecei a orar em voz baixa.

Logo a respiração ofegante parou e eu fiquei imóvel, em oração.

O rapaz deixara a cabeça virar para um lado. Olhava para mim com olhos atônitos. Devolvi o olhar e fui apanhado, travado olho no olho e amarrado à dor dele. Eu já não podia ser um espectador.

— Quem é você? — disse eu. — Diga-me o seu nome, e eu o elevarei até o Senhor.

A princípio, ele apenas ficou me olhando. Mas depois disse: — Eu conheço você. — Fechou os olhos, depois os abriu novamente e murmurou: — Você é Tiago, o Justo. Meu pai sempre gostou de você.

O rapaz forçou um sorriso. Sorriu-me, e seus belos olhos outra vez piscaram seguidamente.

Ele me conhece? Como me conhece? Quando foi que nossos caminhos se cruzaram?

Disse eu: — Qual é o nome do seu pai? — Esperei, depois disse: — Como você se chama?

Lentamente o rapaz puxou o fôlego. Ainda sorrindo, sussurrou: — Nós vimos quando aquele soldado romano rasgou as páginas da Torá. — Ficou arquejando por um tempo, depois disse: — Vimos quando ele atirou a Torá ao fogo. Nós empenhamos as nossas vidas, meu pai e eu...

— Por favor — repeti eu —, qual é o seu nome? — Temia a rapidez do tempo e a morte, a morte iminente: o rapaz estava me deixando! Juntei as mãos com violência e implorei: — Filho, por favor, diga-me o nome do seu pai!

Mais uma vez ele se esforçou para puxar o fôlego, o que fez o sangue sobre o estômago brilhar. Depois, à medida que aquele ar difícil lhe fugia dos lábios, ele murmurou: — Paciência, Tiago. O Senhor está vindo.

O rapaz ergueu os belos olhos para o horizonte e sorriu um sorriso de boas-vindas. O rosto abriu-se no sorriso, e de repente ele gritou: — Está vendo? Você consegue vê-lo? Ah, Tiago, o Juiz está junto às portas!

Enquanto ele ainda sorria, as chamas dos seus olhos se apagaram, e ele morreu e não mais respirou.

Tomei seus pés nas minhas mãos. Pressionei meu rosto contra seus jovens pés suspensos, e chorei.

44

Prisca

A voz de Paulo mudara. Isto é, todo o seu jeito de falar mudara. Aquele ganido rosnado, agressivo e orgulhoso – aquele seu guincho nasal – tornara-se algo suavizado, quase introspectivo. Respirava mais. Pregava com menos violência, menos drama, menos (como devo dizer?) gesticulação. Anunciava os temas, no início do que seria uma verdadeira palestra, depois fazia pausas para reunir seus pensamentos. O apóstolo estava agora ensinando, conduzindo o povo por um caminho planejado, aderindo a uma estratégia autoconsciente.

Quando ocorrera a mudança? Não sei. Se aconteceu durante o ano que passou longe de nós ou então no ano do seu regresso, eu realmente não sei. Não tomei total consciência da diferença na voz até a noite em que ele acompanhou Lídia para jantar na nossa casa — não antes daquele momento em que tomou a minha mão e disse: *Esta é a sua mãe.*

Minha mãe! Por um instante fugaz, aceitei o pensamento impossível de que ela *era* a minha mãe trazida de volta à vida, de repente de novo na minha casa.

Paulo deve ter percebido a sombra que por um momento toldou-me o rosto Apertou-me a mão para pedir atenção e disse: — Priscila, ela é sua mãe espiritual. A mãe da sua vocação. É por causa desta mulher que você ora e profetiza em público.

Agora fez por mim exatamente o que fizera pela sua companheira. Ajoelhou-se para acomodar-me sobra a minha almofada, ao lado da mulher mais velha e maior.

Mas a comida, o jantar...

Quando eu, sem dizer palavra, fui me sentando à mesa, Áqüila levantou-se e deixou a sala em silêncio.

Paulo tomou assento defronte a nós duas. Sorria.

— Prisca — disse ele olhando para a mulher ao meu lado —, esta é Lídia, a minha amiga constante a quem muito amo – uma das mais queridas colaboradoras no evangelho desde que entrei na Europa e viajei para Filipos.

Lídia olhou para Paulo com total familiaridade, como se estivesse recebendo informações interessantes.

Disse ele: — Lídia é comerciante de esplêndidos tecidos tingidos de púrpura nos tanques de Tiatira. No momento, Prisca, ela está a caminho da sua cidade natal, para fazer compras – e para pregar. Ela quer que o seu povo conheça a boa nova.

Lídia assentiu de modo aristocrático, satisfeita com o elogio. Então é *por isso* que seu manto é tão caro e elegante.

Houve uma surda pancada na porta, e Áqüila entrou na sala de jantar com os meus pombos ainda na assadeira, a gordura gorgolejando de tão quente. Duvidei que estivessem completamente assados, mas nada disse. Meu humilde marido não sabe nada sobre a seqüência de pratos e a apresentação apropriada. Mesmo assim, ele decidira servir a refeição, e eu queria sentir-me tão orgulhosa dele como se ele fosse um senhor de terras com lagos e magníficas propriedades.

Disse Paulo: — Lídia é judia, como você. Mas, ao contrário de você, é solteira. Em Filipos não há sinagoga, nem havia um número suficiente de homens para conduzir as orações e leituras e adorar. Que foi então que você fez, Lídia? Diga a Prisca o que você estava fazendo quando nos encontramos pela primeira vez.

A mulher ao meu lado disse: — Você sabe contar muito melhor do que eu.

Que voz grave e vibrante era a dela! Ampla feito uma cama, quente feito um cobertor: *Você sabe contar muito melhor do que eu.*

Paulo riu.

Áqüila deixou a sala.

— Prisca — disse Paulo —, Lídia conduzia pessoalmente a adoração, reunindo-se todos os sábados com outras mulheres junto a um rio fora da cidade. Depois que a batizei, o bom trabalho que o Senhor nela iniciara não parou. Nem vai parar até atingir a completitude no dia de Jesus Cristo.

— Antes de Filipos, eu nunca pensei que mulheres pudessem ou devessem proferir palavras sagradas em lugares públicos.

— Mas lá em Filipos encontrei o Espírito já em ação nesta mulher, trabalhando com poder. Como podia eu contradizer o Espírito de Deus? Como podia recusar-me a admitir a evidência diante dos meus olhos? Deus escolheu a mulher, não eu. Tive de adaptar-me a Deus.

Alguma coisa caiu na cozinha. Seguiu-se um silêncio, e depois ouvi os lentos e arrastados golpes de uma vassoura de fibras que ia juntando os cacos. A varrição produzia um som molhado. Não há dúvida, fora aquele frasco de vinho, de alabastro, insubstituível.

Disse eu: — Então não foi você, Paulo... mas Deus... quem me escolheu para profetizar?

Fitou-me. — Deus: correto. Para profetizar, correto. — Falava num tom estudado, de tutor. — Para praticar aquele dom espiritual, formar o povo, encorajá-lo, dar-lhe consolo — correto, Priscila. Deus escolheu você para edificar a igreja.

Ah, Paulo, mas eu sempre achei que tinha sido você. Achei que você me aprovara, me selecionara, me preparara a fim de eu ser a sua sócia na pregação.

— Isso era mais do que eu sabia — murmurei eu — e menos do que sentia.

— Prisca — disse Paulo olhando-me com aqueles seus olhos de pálpebras vermelhas. — Prisca, o que você quer dizer com isso?

Lídia também voltou-se para mim, suavemente refletindo a mesma pergunta, sublime no aguardo de uma resposta.

Retruquei: — Não foi *você* que me mandou cobrir a cabeça? Por que me mandou cobrir a cabeça?

Áqüila entrou na sala com três grosseiras taças de argila já cheias de vinho. Notei os sedimentos que iam girando na minha.

Depois sentou-se, o meu marido sentou-se, como se a refeição já estivesse servida na mesa.

Decidi que não pediria pão. Nem mencionaria a água para lavar as mãos. Áqüila tomara assento ao lado de Paulo. Olhava na minha direção com aquele seu olhar míope. Quem não pode ver não sabe quanto pode *ser* visto.

Naquele momento amei Áqüila quase até as lágrimas.

Paulo falou de novo naquele tom didático: não entendera nada do significado mais profundo das minhas palavras. — Neste mundo da criação — disse ele —, a sua cabeça declara a sua própria origem, e o seu rosto é a glória *dessa* origem e *dessa* autoridade. A sua "cabeça" — disse Paulo — é como a cabeceira de um rio. Ali nasce o ser. Assim é na ordem da criação: a cabeça de todos os homens é Cristo; a cabeça da mulher é o seu marido; e a cabeça de Cristo é Deus.

Paulo parou para organizar os pensamentos. Ah, a esperteza do meu apóstolo! Surdo ao sentido do coração, ele começou a girar a taça de argila entre as palmas das mãos.

— Mas quando você ora, Prisca — disse Paulo, olhando para o seu vinho —, quando você profetiza, *esse* ato salta por cima da ordem da criação. A fonte desse dom é o Espírito Santo. A sua prática deve render glória *apenas* a Cristo e a Deus Pai, que os anjos tornam presente na nossa adoração. Nenhuma glória para Áqüila. Nenhuma para o seu marido. Para ele seria uma desonra e para os céus uma ofensa, se algo desse a entender que a profecia veio do marido. Portanto, você deve ocultar o que declara que Áqüila é a sua fonte. Ele, por assim dizer, deve ser encoberto. Você deve cobrir a sua cabeça, Prisca, isto é, a sua "cabeça" terrena.

Sorrindo, suave e tranqüila, Lídia de Tiatira ergueu agora as mãos e retirou os grampos que lhe prendiam os cabelos. Sacudiu os ombros, abaixou e jogou a cabeça para a direita e para a esquerda – e, como se fosse uma nuvem sobre uma montanha, volumosos e belos caíram os seus cabelos. Cobriram-lhe a cabeça em toda a circunferência.

— Meu véu, Priscila — sussurrou ela por detrás da chuva grisalha. — Ou então, se eu quisesse negar o véu, poderia muito bem tosar essa cabeleira e sair careca por aí, mostrando a minha cabeça e o meu rosto em toda a sua plenitude.

E o que é, Lídia, disse eu em meu coração, *que significa ISSO?*

Ela me chamou de "Priscila".

Ninguém antes me chamara de "Priscila", nem mesmo Áqüila – somente Paulo. Apenas Paulo. Na boca dessa mulher, rica e poderosa, o nome perdeu todo o afeto carinhoso. Transformou-se para mim numa grande diminuição. *Pequena* Prisca. Prisquinha.

Paulo sorriu-me. Paulo, com a sua cabeçorra que parecia solta sobre o pescoço fino, ria para mim, fendendo a carne em torno da boca vermelha e molhada. Disse ele: — Contei a Lídia tudo sobre você, Prisca. Ela ama você. Orgulha-se de você tanto quanto eu. Foi sugestão dela que devíamos comer juntos antes da sua viagem para Tiatira. Ela quer aprender com você. Quer que você lhe ensine tudo o que sabe sobre a edificação da igreja – pois, embora ela possa ser a sua mãe no ministério, você é a mais madura, por tê-lo praticado há mais tempo.

Eu também sorri. Sorri para Paulo. Sorri para Lídia quando ela dividiu o cabelo sobre seu rosto e reapareceu forte e bochechuda.

Mas, seguindo um súbito impulso, pus-me de pé, fui até Áqüila, ajoelhei-me atrás dele e prendi meus braços em volta do seu pescoço, beijei-lhe os cabelos no alto da cabeça.

Agora, como explicar isso? Foi durante aquela noite de verão em Éfeso, à mesa com Paulo, Lídia e Áqüila, que provei uma nova e completa libertação. Não, não sei explicar. Não entendo o que aconteceu. Mas é verdade, e a verdade perdura.

Quando me levantei para beijar a cabeça do meu marido, não conseguia sentir nem os ossos nem os músculos das minhas pernas. Eu não tinha peso. Flutuava. Pairava no ar e de novo aprendera a rir. Senti-me, de fato, livre de vínculos que, sem que eu o soubesse, me prendiam, e por puro instinto reconheci que estaria à altura de qualquer tarefa que o Senhor me enviasse, no presente e no futuro.

Sabia que nós, Áqüila e eu, algum dia voltaríamos a Roma.

Eu sabia que de fato podia ensinar a Lídia o gesto público e a palavra fiel que formaria a igreja em Tiatira.

E eu sabia que estava livre de Paulo para de novo gostar muito dele, como amigo, um homem belo e tolo, audacioso, autoritário, insolente, baixinho – e, no fim das contas, escravo de Jesus.

Leve, eu flutuei de Áqüila para Paulo. Leve, ajoelhei-me e beijei os cabelos ralos no alto daquela enorme cabeça de lua, toda enrugada. Peguei a sua mão direita, selecionei o longo indicador e o estendi na luz junto ao meu, mostrando a Lídia como o apóstolo e eu tínhamos o mesmo calo, no mesmo lugar, porque executávamos o mesmo trabalho em couro e lona.

— Iguais — disse eu.

Paulo piscou.

Lídia soltou um gritinho de alegria – e assim começamos. Comemos primeiro os pombos.

45

Lucas

Deus operou milagres extraordinários pelas mãos de Paulo. Panos que haviam tocado o seu corpo, lenços com o seu suor, aventais por ele usados no seu serviço, tudo era levado para pessoas doentes, e as doenças desapareciam, e os espíritos malignos saíam delas.

Apareceram em Éfeso sete exorcistas itinerantes que pretendiam usar o nome de Jesus na sua atividade. Eram judeus, filhos, diziam eles, do sumo sacerdote Seva.

Certo dia entraram numa casinha e reuniram-se em torno de um homem possuído por um espírito maligno.

Juntos disseram: — Eu te esconjuro por Jesus, a quem Paulo prega...

Mas o espírito respondeu: — Conheço a Jesus e sei quem é Paulo. Mas quem são vocês?

De repente, o possesso pulou sobre os sete filhos de Seva, aplicou-lhes uma surra, arrancou-lhes a roupa e os expulsou da casa nus, arranhados e machucados.

Quando os moradores de Éfeso souberam desse fato, tanto os judeus como os gentios ficaram cheios de medo, e o nome do Senhor Jesus foi louvado.

Além disso, muitos daqueles que se haviam tornado crentes passaram agora a revelar a sua própria prática de magia e a arrepender-se dela. Trouxeram os seus livros, amontoaram-nos em praça pública e os queimaram. Quando o valor dos livros foi calculado, totalizou cinqüenta mil moedas de prata.

Assim a palavra do Senhor cresceu em Éfeso e prevaleceu poderosamente.

46

Tiago

Onde estará Saulo? Ninguém sabe. Aqui em Jerusalém ninguém sabe. Pode estar em qualquer canto do império.

Para onde terá ido aquele itinerante camelô da liberdade? Sabemos onde ele *esteve*. Depois de Antioquia, passou um tempo na Galácia. Mas isso foi quase dois anos atrás, e só recebemos essa informação há um mês. Onde estará agora? Gostaria de lhe enviar uma carta. Quero avisá-lo para ficar longe de Jerusalém. Não deve vir para cá.

Não acontece apenas que as tensões são insuportáveis, os ódios externos e internos separam violentamente as pessoas. Saulo sabe conviver com tensões. Saulo brinca no meio delas como o Leviatã no mar. O problema é que o Conflito grita o seu nome pelas ruas e o torna particularmente procurado. Há por aqui certos homens, fariseus e zelotes (e, para dizer a verdade, também cristãos) que vão prendê-lo assim que ele aparecer. Ou então matá-lo, dependendo da pessoa ou da disposição que prevalecer.

No mês passado, imprudentes, inesperados, chegaram a Jerusalém cinco homens das regiões do norte da Galácia. Haviam viajado por terra e por mar e depois novamente por terra, brigando ao longo do caminho, afugentando ladrões, piratas e bandos de assaltantes – travando combates, pelo que parece, com muito prazer e ruidoso entusiasmo. Dois dos cinco são gigantes de braços compridos e musculosos, cabelo loiro, pele cor de lombriga e olhar gelado. Quero dizer que os seus olhos são como esferas de gelo azul. E têm as bocas cheias de blocos de dentes enormes. Os cinco entraram em Jerusalém armados, carregando aquele grosseiro escudo de couro, a rude lança e aquela sua típica espada pesada de lâmina comprida.

A aparência e as armas deles eram suficientes para chamar a atenção: gentios marchando pelas ruas sagradas, homens cheios de ameaça, porém sem nenhum *status* reconhecido por Roma ou pela Judéia.

Mas depois eles praticamente exigiram atenção e pediram um castigo oficial.

Foram direto para o Templo.

De bota e espada, entraram no pátio interno e puseram-se a desfilar alegremente por entre as colunas do Pórtico de Salomão... distribuindo dinheiro! Sempre que encontravam um mendigo mendigando, enchiam-lhe as mãos com um monte de moedas, gritando num grego boçal: — Para os pobres de Jerusalém!

Tinham sacolas cheias da mercadoria, três sacolas de dinheiro! Ali estava, aparentemente, a causa e a razão das suas brigas durante a viagem para o sul.

Os mendigos, é óbvio, de um salto punham-se de pé e corriam para as mesas dos cambistas, porque as moedas trazidas pelos gálatas eram romanas, com efígies estampadas. Enquanto se limitassem a distribuir o dinheiro nos pórticos, podiam passar por grosseiros bobalhões, mas não estavam cometendo nenhum pecado.

Por outro lado, assim que os gigantes deixaram os pórticos e entraram no Pátio dos Gentios; assim que chegaram ao Portão de Nicanor, uma das entradas para o Pátio das Mulheres; assim que despejaram os seus ídolos sobre os mendigos que lá se encontravam, as moedas se transformaram num horror e numa blasfêmia.

Ouviu-se um clamor de ultraje. Como se arrostassem uma hostil ventania, mulheres seguravam os mantos junto ao pescoço. Velhos arrancavam os cabelos e punham-se a gritar. Sacerdotes corriam de um lado para o outro como formigas de um formigueiro pisoteado. E um homem em especial tomou uma iniciativa específica e eficaz.

Com quase toda a certeza esse homem, um zelote calculista de fria ferocidade, vinha observando os gálatas desde o momento em que subiram ao Monte do Templo. Previra a oportunidade e preparara-se.

De fato ele agora veio correndo com um grupo enorme de Guardas do Templo, trinta ou quarenta homens com facas e lanças, preparados para a batalha, tremendo de ódio contra os tempos atuais: os que saqueiam o Templo não precisam de julgamento. Que morram no ato.

Vendo o ataque iminente, e o homem que o liderava apontando a espada na direção deles, os gálatas amontoaram as suas sacolas no chão e formaram um círculo, todos eles voltados para o ataque, os gigantes no primeiro plano. Começaram a berrar, soltando um triunfante rugido animalesco que feria os ouvidos.

Os guardas do Templo esmoreceram.

O homem que os comandava percebeu a mudança. Virou-se. Agarrou um jovem que estava se encolhendo e recuando, ordenou-lhe que atacasse e, ao não ser obedecido, cortou-lhe o pescoço de modo que o sangue jorrou enquanto o coitado ainda estava ali parado, confuso.

O comandante anunciou: — Eu sou Matitias! Os que não servirem ao Senhor devem ser destruídos antes que o Senhor nos destrua a todos!

Dois gálatas explodiram numa gargalhada, cheios de admiração por aquele gesto.

Quando Matitias tornou a dirigir-se a eles, descobriu que um defensor se interpusera entre o grupo e ele.

Barsabás! O nosso Judas Barsabás, que finalmente honrava as calças que vestia!

— Matitias — disse ele, falando com a mesma altivez do zelote à sua frente. — Ninguém questiona o *meu* zelo pelo Senhor. Já enfrentei agruras por causa do Senhor. Viajei para regiões distantes a fim de ensinar os caminhos de Deus e as Leis de Moisés!

Um silêncio desceu sobre os pátios do Templo. De fato, Barsabás era conhecido como alguém que lutava para preservar Israel.

Agora o próprio Matitias parou.

Os gálatas romperam as suas fileiras. Correram para Judas Barsabás. Eles o teriam prendido em seus abraços, esmagado com o seu amor, se ele não tivesse proferido uma ordem em grego que os paralisou.

Dirigindo-se agora a Matitias, Barsabás falou em aramaico. — Estes homens nunca quiseram praticar mal algum. Não são pecadores, Matitias; também não são inimigos de Israel. São apenas estúpidos. Desconhecem as tradições. Como as tartarugas, têm os crânios duros e as mentes lentas. Mas são homens de boa-vontade. Eu sei. Eu os ensinei na sua própria cidade. Se você deixar que eu cuide deles, garanto que farei deles mais que amigos de Israel. Serão filhos.

Matitias considerou a promessa.

É homem de beleza notável, da tribo de Benjamim, alto como o primeiro rei, Saul.

Por fim, falando baixo, disse Matitias: — Você viu quando matei o jovem Eleazar.

— Vi — disse Barsabás.

— Tinha mulher e dois filhos — disse Matitias. — Esse fato não deteve a minha mão. Já não pode haver misericórdia entre nós. A misericórdia nos eliminaria. Assim como matei Eleazar, assim matarei qualquer um destes homens que mostrar desprezo por Deus ou ameaçar Israel.

Girou sobre os próprios calcanhares e foi embora sozinho, deixando que os guardas do Templo recolhessem o corpo e limpassem o sangue do companheiro abatido, enquanto os gigantes brancos caíam agradecidos em cima de Barsabás até que ele ficou nervoso e os censurou em grego.

Com seu jeito grosseiro e aos gritos, os gálatas explicaram a Judas Barsabás e a mim que a idéia de coletar dinheiro para os pobres de Jerusalém tinha partido de Saulo. Eles o chamavam de *Paulos*. Tinham gostado da idéia desde o princípio.

— Sei, sei, *Paulos* — disse Judas Barsabás com um suspiro — aquele infeliz que virou contra mim a cabeça e o coração de vocês! Nunca passou pela cabeça dele lhes ensinar – não é mesmo? – que os pobres não são os que estão sentados no Templo mendigando. Eu lhes teria ensinado isso. Os pobres são os *Anawim*, pessoas que freqüentam o Templo no espírito de piedade e justiça, pessoas que não confiam na sua própria força, mas depositam toda a confiança em Deus. Distinguem-se pela fidelidade, não pela condição física.

Judas Barsabás é assustadoramente magro, como se comesse vento, mas comprido feito uma vela do Templo. Fixou por um momento os gigantes brancos, depois disse: — Olhem para mim. Não tenho a aparência de um mendigo? Todavia, eu sou um *Anawim*. Olhem para mim: nós ungimos a cabeça, lavamos o rosto e jejuamos em particular. Somos o resto dos restos de Israel.

Com grunhidos guturais de reconhecimento, os gálatas pegaram as suas sacolas de moedas e as levaram até Barsabás que continuava sentado. Iam esvaziá-las aos seus pés quando ele gritou: — Não, não! — e pulou para trás como se o dinheiro fosse fogo. — Eu não quero isso! Não podemos aceitá-lo! Está contaminado!

Os gálatas ficaram atônitos sem saber o que dizer. Nenhum golpe mais duro poderia ter-lhes sido infligido do que os golpes contra a sua generosidade, a sua convicção, a sua intenção, o seu bom coração.

Ainda segurando a sacola, o mais louro e mais alto deles fixava Barsabás, piscando para reprimir um súbito jorro de lágrimas.

Eu obviamente sabia o que Barsabás queria dizer. Mas achei que a sua reação foi excessivamente dramática, desnecessária — até o momento em que apresentou aos gálatas uma solução engenhosa para o seu dilema.

— Aqui em Jerusalém — disse ele devagar, com o jeito de quem está pensado em voz alta — aqui na sagrada Cidade de Deus — disse ele —, o dinheiro dos gentios é uma abominação, uma corrupção e também um corruptor. Sobretudo os *Anawim* preferem passar fome a tocá-lo. — Agora Barsabás retribuía o olhar do lacrimoso gigante e falava diretamente para ele: — Mas você percorreu um longo caminho, não é verdade?

O gigante concordou como uma criança infeliz: um caminho muito longo.

— Meu senhor — disse Barsabás, apontando para a sacola de moedas —, se você não fosse um gentio, este dinheiro não seria dinheiro gentio, seria?

O gigante concordou sacudindo a cabeça.

— Então você precisa fazer o seguinte: deixe de *ser* gentio. Seja exatamente como nós.

Quero aqui atestar as intenções mais sinceras de Judas Barsabás; ele não era um homem ganancioso. Embora o dinheiro fosse útil aos *Anawim* —, aqueles que escolheram a pobreza e aqueles que eram pobres por forças alheias, os doentes, os oprimidos, as viúvas, os órfãos —, não era o dinheiro que Barsabás queria. Nunca foi. Tinha, e estava convencido disto, um desígnio mais profundo, mais piedoso.

Em grego tosco disse o gigante: — *'Ti me dei poiein?* Que devo fazer?

E Judas Barsabás respondeu: — Seja circuncidado.

Ontem, quando passávamos pela Torre de Antônia, Judas Barsabás apontou para um homem alto de cabelos negros como as plumas de um corvo presos por tiras de couro e caindo-lhe sobre as costas – uma imponente e bela cabeça.

— Preciso falar com aquele homem — disse ele.

Reconheci imediatamente o rosto, mas não conseguia lembrar o nome.

— Quem é ele? — perguntei.

— Aquele é Matitias, o zelote. Quero lhe contar que os gálatas foram todos circuncidados.

Foi então que percebi quem é esse Matitias: é o sujeito que conheci na casa da irmã de Saulo. É o marido dela, que despreza o irmão da própria mulher. *Se alguma coisa romana entrar viva na minha casa, sairá morta. Eu mesmo a matarei.*

— Judas — disse eu —, ele conhece Saulo? Você acha que ele alguma vez se encontrou com Saulo?

Barsabás fitou-me. — Por que está mencionando Saulo?

— Esse tal de Matatitas é cunhado dele — respondi.

Barsabás continuava me fitando, como se estivesse ponderando uma resposta. Disse em seguida: — Vinte e três anos atrás eles viajaram juntos para o norte, para prender crentes em Damasco. Foi então que Matitias descobriu a traição e a maldade de Saulo. Além disso, Matitias de fato testemunhou o julgamento desse homem por Deus: Deus o cegou. Matitias fez uma promessa de matar Saulo assim que o visse outra vez. Diz que Deus não o culpará por tirar a vida de Saulo. Antes, Deus o culpará se ele tiver a oportunidade e não o fizer.

— Barsabás — murmurei eu. — Você compartilha esses sentimentos?

— Não — disse ele —, não até a morte. Mas devo confessar que, antes de mais nada, foi o nosso sentimento comum de desprezo em relação a Saulo que nos levou a conversar.

Saulo, aqui é Tiago:

Se conseguisse encontrar você, eu lhe escreveria.

Não por admiração, embora vinte anos atrás eu tenha admirado o seu domínio da Torá.

Não por amor, embora uma vez você me tenha beijado e soprado aquela brasa no meu coração.

Eu lhe escreveria pelo mesmo motivo que me leva a vestir os nus e a alimentar os famintos: como prova da minha fé e do amor pelo Senhor que ambos sentimos.

Saulo, eu lhe diria o seguinte: evite Jerusalém. Passe o resto dos seus dias em qualquer outra parte do império. Não aqui. Deus o abençoe por se lembrar dos pobres deste lugar; porém, se houver outra coleta, mande trazê-la, não a traga você mesmo.

Aqui você correria riscos excessivos.

Não venha.

Tiago.

47

Timóteo

Havia um conflito em Corinto. Paulo me enviou para lá a fim de solucioná-lo.

Enquanto nos visitavam em Éfeso, alguns dos escravos da casa de Cloe nos disseram que havia divisões entre o povo de lá. Os coríntios estavam brigando para saber qual das igrejas domiciliares tinha maior sabedoria espiritual. Parecia que os crentes daquela cidade sincrética tinham voltado aos seus hábitos gregos, cada um se associando a quem o batizara, exatamente como os neófitos das religiões místicas se associam ao *mistagogo* que os iniciou. Os coríntios estavam discutindo para saber que ministro do batismo conhecia melhor a mente de Deus.

Por isso, não me surpreendeu o fato de Paulo me pedir para viajar até Corinto e ajudar na solução desse problema.

— Diga-lhes o que eu sempre lhes falei — disse Paulo na sua orientação. — Nada - sabedoria nenhuma, ação nenhuma, *coisa* nenhuma - é importante a não ser que esteja ligada a Jesus Cristo, o crucificado. Diga-lhes que todos nós que pregamos e batizamos somos igualmente servos do Senhor. Diga-lhes — disse Paulo — que somente Deus é a fonte da vida de cada um em Cristo Jesus, a quem Deus fez para que ele fosse a nossa sabedoria, a nossa justiça, santificação e redenção.

Essa a minha tarefa; esse o meu recado. Mas depois Paulo lembrou-se da necessidade universal dessa verdade particular e disse: — Timóteo, refaça o caminho que percorremos quando entramos na Europa pela primeira vez. Faça todas as igrejas lembrar-se apenas da cruz e de Cristo.

Paulo estava animado quando o deixei, cheio de agradecimento a Deus, convencido de que os seus planos para o mundo estavam funcionando.

— Os seus pés são belos, Timóteo — disse ele —, por causa da nova que você prega!

Quando surgiam problemas nas suas igrejas, mais do que aflito, Paulo sentia-se feliz pela oportunidade de pensar e escrever. Dizia ele que, durante a solução dos problemas, o Espírito lhe ensinava coisas que ele antes desconhecia.

— Diga-lhes que sempre agradeço por eles por causa da graça de Deus que eles possuem em Cristo Jesus, o qual — disse Paulo — os sustentará até o fim, chegando sem culpas ao dia do Senhor Jesus Cristo!

De Éfeso caminhei até Tiatira. Lá encontrei-me com Lídia, que passara os últimos oito meses procurando mercadorias para a sua profissão e almas para o Senhor. De Tiatira a Trôade viajamos juntos – ela, eu e cinqüenta rolos de peças purpurinas — numa carruagem coberta, de quatro rodas, puxada por quatro cavalos. Lídia é uma mulher de *gravitas*. Tem peso físico e moral. Desloca-se mais facilmente sobre rodas do que a pé. E depois sai para o mar com majestade. Graciosa, pagou a passagem para nós dois até a Samotrácia e Neápolis. Depois tomamos outra carruagem até Filipos, onde fiquei duas semanas, pregando.

É a cruz, Timóteo! Diga-lhes que a palavra da cruz – que o mundo despreza porque o mundo a considera um terrível fracasso – é para nós o poder de Deus!

Tornei a caminhar, novamente sozinho, saindo de Filipos e passando por Anfípolis e Apolônia. Parei em Tessalônica para pregar. Em seguida fui para Beréia e lá também preguei.

Os judeus pedem sinais. Os gregos buscam a sabedoria. Mas nós pregamos a Cristo crucificado, escândalo para os judeus e loucura para os gentios, mas para os que foram chamados, tanto judeus como gregos, pregamos a Cristo, poder de Deus e sabedoria de Deus. Porque a loucura de Deus é mais sábia do que os homens; e a fraqueza de Deus é mais forte do que todas as forças que o corpo consegue exercer.

Finalmente, viajando para o sul, rápido e determinado, transpondo os quilômetros com as minhas próprias pernas à razão de aproximadamente quarenta por dia, cheguei a Tebas numa semana e a Megara em nove dias. Quanto mais me aproximava de Corinto, mais eu sorria; e quando mais eu sorria, mais rápido avançava. Tinha a sensação de estar voltando para casa. Depois de Megara, contornando o Golfo de Sarona, ergui os olhos e vi aquele maravilhoso maciço, aquele monumento às deidades mortas perante o nosso Deus vivo: o Acro-Corinto.

Naquela tarde cruzei a estrada dos barcos: percorri o meu caminho entre cordas e gritos de homens tensos e o forte ranger do madeiramento dos navios sendo arrastados por terra entre a baía e o golfo. Passei pelo estádio dos Jogos Ístmicos e então realmente corri feito um atleta. Arrostando o vento, sentindo os meus cabelos esvoaçando atrás de mim, percorri a toda a velocidade os últimos dez quilômetros até a cidade.

— Erasto! — gritei eu ao chegar à casa do meu amigo sob os céus de safira do anoitecer. — Erasto, é Timóteo! Timóteo! Vim para ficar por uns tempos.

E lá estava Erasto, aquele grande amigo meu! Lá estava ele emergindo da sua porta solene como um navio todo embandeirado. Magnificamente vestido, ungido e coberto de jóias, rosado pela boa vida que levava, abriu os seus poderosos braços e explodiu em choro e lágrimas.

— Disseram que você vinha! Eu não acreditei — dizia ele chorando. — Mas aqui está você, Timóteo, em carne e osso.

As mãos de Erasto pareciam dois pernis. O homenzarrão me envolveu e esmagou com os seus abraços e beijos. Cobriu-me todo com a sua alegria, depois me empurrou para trás para me examinar melhor.

— Ora, vejo que o meu irmãozinho envelheceu — chorava ele. — Vejo o cabelo todo castigado pelo sol!

— Quem disse que eu vinha? — perguntei eu. — Achei que ninguém soubesse.

Erasto começou a estalar a língua dentro daquela boca enorme. — E veja estas rugas na testa do meu belo menino. Timóteo, Timóteo, o que motiva esta preocupação?

Sorri. — Preocupação nenhuma — garanti-lhe eu. — Não na casa do grande Erasto, se é que ele pode oferecer cama e mesa a um viajante cansado.

— Ah, sim, uma cama. Ora, ora – uma cama. Vejamos. — Uma nuvem escureceu-lhe as feições por um momento, depois iluminou-se: — Claro, claro, sei onde está a sua cama. Mas antes disso, venha cá. Entre. Deixe-me reparar as suas energias com um bom banho e alguma coisa para beber. Ah, Timóteo — gritou ele, virando-se na direção da casa —, coisas maravilhosas têm-me acontecido nas últimas semanas. Venha! Vou lhe mostrar!

Praticamente arrastou-me como se eu fosse um carrinho através de corredores e do seu átrio até uma sala de jantar onde a mesa ainda exibia os restos de uma refeição.

Assim que entramos na sala, três homens se levantaram silenciosos como feixes de sombra. Erasto batia palmas de contentamento, mas eles se mantinham solenes e não sorriam.

— Estes homens — disse Erasto rindo —, estes santos, santos homens – os três meus hóspedes enquanto eles desejarem – estes pregadores, Timóteo, são a causa direta das coisas maravilhosas que me aconteceram.

Ruidosamente Erasto deixou a sala. Os seus hóspedes cruzaram as mãos atrás das costas. Vestiam-se como nobres, as dobras dos mantos transformando cada um deles numa estátua de alguma figura ancestral, o vazio estudado dos seus olhos parecia mármore esculpido.

— Então — disse o principal deles, dirigindo-se a um ponto acima dos meus cabelos — você é Timóteo?

— Sou sim — disse eu. — A paz do Senhor esteja convosco.

— Então — repetiu ele — você é um dos companheiros do homem chamado Paulo...

— Exato — disse eu, talvez um pouco rápido demais, pois o hóspede repetiu: — um companheiro daquele Paulo, que se auto-proclama apóstolo.

— Bem, sim — eu disse com alguma hesitação.

Um silêncio caiu entre nós.

Depois Erasto retornou solenemente à sala encabeçando uma procissão de servos.

— Sentem-se — gritou ele. — Reclinem-se, deitem-se, e falem comigo. Falemos sobre os dons, sobre o Espírito e sobre as coisas que estão acontecendo entre nós agora. Timóteo, você primeiro, porque você foi o último a chegar. Timóteo, querido amigo, que é que você tem a dizer?

De repente, os servos começaram a lavar-me os pés e a me calçar com chinelas de seda lá da Índia, no longínquo oriente.

Outros servos serviram-me uma refeição, vinho com purpúreas bolhas na borda.

Outros massagearam-me os ombros, as costas, as nádegas, as coxas e as barrigas das pernas. Massageavam também os outros hóspedes, cujos mantos haviam sido removidos.

Outros servos trouxeram perfumes, óleos e pentes...

Faça-os lembrar-se do seu chamado, Timóteo – do fato de que não muitos deles eram sábios de acordo com os padrões do mundo, não muitos eram poderosos, não muitos eram nobres de nascença. Mas Deus escolheu coisas loucas do mundo para envergonhar os sábios; Deus escolheu os fracos para envergonhar os fortes; Deus escolheu os humildes e desprezados, e até aquelas coisas que não são, para reduzir a nada as que são – a fim de que ninguém se vanglorie na presença de Deus.

De fato, não havia uma cama para mim na casa de Erasto. Os hóspedes do momento – "apóstolos", ele os chamava, homens que viajavam com muito mais bagagem do que eu – ocupavam todos os seus quartos, toda a sua hospitalidade, e também quase todo o seu coração. — Timóteo, os espíritos deles aproximam-se mais do Espírito de Jesus do que o de qualquer outra pessoa que eu conheço.

Erasto mandou um servo conduzir-me para outro alojamento.

— Estéfanas foi quem me disse que você estava a caminho de Corinto. Ele está preparado para recebê-lo, Timóteo.

Estéfanas recebeu-me sobriamente, sem nada mais exuberante que o abraço de irmãos e os delicados gestos de paz. Muito poucas luzes estavam acesas na casa, e ele mesmo dava a impressão de manter a sua alma na escuridão.

— Como você soube que eu estava a caminho? — perguntei eu.

— Paulo me contou.

— Você viu Paulo? Esteve com ele?

Estéfanas abriu uma bolsa de couro e dela retirou folhas de papiro. — Estive — disse baixinho. — E veja. Ele mandou uma carta por nossas mãos.

De fato, uma carta muito longa. Não era para mim. Era para as igrejas daqui de Corinto. Mas duas vezes a carta pedia às igrejas que me recebessem. Eu, "seu muito amado e fiel filho no Senhor", devia ser deixado em paz, escreveu Paulo; e ninguém devia me desprezar.

Por que alguém me desprezaria?

Agora também a minha alma entrou no silêncio e na escuridão espiritual de Estéfanas, e embora ele se esforçasse para deixar-me à vontade, não foi nada fácil. Fiquei melancólico.

Com uma lâmpada acesa entre nós, medindo as palavras, Estéfanas explicou-me as circunstâncias atuais.

Entre muitos suspiros, contou-me a sua história.

Durante o último inverno, surgiram certas questões entre os coríntios, questões que, na opinião deles, exigiam a assistência e a resposta de Paulo. Por isso, tão logo a primavera trouxe calma aos mares, as igrejas escolheram Estéfanas, Fortunado e Acaico para viajarem como os seus representantes até Éfeso levando um lista formal das questões cujas respostas eram mais urgentes.

Eu também iniciara as minhas viagens com a melhora do tempo, de modo que os representantes chegaram a Éfeso várias semanas depois que eu partira. Chegaram animados, disse Estéfanas, alegrando-se por ver novamente o seu mestre. Chegaram como total surpresa para Paulo, que os beijou, riu, acariciou-lhes o rosto e novamente os beijou.

Mas quando os quatro se sentaram para discutir cara a cara, as coisas mudaram de figura, e aconteceu que eles haviam levado a Éfeso mais do que uma carta aberta. Durante um insistente inquérito, pressionados pelo intenso desejo de Paulo de conhecer a situação das igrejas de Corinto, Estéfanas passou a contar verdades que ninguém lhe pedira para contar.

Alguns membros das igrejas estavam envolvidos em imoralidades sexuais extremas. Outros membros moviam ações nos tribunais contra outros membros. Outros freqüentavam prostitutas. Outros entregavam-se a abusos corporais...

Paulo interrompeu Estéfanas. — Mas você — disse ele —, como você sabe dessas coisas?

Estéfanas deu de ombros. — Ora, todo o mundo sabe — disse ele.

Paulo ficou boquiaberto. — Todo o mundo? Todas as igrejas? Os pecadores não escondem os seus pecados?

— É público — disse Estéfanas. — É o que fazem. É assim que *vivem*... — Estéfanas fez uma pausa, começando a ver as coisas com um certo distanciamento, de modo objetivo. A presença de Paulo projetava nova luz sobre os procedimentos em Corinto. Estéfanas engoliu e disse: — E não há culpa no que fazem.

— Com certeza as igrejas denunciaram a culpa — disse Paulo. — Com certeza os líderes condenaram esses procedimentos.

— Bem — murmurou Estéfanas, ficando cada vez mais encabulado —, na verdade, não.

— O quê? — Paulo se pôs de pé, agitado. — As pessoas nos dias de hoje *temem* o pecador? — perguntou ele. — Como pode ele saber que seu ato *constitui* um pecado se outros não o acusam alto e bom som?

— Bem, acontece que eles o *acusam*, alto e bom som e também em público — disse Estéfanas, e imediatamente entrou em pânico, pois Paulo retrucou: — Que foi que disseram? — e de repente Estéfanas foi forçado a fazer a revelação mais difícil de todas.

Começou a esfregar a nuca.

Paulo repetiu a pergunta: — Que foi que os líderes e os pecadores disseram?

De cabeça baixa, Estéfanas respondeu: — Eles dizem que você aprovaria.

— Que eu ... que eu o *quê?*

— Aprovaria. Pelo menos, que você não condenaria ninguém. E eu mesmo — sussurrou Estéfanas — não tinha tanta certeza sobre o que você faria.

A sala em que estavam conversando ficou imóvel como o ar antes de uma tempestade. Paulo estava paralisado e mudo, insondável. Estéfanas não via sinal algum sobre o que dizer em seguida. Teve de continuar de acordo com a sua imaginação.

Disse ele: — Você foi o mestre. Você ainda é o nosso mestre.

Estéfanas entrelaçou as mãos e esforçou-se para falar com articulação grave. — Você nos ensinou que foi para a liberdade que Cristo nos libertou. Você insistiu para que nos mantivéssemos firmes e nunca mais nos submetêssemos à escravidão da Lei — disse Estéfanas. — Liberdade. Você nos deu o maravilhoso dom da liberdade. E quando as igrejas discutiram o procedimento de alguns dos seus membros, muitas pessoas chegaram à conclusão de que tudo era legal. *Tudo* — diziam eles — *para mim é legal.* Os líderes não discordaram. E mesmo que muitos não conseguissem passar por aquela porta, nós também não a fechamos - porque parecia, sabe, que tinha sido aberta por você. Alguns, porém, ficaram irritados, muito irritados, e diziam: *Paulo despecou o pecado.*

De súbito, Paulo voltou a si, chamando em voz alta: — Sóstenes! Sóstenes, traga os seus cálamos! Tenho uma coisa para você escrever.

Deixou a sala apressado.

Estéfanas, Fortunato e Acaico, nenhum deles viu Paulo até o dia seguinte. Quando veio, abraçou-os com vigor solene e lhes entregou a longa epístola que agora estava sobre a mesa entre nós - entre Estéfanas e mim, quero dizer - sob a luz de uma única lâmpada em sua casinha mergulhada na escuridão de uma noite soturna.

A carta de Paulo cobria tudo: as divisões que os escravos de Cloe haviam relatado, as questões formais das congregações, os pecados de alguns coríntios, as medidas que outros deveriam tomar.

Estéfanas estava arrasado.

Esta não era uma carta de concessões. Não elogiava muito nem desculpava nada. Era o mestre ensinando, o pregador exortando, censurando, mas raramente consolando. Era o apóstolo exercendo a sua autoridade, dando instruções para toda a comunidade, às vezes exigindo delicadeza para com os outros, às vezes exigindo a vara – e Estéfanas, que trouxera tanto de Corinto para Paulo, tinha agora de levar Paulo para Corinto.

Era dele a obrigação de ler a carta em voz alta para cada uma das igrejas, em todas as casas onde se reunissem congregações, a começar pela casa de Erasto, o Administrador dos Mercados Públicos.

48

Paulo

Paulo, chamado pela vontade de Deus para ser apóstolo de Cristo Jesus,

À igreja de Deus que está em Corinto, aos santificados em Cristo Jesus, chamados para ser santos, com todos os que em todo lugar invocam o nome de nosso Senhor Jesus Cristo, Senhor deles e nosso:

Graça a vós outros e paz, da parte de Deus, nosso Pai, e do Senhor Jesus Cristo.

Não escrevo para que fiqueis envergonhados, mas para advertir-vos como meus amados filhos. Pois, embora tenhais inúmeros guias em Cristo, não tendes muitos pais. Eu, porém – eu, através do evangelho – tornei-me vosso pai em Cristo Jesus.

Peço-vos, então, insistentemente, sede meus imitadores.

Tendes Timóteo diante de vós, meu muito amado e fiel filho no Senhor, a quem enviei para vos fazer lembrar dos meus caminhos em Cristo Jesus, conforme os ensino em todas as partes, em cada igreja.

Alguns dentre vós se ensoberbeceram, como se eu não tivesse de ir ter convosco. Não se preocupem! Se o Senhor o permitir, em breve irei visitar-vos, a fim de testar não a *palavra* dos arrogantes, mas o seu *poder.* Pois o reino de Deus não consiste em palavras. Consiste em poder.

Que preferis então? Irei a vós outros com vara ou com amor e espírito de mansidão?

Ouvi de fato dizer que há imoralidade entre vós, uma imoralidade tal como nem mesmo entre os gentios acontece! Um homem se atreve a possuir a mulher do seu pai. Como vos ensoberbeceis disso? Devíeis *lamentar*!

Que esse homem seja afastado do seio da vossa comunidade.

Pois, embora ausente em pessoa, eu estou presente em espírito e, como se estivesse presente de fato, já sentenciei em nome do Senhor Jesus quanto a esse pecador. Agora a ação cabe a vós: enquanto estais reunidos num só corpo, com o poder de nosso Senhor Jesus deveis entregar esse homem a Satanás para a destruição da carne – a fim de que o seu espírito possa ser salvo no dia do Senhor Jesus.

Não é boa a vossa jactância. Não sabeis que um pouco de fermento leveda a massa toda? Lançai fora o velho fermento, para que possais *vir a ser* uma nova massa, realmente sem fermento. É o que sois. É o que podeis ser. Pois Cristo, o nosso Cordeiro Pascal, foi imolado. Por isso, celebremos a festa não com o velho fermento, o fermento da maldade e da malícia, mas com os asmos da sinceridade e da verdade.

Dizeis vós: — Todas as coisas me são lícitas. — Mas eu digo: — Mas nem todas convêm.

Dizeis vós: — Todas as coisas me são lícitas. — Mas eu por mim não me deixo dominar por nenhuma delas.

Dizeis vós: — Os alimentos são para o estômago, e o estômago para os alimentos. — Certo, mas Deus destruirá tanto estes como aquele!

Se a única coisa que aprendestes com os meus ensinamentos é a liberdade, a mera liberdade, não aprendestes o suficiente.

Se pensais que a vida santa envolve apenas o vosso espírito; se pensais que esta forma mortal, o vosso corpo, nada tem a ver com a bondade ou com o céu, então pensais como crianças! Não pensais melhor do que bebês que chapinham na orla do oceano enquanto os vagalhões vão se formando longe da praia.

Prestai atenção: o corpo não foi feito para a imoralidade mas para o Senhor, e o Senhor para o corpo! E Deus, que ressuscitou o Senhor, também nos ressuscitará. Vossos corpos, portanto – vossos *corpos*, meus amados – são membros de Cristo! Porventura tomaríeis os membros de Cristo e os faríeis membros de uma meretriz? Absolutamente, não! Não sabeis que aquele que se une a uma meretriz torna-se um só corpo com ela? Porque está escrito: *Serão os dois uma só carne.* Mas os que estão unidos ao Senhor tornam-se um só corpo com ele.

Fugi da impureza!

Qualquer outro pecado que uma pessoa cometer é fora do corpo; mas aquele que pratica a imoralidade peca contra o próprio corpo.

Acaso, não sabeis que o vosso corpo é santuário do Espírito Santo, que está em vós, o qual tendes da parte de Deus?

Não sois de vós mesmos!

Fostes comprados por um preço!

Portanto, glorificai a Deus no vosso corpo.

Eu vos louvo por vos lembrardes de mim em tudo e por manter as tradições exatamente como vos foram por mim transmitidas.

Mas nas prescrições seguintes não posso vos louvar, porque quando vos reunis, não é a ceia do Senhor que comeis. Pois alguns tomam antecipadamente a própria ceia, e há quem se embriague, enquanto outros passam fome. Que significa isso? Não tendes, porventura, casas onde comer e beber? Ou menosprezais a igreja de Deus e envergonhais os que nada têm? Que vos devo dizer? Louvar-vos-ei por isso? Não, certamente, não vos louvo.

Porque eu recebi do Senhor o que também vos transmiti, que o Senhor Jesus, na noite em que foi traído, tomou pão e, tendo dado graças, o partiu e disse: *Isto é o meu corpo que é dado por vós. Fazei isto em memória de mim.* Por semelhante modo, depois de haver ceado, tomou o cálice e disse: *Este cálice é a nova aliança no meu sangue. Fazei isto todas as vezes que o beberdes, em memória de mim.* Todas as vezes que comerdes este pão e beberdes o cálice, anunciais a morte do Senhor, até que ele venha.

Por isso, aquele que comer o pão ou beber o cálice do Senhor, indignamente, será réu da profanação do corpo e do sangue do Senhor. Que todos, portanto, se examinem a si mesmos, e depois comam do pão e bebam do cálice, pois quem come e bebe sem discernir o corpo come e bebe o juízo para si mesmo. Eis a razão por que há, entre vós, muitos fracos e doentes, e não poucos que dormem.

Prestai atenção: se nós nos julgássemos a nós mesmos, não seríamos julgados. Mas, quando somos julgados pelo Senhor, somos disciplinados para não sermos no fim condenados com o resto do mundo.

Assim, pois, amados meus, quando vos reunis para comer, esperai uns pelos outros, para que a reunião não seja motivo de condenação.

E agora, o seguinte: a respeito dos dons espirituais, não quero que sejais ignorantes...

49

Timóteo

Enquanto Estéfanas estava lendo a carta de Paulo para a congregação da casa de Erasto; enquanto alguns debatiam a carta como se o próprio Paulo estivesse presente; enquanto outros se queixavam, apupavam ou estalavam a língua em desaprovação, comecei a notar que algumas vozes eram mais fortes que as demais. Essas eram as vozes do poder, que provinham do mais fundo do peito, vozes poderosas, profundas e musicais.

Diziam elas: — Quem é esse Paulo?

Diziam elas: — Com que direito esse homem profere tais palavras? Por que vocês, pessoas de bem, devem imitar a ele e não a outro?

Diziam elas: — Esse homem duro, esse capataz, já apresentou a vocês as suas cartas de recomendação? Ele foi aprovado por *alguém* que não fosse a sua própria fanfarronada, a sua parlapatice sinistra e hipócrita?

E em seguida disseram elas: — Olhem para nós!

Estéfanas continuava lendo em voz alta a carta de Paulo — *ainda que ausente em pessoa, mas presente em espírito* — todavia as vozes poderosas repetiam a si mesmas, dizendo: — Olhem para nós!

Foi o que fiz. Virei-me e vi os mesmos três hóspedes que Erasto chamara de "apóstolos". Estavam de pé, postados como antes: perfeitamente eretos, as dobras dos seus mantos caros fluindo suaves como cera de vela. Não demonstravam nenhum esforço na sua retórica, nenhum descontrole nem emoção, e todavia davam a forte impressão de estar conversando com Paulo, de quem exigiam provas de que o espírito dele estava, conforme escrevera, *realmente* presente.

— Paulo! Paulo! — vociferavam eles. — Você realmente consegue abandonar o seu corpo, ou será que a sua força está apenas na letra escrita?

E gritavam: — Silêncio! — para as pessoas que ainda tagarelavam: — Silêncio! Vamos ver se Paulo nos responde!

Estéfanas resolutamente os ignorava. No súbito e vigilante silêncio da casa, com dificuldade ia lendo as palavras de Paulo: — *Não é boa a vossa jactância. Não sabeis que um pouco de fermento...*

Os hóspedes, esses luminares, fingiram rir-se. Disseram eles: — Vocês vêem algum Paulo? Não vemos nenhum Paulo. Não sentimos a presença de algum espírito de Paulo. Mas olhem para nós, observem, dirijam o olhar para nós aqui, não para aquele interlocutor esganiçado e estúpido! — Referiam-se a Estéfanas, que em momento algum interrompeu a leitura.

— As palavras de Paulo chegam no papel — disseram eles. — O espírito permanece no corpo dele. Mas nós somos capazes de abandonar os nossos corpos e subir feito espíritos vivos até os céus e penetrar no céu dos céus! Nós! Nós vimos o rosto fulminante de Cristo, os seus dois olhos brilhantes como raios, a sua couraça dourada vermelha qual fornalha. Nós! Nós ouvimos aquela voz retumbar como uma catarata. E novamente voltamos para transmitir as suas mensagens às pessoas presas aos seus corpos num plano inferior, àqueles ainda rudemente vinculados ao peso corporal. Então, agora, alguém pode dizer que a nossa palavra carece de autoridade? Quem tem o descaramento de questionar a nossa supremacia? — pois a nossa glória vem da boca do Senhor!

A casa se concentrava nesse nobre triunvirato. Os rostos brilhavam como lâmpadas; o sangue e a expectativa iluminavam a carne.

Erasto começou a aproximar-se dos três homens como que puxado por cordas. Havia uma expressão de espanto e maravilha nos olhos dele. Sorria. A um movimento dele, também o resto da congregação começou a apinhar-se em torno desses "apóstolos".

— Ou será que vocês precisam de provas da nossa parte? — proclamaram na sua melodiosa voz. — O sábio coríntio precisa de provas evidentes que ele não possa contradizer, o testemunho dos seus próprios olhos?

Erasto fez um vigoroso gesto de assentimento – dando-me, porém, a impressão de um gesto formal, uma reação ritualizada.

Atrás de todos, Estéfanas continuava com a sua voz monótona e baixa.

Sussurrando agora, disse o mais eminente dos três: — Observem!

Os outros dois postaram-se um de cada lado, enquanto ele erguia o rosto para o teto.

A igreja suspendeu a respiração.

Estéfanas lia. Disse Paulo: *E agora, o seguinte: a respeito dos dons espirituais, não quero que sejais ignorantes...*

De repente, um tremor tomou conta do corpo do hóspede central. Cresceu de intensidade até que os seus excelentes dentes começaram a bater, produzindo um ruído seco, e os seus olhos se reviraram até se tornarem vazios. Ele deve ter mordido a própria língua, pois o sangue cobriu-lhe os lábios e escorreu pelos cantos da boca. Eu observava com indefesa fascinação. Acho que era a estranha disparidade entre o ataque físico e a compostura do homem. Perdera o controle de si mesmo; e todavia, estava sob absoluto controle! Estava tremendo, contorcendo-se com notável desinteresse e calma.

Dizia Paulo: — *deixáveis conduzir-vos aos ídolos mudos. Deveis entender. Ninguém que fala pelo Espírito de Deus jamais afirma: "Anátema, Jesus," e ninguém...*

O homem, em pálido êxtase, de repente inspirou uma enorme golfada de ar e o expeliu pelas narinas, produzindo um violento som miado. Vibrando, começou a cair para trás duro como uma tábua, enquanto a cerca humana, os coríntios ao seu redor, começaram a murmurar e a cantar.

Dizia Paulo: — *e ninguém pode dizer: "Jesus é Senhor", senão pelo Espírito Santo...*

Várias pessoas começaram, em ritmo, a agitar chocalhos, ruidosas castanholas e outros instrumentos musicais. Espalhou-se pela sala um forte cheiro de suor. Os que tinham espaço suficiente começaram a girar sem parar de braços estendidos, os rostos alegremente voltados para o alto.

Paulo: — *variedades de dons, o mesmo Espírito. Diversos nos serviços, o mesmo Senhor. A cada um a manifestação do Espírito para o bem comum, para o bem comum: apóstolos, profetas, mestres, operadores de milagres, dons de curar, socorros, governos, variedades de línguas...*

Agora, como o grito da meia-noite que paralisa o seu coração, o apóstolo deitado no chão soltou um uivo selvagem, de lobo.

Erasto reagiu. De um salto pôs-se de pé.

Quero dizer literalmente: saltou de pé, esquecendo os chinelos que ficaram lado a lado no chão. Deu uma cambalhota para trás, pernas para o ar. Caiu tão pesado sobre as costas que o queixo afundou no peito. Eu já estava de pé, correndo na direção dele. Achei que havia quebrado o pescoço. Mas antes que chegasse perto dele, erguera as duas mãos para o alto e começara a bater palmas — *dois, três, quatro* — e, leve como uma criança, o gordo Erasto saltou de pé. Batendo palmas, batendo palmas — *sete, oito, nove* — e tagarelando alto numa língua indecifrável.

Olhei para ele e pensei comigo: Então *essa* é a coisa maravilhosa de que ele me falou. Erasto aprendeu a falar em línguas.

Paulo: — *entretanto, procurai, com zelo, os melhores dons, e eu posso mostrar-vos ainda um caminho sobremodo excelente...*

Música e dança, Erasto suando, a sala cheia de corpos girando num júbilo estranho, enquanto Estéfanas sozinho, junto à porta, continuava lendo, sem parar: — *Ainda que eu fale as línguas dos homens e dos anjos, se não tiver amor, serei como o bronze que soa ou como o címbalo que retine. Ainda que eu tenha o dom de profetizar e conheça todos os mistérios e toda a ciência; ainda que eu tenha tamanha fé, a ponto de transportar montes, se não tiver amor, nada serei. O amor é paciente, é benigno. O amor não arde em ciúmes, não se ufana, não se ensoberbece. O amor não procura os seus interesses...*

Foi nesse ponto que eu, Timóteo, me retirei.

Sentia-me dilacerado entre dois extremos de um diálogo tremendo. Pois lá estava, à minha direita, o balbuciante Erasto, tão feliz como nunca o vira antes; e aqui, à minha esquerda, estava Estéfanas, miúdo e imóvel, lendo de cabeça baixa, deixando lágrimas sobre as páginas.

... o amor tudo sofre, tudo crê, tudo espera, tudo suporta. O amor jamais acaba...

Retirei-me para um lugar mais tranqüilo dentro de mim mesmo onde o meu espírito e eu pudéssemos nos esconder. Durante o resto da noite, permiti que todo o tipo de som, de movimento e de luz lavasse o meu corpo como uma chuva intensa. Mas a minha alma não foi lavada.

A certa altura, o apóstolo do entusiasmo frio levantou-se e ficou de pé, parado, as suas vestes reassumindo o estado de esplendor sem nenhum vinco. O seu gesto de levantar-se foi um sinal para que o resto da igreja também fizesse uma pausa, e ele tomou a palavra com voz moderada, sem afetar nenhum esforço. Afirmou que, na verdade, acabara de subir aos céus, onde recebera a bênção de Jesus para si mesmo e, mediante a sua pessoa, para os outros membros da assembléia. Naquele momento, a congregação inteira, subjugada, desfilou perante ele, uma pessoa por vez, permitindo que ele lhes tocasse a fronte. Depois de tocados, todos partiram noite adentro.

Junto à porta do átrio, ainda escondendo o rosto, Estéfanas ia lendo as palavras de Paulo:

... as línguas cessarão. Profecia e conhecimento desaparecerão. Porque, em parte, conhecemos e, em parte, profetizamos. Quando, porém, vier o que é perfeito, então, o que é em parte será aniquilado.

Quando eu era menino, falava como menino, sentia como menino, pensava como menino. Mas, quando cheguei a ser homem, desisti das coisas próprias de menino.

Porque, agora, vemos como em espelho, obscuramente; então, veremos face a face.

Agora, conheço em parte; então, conhecerei como também sou conhecido.

Agora, pois, permanecem a fé, a esperança e o amor, estes três; porém o maior destes é o amor.

Segui o amor...

Prosseguindo a ler sem parar a longa epístola, foi continuando até não sobrar nenhuma voz falando na casa, nenhum outro ouvido para ouvir, a não ser o meu:

... porque Deus não é um Deus de confusão, e sim de paz...

50

Prisca

Nunca mais, depois daqueles doces dias de primavera em Corinto, Paulo pediu-me para massagear-lhe as costas. Sei que não sou nenhuma médica, nem por treinamento nem pelo dom de operar milagres. Mas sou uma consoladora, graças ao dom do Espírito Santo, como também graças ao modelo da minha mãe. Por isso, senti falta daquela intimidade.

Timóteo também já perdera o ofício quando passamos a morar em Éfeso. Ele, porém, não sentia falta alguma. Amava Paulo profundamente, mas odiava ter de testemunhar a dor dele, odiava até mesmo ter de ver – ou pior, tocar – as cicatrizes que eram as provas da crueldade de punições anteriores.

Na verdade, Paulo encontrara um médico melhor do que nós dois, que éramos rústicos e sem instrução, e isso para ele foi motivo de alegria.

"Querido! Querido!" Assim Paulo chamava o novo médico, pois o tratamento dispensado por ele realmente aliviava o pobre corpo do apóstolo.

Lucas sabia o que fazer.

Embaixo da Ágora do Estado, na esquina noroeste, os doutores de Éfeso praticam a sua arte de curar em três salas, cada uma dividida em saletas para receber pacientes e realizar cirurgias, sangrias, evacuações, incisões cranianas, extrações de dentes — esse tipo de atividades.

Não sei se Lucas convenceu Paulo a permitir que ele lhe fizesse uma cirurgia, ou se foi a dor que persuadiu o paciente sem a insistência de Lucas, ou se (essa é uma possibilidade real) Paulo pensou em homenagear Lucas confiando as suas costas ao bisturi nas mãos do amigo.

Eu mesma acho difícil acreditar que a dor por si só teria feito Paulo aceitar a sugestão de Lucas.

Acontece que ele disse muitas vezes que carregava a morte de Jesus no seu corpo, para que nele também pudesse manifestar-se a vida de Jesus. Com a palavra "morte" penso que ele se referia ao sofrimento da dor mais aguda, e com a palavra "vida", à tolerância da dor com alegria. Dois lados da mesma moeda. Paulo *gostava* desses paradoxos, dessas impossibilidades humanas, situações contrárias que intrigavam o mundo, porque era somente Jesus que as tornava possíveis: "ser abatido", por exemplo, "mas não destruído. Ser punido até a morte e todavia não morrer." Ou então, como Paulo gritou certa vez no meio da rua: "Nós estamos morrendo, morrendo! E vejam, nós vivemos!" Se um coxo pode atuar feito um atleta, argumentava ele, ou se um homem cheio de aflições é também um homem capaz de prazer genuíno, ninguém pode duvidar de que o poder transcendente pertence a Deus e não àquele homem específico.

Por outro lado (para Paulo sempre há um outro lado, três ou quatro lados), ele não *pedia* a dor. Não gostava da dor. Uma vez eu o ouvi, cheio de aversão e raiva, amaldiçoar Satanás como a fonte da sua dor.

As razões, portanto, podem ter sido as mais diversas. Por um motivo qualquer, Paulo entrou com Lucas na sala do médico, e Lucas lhe cortou as costas que Timóteo e eu havíamos massageado com mais amor do que conhecimento. A operação foi feita quatro vezes em quatro diferentes regiões das costas, removendo algumas partes e criando quatro novas cicatrizes, embora estas fossem suturadas, deixando apenas ligeiras marcas onde antes havia caroços e cruéis protuberâncias.

Além disso (e este fato me causa comichões quando imagino os detalhes), Lucas convenceu Paulo a praticar diariamente uma rotina pagã: banhar-se. Iam juntos todas as tardes para os banhos públicos. Juntos passavam por entre pagãos nus indo de sala em sala, sala morna, sala quente, sala fria, e Lucas assumia o papel do servo, lavando, esfregando, massageando, ungindo o corpo descarnado do nosso pequeno apóstolo. Aqui, novamente, o motivo é um tanto ambíguo. De que a massagem era terapêutica, não resta dúvida. Mas também não resta dúvida de que Paulo emergia da casa de banhos com uma expressão sonhadora e satisfeita sobre o rosto brilhante, debaixo dos poucos cabelos penteados e colados ao crânio.

É até possível, com sóbrias provas e convicções pessoais, que alguém venha a registrar em alguma futura biografia do apóstolo que ele *gostava* daquilo! Gostava de enfeitar-se!

Numa dessas ocasiões ouvi Lucas dizer: — Espere até chegarmos a Termópilas para provar as fontes sulfurosas de lá. Você vai curvar-se como os campos de trigo ao sopro do vento.

Disse Paulo: — Hum. Estou pensando em outra viagem até Corinto. Quero organizar a coleta para Jerusalém. Hum. Talvez possamos fazer o percurso mais longo.

Timóteo fizera o percurso mais longo durante o segundo ano que passamos juntos em Éfeso. Partira num ritmo lento no início da primavera. Em meados do verão, exatamente no dia em que Paulo mencionou repetir a sua viagem, Timóteo estava retornando de navio pela rota mais rápida possível.

Enquanto o navio ainda estava atracando, Timóteo saltou para a terra firme e foi correndo para a Rua do Porto, vindo direto para a nossa casa, minha e de Áqüila. Quando Paulo também chegou, Timóteo conversou com ele visivelmente angustiado e disse: — O problema de Corinto é pior do que pensávamos, pior ainda do que disse Estéfanas! Ah, Paulo, a corrupção tomou conta do lugar. Homens que se denominam "apóstolos" estão enfeitiçando os corações das igrejas, e você, Paulo... — Timóteo engoliu e passou a mão na cabeça. — Você — disse ele — é visto com profundo desprezo.

51

Paulo

Paulo, apóstolo de Cristo Jesus pela vontade de Deus:
À igreja de Deus que está em Corinto:

Graça a vós outros e paz, da parte de Deus, nosso Pai, e do Senhor Jesus Cristo.

Então é isso: Há quem pensa que me falta autoridade, não é mesmo? Há quem quer ver cartas de recomendação exibindo provas do valor do meu trabalho, não é mesmo?

Ora, digam a esse caluniador para olhar ao redor – isso se ele tiver olhos para ver a verdade. Ele verá mais de uma centena de tais cartas, que não estão escritas com tinta em papel, nem gravadas em tábuas de pedra.

Queridos coríntios, *vós* sois as cartas que me recomendam. Vós sois as cartas de Cristo, produzidas pelo nosso ministério, escritas pelo Espírito Santo do Deus vivente nas tábuas dos vossos corações! Onde estiverdes, ali estarão as minhas cartas para serem lidas pela humanidade! – por qualquer um que não esteja cego à verdade.

Tal é a confiança que temos em Deus por intermédio de Cristo.

Não que sejamos competentes por nós mesmos, como se alguma coisa viesse de nós. Não, absolutamente. A nossa competência vem de Deus. *Ele* nos tornou competentes para sermos ministros de uma nova aliança. E uma vez que temos esse ministério por sua misericórdia, não nos desanimamos!

Pois o homem que despreza o nosso trabalho despreza a Deus.

Nós mesmos, *nós* renunciamos caminhos vergonhosos e dissimulados. Recusamo-nos a praticar truques ou adulterar a palavra de Deus. Pelo contrário, por meio da exposição aberta da verdade nós nos recomendamos à consciência de cada um diante dos olhos de Deus. Esta é a *nossa* maneira de ensinar e pregar. E se o nosso evangelho está encoberto, está encoberto apenas para os que estão se perdendo! No caso deles, o deus deste mundo cegou as mentes dos que não crêem, para impedi-los de ver a luz do evangelho da glória de Cristo, que é a semelhança de Deus. Porque *não* nos pregamos a nós mesmos, mas a Jesus Cristo como Senhor e a nós mesmos como vossos servos, por amor de Jesus! Porque o Deus que disse no princípio: *Das trevas resplandecerá a luz*, ele mesmo resplandeceu no nosso coração, para iluminação do conhecimento da glória de Deus, na face de Cristo.

Temos, porém, este tesouro em vasos de barro, para mostrar que a excelência de todo o poder vem de Deus e não de nós. Em tudo somos atribulados, porém não angustiados; perplexos, porém não desanimados; perseguidos, porém não desamparados. Porque nós, que vivemos, somos sempre entregues à morte por causa de Jesus, para que a vida de Jesus se manifeste em nossa carne mortal. De modo que, em nós, opera a morte, mas, em vós, a vida.

Por isso, não desanimamos. Mesmo que o nosso homem exterior se corrompa, o nosso homem interior se renova de dia em dia. Se esta casa terrena em que moramos for destruída, sabemos que temos da parte de Deus um edifício, uma casa não feita por mãos de homens, eterna, nos céus. Pois, na verdade, aqui gememos angustiados. Neste tarbenáculo suspiramos ansiosos, porque aqui, em casa no corpo, estamos separados do Senhor; mas almejamos nos afastar do corpo e habitar com o Senhor. Contudo, meus amados, sempre temos ânimo, conseguimos caminhar por fé e não pelo que vemos, porque aquele que preparou a nossa morada celeste é Deus, que nos outorgou como penhor o Espírito.

No fim, compareceremos todos perante o tribunal de Cristo, para que cada um receba segundo o bem ou o mal que tiver feito por meio do corpo. Por esta razão, conhecendo o temor do Senhor, nós pregamos e persuadimos. É o amor de Cristo que nos impulsiona, porque estamos convencidos de que um morreu por todos; portanto, todos morremos. E ele morreu por todos, para que os que vivem não vivam mais para si mesmos, mas para aquele que por eles morreu e ressuscitou.

Aqueles que estão em Cristo são, portanto, novas criaturas. As coisas antigas já passaram; eis que se fizeram novas! Tudo isso provém de Deus, que nos reconciliou consigo mesmo por meio de Cristo e nos deu o ministério da reconciliação – a saber, que Deus estava em Cristo reconciliando consigo o mundo, não imputando aos homens as suas transgressões, e nos confiou a palavra da reconciliação.

De sorte que somos embaixadores em nome de Cristo. Deus está exortando por nosso intermédio. Em nome de Cristo, pois, vos rogamos que vos reconcilieis com Deus. Aquele que não conheceu pecado, ele o fez pecado por nós; para que, nele, fôssemos feitos justiça de Deus. Por favor, por favor, coríntios: não recebais a graça de Deus em vão.

Diz Deus: *Eu te ouvi no tempo da oportunidade e te socorri no dia da salvação.*

Bem, agora é o tempo da oportunidade.

Vós deveis saber – em vossa consciência deveis saber – que nós não criaremos nenhum obstáculo no caminho de ninguém. Não se encontrará nenhuma falha no nosso ministério. Pelo contrário, em tudo nos reconhecemos como ministros de Deus: na muita paciência, nas aflições, nas privações, nas angústias, nos açoites, nas prisões, nos tumultos, nos trabalhos, nas vigílias, nos jejuns, na pureza, no saber, na longanimidade, na bondade, no Espírito Santo, no amor não fingido, na palavra da verdade, no poder de Deus, pelas armas da justiça, quer ofensivas, quer defensivas; por honra e por desonra, por infâmia e por boa fama. Somos tratados como impostores! E, contudo, somos verdadeiros.

Para vós outros, ó coríntios, abrem-se os nossos lábios, e alarga-se o nosso coração. Não tendes limites em nós; mas estais limitados em vossos próprios afetos.

Acolhei-nos também em vosso coração.

A ninguém tratamos com injustiça. A ninguém corrompemos. A ninguém exploramos.

Não falo para vos condenar, porque estais em nosso coração, como já disse antes, para juntos morrermos e vivermos.

Grande é a minha franqueza convosco.

Muito me orgulho de vós.

Sinto-me grandemente confortado e transbordando de júbilo, em toda a minha tribulação.

Dai motivos a Timóteo para que ao voltar me traga boas notícias.

A graça de nosso Senhor Jesus Cristo seja convosco.

Amém.

52

L. Annaeus Sêneca

L. Annaeus Sêneca, conselheiro do Imperador Nero, em Roma,
A Marco Antônio Félix, Procurador da Palestina, em Cesaréia:

Escrevo-lhe para adverti-lo. Se você for sábio, usará as informações aqui contidas para moderar a sua arrogância e servir com melhor juízo. Caso contrário, você terá o julgamento que merece.

Como tesoureiro imperial – e de modo mais significante, como preferido de Agripina, mulher e mãe de imperadores –, o seu irmão Palas tem sido uma força política em Roma.

Talvez não seja do conhecimento do grande público — mas *nós* sabemos, não é mesmo, Félix? — que você recebeu o governo da Judéia e de Jerusalém por influência dele.

O grande público, todavia, sabe *muito bem* que Palas fez uso da sua posição em benefício próprio: vendendo ofícios, chantageando com ameaças, movendo processos contra homens ricos cujas propriedades ele cobiça.

Neste momento ninguém sabe (mas em breve todos saberão) que o Imperador Nero está para afastar o seu irmão do ofício de tesoureiro.

Esta é uma informação que a sabedoria irá considerar e a loucura ignorar. Pois quando Marco Antônio Palas sair daqui, embora possa continuar a ser um homem vergonhosamente abastado, a sua força e influência devem diminuir.

O seu barco romano está fazendo água.

Daqui por diante, Félix, você só não fará um governo sábio por sua conta e risco pessoal.

Ontem recebemos o prisioneiro que você mandou da Judéia, um Eleazar, filho de Dineus, a quem o seu despacho escrito define como o "líder de um grande grupo de assaltantes" – assaltantes, escreve você, que "incendeiam as aldeias e roubam os bens do seu próprio povo".

Não há dúvida de que um assaltante não merece confiança, sobretudo quando fala em defesa de si mesmo. E eu também jamais toleraria o comportamento de judeus fanáticos. Quanto menos religiosos forem eles, melhor é para mim.

Contudo, Félix, Procurador: Percebo nesse homem certa credibilidade, inteligência, articulação, uma mente equilibrada. E a versão dele de como foi preso contradiz de modo significativo o que você declara. Ele diz que você o apanhou usando de traição. Diz que você lhe prometeu segurança, caso ele se apresentasse a você para discutir as causas da agitação entre os judeus. Diz que se apresentou, confiando na sua palavra de Procurador, e você o arrastou para os tribunais do pretório e o apanhou numa cilada, num cerco de que participaram mais de quarenta soldados; diz que você o amarrou, o prendeu e *depois* o enviou para Roma.

Ele também afirma que, longe de sofrer alguma violência por parte do grupo dele, os pobres da Judéia *são* o seu grupo, juntando-se a ele em número cada vez maior na mesma proporção em que você, Félix, indiscriminadamente os crucifica.

Ele afirma que este é o seu jeito de governar, matando os súditos, tanto os bons quanto os maus.

Em quem devo acreditar? No procurador ou no assaltante?

Antes de você responder a essa pergunta, quero adverti-lo sobre mais um fato: que o seu próprio centurião, sob cuja custódia o assaltante foi trazido para Roma, concorda plenamente com ... o assaltante.

Uma palavra para um sábio é suficiente. Mas veja: eu lhe dei duas.

53

Prisca

i

Meu Deus! Veja a multidão! Não consigo ver a casa com todo esse povo. Todos os cristãos de Corinto devem estar aqui. Paulo é o autor disso? Será que é tudo coisa dele?

— Com licença — digo eu. Abaixo a cabeça e vou abrindo caminho por entre cotovelos, nádegas e costas como uma toupeira com pés de pato por entre raízes. — Com licença, com licença. — Tenho um corpo leve e pequeno, sou rápida como uma criança.

— Com licença. Estou procurando Paulo.

Menos da metade destas pessoas é gente que eu conheço. Quem me conhece me saúda, educadamente mas sem entusiasmo, receio eu. A alegria da última reunião da semana passada e o vigor com que nos receberam ao nosso regresso foi esfriando à medida que o povo descobriu a razão da precipitada viagem de Paulo vindo de Éfeso.

Os coríntios gostam muito dos seus novos apóstolos. O que eles pregam – e também o que fazem – agrada as tendências de Corinto. Mas Paulo os chama de "superapóstolos" com um desprezo que não admite brincadeiras.

Ao meu lado, rosna um homenzarrão: — Lá dentro. — Ele tem um cheiro tão azedo que me deixa de cabelo em pé.

— O quê?

— Lá dentro — rosna ele. — Paulo está lá dentro. Todos entraram. Nenhuma consideração pela gente simples e honesta que quer ouvir alguma coisa.

Não consigo ver-lhe o rosto, mas acho que conheço essa pessoa simples e honesta. O seu odor é familiar. Já ouvi essa voz antes, gritando: *Corte as amarras, judeu*. É Apeles, o sapateiro.

— Ouvir o quê?

— As brigas. Uma boa briga — rosna ele.

A sala de entrada está tão cheia quanto a rua. Os salões também, onde o ar já está saturado de calor humano, sufocante, se comparado ao frio do dia outonal lá fora. Eu admito: o tamanho da multidão me incomoda; o mau humor me atrapalha.

Por que "brigas"? Que tipo de brigas Apeles espera ver?

Três de nós vieram de Éfeso de barco, Paulo, eu e Sóstenes. Sóstenes insistiu para participar da viagem porque pretendia reatar algumas amizades que rompera com a sua súbita partida quatro anos atrás. O motivo, porém, de Paulo me convidar eu não o conheço. Nunca me deu uma razão. Talvez eu seja um exemplo público de alguma coisa. É um procedimento típico de Paulo. Ou talvez ele tenha suposto que a minha natureza mais delicada e o meu amor pelos crentes daqui poderia suavizar os seus objetivos, isto é, os de Paulo. Disse ele:

— Prisca, venha comigo. — Depois acrescentou: — Quando Corinto disse a Timóteo que eu deveria deixá-los em paz, não tive escolha. Desta vez preciso ir pessoalmente purificar a igreja.

Se a sua "purificação da igreja" significava que ele poderia ferir uma alma ou duas, então talvez eu seja o bálsamo.

Assim que desembarcamos em Cencréia, Sóstenes encaminhou-se sozinho para Corinto. Paulo começou a trabalhar lá mesmo na aldeia do porto. Aceitamos o convite da minha boa e graciosa amiga Febe para passar a noite na sua casa. Ela contava com servos que podiam preparar uma refeição para muita gente: enviou mensageiros pelas aldeias a fim de que trouxessem cristãos "para comer e conversar". Febe reuniu uma pequena congregação. Paulo não comeu. Em vez disso, fez muitas perguntas às pessoas sobre os "arrogantes superapóstolos". Que é que ensinam? Que é que fazem? De onde é que vêm? Que tipo de vida levam eles?

Esse, logo descobri, seria o padrão de todos os dias durante a nossa estada por aqui, até ontem.

Visitamos todas as casas na região de Corinto onde os cristãos se reuniam para adorar – todas exceto uma.

Na casa de Tício Justo provei dois prazeres distintos. A casa é geminada com a sinagoga judaica. Sóstenes nunca havia entrado aqui. Pelo contrário, ele atirara tijolos contra esta casa.

Mas lá estava ele, corpo roliço, braços compridos, com aqueles seus cabelos emaranhados e o rosto todo inflamado de alegria e alimentando um sentimento de família, uma vez que com ele sentavam-se à mesa Tício Justo, o vizinho gentio que ele desprezara, e Crispo, que fora chefe da sinagoga antes de se converter a Jesus. Agora, ali estavam os três sentados na união do Espírito Santo, rindo.

Essa reunião me deixava mais satisfeita do que consigo dizer, como também acontecia com este outro fato: que eu, pessoalmente, podia ouvir a minha própria voz ressoando pelas salas. Ouvi, com os ouvidos da memória, a primeira oração que conduzi em voz alta, a primeira profecia que fiz em público, pois este é o lugar onde o Espírito me fez falar. Este é o berço do meu ministério recém-nascido.

Assim, nós quatro partilhamos da doce comunhão e do prazer silencioso – até a chegada de Paulo, que começou a caminhar pela sala sondando Justo e Crispo a respeito dos superapóstolos. A atmosfera mudou. Começamos a tratar de assuntos sérios, por assim dizer, e ninguém mais sorriu a partir daquele momento.

De fato, já são sete dias que Paulo nada mais faz do que trabalhar. Eu pessoalmente achei tempo para caminhar pela cidade, revendo lugares que Áqüila e eu conhecemos juntos, onde nós moramos, onde trabalhamos. Dois dias atrás, fiquei tão meditativa que Paulo notou e interpretou para mim o meu estado de espírito. Disse ele que eu estava sentindo o "aguilhão do mundo". Disse-lhe que não, era antes o suplício da nostalgia. Mas ele disse que até as coisas doces podem envenenar o sangue, e que eu deveria me preocupar com esse meu apego excessivo. Será que esse homem nunca sorriu diante de um pôr-de-sol? Será que lhe faria mal relaxar por um único dia?

Seu plano era primeiro descobrir o máximo possível sobre a situação em Corinto, primeiro para medir o tamanho desses intrusos, apóstolos que se declaravam melhores do que ele, e depois reunir toda a igreja num único lugar, para então fazer certos pronunciamentos propondo mudanças.

Apenas uma casa em Corinto tem espaço suficiente para acomodar toda a igreja ao mesmo tempo. A casa de Gaio, ao pé do Acro-corinto.

Ontem de manhã Paulo e eu fomos até lá para pedir permissão a fim de usar os seus aposentos. Desta vez Paulo não precisou dar início ao interrogatório. A notícia se espalhara. Gaio sabia o que Paulo estava fazendo e revelou os seus pensamentos sem ser solicitado. Disse ele sobre os novos apóstolos: — Eles pedem sem cerimônias. Falando com franqueza, é reconfortante. Eles não têm medo de pedir.

Disse Paulo: — Pedem o quê?

E Gaio respondeu: — Comida. Alojamento. Vestuário. Dinheiro. Pedem cartas narrando os feitos maravilhosos que conseguiram realizar em Corinto.

— Dinheiro? — disse Paulo. — Pedem dinheiro vivo?

— Exatamente.

— Para os pobres?

— Para si mesmos. Para os seus ministérios.

Paulo acenou que entendeu. Esfregou a cara, murmurando: — É óbvio. Os melhores dentre os melhores de todos os apóstolos devem receber o seu pagamento.

De súbito disse ele: — Vou fazer como eles. Vou lhes pedir uma coisa. Gaio, poderíamos usar as suas salas? Quero convocar toda a igreja para reunir-se na sua casa.

Disse Gaio: — É tarde demais.

Paulo franziu a testa: — O quê?

— Ninguém lhe contou?

Paulo não respondeu a essa pergunta.

Gaio prosseguiu: — Os apóstolos já expediram uma solicitação para que a igreja se reúna com eles, no local em que estão alojados. Amanhã — disse Gaio —, na casa de Erasto.

Aquela era a única casa que não havíamos visitado. A casa de Erasto. Mas estou visitando-a neste momento! Eu e a multidão. Estou sendo esmagada e sinto uma estranha perturbação.

Paulo está por aí no interior da casa, mas eu estou presa no pátio de entrada no meio de gente muito maior do que eu. Não há dúvida! A segunda parte do plano de Paulo já se concretizou, com ou sem a participação dele. Há uma multidão reunida. Mas não tenho certeza de que ele tenha aqui a recepção desejada. Também não consigo adivinhar quem realmente detém o controle da situação.

— Abrindo caminho! Abrindo caminho!

É a ordem autoritária dos soldados. A multidão se aperta e cresce ao meu redor como um vagalhão.

— Saiam da frente! Abram caminho!

De fato, *são* os militares. Aqui está a guarda armada abrindo passagem no meio do povo. Consigo contar seis homens. Ora vejam! Aqui está o esplêndido Erasto no meio deles, sorrindo, saudando as pessoas ao passar.

— Não reparem nos meus homens — diz ele. — É para a ordem e segurança: a segurança dos meus hóspedes e a ordem na minha casa. Está tudo bem! Está tudo bem!

Mas como Erasto está gordo! Que montanhas enormes são os seus ombros e as ancas roliças. A cara dele está vermelha como uma romã. Ah, mas ele tem um cheiro delicioso de cinamomo e cássia. Puxa! que homem! Passa feito uma quadriga, todo coberto de bronze e penduricalhos.

Aproveito a passagem dele, esgueirando-me atrás dos soldados e deixando que eles me abram caminho.

Um bafo de suor azedo anuncia que não sou a única na esteira de Erasto.

Mas de repente o meu espírito me abandona. Todo som na casa cessa. Todos desaparecem da minha visão...

Vejo Paulo.

O meu amigo, o meu amigo, lá está ele de pé, sozinho, no outro lado do átrio, a mão direita erguida, a boca aberta pronunciando alguma palavra.

Os soldados posicionam-se em seis pontos em volta das colunas do átrio. Erasto dirige-se alvoroçado aos três homens parados do lado oposto ao de Paulo. Beija-os um por um, bem no meio da face. O administrador está fungando, enxugando a testa.

Mas está atrasado. Visivelmente atrasado, assim como eu: há algum tipo de debate em curso.

Com a sua voz cortante Paulo vai dizendo: — *Defina* as diferenças! Em benefício do povo, defina as *diferenças*, meu senhor. Eu nunca vendi a palavra de Deus. Pelo contrário, como homem sincero, com poderes a mim confiados por Deus, e aos *olhos* de Deus, eu prego Jesus crucificado.

Erasto já tomou assento no fundo do átrio, no meio das forças em luta. Olha para a direita e para a esquerda, ainda enxugando a testa. Um dos três homens já está respondendo a Paulo. É um homem alto, aquilino, de porte régio, vestindo roupas magníficas como as vestimentas de Erasto.

O homem está dizendo: — Nós também não vendemos coisas do céu. Não fazemos mais que seguir a tradição. Todos os que servem o Senhor são *com justiça* alimentados pelas igrejas a que servem — todos exceto você. Você parece preferir a vida dura, meu senhor, andando por aí na miséria e na pobreza, deliberadamente. É como se você se orgulhasse de ser pobre.

Umas cem cabeças tiraram os olhos desse homem grandiloqüente para fixar Paulo: o baixinho Paulo, o pálido Paulo, magro e corcunda, que estava perdendo o cabelo e vestia uma túnica grosseira, Paulo... enquanto os três homens eretos e altivos exibem no rosto um vigor belo e sadio e barbas escuras maravilhosamente tratadas.

Diz Paulo: — Eu nunca escolhi a pobreza.

O régio apóstolo responde imediatamente: — Escolheu e escolhe! Todas as vezes que recusa um presente você escolhe o nada, preferindo-o a alguma coisa.

Ouço uma *pancada* no átrio. As pessoas dão um pulo. Era Erasto batendo na própria coxa diante do que ele considerou um golpe evidente. Ele está rindo e pestanejando.

Paulo persiste: — Sim, de fato, você diz a verdade! Ora, o próprio Espírito deve estar hoje bramindo através de vocês, porque eu concordo com vocês. Esta é a diferença que nos separa: eu me orgulho da pobreza, enquanto vocês se orgulham dos seus sucessos! Vocês, homens poderosos, superapóstolos de altos vôos, grandes nos seus altos ofícios! Se algum dia eu me gloriar, hei de gloriar-me na cruz de Jesus Cristo, no seu sofrimento e na sua morte...

— Certo! — diz ele interrompendo Paulo. — Certo! E em que estado a sua glória deixou as igrejas daqui? Estes bons coríntios que agora nos rodeiam, que foi que a sua maravilhosa humildade exigiu deles antes da nossa chegada? Miséria! Tristeza, trabalho duro, dor e tratamento vergonhoso. Você mesmo escreveu sobre aflições, perplexidades, perseguições, abatimentos e até mortes. Mas nós libertamos os coríntios daquele Jesus pesado feito mó de moinho! Nós os estamos novamente deixando leves e alegres, porque *nós* nos gloriamos de um Cristo triunfante e da vitória!

— Vocês os estão atirando de novo no mundo — grita Paulo, levantando a voz, os olhos faiscantes. — Vocês estão fazendo deles filhos do inferno! Eu me glorio da cruz, da salvação de Deus. Eu prego a cruz que o mundo rejeita como fracasso. Vocês se gloriam de coisas que o mundo preza e considera agradáveis: o triunfo, o sucesso e o poder pessoal. Vocês pregam o que vocês mesmos desejam: o êxtase, a autocelebração, um nome glorioso. Se os coríntios prezam a sua pregação e a consideram agradável, então eles são do mundo e estão *morrendo*!

— Morrendo? Morrendo, Paulo? Seu tolo, nós lhes damos vida e uma conexão direta com Cristo!

— Por intermédio de *vocês mesmos*! Por meio dos seus êxtases, como se *vocês mesmos* fossem os mediadores entre a terra e o céu.

— Não, meu senhor! De modo algum! Por intermédio do Espírito Santo. Nós avançamos, Paulo, e você ficou para trás num terreno escuro e triste. Nós avançamos com Cristo saindo do passado para entrar no futuro, saindo desta vida de barro, desta vida enfastiada presa à terra, para entrar na vida do Espírito. Você não soube? Cristo *venceu* a cruz. Ele é agora o Exaltado, cujo Espírito sopra através da igreja para elevá-la à altura de si mesmo. Você fez coisas boas por aqui, mas não fez o suficiente. Nós estamos concluindo o seu trabalho. A cruz foi um bom passo, com certeza. Mas em que direção? Ora, na direção do Espírito Santo e de um céu muito real. Isto é o que fazemos nós: abandonamos o nosso corpo e voamos direto para Cristo no céu. Aqueles que não conseguem fazer o mesmo, aqueles que não sabem fazer isso, não podem ser verdadeiros apóstolos! Você, Paulo! Você não é um apóstolo!

Ah, que punhal no coração do meu amigo! Nada pior se poderia dizer.

Segue-se um momento de silêncio absoluto. O povo está gelado. Ninguém se move. Minha carne treme. De onde estou posso ver manchas de um vermelho intenso na testa de Paulo. O arco do seu nariz está branco feito marfim, como se o osso aparecesse através da pele. Seus olhos estão tensos e envoltos em fogo.

Baixinho, bem baixinho, diz ele por entre os dentes: — O seu Jesus é um Jesus diferente. — Por entre os lábios retesados sibila: — Um espírito diferente. Um evangelho diferente...

De súbito, Paulo começa a caminhar. Com passo firme caminha na direção de Erasto. Respira fundo e diz: — Mande esses homens embora! Erasto, mande-os sair da sua casa agora mesmo.

O maciço Erasto, surpreso com o rumo dos acontecimentos, começa a levantar-se. — Eu... não posso! — diz ganindo. — Não vou fazer isso!

— Ponha-os para fora desta casa! — diz Paulo, sério como nunca. É uma ordem. — Expulse-os da cidade!

Erasto agora está de pé, nadando em suor e tremendo de emoção. — Quem você pensa que é? — diz ele choramingando. — Você não tem o direito de me dar ordens.

— Erasto, preste atenção ao que estou dizendo. — Paulo está postado bem na frente do homenzarrão. Cutuca-o com o indicador. — Estes pomposos superapóstolos são a morte da fé e um perigo no seio da igreja. Se eles ficarem, o povo *realmente* começará a morrer.

Mas Erasto já consegue encontrar as suas palavras. Com as bochechas trêmulas, branco de raiva, grita ele: — É você que prejudica o povo, não eles. — Agarra o dedo de Paulo e o dobra para trás: dedo, mão e braço. Os olhos de Paulo se esbugalham. Erasto é agora todo convicção: — Quando ofereci a minha casa, você a recusou. Quando ofereci os meus bens, o meu apoio, o meu cavalo para transportar você, você os recusou, sempre me insultando sem parar! — Erasto avança.

Paulo dobra os joelhos. — Estes homens aceitam o que tenho para dar. — Fala com grande autoridade Erasto, o Administrador dos Mercados em exercício. — Eles me honram. Eles me ensinaram a falar em línguas, mas você — ele se ergue acima de Paulo feito uma montanha — você — não consegue achar as palavras — você!

— Erasto, como você ousa? — geme Paulo; cai de costas batendo a cabeça no chão.

Imediatamente, um grito esganiçado corta o átrio. Um homem passa por mim num salto e pula sobre Erasto, os dedos crispados para matar.

Bendito seja! É Apeles, o sapateiro, gritando: — Lute comigo! Lute *comigo*, seu filho da mãe! Esse homem é bom demais para você!

Erasto, erguendo o rosto aterrorizado, grita: — Guardas! Guardas!

A casa explode. As pessoas berram e se atropelam, espremendo o ar dos meus pulmões. Sou carregada para trás numa lenta e disforme massa humana. Perco a visão, perco a consciência e acho que quase perco a vida.

Quem está me acordando? Quem está friccionando-me as mãos? Estou deitada num quartinho – acho que é um quartinho de hóspedes – com uma pequena menorá pintada na parede. Quem é este homem bom que está olhando para mim? Ah! Sóstenes, observando os meus olhos.

Sóstenes está cantando um salmo de ninar.

Vagamente a minha memória volta. Recosto-me na cama e peço informações. Ele me diz que dois homens foram presos na confusão na casa de Erasto, sendo os dois amarrados e postos para fora da cidade.

Precisamos encontrá-los — diz ele.

Quem são? Quem são esses homens?

Apeles, o sapateiro.

E Paulo, o apóstolo.

ii

O vento uiva nos colhedores. O navio sobe, range e deixa uma longa esteira atrás de nós. Apenas um pequeno traquete está içado, mas é suficiente. Corremos com o vento.

Ó Senhor, não deveríamos estar em mar aberto — não agora, não nesta estação. O inverno está se abatendo com a morte nas suas asas. Jesus, Mestre, salva-nos.

Paulo se recusou a passar o inverno na Acaia.

Achou o último navio que partia e embarcou. Desde então não disse uma palavra. Está sentado de costas para a borda do navio, recebendo o borrifo das ondas sobre a cabeça desprotegida. Está sentado com os joelhos encolhidos junto ao peito, o queixo abaixado e comprido. Essa postura calada de abutre assusta os marinheiros. Disseram-me que se tivermos de enfrentar uma tempestade, eles não vão amarrá-lo. Se as ondas o quiserem, dizem os marinheiros, que as ondas o levem.

Há três de nós aqui, três de nós, completamente loucos, roçando as nossas sepulturas. O terceiro, todavia, não é Sóstenes. Ele preferiu ficar em Corinto. O terceiro é Apeles, o sapateiro, que também desperta suspeitas entre os marinheiros, pois o perigo o enche de alegria. Por outro lado, de boa mente executa as tarefas mais arriscadas, de modo que eles o toleram no seu meio.

Eu pessoalmente estou muito triste.

O meu amigo, o meu Paulo, está mudo.

54

Paulo

Eu, Paulo, na prisão,
Para vós, igrejas de Corinto:

A graça seja convosco!

Eu vos rogo, eu vos rogo pela mansidão e benignidade de Cristo, para abrir os olhos e ver o que está bem à vossa frente. Se alguém entre vós diz que ele é de Cristo, também sou! Mas o homem que louva a si mesmo não é aceito perante Deus; o homem a quem o *Senhor* louva – esse sim é aceito!

Suportai um pouco da minha loucura. Por favor, suportai-me. Eu sinto por vós um ciúme divino porque eu sou aquele que vos apresentou a Cristo exatamente como a noiva pura é apresentada ao seu verdadeiro marido. Receio que haja entre vós uma serpente. A serpente que enganou a Eva, essa mesma está afastando os vossos pensamentos da pura devoção a Cristo. Já vi os efeitos! Alguém prega outro Jesus diferente daquele que eu preguei, e vós aceitais! Alguém traz um espírito diferente, e vós o recebeis! Olhai para vós mesmos. Aceitastes um evangelho diferente daquele que de mim recebestes, como se esses pregadores fossem melhores do que eu. Não são! Nem sou, de modo algum, menos do que os vossos superapóstolos que atualmente serpenteiam em Corinto! Eles dizem que sou mais fraco no falar? Muito bem, mas sou mais forte no conhecimento.

Mas o que dizeis *vós*? Cometi algum *pecado* ao humilhar-me para que fôsseis exaltados? Pequei ao pregar o evangelho de Deus sem que isso vos custasse um centavo? Sou como um soldado: despojando outras igrejas para lutar por vós. Quando estava em Corinto e passava fome, não me fiz peso a nenhum de vós! – uma vez que as minhas necessidades foram supridas por amigos da Macedônia. Eu não serei um peso. Estais me ouvindo? Nunca serei para vós um peso! De fato, vou gloriar-me acerca da minha humildade em todas as partes da Acaia. E por que razão? Julgais que é porque não vos amo? Deus sabe que vos amo!

Mas continuarei na pobreza – sim, na *pobreza* – a fim de provar a verdade do meu apostolado. Continuarei a trabalhar com sacrifício – sim! – a fim de mostrar como são falsos aqueles que proclamam ser apóstolos como eu. Eles mentem! É um disfarce! Aprenderam o jogo do seu verdadeiro senhor, Satanás. Exatamente como ele finge ser um anjo de luz, assim os seus servos fingem ser servos da justiça – e assim como vivem assim hão de morrer!

Eu repito, não me considereis insensato.

Todavia, se assim julgais, então *aceitai-me* como insensato, para que eu também possa me gloriar de mim mesmo. (O que digo não o digo segundo a autoridade do Senhor, e sim por loucura; e posto que outros se gloriam segundo a carne, agora também me gloriarei.) Por que não o faria? Vós de boa vontade tolerais os insensatos, por mais sábios que sejais! Abri os olhos e olhai para vós mesmos: tolerais quem vos escravize, quem vos devore a casa e o lar, quem se aproveite de vós e se exalte ou vos esbofeteie no rosto. Ah, que vergonha para *mim*! Simplesmente fui fraco demais para vos tratar com esse tipo de ousadia.

Mas naquilo em que qualquer um ousa gloriar-se (falo como um insensato), eu também ouso.

São hebreus?

Também eu.

São israelitas?

Também eu.

São descendentes de Abraão?

Também eu.

São ministros de Cristo?

Ora, eu ainda mais (falo como fora de mim), com trabalhos muito maiores, muito mais experiências em prisões, em açoites sem conta, tendo sido muitas vezes dado como morto.

Pelos judeus eu fui açoitado até o limite permitido pela lei. Com que freqüência? Cinco vezes.

Pelos romanos fui fustigado com varas. Com que freqüência? Três vezes.

Uma vez fui apedrejado.

Três vezes estive em naufrágios, uma noite e um dia na voragem do mar.

Viajando, estive em perigos de rios, em perigos de salteadores, em perigos entre patrícios, em perigos entre gentios, em perigos na cidade, em perigos no deserto, em perigos no mar, em perigos entre falsos irmãos. Sofri em trabalhos e fadigas, passei muitas noites em vigília, passei sede e fome por falta de comida, expus o meu corpo aos elementos.

Diariamente o meu espírito geme por todas as igrejas.

Com os fracos eu sofro a fraqueza. Quando alguém se escandaliza, eu me abato.

Se tenho de gloriar-me, gloriar-me-ei no que mostra a minha fraqueza. O Deus e Pai do Senhor Jesus – que é eternamente bendito – sabe que não minto! Em Damasco, o governador preposto do rei Aretas montou guarda na cidade para me prender, mas, num grande cesto, me desceram por uma janela da muralha abaixo, e assim me livrei das suas mãos.

Tenho de gloriar-me. Não há nada a ganhar com isso. Nunca houve. Todavia, posso falar de visões e revelações com os melhores deles.

Conheço um homem em Cristo que, catorze anos atrás, foi arrebatado ao terceiro céu (se no corpo ou fora do corpo, eu não sei, Deus o sabe). O tal homem passou realmente pela experiência do Paraíso (se no corpo ou fora do corpo, eu não sei, Deus o sabe). Lá, esse homem ouviu coisas que ele não pode referir, coisas inefáveis que ninguém pode proferir. *Desse* homem me gloriarei; não, porém, de mim mesmo... salvo das minhas fraquezas.

Se realmente quisesse me gloriar, não seria de fato um néscio, porque diria a verdade. Mas abstenho-me para que ninguém pense de mim mais do que em mim vê ou de mim ouve.

Para que não me ensoberbecesse demais pela grandeza das minhas revelações, foi-me posto um espinho na carne, um mensageiro de Satanás, para me molestar. Três vezes pedi ao Senhor que o afastasse de mim, mas ele me disse: *A minha graça te basta, porque o meu poder se aperfeiçoa na fraqueza.*

Portanto, de boa vontade me gloriarei nas minhas fraquezas, minhas fraquezas, minhas fraquezas – para que sobre mim repouse o poder de

Cristo. Por amor de Cristo, então, estou satisfeito com os insultos, as tribulações, as perseguições e calamidades. Porque, quando sou fraco, então sou forte.

Ah, tornei-me um insensato!

Mas a isto me constrangestes.

Eu deveria ter sido *louvado* por vós! Não sou em nada inferior aos vossos superapóstolos, ainda que nada sou. Coríntios, abri os olhos e vede como víeis outrora. Com certeza vos lembrais: as credenciais de um verdadeiro apóstolo foram apresentadas entre vós com toda paciência, sinais e prodígios e poderes miraculosos! Em que tendes vós sido menos privilegiados que o resto das igrejas, senão neste fato, de eu não vos ter sido pesado? Ora, perdoai-me por vos ofender.

Se vos amo mais, serei amado menos?

Mas dizeis que fui astuto e tirei proveito de vós com dolo.

Foi isso mesmo? *Alguma vez* aproveitei-me de vós? Acaso alguém dentre as pessoas que vos enviei alguma vez aproveitou-se de vós? Tito aproveitou-se de vós? Não agimos todos no mesmo espírito?

Está certo, é melhor parar!

Qual é, na vossa opinião, o propósito desta carta? O que julgais que estive fazendo aqui? Defendendo-me a mim mesmo?

Não, meus queridos, não é isso que estou fazendo. Aos olhos de Deus e falando em Cristo, eu estive vos edificando.

Tenho medo daquilo que eu possa vir a encontrar quando vos visitar novamente. Tenho medo que Deus possa humilhar-me outra vez, fazendo-me chorar pelos muitos que pecaram e não se arrependeram. Ah, coríntios, tenho medo de encontrar contendas, invejas, iras, porfias, detrações, intrigas, orgulho, tumultos.

Se eu for, será a terceira vez. Qualquer acusação da vossa parte deverá ser então sustentada com provas de duas ou três testemunhas. Já o disse anteriormente quando estava entre vós; vou repeti-lo na minha ausência: se eu for, não hei de poupar o pecador, e vós tereis a prova de que Cristo fala em mim. Ele não é fraco no trato convosco. Ele em vós é poderoso. Pois ele foi crucificado em fraqueza, mas vive pelo poder de Deus. Pois nele somos fracos, mas no trato convosco com ele viveremos pelo poder de Deus.

Examinai-vos a vós mesmos para ver se estais mantendo a fé. Provai-vos a vós mesmos. Não sabeis que Jesus Cristo está em vós? — se não é que já estais reprovados! Espero que reconheçais que nós não estamos reprovados.

O que pedimos é o vosso aperfeiçoamento.

Queridos, passai bem. Aperfeiçoai os vossos caminhos. Atendei ao meu apelo. Sede do mesmo parecer. Vivei em paz, e o Deus do amor e da paz estará convosco.

Saudai-vos uns aos outros com ósculo santo.

Todos os santos vos saúdam.

A graça do Senhor Jesus Cristo, o amor de Deus e a comunhão do Espírito Santo sejam com todos vós.

55

Prisca

O inverno este ano é cruel. Vem do mar um vento salgado e úmido. Tudo é frio e molhado. Não há nada seco ou quente ou confortável. Todas as superfícies transpiram e cheiram a mofo. Os dias são cinzentos do amanhecer ao anoitecer. Não projetamos sombras porque caminhamos na sombra. Já não há nenhum consolo.

Paulo está preso.

Uma carta aguardava a Paulo quando voltamos para Éfeso.

Fora despachada de Filipos. Trazia o selo de Lídia.

Áqüila e eu estávamos presentes quando a carta foi lida para Paulo.

Notícias ruins.

Lídia finalmente se encontrara com o homem chamado Simão, a quem Jesus chamou de Pedro. Ele, sua mulher e outro homem ("espantosamente bronco e de raciocínio lento", escreveu ela – só podia ser Silas) estavam viajando pela Via Egnatia no sentido oeste, na direção de Roma. Pararam em Filipos. Lídia os alojou na sua casa. E então conversaram.

E a conversa foi parar em Paulo.

Você sabe onde o homem se encontra agora?

Como está a saúde dele?

Jesus o está fazendo crescer?

Depois Pedro deu uma notícia para ser transmitida a Paulo. — Diga-lhe que Tiago acha que ele nunca mais deve voltar a Jerusalém. A disposição da cidade é de matá-lo. Ele não sobreviverá.

Paulo resmungou uma piada sem graça. — Quando é que eu não corro perigo? — disse ele.

Pedro foi também a fonte de uma segunda informação, que deixou cair por acaso, como uma semente ao longo do caminho. Fofoca. Lídia apanhou-a e a enviou a Paulo com um perceptível suspiro de preocupação.

Dizia respeito aos homens das igrejas da Galácia.

Todos tinham sido circuncidados.

Paulo ficou boquiaberto diante da notícia.

— O quê? — disse ele, como se Lídia estivesse na sala conosco. — O que foi que você disse?

Ninguém respondeu. Ninguém falou por Lídia ou por Pedro. Ninguém falou pelos homens da Galácia.

— O que foi que você disse? O que é que está me contando?

Paulo estava transtornado. Os seus movimentos eram fracos e trôpegos. — Ó minhas igrejas, minhas igrejas — dizia ele. — Ó minhas igrejas moribundas.

❦

Que inverno infeliz é este!

Nunca os dias foram tão tristes.

Os céus estão pesados como chumbo. Nenhum deus pode viver num céu assim. Debaixo dele, as crianças não conseguem respirar. As nuvens são uma lápide tumular, fria e cinzenta. À noite, uso um monte de cobertores, aconchego-me ao meu marido – e ainda assim fico tremendo como se estivesse doente.

— Áqüila — digo eu.

No meio da noite, nenhum de nós dois está dormindo.

Digo eu: — Áqüila. Que podemos fazer para tirar o nosso amigo da prisão? Que podemos fazer por ele?

56

Lucas

Por essa época houve um grande tumulto envolvendo os crentes de Éfeso.

Havia um ourives chamado Demétrio que fazia, de prata, nichos de Diana, o que dava muito lucro aos artífices da cidade. Esse homem convocou os artífices juntamente com outras pessoas cuja profissão dependia de Diana e lhes disse: — Amigos, vocês sabem que deste ofício resulta a nossa prosperidade. Mas agora podem ver e ouvir que não apenas em Éfeso mas em quase toda a Ásia este Paulo tem persuadido e desencaminhado muita gente, afirmando não serem deuses os que são feitos por mãos humanas. Agora não somente há o perigo de que a *nossa* profissão caia em desgraça, mas também de que o próprio templo da grande deusa, Diana, seja reduzido a nada. Ora, poderia até mesmo ser destruída a majestade daquela que a Ásia e o mundo adoram.

Ouvindo isso, os artífices e trabalhadores encheram-se de furor. Clamavam: — Grande é a Diana dos efésios!

Foi a cidade tomada de confusão, e todos, ao mesmo tempo, correram para o teatro, arrastando consigo Gaio e Aristarco, dois macedônios que acompanhavam Paulo nas suas viagens.

Paulo queria entrar no meio da multidão, mas os discípulos não lhe permitiram. Alguns dos asiarcas, amigos seus, mandaram um recado pedindo-lhe que não se arriscasse indo ao teatro.

Uns agora gritavam uma coisa, outros gritavam outra, porque a assembléia caíra em confusão e, na maioria, eles nem sabiam por que motivo estavam reunidos.

Alguém dentre a multidão instigou Alexandre, que os judeus haviam impelido para a frente, a tomar a palavra. Então Alexandre, acenando com a mão, pedindo silêncio, queria falar ao povo. Quando, porém, reconheceram que ele era judeu, a uma voz gritaram: — Grande é a Diana dos efésios! Grande é a Diana dos efésios. Isso prosseguiu por duas horas, até que um dos escrivães da cidade tomou a palavra e os apaziguou.

— Povo de Éfeso! — disse ele. — Quem não sabe que a cidade dos efésios é a guardiã do templo da grande Diana? Quem neste mundo não sabe que os efésios são os guardiões da pedra sagrada que caiu do céu? Vendo, então, que estas coisas não podem ser contraditadas, é vosso dever manter a calma. Não há necessidade de uma ação precipitada. Pois estes que aqui trouxestes não são sacrílegos nem blasfemam contra a nossa deusa. Se, portanto, Demétrio e os artífices têm uma queixa contra alguém, os tribunais estão abertos e lá estão os procônsules: que se acusem uns aos outros. Mas se querem alguma outra coisa, isso deve ser resolvido na assembléia regular. Pois, uma vez que não há motivo para justificar este tumulto, corremos o perigo de sermos acusados de sedição.

Tendo dito isso, o escrivão dissolveu a assembléia.

57

Timóteo

Paulo está preso, mas não culpa ninguém.•

Eu é que me sinto amargurado. Sou eu que carrego a culpa no coração. Que Deus me perdoe, pois se Aristarco tivesse simplesmente ido embora sozinho, ninguém agora estaria preso. Mas depois do tumulto no teatro, depois que o escrivão da cidade forçara os ourives a soltá-lo, Aristarco seguiu o conselho do escrivão (como se este houvesse falado exatamente para *ele*) e imediatamente formalizou uma acusação contra Demétrio.

O fato deixou o ourives furioso. E também o induziu a atacar Aristarco – e Paulo – não tão publicamente, mas sob o manto das trevas.

Estou convencido de que até mesmo esta situação não teria levado Aristarco e Paulo à prisão. Se apenas os dois se tivessem envolvido, talvez tivessem sido espancados, mas ainda estariam em liberdade. Todavia, quando Demétrio e a sua gangue de estivadores surpreenderam Paulo e Aristarco numa rua estreita no meio da noite, estes não estavam sozinhos. Epafras estava com eles.

Epafras fez a diferença.

Este sujeito luta como um daqueles homens que parecem ursos saídos do gelado norte, gritando, chutando, golpeando e mordendo, tudo ao mesmo tempo. Não há como surpreendê-lo: tocou nele, lá vem o massacre.

Aquela noite aconteceu o seguinte: Demétrio e outro homem abordaram Paulo, Aristarco e Epafras, cara a cara, no espaço estreito entre duas paredes. Os cinco, pelo que se podia perceber, estavam num impasse, obstruindo a passagem uns dos outros.

Mas Epafras detectou o menor movimento às suas costas, sentiu o mais leve sopro sobre o seu pescoço e ficou uma fera.

Havia três outros homens escondidos nas sombras.

Num átimo, Epafras virou um bicho, rápido como um raio, berrando, xingando, obrigando os estivadores a cobrir a cabeça como se atacados por um enxame de abelhas. Epafras se diverte socando carne e ossos. Para ele não existe honra. Bate em qualquer parte, rasga tudo, arranha como um gato, e vai socando um crânio até transformar o cérebro num mingau, e o tempo todo produz uma algazarra selvagem fazendo o maluco que atacou pensar que do céu estão chovendo demônios.

Todos os estivadores, com exceção de um, fugiram. Este jazia no chão sangrando e mal respirava.

Demétrio também estava imobilizado pela dor. Os dedos das suas duas mãos haviam sido quebrados. A arte do seu ofício fora-lhe arrancada das mãos para nunca mais retornar.

Quando apareceram os soldados que o pretório despachou para investigar que animais estavam gritando em Éfeso, Demétrio, tomado de dor e raiva, finalmente conseguiu o que queria: Epafras, Aristarco e Paulo foram todos levados para a prisão onde aguardariam julgamento, provavelmente por assassinato.

Nesses dias o ódio da cidade cresceu, sobretudo contra Paulo. *O sangue do inocente, derramado em seu nome!* – diz o povo em suas fofocas. De repente Éfeso está convencida de que Paulo trabalhou para criar entre eles uma seita secreta e subversiva: *são mil aqui, dez mil na Ásia!* – dizem eles. Todos o conhecem de vista. O homem é inconfundível. Enxergam o caráter dele na sua figura magra, e ao ouvir falar da sua prisão, dizem eles: *Eu sabia!* Às vezes penso que menos gente detestaria o meu amigo se ele fosse um homem mais bonito, alto e forte como o seu quase xará da tribo de Benjamim, Saul, o rei de Israel. E se ele falasse numa linguagem mais doce, como então se sairia o evangelho num mundo que julga apenas pelo que se vê e o que se ouve? Mas a sua voz raspa nos ouvidos como as bordas de címbalos esfregadas uma contra a outra. As pessoas não esquecem o efeito da pregação do pequeno Paulo, quer parem quer não parem para avaliar a sua linguagem.

Mas pelo fato de que algumas pessoas *realmente* param, *realmente* compreendem e *realmente* seguem este furacãozinho em forma de pregador, a aversão dos efésios tornou-se medo puro e simples. Que poderes mágicos possui ele?

Assim, não são apenas os artífices que odeiam Paulo. Mais violentos que os cidadãos comuns são os próprios sacerdotes de Diana: eles o temem como um feiticeiro capaz de arrancar a própria alma dos seus seguidores. Temem uma seita de pessoas tão alheias às tradições de Diana que, crescendo em número e poder, venha a pôr em jogo a sua autoridade, suas atividades financeiras, suas habilidades de banqueiros, seu papel de custodiar e emprestar dinheiro.

Paulo está sentado numa cela sem janelas, mas não culpa ninguém.

Tem os pulsos algemados, presos à parede. Não pode ficar totalmente de pé nem deitar-se por inteiro. Todos os outros presos circulam juntos num espaço mais amplo. Ele é o único acorrentado e confinado numa cela solitária.

Nas partes mais profundas do pretório, Paulo está sentado num chão de pedra sem se queixar – e sem alegria.

Eu o sirvo. Trago-lhe comida. Transcrevo as cartas que ele dita. Tento lhe dar algum consolo, mas não consigo.

Ele chorou ao ditar uma carta irada dirigida às igrejas de Corinto. Quando, a certa altura da carta, escrevi as palavras: *Foi-me posto um espinho na carne,* eu me perguntava se a sua *carne* não era o espinho, essa sua *forma* física que tanto ofende os olhos do mundo.

Tito está levando a lacrimosa carta fazendo o longo percurso contornando a Acaia.

Diariamente Paulo me pergunta: — Já temos notícias? Quais são as novidades? Que ouviu dizer acerca de Tito? Que diz ele dos coríntios?

Sirvo Paulo. Os guardas me reconhecem. Deixam-me ir e vir. Trago notícias para Paulo. Conto-lhe que o homem ferido na briga, o estivador cuja cabeça Epafras partiu, morreu.

Paulo suspira e esfrega os olhos com as palmas das mãos e depois solta um suspiro ainda mais forte. Não é porque a acusação mudou para assassinato, mas sim porque um homem morreu.

— Ah, Timóteo, na sua opinião, como estão as coisas em Corinto? Qual é o efeito da minha carta entre eles? Perdemos os gálatas. Como poderíamos perder também os coríntios?

Paulo está sentando na prisão completamente, insuportavelmente oprimido.

Tenho a impressão de que está desesperado da vida.

58

L. Annaeus Sêneca

Sêneca, em Roma,
Para Lucano, meu sobrinho estudante em Atenas,
Neste segundo ano do reino de Nero.

Cave, Fratris Filie! Cuidado, meu querido sobrinho! Ah, cuidado: o grande Nero está apaixonado por você.

Perdoe-me, estou fazendo uma brincadeira – mas só meia brincadeira.

O imperador está pedindo que você interrompa os estudos em Atenas e volte para casa. Ele conhece a força instintiva que você tem com a linguagem e o admira, Lucano. Nero se considera um artista entre artistas: ele quer que você se associe aos que gozam da sua intimidade, a sua pequena gangue de oradores, poetas, músicos – e como pode você deixar de aceitar o convite? É claro que você voltará para Roma e se tornará uma figura conhecida no palácio do Palatino, e será reconfortante para a minha alma ver você novamente, rindo pelos salões, recitando em público os seus versos.

Nero pode fazer muito por você. Pode ampliar a sua voz. O que você canta em Roma e o que você diz na sua tribuna ecoará por todas as grandes cidades e províncias, e um pedaço de você sempre ficará em Atenas.

Que idade você tem agora, sobrinho? Dezessete? Dezoito? Eu lhe peço, traga consigo muita cautela quando vier para cá. Traga a sabedoria de um velho. Quando você estiver na companhia de Nero, seja mais político do que poeta; pois, embora ele tenha a juba e a força do leão, tem o coração de um gato.

Para o seu próprio bem, se não o for, finja ser inexperiente; mostre um ar de inocência; escolha com cuidado os aspectos da sua vida que você vai entregar a Nero, reservando sempre a melhor porção para você mesmo. Não aceite todos os convites.

À noite o imperador se cerca de sujeitos desordeiros – amigos que são realmente bandidos – e circula disfarçado pelas ruas. Insultam as mulheres, ameaçam os homens, arrebentam as portas das lojas e roubam as mercadorias pelo puro prazer da arruaça. Pior ainda: desde que alguns lojistas reagiram (eu vi os hematomas na cara do leão no dia seguinte), Nero ordenou que um bando de gladiadores o acompanhe à distância, dispostos a fazer uso das armas. Ataques à sua pessoa têm agora desfechos muito diferentes.

Boa disposição, dizem os cortesãos, rindo das atitudes grotescas do seu "barba-de-bronze", o seu queridinho. É um jovem, dizem eles, que brinca com o poder como um menino que de repente ficou rico e consegue tudo o que deseja. Vai passar quando ele amadurecer, dizem eles – e eu não discordo disso.

Pareço-lhe hipócrita, jovem Lucano? Severo e tacanho de espírito?

Bem, não é certeza; posso estar errado; de todo o coração espero estar errado. Mas quando esta "boa disposição" passar, receio que a disposição mais forte que a substituir não seja diferente em sua natureza, mas apenas em grau, em ousadia, em abrangência e na complexidade da sua maléfica influência.

Você soube que o meio-irmão de Nero, Britânico, morreu no ano passado – aquele que você mesmo elogiou como "o poeta do futuro": um jovem esbelto e sombrio, sempre calado, feliz no isolamento, nunca procurando o poder público, nunca acusando Nero ou Agripina de terem-lhe usurpado o trono.

Você também soube, com certeza, que logo após a sua morte Nero publicou um edito lamentando a perda do apoio do irmão, recusando-se a ficar com a propriedade de Britânico, as casas e vilas, que distribuiu entre os seus amigos mais importantes e honrados.

Mas você também ouviu em Atenas sobre o boato segundo o qual Britânico não morreu de um severo ataque de epilepsia? Que foi assassinado?

Trata-se de um boato que não tem força em público. Não conheço ninguém que se ofenda com isso.

Na verdade, porém, é mais do que um boato. É a verdade.

Locusta, cujos venenos mataram Cláudio, ainda está por aí, querido sobrinho. Ela está protegida e *sob* custódia na sua sombria casinha, mantida por um tribuno cujo nome é Julius Pollio, aguardando o dia em que possa ser útil.

Era de se esperar que Agripina se sentisse negligenciada e dominada pelo filho, assim que ele se tornasse imperador. Ora, o fato aconteceu, e ela começou a lutar para recuperar a sua influência. Mas no dia em que proferiu uma ameaça em público, informando a Nero que ela estava mudando de lado e passava a apoiar Britânico ("que é"– disse ela – "o legítimo herdeiro do trono"), nesse dia ela foi longe demais, e o filho mostrou como observara de perto as frias manipulações da sua mãe: Nero convocou Locusta.

Pollio trouxe a velha com os seus frascos e poções para uma salinha nos aposentos íntimos do imperador. Lá ela misturou várias poções e testou-as numa seqüência de pequenos animais. Em cinco dias produziu uma mistura que matou um porco num minuto, e naquela noite Britânico foi convidado para um banquete com Nero.

A temível Agripina também participou, reclinando-se, conforme pedido seu, à direita do seu filho e não à sua esquerda. Face a face, ela exerce um poder formidável sobre o rapaz. Mas, coração a coração, ela é mais fraca do que supõe. Naquela noite, enquanto explodia uvas contra o seu refinado palato, Agripina estava docemente esquecida de tramas e tramóias.

Uma taça foi apresentada ao provador oficial de Britânico. A bebida estava tão quente que lhe queimou a língua. Afora isso, o vinho foi descrito como "perfeito".

Adicionou-se à bebida um pouco de água para esfriá-la, e Britânico bebeu.

No mesmo instante o jovem enrijeceu-se e caiu sobre as almofadas, a boca aberta num grito sem voz.

O horror espalhou-se pelo salão. Alguns levantaram-se e saíram correndo. Outros mantiveram-se imóveis, olhando para Nero a fim de saber o que fazer. O imperador tomou um gole do seu vinho e depois disse com tranqüila indiferença: — Ele sofre desse tipo de ataques. Pela manhã o meu irmão estará melhor.

Agripina por sua vez não se mexeu. Manteve-se impiedosamente calma. Mas eu a observei e vi surgir em seu rosto uma terrível descoberta. Quem agora estava ao seu lado não era nenhum menino e mal podia ser considerado seu filho – exceto no legado dos assassinatos.

Essa descoberta, Lucano, você também deve fazê-la. Aprenda a lição na sua profundidade, aprenda-a agora, antes de entrar para o serviço do seu benfeitor, de modo que você nunca venha a ser apanhado de surpresa: a gentileza é apenas uma das habilidades de Nero.

Foi necessário quebrar os órgãos enrijecidos de Britânico para fechar-lhe a boca. Tão violento fora o veneno que a pele em volta dos seus olhos ficou preta. Esses sinais foram encobertos com cremes, embora pouquíssimas pessoas tenham de fato visto o cadáver, que foi levado naquela mesma noite para o Campo de Marte. Lá o infeliz rapaz, o seu "poeta do futuro", foi cremado e sepultado. Sem discursos. Sem cerimônias. Às pressas.

Por outro lado, devo lhe dizer que a primeira vez em que uma sentença de morte foi apresentada a Nero para que a endossasse por escrito, ela causou-lhe um momento de mórbida tristeza. Falando para que eu escutasse, disse ele: — Preferia não saber escrever.

E hoje a virtude chegou ao governo. Há legalidade em Roma e prosperidade em geral através do império. Nero sanciona as minhas políticas. De fato, ele as apresenta tanto ao Senado como ao público. E embora eu escreva os discursos que ele faz, acredito que ele os entende – na medida das suas possibilidades.

Aí está. Dei crédito aos dois lados do leão.

Ele ama você. Se você seguir os passos que o seu tio pode lhe ensinar – mais político do que poeta, como digo eu, Lucano, e mais prudente do que apaixonado – ele o aplaudirá com entusiasmo, e o mundo conhecerá o seu nome.

59

Timóteo

Prisca perguntou-me: — Quando você visita Paulo? A que horas do dia?

— À noite — disse eu —, quando a cidade está em casa jantando.

Disse Prisca: — Você precisa me levar até ele.

— Não sei — disse eu. — Não creio que os guardas permitam a entrada de outra pessoa além de mim.

— Timóteo, não diga não. Eu vou entrar na cela com você.

— Para quê, Prisca?

— Só lhe digo isto, e é o que você vai dizer aos guardas: vou lhe fazer uma massagem. Diga-lhes que o homem vai morrer antes do julgamento se eu não puser as mãos nas suas costas.

— Mas Lucas sabe fazer isso melhor que você.

— Lucas é grande demais — disse ela. — Além disso, tem outras coisas a fazer.

— Que é que você está dizendo? Que significa isso?

— Quando você visitar Paulo da próxima vez, precisamos ir um pouco depois do horário normal. Vamos quando o dia começar a escurecer.

— Prisca, que é que você está me dizendo?

— Venha à minha casa ao anoitecer. Vista roupas pesadas, mesmo que faça calor. Estarei à sua espera.

Na verdade, o tempo esteve agradável o dia inteiro. Um belo dia, um dia de zéfiro, um dos primeiros dias realmente primaveris. Agora o Sol vai se pondo sobre a orla do mar, olhando para trás na minha direção.

Deita sobre as águas um caminho dourado tão sólido que eu me imagino andando sobre ele e voltando para casa para sempre.

O fim do inverno provoca em mim devaneios.

Apesar do calor da primavera, estou vestindo um pesado manto de lã, atendendo ao pedido de Prisca.

Envolto no meu manto, dobro a esquina em direção à casa dela. Exatamente no instante em que me aproximo, a porta se abre e lá está Prisca à minha frente, grave, misteriosa, vestindo algo parecido com uma toga romana. O *sinus,* a prega que normalmente cai por sobre os ombros, cobre-lhe a cabeça como se ela fosse uma sacerdotisa pagã pronta para oferecer um sacrifício. O rosto de Prisca está nas sombras. Áqüila aparece e achega o rosto para as sombras do capuz da mulher e a beija. Olha para mim por um prolongado instante, espontaneamente beija a mim também e desaparece porta adentro.

Prisca tem nas mãos uma sacola de couro mole. Imagino que contenha as loções para a massagem. Eu carrego uma bolsa com pão e frutas secas e um odre de vinho.

— Vamos — sussurra Prisca, como se ninguém, exceto eu, devesse ouvi-la. E saímos para o pretório.

Vamos os dois em silêncio. O meu coração começa a martelar no peito. Neste momento nada é normal. Alguma coisa enorme está surgindo esta noite – mas não sei o que é. Caminho no escuro.

Atrás do pretório conduzo Prisca descendo uma escada estreita para os úmidos porões do palácio. Chegamos ao pátio de entrada que termina diante de uma pesada porta de madeira com uma grade e uma amarração com barras de aço. Bato forte na porta. Um dos guardas lá dentro põe a cara na grade.

— Timóteo — digo eu — trazendo o jantar para Paulo.

O guarda está mastigando alguma coisa. Tem um vão entre os dentes da frente. Solta um grunhido e destrava a porta do outro lado. Ela se abre sobre um suporte de ferro que gira em mancais de pedra.

Entramos.

O guarda fecha e novamente trava a porta, depois afasta-se de nós e vai até um banco de pedra onde outros dois guardas estão sentados, comendo. O espaço é estreito, prolongando-se à esquerda e à direita. O teto é baixo. Todas as vigas e pedras estão enegrecidas pela fumaça de óleo de má qualidade e de tochas abertas.

— Timóteo — repito eu — trazendo... — Mas o chefe da guarda ergue um braço sem se levantar.

— Você — diz ele por entre a saliva e um bocado de pão; faz um gesto afirmativo com a cabeça e ergue o polegar para a sua esquerda, a nossa direita. Refere-se a mim. Está autorizando a minha passagem para as celas. — Mas você não. — Dirige um braço com o punho fechado para Prisca. — E por que diabos você está escondendo a cara? Tem vergonha de quê?

Rio com um gesto adulador e faço uma pequena reverência. — Ouça — digo eu —, é uma mulher. É apenas uma mulher, mas ela veio por um bom motivo. Ouça — digo eu —, o seu prisioneiro pode até mesmo morrer antes do julgamento. Explico, ele poderia morrer sob a sua custódia, meu senhor, se não permitir que a minha amiga possa cuidar dele. Ela vai cuidar das suas articulações e dos males que lhe afligem as costas. É uma massagem — digo eu.

Os três guardas continuam mastigando e olhando para nós — para Prisca, uma mulher.

Diz o chefe deles: — Escondendo o quê, mulher?

E eu respondo: — Quantas vezes já encontraram o prisioneiro desmaiado na cela? Isso acontece quando ele atinge o seu limite extremo. Desmaia e chega quase a morrer — você sabe disso. O que mostra a necessidade dos cuidados da minha amiga. Por favor, deixe-a passar comigo.

— Cale a boca! — ordena-me o chefe.

Ah, no meu peito o coração é como um cavalo disparado! Aqui não estou me saindo bem.

— Mulher, fale você mesma — diz ele. — Mostre a sua cara!

Prisca, numa voz tímida e entrecortada, diz: — Por favor, não me peça isso. O senhor tem razão. O senhor tem razão, eu estou envergonhada.

Agora os três guardas estão interessados. O chefe intensifica o seu olhar e se inclina para frente.

— Ninguém aqui passa por mim — diz ele falando arrastado — sem me mostrar a identidade. Tira o capuz ou some daqui.

Lentamente, Prisca ergue a mão direita para a borda do manto caída sobre a testa. Ergue-a. Puxa o pano para trás – e eu fico sem fôlego! As lágrimas atrapalham-me a vista. — Prisca! — suspiro eu.

A sua cabeça foi tosquiada. O cabelo grosseiramente cortado, aparecem manchas de crânio e há cortes no couro cabeludo: há crostas de feridas. O seu rosto parece agora tão miúdo, tão atormentado e infeliz!

Diz o guarda banguela: — Que diabo é isso? — e se põe a rir. — Moça, acabaram com você, não há dúvida.

Berra o chefe: — Cale essa boca! — E, dirigindo-se a Prisca, diz: — Quem te fez isso?

Responde ela: — O meu marido.

— Prisca! — murmuro eu. — *Áqüila*?

— Pelo amor de Deus, por quê? — pergunta o capitão.

— Costume, costume — suspira Prisca com tristeza. Ela baixa os olhos para o chão.

— Eu o enganei. Ele tem direito.

Ah, como queria tomar essa chorosa mulher nos meus braços agora mesmo, para abraçá-la e confortá-la e protegê-la.

Diz o primeiro guarda: — Danou-se! Gostaria de ouvir a história dessa traição.

— Por favor, meu senhor — diz Prisca ao chefe, com voz fraca e todo o corpo caído como um salgueiro chorão —, agora que o senhor me viu, posso cobrir de novo a cabeça?

O chefe limpa a boca com o dorso da mão. — O nome dele é Áqüila, não é? — resmunga ele (eu quis morrer pelo meu erro). — Gostaria de encontrar esse valente Áqüila. Pode cobrir.

Prisca em momento algum soltou o pano. Puxa lentamente o capuz sobre o crânio massacrado, depois enfia a mão na bolsa de onde retira alguma coisa. Com movimentos graciosos, com nobreza no porte, ela caminha em direção do chefe da guarda – e, enquanto a observo, percebo que os acontecimentos me ultrapassaram. Já não conduzo, apenas acompanho.

Prisca estende a mão ao chefe.

Diz ela: — Tenho outro pedido, meu senhor. Só desta vez, só nesta visita, o senhor teria a bondade de tirar as algemas do prisioneiro? Ele precisa estender-se no chão sobre o seu estômago, caso contrário as minhas mãos não servirão para nada.

Ela abre a palma da mão. Está oferecendo sete moedas de ouro, moedas romanas novinhas que trazem a efígie de Nero.

O chefe resmunga, mas aceita o presente.

Bebe um grande gole de uma jarra de barro. Depois se levanta, retira a tocha fumegante do seu descanso na parede e caminha para a esquerda pela estreita passagem. Vai mancando como se tivesse as articulações enrijecidas. Todos os outros prisioneiros estão trancafiados do outro lado dessa parede. Podemos ouvir murmúrios, sufocados movimentos, mas vamos adiante. A cela de Paulo está no fundo da passagem.

— "Estender-se no chão" — às nossas costas o banguela faz uma piada. — "Estender-se no chão", assim as mãos dela podem ser úteis! Ora, também tô com vontade de me esticar no chão quando ela voltar. Mulher tosquiada uma vez, mulher tosquiada para sempre...

Paulo está sentado no chão da cela, de costas para a parede, vendo o chefe entrar e aproximar-se dele para soltar-lhe as algemas. Entramos também.

À luz da tocha, o rosto de Paulo parece descarnado, macilento e desprovido de emoção. Ele nada pergunta ao chefe da guarda. Os seus punhos estão em carne viva por causa do metal. Ao ser solto, esfrega-os um contra o outro, fazendo caretas. Esse simples gesto é um tormento.

O guarda se retira e nos deixa a sós. Só então Paulo ergue os olhos para indicar que sabe que há dois de nós presentes.

Imagino ver o fantasma de um sorriso.

Em seguida, o meu amigo e professor me surpreende quando, numa voz rouca, saúda Prisca enquanto o rosto dela ainda está oculto.

— Priscila — diz ele —, você veio me visitar?

— Eu vim — diz ela.

— Ela veio — anuncio eu, sentindo vertigens diante do sucesso — lhe fazer uma massagem!

Prisca se volta e me censura: — Não, Timóteo! Não! Essa já não é mais a minha função.

— Mas você disse...

— Eu disse o que você precisava saber para argumentar com os guardas de modo convincente.

Ela torna a voltar-se para Paulo e ajoelha-se diante dele. — Não para lhe fazer uma massagem — diz Prisca, segurando-lhe as mãos e levando-as para os lábios. — Vim para lhe dar as minhas roupas.

Paulo, tão magro e acabado! A emoção começa a contorcer-lhe o rosto. A sua testa escura se ergue interrogativa e, penso eu, em sinal de gratidão para com a mulher cujos beijos estão lhe aquecendo as mãos. Mas o seu corpo está desabituado a fortes emoções e treme: tremem-lhe os braços e as mãos grandes em total descontrole.

Nós dois, Paulo e eu, falamos ao mesmo tempo.

Digo eu: — O quê? As suas roupas? Priscila, de que é que você está falando?

Enquanto Paulo diz: — Não, eu não gosto disso. Não aceito.

Diz Prisca: — Você não tem outra escolha. Está tudo combinado. Se você não sair agora, vai deixar os seus amigos em apuros.

— E se eu sair — diz Paulo, desprendendo as suas mãos e fechando-as em lamentáveis punhos —, deixo você correndo perigo de vida! Não posso fazer isso!

De minha parte, não estou entendendo. Fico em silêncio. Na cela escura o ar parece soltar faíscas devido à tensão e a coisas caladas. Se eu disser mais uma bobagem, algo vai explodir como um trovão.

— É tarde demais para objeções! — diz Prisca. Ela apanha de novo as mãos de Paulo e as puxa para a sua testa. Ergue o queixo. O capuz cai-lhe nas costas, ela põe as mãos dele espalmadas sobre o seu triste escalpo.— Você está vendo? O processo já começou. A sua liberdade é um presente meu para você. Quando você sair daqui vestindo as minhas roupas e de cabeça coberta, ninguém vai pedir para você descobrir-se. O chefe não vai me expor à vergonha duas vezes. E não exporá você a primeira vez.

— Mas por que — pergunta Paulo com sua voz rouca — deve ser *você*?

— Ah, meu irmão — Prisca emite um pequeno grito —, você nunca notou? Somos do mesmo tamanho!

Paulo, a enorme cabeça solta em seu gonzo, fixa a mulher por mais um instante. Os seus olhos se umedecem. Acho que está vendo cenas na sua mente: um futuro demasiado perturbador para suportar.

De repente, começa a lutar. — Não, Priscila! Não! — diz ele. — Você não vai tomar o meu lugar! — Paulo põe as mãos no chão e empurra — uma luta terrível, inútil. De imediato a situação não está clara, mas logo percebo que ele está lutando para levantar-se. Os seus membros são varetas inúteis. O peito está afundado. Não lhe restam forças.

— Timóteo, Timóteo, me ajude — diz ele. A sua fraqueza parte-me o coração.

— Prisca — ordena ele — saia daqui! — Guarda! — grita ele, com voz desesperada.

— *Guarda*!

Prisca fala o seu nome cheia de dor. — Ah, Paulo — diz ela. Em seguida, com a mão aberta, esbofeteia-o no rosto.

Paulo cai pesado no chão totalmente inconsciente.

— Timóteo, olhe para o outro lado — diz ela.

Obedeço. Que outra coisa poderia fazer? Paulo pediu ajuda. Não o atendi porque Prisca é dona da situação. Prisca, a corajosa, a que nunca desanima.

Ouço atrás de mim o roçar de roupas. Mesmo nesta cela de pedra percebo o cheiro de pele feminina e engulo em seco.

Prisca vai falando enquanto manipula o corpo do apóstolo. — Timóteo, preste atenção. Lucas, Demas e Justo estão aguardando junto à Porta Magnésia. Vá até lá o mais rápido possível, sem chamar a atenção. Há dinheiro na minha sacola. Ao sair, dê mais duas moedas ao chefe da guarda e peça-lhe para esperar um pouco antes de algemar novamente o prisioneiro. Diga-lhe que Paulo está inconsciente. E diga-lhe que a pobre mulher sobre os seus ombros desmaiou de dor à vista do seu amigo — seu amante.

— Timóteo — diz ela secamente —, olhe para mim!

Viro-me e olho. Ela está vestindo a túnica imunda de Paulo. Os seus seios são pequenos. Mal interrompem a caída do pano. A cabeça, descoberta, parece espinhosa e machucada.

— Ah, meu irmão — diz-me ela baixinho — não chore, não chore não. Vou ficar bem. Áqüila virá me procurar. Tome — diz ela tirando da bolsa um pedaço de carvão. — Escureça-me o rosto, escureça-me o crânio. Serei Paulo enquanto puder. Escureça-me os ombros, os braços, as pernas...

Obedeço. Mas durante o processo não consigo parar de chorar. Tenho a impressão de estar preparando o seu corpo para o sepultamento. Ah, os seus belos braços!... destruídos pelo cruel enegrecimento. Ah, o seu rosto suave, atento, que me olha enquanto o envolvo na estranha mortalha! Ah, o seu pescoço branco, as asas gêmeas dos seus ombros!

Paulo, todo encapuzado na toga de Prisca, jaz ao lado dela, impotente.

E ela vai cantando baixinho enquanto eu a pinto com as cores da sepultura.

Canta: — Há uma só mente entre nós.

Canta para mim, para si, para Paulo, para Áqüila e para todos os que arriscam o pescoço a serviço de Deus:

— Silêncio, silêncio! Firme os joelhos — canta Prisca — pois este é o nosso propósito, o propósito de Cristo, que renunciou ao poder e assumiu um corpo, que humilhou o seu corpo até o pó, até a morte... que provou a morte — canta ela enquanto eu me levanto com o peso de Paulo sobre os ombros. — Que provou a morte das mortes — canta ela — sobre a cruz.

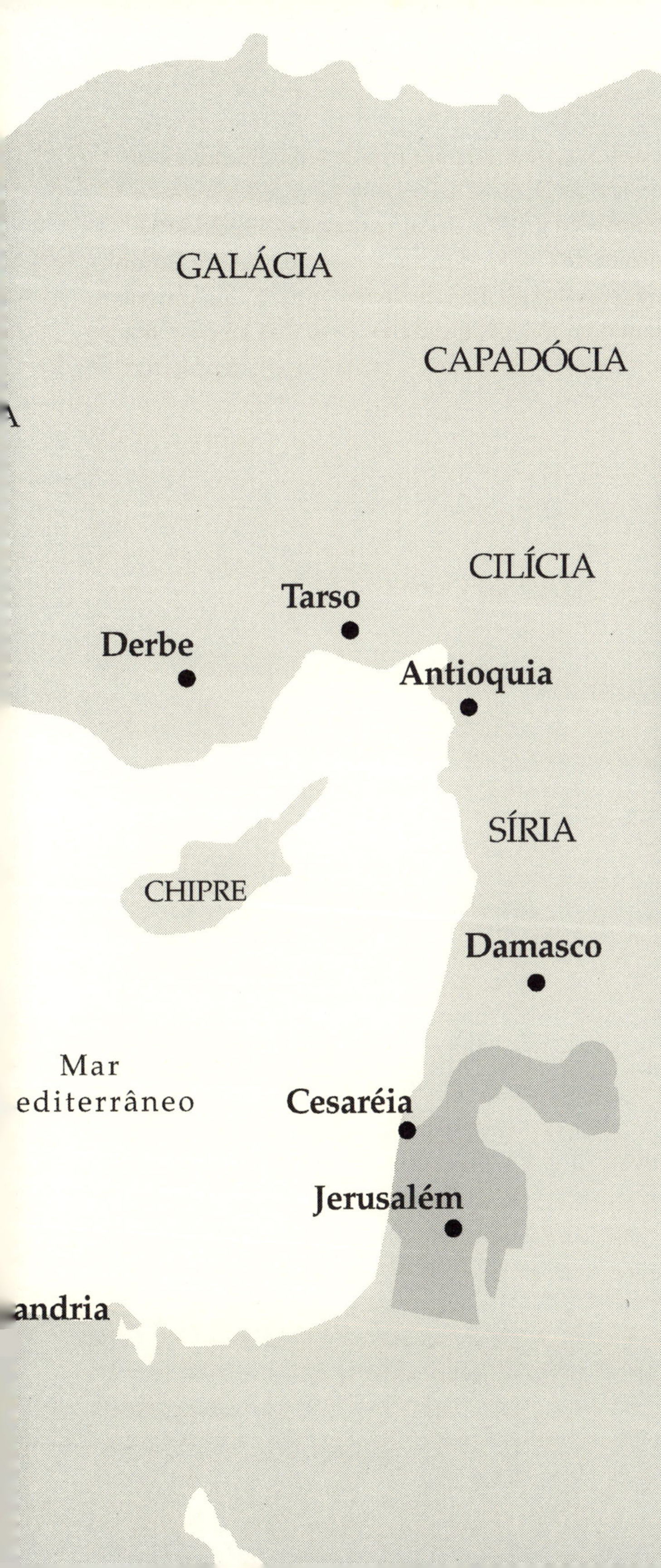

Quinta Parte

Jerusalém

60

Tito

Então o negócio é o seguinte: estou montando um cavalo! *Ai! ai! ai!* Sou Tito sobre um cavalo, percorrendo colinas a galope, por entre pomares e vinhedos, galopando para Termópilas (Paulo, Paulo, você com os seus banhos medicinais, o que é que vai achar da minha novidade?). Cuidado! Está chegando Tito, homem privilegiado, passando pelas aldeias feito um trovão num corcel com um coxinilho carmim e um arreio todo enfeitado com sininhos de prata. Ah, esse sujeito é um príncipe, é Tito!

Agora, falando sério: *Cuidado!* A qualquer momento posso voar de cima deste animal, que vira e pára sem que eu não tenha nada a ver com isso. Estou com os dois pés esticados pelo fato de que estou tentando apertar as costelas do cavalo entre as minhas coxas, que é como Erasto disse que deveria ficar em cima dele. — Você não está sentado num banquinho! — disse ele. — Não dobre os joelhos! Sente-se como se estivesse de pé, com as pernas esticas e firmes. Você vai se sair bem. Vai dar tudo certo.— Foi o que ele me disse, mas não disse nada ao animal, que muda da passada lenta para o trote sem me consultar, sacudindo-me todo, sacudindo-me para cá e para lá até eu cair no chão...

Bem, mas se tento me manter montado, prendendo com firmeza as tiras de couro à boca do animal, ele resfolega e dispara e de repente lá vamos nós rasgando vinhedos, e eu já estou abraçando o pescoço do bicho e gritando para os camponeses ao longo do caminho: — Não é culpa minha! Não é culpa minha! — Nunca montei antes! Esse é o problema. Eu disse exatamente isso quando Erasto levou a criatura para o campo aberto comigo, só nós três. — Me dê um jumento — disse eu —, pelo fato de eu nunca ter montado um cavalo antes. — Mas ele põe um dedo primeiro na minha boca, depois na dele, fazendo-me calar e sacudindo a sua papada diante da grande solenidade da situação.

— É um presente — disse ele. — Estou lhe dando um presente.

Erasto quer doar o animal que é absolutamente o melhor dos seus estábulos. Não possui cavalo melhor do que este, me diz ele.

— Tito — disse ele todo sério, olhando-me bem nos olhos. — Tito, você deve levar o meu presente para Paulo e dizer-lhe que eu o amo. Diga-lhe que o amo. Eu amo esse homem de todo o coração...

Aqui Erasto abaixou a cabeça, endireitou os ombros, e emitiu uma golfada de ar por entre os lábios, produzindo um assobio. Estava lutando contra os próprios sentimentos, penso eu, o que me deixou sem vontade de lutar. Como eu poderia pedir um jumento nessas circunstâncias?

Então ele se recompôs, formal feito um soldado, durão e solene, e disse: — Você deve conduzir este belo cavalo baio para o apóstolo Paulo e dizer-lhe as seguintes palavras: "Aqui, Paulo, está um presente do homem que o machucou. Em nome de Deus, ele se arrepende do que fez e implora o seu perdão. Realmente, de fato, ele não sabia que podia machucá-lo tão profundamente, ou que você poderia ficar tão triste".

Sei as palavras de cor.

Vou repeti-las diante de Paulo exatamente assim — se algum dia chegar à Macedônia antes que um de nós dois, eu ou este "presente", acabe com o outro.

E quando repetir o texto de Erasto, vou acrescentar uma ou duas coisinhas por minha conta, para que Paulo veja o quadro todo. Vou dizer-lhe o que aconteceu quando li a sua carta na casa de Tício Justo perante algumas pessoas reunidas por Sóstenes. Como todos ficaram quietos. Como ninguém discutiu. Como eu me perguntei se estavam prestando atenção. Mas quando cheguei àquela parte sobre Satanás e o espinho na carne de Paulo e a solene recusa de Deus (*Não*, não, ele não removeria o espinho), e quando li a declaração de Deus sobre quem era forte e quem era fraco, alguém caiu no chão uivando. Alguém que ficou descontrolado. Alguém chorou tão alto que eu li a carta aos gritos, caso contrário ninguém ouviria a parte final.

Claro, você sabe quem era o chorão. Ele estivera à espreita junto à porta da casa. Eu não o tinha visto, não sabia que estava ali até ele cair e começar a chorar. Pois é, é Erasto.

Ali está. Essas são as notícias que vou levando para Paulo a toda velocidade em cima do presente de Erasto, que tem quatro patas e um monte de sininhos tocando.

Presente? Não mesmo! Uma trapaça e uma praga é o que é. Uma aflição peluda! A parte interna das minhas coxas é carne viva. Estou com o traseiro moído, a espinha abalada, o corpo sacudido e surrado como um tapete de mãe. Meus braços seguram a garganta deste demônio — e meu plano é apertar até vencer, até estrangulá-lo !

Está certo, depois vou ter de levá-lo para Paulo dentro de uma sacola, por simples deferência.

E depois de dizer tudo o que tenho a dizer, vou acrescentar o seguinte:

— Paulo — vou dizer todo sério, olhando-o bem nos olhos —, Erasto está esperando, acho até que está morrendo, para ouvir uma resposta sua.

61

Timóteo

i

Levamos uma noite e um dia e mais uma noite para carregar Paulo de Éfeso até Esmirna. Sessenta e quatro quilômetros, os primeiros vinte e quatro com uma pressa terrível, apesar da trovoada com chuva intensa durante aquela noite. A neblina nos cobriu na manhã seguinte, e mesmo assim não paramos. Foi bom estar usando capas, caso alguém estivesse em nosso encalço. Foi bom ser fantasmas na estrada.

Nós quatro, Demas, Lucas, Justo e eu, íamos levando Paulo numa peça de couro que ele mesmo cortara. Lucas havia pensado em cobri-lo com ela, mas quando os outros viram que o apóstolo estava praticamente morto, nós atamos varas curtas a uma armação estreita em volta da qual costuramos a peça de couro. Eu mesmo fiz a costura usando uma sovela e umas cordas que estavam na sacola de ferramentas de Paulo. Usei um ponto de alinhavar do qual ninguém se orgulharia. Mas eu aprendera simplesmente observando Paulo, e não dispunha nem de tempo nem de luz para fazer um serviço melhor.

Estendemos a toga de Prisca sobre ele, depois pegamos a tosca liteira pelos quatro cantos e saímos correndo.

Paulo ficou desacordado o tempo inteiro. Pelo menos, eu não *acho* que ele tenha despertado. Algumas vezes eu vi uma pálpebra se abrindo parcialmente à luz do dia, mas a pupila estava vazia e a cabeça balançava ao ritmo dos nossos passos como se estivesse inconsciente feito um melão. Os braços caíam da maca. Os seus pobres, flácidos braços ficavam pendurados, e eu continuamente os prendia junto ao corpo. Mas não conseguia abrir-lhe os punhos. As mandíbulas estavam travadas. Parecia um sono por demais parecido com a morte, e eu estava preocupado. Observava-o enquanto íamos em frente, com medo de que ele estivesse morrendo.

Meu pai me disse certa vez que Homero nascera em Esmirna, aquele velho vidente cego, o cantor que meu pai amava. Depois de dizer-me isso, jogou a cabeça para trás e riu. O riso, como sempre, virou tosse e uma espuma rosada. *Eles o reivindicam, reivindicam o poeta como sendo deles*, disse papai ao recuperar o fôlego: *mas não sabem absolutamente nada sobre ele!*

Na madrugada cinzenta do segundo dia entramos em Esmirna despercebidos e exaustos, mas ainda viajando o mais rápido possível. Temíamos que quatro homens com um quinto num leito entre eles pudessem despertar a atenção. Em Esmirna as ruas são tão perfeitamente retas, tão perfeitamente paralelas no sentido leste-oeste que a brisa do mar soprava ininterrupta do porto enquanto o sol formava uma bolha no leste, e nós nos vimos agradavelmente no meio da brisa e da luz.

Três quilômetros ao norte de Esmirna – agora correndo em direção a Pérgamo – a costura que eu fizera se esgarçou, e Paulo caiu da liteira indo parar sobre o chão da estrada.

— Essa *não!* — gritei eu, assustado por causa de Paulo, e furioso comigo mesmo. Caí de joelhos e por um instante pensei ter visto vida naquele corpo, ou então era a vida se exaurindo: Paulo rolou e ficou de lado, encolhendo os joelhos junto ao peito.

— Paulo, Paulo, você está bem?

Nenhuma resposta. Nenhuma.

A sua têmpora direita, com uma veia azul saltada, estava pálida como marfim. O nariz era muito saliente, as pálpebras de tão finas pareciam translúcidas, deixando entrever os olhos revirados debaixo delas.

A mandíbula estava travada e os punhos fechados.

— Paulo?

Paramos onde nos encontrávamos. Carregamos Paulo para um espaço protegido por pedras, onde os outros três puderam dormir enquanto eu refazia a costura e o velava, velava o seu corpo tenso e inconsciente na bela túnica de Prisca.

Ah, Paulo, eu sinto muito.

Quando terminei a costura – desta vez com um ponto firme – acordei Lucas e lhe pedi que vigiasse enquanto eu fui correndo até a cidade.

Comprei um travesseiro para o meu amigo. Voltei correndo e pus o travesseirinho debaixo da cabeça de Paulo, e depois desmaiei.

Não consigo lembrar como adormeci.

Vi Lucas derramando água sobre os lábios de Paulo como se os dois fossem duas nuvens enormes curvadas uma sobre a outra no céu, e depois não vi mais nada.

ii

No terceiro dia Paulo acordou. Exatamente ao meio-dia, de repente. E começou a chorar em silêncio.

Estávamos quase a meio caminho de Pérgamo, contornando uma elevação à nossa direita. O dia estava claro, o sol às nossas costas aquecendo os ombros, o cheiro da brisa era mais de terra que de mar, e o ar estava umedecido pela respiração do solo primaveril.

Eu caminhava atrás da liteira, à esquerda, lembrando-me pela primeira vez em trinta dias que estávamos na época da Páscoa. Perguntei-me como eu – na verdade, como todos nós – como nos tínhamos esquecido da festa? Estávamos nos esquecendo da nossa herança? Será que as celebrações começavam a desaparecer de nossas vidas sem que sequer notássemos? Ah, mas os acontecimentos imediatos tinham nos absorvido tanto que não tivemos tempo para mais nada: a prisão de Paulo, o medo do futuro julgamento, o que significa medo pela sua *vida*, a apostasia das igrejas gálatas, os horrores de Corinto, o sacrifício heróico de Prisca...

Quando foi a Páscoa? Que dia? De fato eu não sabia. Justo era judeu, mais judeu do que eu, uma vez que o pai dele não era grego.

Perguntei-lhe: *Que dia é o dia da Páscoa?*

Sem me olhar, respondeu: *A noite em que você nos trouxe Paulo — essa noite foi o início da Páscoa.*

Quem a havia celebrado? Será que a minha mãe encontrou uma família para compartilhar com ela o pão, as ervas amargas, o cordeiro, o vinho e a história? Mas Listra é uma cidade onde não há judeus.

Com certeza aquele homem de Jerusalém, solenemente, sentara-se à mesa com outros seus semelhantes, muitos outros, suponho eu. Aquele homem que Paulo conhece. Tiago.

Será que Barnabé também?

Nós não celebramos nada. Nem pensamos na data. Não sentimos o mundo mudando, não ouvimos os anciões nos convocando ou nos acusando.

Disse eu a Justo:— *Você sentiu a falta?*

Ao que me respondeu ele: *Falta do quê?*

Eu caminhava mecanicamente. Caminhava perdido em pensamentos, longe do mundo ao meu redor, permitindo que os meus olhos pousassem sem ver as coisas.

Mas lentamente tomei consciência de que eles haviam pousado sobre Paulo, sobre o seu rosto na liteira à minha frente.

Em seguida, a visão iluminou-se: Paulo estava olhando para mim! Estava acordado! Despertara do seu sono mortal – e havia lágrimas caindo pelos cantos dos seus olhos, molhando-lhe as têmporas.

— Paulo! — gritei. A palavra ficou engasgada. Tossi. Limpei a garganta com vigor e gritei para os outros: — Parem! Olhem! Paulo está aqui! Paulo está acordado!

Rapidamente pusemos a liteira sobre o chão da estrada e nos viramos, os quatro, para observá-lo, para ver o meu querido irmão, o meu amigo, cujos olhos brilhavam, cuja testa estava franzida e cheia de perguntas, cujo lábio inferior tremia ligeiramente, e que nos olhava um por um, um por vez.

— Quem me deu um travesseiro? — disse ele. Tinha a voz embargada de emoção. Ao falar, as lágrimas rolaram em maior quantidade. — Quem? — implorou Paulo, erguendo as mãos e abrindo os dedos como se eles segurassem um delicado vaso — quem fez a gentileza de pôr um travesseiro debaixo da minha cabeça?

iii

Paulo não conseguiu andar durante o resto da viagem até Pérgamo. Mas comia e bebia em pequenas e repetidas doses, e quando partimos para Trôade ele já conseguia andar por um ou dois quilômetros até que fosse necessário recliná-lo novamente no seu leito – essa gentileza da nossa parte, como ele a chamava, ainda lhe provocava lágrimas de gratidão.

Perguntou sobre Prisca, se estava a salvo; não morrera ao salvar-lhe a vida? Não tínhamos respostas. Não sabíamos. Nem pudemos falar de Áqüila nem de nada e de ninguém de Éfeso.

Notícia nenhuma. Isso o fez silenciar. Acho também que o amor dos seus amigos tirou-lhe a fala, calou-lhe a voz.

Mas a certa altura perguntou sobre Tito e Corinto. Isso eu soube responder, mas de um modo um tanto ou quanto estranho.

— Você lhe disse para encontrar-se com você em Trôade, Paulo. Não se lembra?

Fitou-me como se pudesse recuperar a memória no *meu* rosto.

— Foi isso mesmo? — sussurrou ele. — Quando?

— Quando lhe deu a carta para levar a Corinto.

— Mas eu estava na prisão!

— Exatamente, e isso é um fato estranho. Garanto que eu mesmo me surpreendi quando você lhe disse Trôade, porque então não havia perspectivas de liberdade, nem planos para a sua libertação. Parecia-me impossível.

Paulo piscou-me um olho. — Não pode ter sido eu — disse ele.

— Quem então? — disse eu. — Quem mais estava na cela, a não ser eu e Tito?

Ele franziu a testa. Apoiou os cotovelos nos joelhos e aninhou o queixo nas mãos.

— Jesus — disse ele.

Depois disso ele queria muito chegar a Trôade. O fato deu-lhe um objetivo – alguma coisa palpável no futuro. E assim que chegamos a Trôade, ficou ansioso por encontrar-se novamente com Tito. Mas era uma ansiosa incerteza. Queria saber. Precisava saber. Porém tinha medo de saber o que estava acontecendo em Corinto, pois enquanto *não* soubesse, as notícias ainda poderiam ser boas.

Paulo nunca mais mencionou os gálatas. Mas acho que pensava neles o tempo todo. Acho que a sua maior ansiedade era que ele, ao mesmo tempo, talvez estivesse perdendo igrejas no leste e no oeste.

Passou-se um mês. Depois outro, e Paulo foi ganhando forças. Levantou-se e fez o que sempre fizera antes, aonde quer que fosse, pois este era *quem* ele realmente era: começou a pregar o nome de Jesus e a cruz de Cristo em Trôade. Repetindo tudo de novo, começou a estabelecer igrejas no lugar.

— Nós somos a verdadeira circuncisão — pregava ele, sempre dividindo o velho e o novo para que o povo aderisse ao novo. — Nós somos os filhos de Deus, nós que adoramos a Deus em espírito e que nos gloriamos em Cristo Jesus e não depositamos nenhuma confiança na carne.

Tanto para nós como para as almas recém-conquistadas Paulo pregava: — Todo o lucro que eu já tive, eu o considero perda por causa de Cristo! De fato, considero tudo como perda por causa da sublimidade do conhecimento de Cristo Jesus, meu Senhor. Por causa dele perdi todas as coisas e as considero como refugo, para ganhar a Cristo e ser achado nele, não tendo justiça própria, que procede da Lei, senão a que é mediante a fé em Cristo, a justiça que procede de Deus, baseada na fé; para conhecer a ele e o poder da sua ressurreição, e a comunhão dos seus sofrimentos, conformando-me com ele na sua morte; para, de algum modo, alcançar a ressurreição dentre os mortos.

Aquilo soava diferente. A pregação de Paulo era diferente. Despertava em mim, a um só tempo, estranhos sentimentos de intimidade e distanciamento. Não, não era a substância que havia mudado. Não exatamente os seus ensinamentos, mas o jeito com que ele os transmitia. Baixinho. Paulo já não entrava de cabeça em discussões nem *queria* veementemente que as pessoas acreditassem no que ele acreditava. E, o que é mais importante, Paulo nunca antes fora tão *pessoal*.

— Não que eu já tenha obtido essas coisas — dizia ele — ou que eu já seja perfeito. Mas eu prossigo. Prossigo para conquistá-las, porque Jesus Cristo também me conquistou.

— Ó meus queridos! Não julgo havê-las alcançado, mas uma coisa eu faço: esqueço-me do que ficou para trás e avanço para o que está diante de mim. Prossigo para o alvo, para o prêmio da soberana vocação de Deus em Cristo Jesus!

De manhã cedo, Lucas, com as suas mãos fortes, trabalhava os músculos, a carne destruída e seca, a calombenta espinha dorsal de Paulo.

— Você perdeu três dedos — disse Lucas.

Ele estava se referindo à medida judaica. Queria dizer que Paulo estava mais baixo, à razão da largura de três dedos, do que quando se viram pela primeira vez. Pensei no fato. O meu mestre estava quase um anão. Eu já começava a me sentir esquisito, andando ao seu lado feito um camelo.

Paulo, de rosto virado para as cobertas sobre o catre, falava numa voz quase inaudível. Eu só conseguia ouvi-lo prendendo a respiração.

— Priscila costumava fazer isso — murmurou ele. Falava consigo mesmo. — Ela apoiava todo o seu peso contra os meus machucados. Não fazia bem, mas fazia com graça.

De repente ele gemeu: — Misericordioso Jesus, salva Priscila! Salva a minha irmã — viva.

Uma estação passou. Veio o calor do alto verão. E Paulo já não podia esperar Tito em Trôade. De repente anunciou a nossa passagem para a Macedônia, e nós, os três, partimos. Demas e Justo permaneceram em Trôade para supervisionar as igrejas locais. Lucas e eu navegamos com Paulo para Neápolis.

Caminhamos até Filipos. Tivemos uma recepção maravilhosa por parte da formidável Lídia, aquela poderosa mulher que a toda hora ficava passando as mãos nos meus cabelos e arrulhando: — Nunca deixe alguém cortar estes cabelos. Nunca perca nem um cachinho desta cabeleira.

Foi Paulo que, de pé junto ao rio, ergueu os olhos e primeiro viu Tito se aproximando.

— Tito — nos disse Paulo aquela noite, gritando e rindo —, o jovem Tito veio vindo pelos campos verdes vestindo os arreios de um cavalo e tilintando à medida que se aproximava. Uma festa de sininhos! — Paulo ria com gosto. — Porque havia sininhos costurados nos arreios desde o freio até a correia usada em volta da cabeça do cavalo! Sininhos de prata! E sobre os ombros ele usava um coxinilho que fora talhado para o traseiro de algum ricaço. Caminhava de pernas arqueadas, com assaduras entre as coxas, *mancando* como se tivesse sido derrotado numa batalha. Tinha nos olhos a expressão de um condenado, o olhar sinistro de um louco.

— "Tito!" — gritei eu. — "Oh, Tito, como é bom ver você!"

— E o rapaz me saudou com estas palavras: — "Eu matei o cavalo em Termópilas e negociei o couro por um par de sandálias."

62

Paulo

Paulo, apóstolo de Cristo Jesus pela vontade de Deus,
E Timóteo nosso irmão:
À igreja de Deus que está em Corinto e a todos os santos em toda a Acaia:

Graça a vós outros e paz da parte de Deus, nosso Pai, e do Senhor Jesus Cristo!

Bendito seja o Deus e Pai de nosso Senhor Jesus Cristo! Bendito seja o Pai de misericórdias! Bendito, bendito seja o Deus de toda consolação, que nos conforta em nossa tribulação, para que possamos confortar os que estiverem em qualquer angústia com a mesma doce consolação que nós recebemos! Pois, assim como partilhamos os sofrimentos de Cristo, assim partilhamos da sua consolação.

Ó coríntios, se somos atribulados é para o vosso conforto e vossa salvação. E quando somos confortados, isso também é para a vossa consolação, a consolação que podeis provar mesmo enquanto sofreis conosco.

A nossa esperança a respeito de vós é inabalável!

Sabemos que, como sois participantes do nosso sofrimento, assim o sereis da consolação.

Consolação, consolação...

Prestai atenção: Estou falando da tribulação que me sobreveio na Ásia. Fui tão completamente, tão insuportavelmente esmagado, a ponto de eu desesperar da própria vida. Julguei ter recebido uma sentença de morte. Mas aquilo foi para me fazer confiar não em mim mesmo, mas sim em Deus, o Deus bendito! — que *ressuscita* os mortos! Ele me livrou e me *livrará* do perigo mortal. Nele depositei a minha esperança de liberdade para todos nós. Queridos coríntios, orai por mim. Orai por nós, para que muitos, muitos dêem graças a nosso respeito pelas bênçãos concedidas por meio de muitas orações.

Com o testemunho da nossa consciência eu vos digo, vivi – no mundo e mais epecialmente para vós – com santidade e sinceridade de Deus, não com a sabedoria mundana, mas na graça divina. Tudo o que vos escrevi, escrevi do modo mais claro possível, e espero que tenhais agora um entendimento perfeito, como no passado entendestes em parte. Espero que possais orgulhar-vos tanto de mim como me orgulharei de vós no dia do Senhor Jesus.

Em Éfeso comecei a planejar uma viagem final pela Acaia e Macedônia a fim de fazer a coleta para Jerusalém. Pensei que poderia começar por vós, viajar para o norte, depois voltar para encontrar-me convosco uma segunda vez (o que é um duplo prazer!) a caminho da Judéia. Não foi o que aconteceu. Afinal, estou começando pela Macedônia. Mas, por favor, não me considerem leviano. Não pensem que faço planos de acordo com caprichos e vantagens *minhas*, dizendo Sim e Não ao mesmo tempo. Antes, como Deus é fiel, a minha palavra convosco nunca foi "Sim e Não". Pois o Filho de Deus, Jesus Cristo, que foi por nosso intermédio pregado entre vós, por Silvano, por Timóteo e por mim, nunca foi Sim e Não. Nele é sempre *Sim*! Porquanto todas a promessas de Deus encontram nele o seu sonoro *Sim*. Esta a razão por que eu clamo "Amém!" por meio de Jesus Cristo para a glória de Deus.

Ao mesmo tempo, tenho o dever de consciência de vos dizer que, mesmo antes de ser surpreendido pelos acontecimentos, eu já havia decidido não começar a viagem por vós. Queria poupar-vos. Não queria, nem para vós nem para nós, um sofrimento igual ao da nossa última visita. Em vez disso eu vos escrevi; escrevi para que, quando eu de fato *fosse* não fosse novamente machucado. Eu vos escrevi, queridos coríntios, com dor profunda e coração angustiado. Escrevi com muitas lágrimas – mas não para que ficásseis entristecidos! De fato, realmente, eu queria que soubésseis como é grande o meu amor por vós.

E se alguém aí me causou tristeza no passado, bem, não o fez apenas a mim. De certa forma foi a todos vós que feriu. Mas aquilo já passou. Tito descreve como reprovastes o pecador. Por favor, já está na hora de perdoá-lo e confortá-lo, para que ele não seja consumido pela tristeza. Eu vos imploro, confirmai o vosso amor para com o infeliz. A quem perdoardes, também eu perdôo. E o que eu perdoei, se alguma coisa tenho perdoado, por causa de vós o fiz na presença de Cristo – para que Satanás não alcance vantagem sobre nós. (Ah, como eu *conheço* os seus métodos malignos!)

Neste verão estive em Trôade, pregando – de fato, com êxito. Mas eu lhes digo que não tive tranqüilidade alguma, porque Tito não chegara com notícias vossas. Então tornei a viajar e parti para a Macedônia, e o Deus que conforta os atribulados consolou-me com a chegada de Tito! Não apenas com a sua chegada, mas também com o conforto que ele recebeu de vós. Falou-me do vosso pranto, da saudade, do zelo por mim, e eu me rejubilei. Ah, eu aplaudia e chorava ao mesmo tempo!

Não percebeis? Se vos contristei com a minha carta, não me arrependo (bem, na verdade eu me arrependi). Em vez disso, eu me alegro se ela vos entristeceu por um tempo. Não, não digo que me alegro pela vossa tristeza, mas pelo arrependimento que a tristeza provoca. Vós provastes uma tristeza *segundo Deus*, de modo que não sofrestes perda alguma, porque a tristeza segundo Deus produz o arrependimento que conduz à salvação. É a tristeza *do mundo* que produz a dor que leva à morte. (Eu conheço a diferença!) E vejam que seriedade a tristeza segundo Deus vos proporcionou, que desejo de purificação, que indignação, que alarme, que saudade, que zelo, que vindita!

Eu me alegro: tenho em vós plena confiança.

Acima de minha consolação, alegro-me ainda mais pelo amor que Tito sente por vós quando fala da vossa obediência e do temor e tremor com que o recebestes.

Ah, bendito seja Deus que, em Cristo, nos conduz ao triunfo! Bendito, bendito seja o Pai que entre todos os povos propaga a doçura de conhecê-lo por nosso intermédio. Nós realmente *somos* — não é mesmo? — o bom perfume de Jesus.

Agora, o outro assunto: a coleta para os pobres de Jerusalém.

Vós deveis saber como os macedônios foram liberais, apesar da sua dura pobreza. Deram mais do que as suas posses permitem, com toda a liberdade, *implorando-nos* o favor de permitir que participassem no socorro aos santos.

Vós também, coríntios: vós, que sobressaís em tudo – na fé, nas línguas, no conhecimento – deveis sobressair-vos também nesta obra misericordiosa.

Isto aqui não é uma ordem. Estou apenas usando o zelo de outrem para provar que também o vosso amor é genuíno. Pois vós conheceis a graça de nosso Senhor Jesus Cristo, que mesmo sendo rico se tornou pobre por vós, a fim de enriquecer-vos mediante a sua pobreza. Não é uma ordem, repito, mas um conselho: deixai que a vossa abundância do momento presente supra as necessidades dos outros.

Estou enviando-vos Tito novamente (bem, ele vai por vontade própria) para preparar a vossa dádiva antes da minha chegada...

Ah, mas isso é supérfluo, não é mesmo? Escrever-vos sobre a oferta em prol dos santos de Jerusalém. Já conheço a vossa presteza. Já não me gloriei disso aqui na Macedônia? E o vosso zelo já não tem estimulado a muitíssimos? Sim, confio que nunca me humilharíeis, para não dizer nada de vós mesmos.

Aqui está o ponto principal: aquele que semeia pouco ceifará pouco. Aquele que semeia com fartura ceifará com abundância e muito lucro. Fazei vossas doações livremente, sem relutância ou por necessidade, pois Deus ama a quem dá com alegria. E Deus pode vos dar todas as bênçãos em abundância, para que sempre tenhais o suficiente. Aquele que dá semente ao que semeia e pão para alimento aumentará a vossa sementeira e multiplicará os frutos da vossa justiça.

Na prova desse serviço vós glorificareis a Deus pela obediência. E pela generosidade da vossa contribuição provareis a superabundante graça de Deus em vós.

(Você está ouvindo, Erasto? Está aprendendo a dar uma dádiva digna de glória?)

Graças a Deus pelo seu dom inefável.

Tito, sim. Primeiro Tito – depois eu.

Irei visitar-vos, meus filhos. Eu irei também. Tende paciência. Aguardai uma estação. Aguardai até o outono. No fim do outono, quando começa a época das chuvas fortes, olhai então para o leste à minha procura. Devo partir para a mais longa jornada da minha vida: Passando por Corinto, devo ir para Jerusalém, depois para Roma e, depois de Roma – para a Espanha.

Vou levar a cruz de Cristo até os confins da terra!

Mas primeiro irei visitar-vos, para abraçar-vos e também beijar-vos. (Sim, levo nos lábios um beijo para o meu querido e prodigioso irmão, o Administrador dos Mercados de Corinto.)

Então até que o azul do céu se torne cinza, esperai. E que a paz do Senhor esteja com todos vós.

Amém.

63

Lucas

Quando terminou as suas viagens pela Macedônia, animando as igrejas, Paulo foi para a Acaia e Corinto. Lá passou três meses. Exatamente quando estava prestes a navegar para a Judéia, descobriu-se uma conspiração contra ele, e então decidiu voltar pelo caminho da Macedônia.

Sópatro, de Beréia, filho de Pirro, o acompanhou. Dos tessalonicenses foram com ele Aristarco e Secundo, Gaio, de Derbe, e Timóteo. Também foram dois asiáticos: Tíquico e Trófimo. Todos estes prosseguiram viagem e nos aguardaram em Trôade. Quanto a nós, aguardamos em Filipos até se completaram os dias dos Pães Asmos.

64

Timóteo

Eu vou a *Jerusalém,* escreveu Paulo para Roma.

Eu era um dos sete homens que navegaram para o leste, de Filipos a Trôade, precedendo Paulo. Nós não estávamos tão interessados como ele na celebração da Páscoa, nem sentíamos a obrigação de ficar sentados ociosos durante os dias da festa. Além disso (como eu disse a Paulo, falando de mim mesmo), alguém precisava agir como líder temporário do grupo até que ele fizesse a travessia e se encontrasse conosco em Trôade.

Nós todos nos tínhamos munido de novos mantos e novas túnicas para a viagem a Jerusalém. E Lídia insistia em mandar fazer a indumentária de Paulo às próprias custas e sob a sua supervisão, usando os ricos tecidos que ela comerciava. Mas Paulo recusou por razões que nada tinham a ver com a modéstia. — Não podemos chamar a atenção sobre nós mesmos — disse ele. Pediu o pano mais rústico e simples, pois teria de cumprir uma função simples e rústica. — Embora a vestimenta não seja rica — disse ele —, *conterá* mais riquezas do que alguém poderia imaginar.

A grandalhona Lídia deu-lhe um cutucão nas costelas. Os dois formavam um perspicaz casal, pois ela sabia o que ele queria dizer. Ele referia-se ao dinheiro que levava sobre o corpo. Mas ela sugeria mais: referia-se ao próprio corpo massacrado e às suas partes.

De fato, devíamos parecer tão simples o suficiente para caminhar pelas valas no meio das ruas da cidade sem levantar as bordas dos mantos. Vestíamos a mesma roupa dia e noite, sem nunca escová-la, ou lavá-la, ou trocá-la.

Nós éramos os nossos próprios animais de carga, entende? Nós mesmos éramos os carregadores da pesada carga de moedas para Jerusalém.

Eu vou para Jerusalém, escreveu Paulo aos cristãos de Roma. Ah, mas como ele almejava estar em Roma e, depois, viajar para regiões mais distantes! Lá tínhamos amigos. A mulher e o filho de Simeão Níger mudaram-se para Roma quando Simeão morreu: Rufo, que Paulo chamou de *eminente no Senhor*, e sua mãe, que Paulo declarou ser *também minha mãe.*

Falando comigo, disse Paulo: — Timóteo, você tem notícias de Prisca? Sabe alguma coisa de Áqüila? Você acha que estão em Roma? Você acha que conseguiram chegar a Roma?

Aos romanos, porém, com intensa esperança e incerta ousadia, Paulo escreveu: *Saudai Priscila e Áqüila, meus cooperadores em Cristo Jesus! Eles arriscaram a sua própria cabeça pela minha vida, todos lhes devem agradecimentos. Não apenas eu, mas todas as igrejas dos gentios devem a eles uma santa ação de graças!*

Paulo tinha um desejo profundo de correr imediatamente para Roma. Primeiro, porém, como escreveu aos romanos, *eu preciso ir a Jerusalém.*

Preciso ir a Jerusalém com a contribuição para os pobres entre os santos daquela cidade. Mas, quando eu tiver cumprido a minha obrigação, quando tiver entregado o que foi recolhido, passando por vós, irei à Espanha. E eu sei que, ao visitar-vos, irei na plenitude da bênção de Cristo.

Ah, meus amigos, rogo-vos por nosso Senhor Jesus Cristo e pelo amor do Espírito: lutai juntamente comigo nas vossas orações a Deus a meu favor, para que eu me veja livre dos descrentes da Judéia! — e para que o meu serviço em Jerusalém possa ser aceito pelos santos, a fim de que, ao visitar-vos, pela vontade de Deus, chegue à vossa presença com alegria e possa recrear-me convosco.

O Deus da paz seja com todos vós, escreveu Paulo.

Amém, escreveu ele.

E novamente escreveu, *Amém.*

65

Lucas

Nós navegamos cinco dias de Filipos para nos juntarmos ao resto do nosso grupo em Trôade. Lá ficamos sete dias.

No primeiro dia da semana, quando nos reunimos a fim de partir o pão, Paulo começou a falar com amigos e crentes de Trôade. Sabendo ele que a sua partida aconteceria na manhã seguinte, prolongou o discurso, falando muito mais do que de costume.

Havia muitas lâmpadas no cenáculo onde estávamos reunidos. Enquanto Paulo continuava a falar, um jovem chamado Êutico, que se sentara no parapeito de uma janela, adormeceu profundamente. De súbito, por volta da meia-noite, completamente vencido pelo sono, o jovem Êutico inclinou-se e caiu da janela — da altura do terceiro andar.

Descemos correndo. Apanhei o corpo do pobre rapaz e declarei-o morto.

Mas depois veio Paulo e curvou-se sobre Êutico, abraçou-o e disse: — Não vos perturbeis. A vida está nele.

Paulo tornou a subir, partiu o pão, comeu, e continuou a falar com as pessoas a noite inteira, até o romper do dia. Então, finalmente, ele partiu.

Mas ele estava certo. O jovem Êutico foi levado com vida, e todos sentiram-se grandemente confortados.

Prosseguindo agora para o navio, navegamos para Assôs, onde pretendíamos receber Paulo a bordo, uma vez que ele decidira percorrer um atalho por terra.

E assim foi: ele nos aguardava em Assôs, onde embarcou, e fomos a Mitilene, onde ancoramos para passar a noite. No dia seguinte, navegamos até Quios; no outro até Samos, e no terceiro dia chegamos a Mileto. Paulo havia determinado não aportar em Éfeso, não querendo demorar-se na Ásia. Ele se apressava para estar em Jerusalém, se possível, no dia de Pentecostes.

Chagando a Mileto, Paulo mandou chamar em Éfeso os presbíteros da igreja, e quando se encontrou com eles, privadamente, pediu-lhes notícias de Priscila e Áqüila.

— Eles desapareceram — disseram os presbíteros — de repente, depois da sua fuga.

— Mortos? — perguntou Paulo.

Responderam que não sabiam.

Depois, em público, Paulo dirigiu-se a todos dizendo:

— Vós bem sabeis como me conduzi entre vós, em todo o tempo, desde o primeiro dia em que entrei na Ásia até agora, servindo ao Senhor com toda a humildade, lágrimas, e provações e as ciladas dos meus inimigos. Vós sabeis que eu não deixei de vos anunciar coisa alguma proveitosa, ensinando-vos publicamente e também de casa em casa, testificando tanto a judeus como a gregos o arrependimento para com Deus e a fé em nosso Senhor Jesus Cristo.

— E, agora, constrangido em meu espírito, vou para Jerusalém, não sabendo o que ali me acontecerá, senão que o Espírito Santo me assegura em todas as cidades que me esperam cadeias e tribulações. Porém, em nada considero a vida preciosa para mim mesmo. Este é o meu tesouro: completar a minha carreira; terminar o ministério que recebi do Senhor Jesus; pregar o evangelho da graça de Deus!

— Prestai atenção! — disse Paulo. — Eu sei que não mais vereis o meu rosto. Portanto, eu declaro, no dia de hoje, que estou limpo do sangue de cada um de vós — porque não deixei de vos anunciar todo o desígnio de Deus. Atendei por vós e por todo o rebanho sobre o qual o Espírito Santo vos constituiu bispos. Pastoreai a igreja de Deus que ele comprou com o sangue do seu próprio Filho.

— Eu sei que, depois da minha partida, lobos ferozes vos atacarão, sem poupar o rebanho. E até mesmo alguns dentre o vosso povo se levantarão falando coisas pervertidas para arrastar os discípulos atrás deles. Vigiai! Lembrai-vos de que por três anos em Éfeso e na Ásia eu nunca cessei de admoestar-vos, com lágrimas, a cada um de vós, noite e dia.

— Agora, pois, encomendo-vos a Deus. Entrego-vos à palavra da sua graça, que tem poder para vos edificar e dar-vos uma herança entre todos os que são santificados. De ninguém cobicei prata, nem ouro, nem vestes! Vós me vistes. Vós sabeis que trabalhei com as minhas próprias mãos para o que me era necessário a mim e aos que estavam comigo. Em tudo tenho-vos mostrado como, trabalhando, é mister socorrer os necessitados, lembrando sempre as palavras do Senhor Jesus: *Mais bem-aventurado é dar que receber.*

Tendo dito essas coisas, Paulo ajoelhou-se e orou com todos eles. E todos choraram e o abraçaram e beijaram, entristecidos especialmente pela palavra que ele dissera que não mais veriam o seu rosto.

E acompanharam-no até o navio.

Depois que ele partiu de Mileto, fizemo-nos a vela e, correndo em direitura, chegamos a Cós; no dia seguinte, a Rodes, e dali, a Pátara. Finalmente, achando um navio que ia para a Fenícia, embarcamos nele, seguindo viagem.

Passamos Chipre à nossa esquerda e navegamos para a Síria, desembarcando em Tiro, onde o navio devia ser descarregado.

Durante sete dias, enquanto o navio estava atracado no porto, procuramos discípulos e ficamos com eles em Tiro.

Eles pediram a Paulo que não prosseguisse para Jerusalém. Falavam por meio do Espírito. Mas quando os dias terminaram, nós, apesar de tudo, nos preparamos para continuar a nossa viagem. Então, cada um deles com sua mulher e filhos, acompanharam-nos até fora da cidade, e depois até a praia. Lá nos ajoelhamos e oramos e nos despedimos uns dos outros.

Então, embarcamos no navio, e eles voltaram para casa.

Concluindo a viagem de Tiro, chegamos a Ptolemaida, onde novamente fomos saudados pelos irmãos, com quem ficamos um dia.

No dia seguinte, partimos e fomos para Cesaréia. Lá ficamos na casa de Filipe, o evangelista — aquele que fora um dos sete homens do círculo de Estêvão, anos antes. Filipe tinha quatro filhas donzelas, que profetizavam.

Na mesma época, outro profeta veio da Judéia, Ágabo. Assim que entrou na sala onde estávamos sentados, tomou o cinto de Paulo, ligando com ele pés e mãos, e declarou: — Isto diz o Espírito Santo: *Assim os judeus, em Jerusalém, farão ao dono deste cinto e o entregarão nas mãos dos gentios.*

Agora, nós também nos unimos aos que pediam a Paulo para não subir a Jerusalém.

Mas disse-nos ele: — Que estais fazendo? Por que estais chorando e quebrantando o meu coração? Prestai atenção: Estou pronto não só para ser preso, mas até para morrer pelo nome do Senhor Jesus.

Não foi possível persuadi-lo. Diante das suas convicções, deixamos de lutar, e todos juntos dissemos: — Faça-se a vontade do Senhor!

Passados aqueles dias, tendo feito os preparativos, subimos para Jerusalém. Alguns dos discípulos também vieram de Cesaréia conosco, levaram-nos consigo à casa de Mnasom de Chipre, velho discípulo, com quem nos devíamos hospedar.

66

Timóteo

— Paulo.
Pensei ter ouvido um gemido.
— Paulo, você está acordado?

Parecia que estava gemendo enquanto dormia.

— Acorde, acorde. É um pesadelo.

Houve uma pausa na respiração. Depois o gemido continuou.

— Paulo? Está tudo bem?

Na verdade, não era bem um gemido; era uma série de suspiros profundos, pesados. Podia ouvir a respiração difícil dos seus lábios; bufava feito um cachorro.

— Você está doente?

Havíamos chegado à casa de Mnasom sob o manto das trevas. Na manhã seguinte caminharíamos por Jerusalém à luz do sol, expostos ao público. Eu — na velha e irascível cidade pela segunda vez — estava com medo. Por mim e pelo meu mestre, meu pai. Não conseguia dormir. E os suspiros ao meu lado me davam calafrios.

— Paulo!

— Cale a boca — disse ele. — Estou orando.

— Desculpe — disse eu.

Mas não havia palavras naquela oração.

Uma vez sabendo que ele estava acordado, não fui capaz de controlar a minha necessidade de companhia. Esperei quanto pude, depois disse abruptamente: — Mas como você está orando? Quero dizer, sem palavras?

Interrompeu os gemidos.

Ficamos deitados em silêncio.

Eu olhava para o teto na escuridão.

Talvez Paulo estivesse fazendo o mesmo.

A não ser que estivesse furioso comigo, por eu ter interrompido a sua estranha oração.

— Sinto muito — disse eu.

— O Espírito Santo — disse ele.

Que bom, ele cedeu. Estava falando comigo.

— O quê? — perguntei.

— Às vezes, Timóteo, eu simplesmente não sei como orar...

— *Você?* — disse eu.

Ele emitiu uma espécie de grasnado, uma fungada nervosa: um ruído típico de Paulo.

— Sinto muito — disse eu.

— Quando os acontecimentos me atropelam — disse ele nas trevas, escolhendo as palavras com cuidado. — Quando a luta é uma guerra vasta como o mundo, vasta demais para a minha compreensão; quando o fim desta corrida e a coroa do vencedor estão para mim longe demais no futuro – não sei as palavras para orar. Eu... digo... nada. Só fico gemendo...

— Ah, Paulo!

— ... faço da minha oração um grito do coração, e o Espírito Santo intercede por mim — disse ele. — E Deus, que sonda o coração, conhece a mente do Espírito.

— Ah, Paulo! Ah, meu pai!

Pai – disse eu. A palavra irrompeu por conta própria, uma verdade que me deixou louco de alegria. Amava tanto aquele homem – que a palavra primeiro me consolou e depois me aterrorizou.

— E se — sussurrei eu — e se matarem você em Jerusalém?

De novo ele emitiu aquele grasnado, e eu me surpreendi dando uma risadinha.

— Então você continuará o trabalho — disse ele. E não estava brincando.

O meu riso apagou-se. Senti uma convulsão interna ante a sua palavra fria, a terrível palavra dita com tanta facilidade. Dei um suspiro profundo e disse: — Quando essa hora chegar, se Jesus o quiser, eu certamente continuarei a obra no seu lugar. Mas esse tempo ainda não chegou! Não pode ser agora. Eu não posso, Paulo... não tenho forças para chorar a perda de outro pai. Ainda não. Ainda não.

Silêncio. Escuridão. Deitados lado a lado em catres separados. Os meus olhos nada viam. A minha vista nada encontrava para ver. Mas o meu olhar prosseguiu avançando, sempre avançando, eternamente, e aquela noite a eternidade parecia ser isso: um vazio infinito.

O que aconteceria quando a manhã chegasse?

O que aconteceria quando entrássemos andando na cidade das cóleras? Punhais invisíveis?

— Timóteo?

— O quê?

— Você tem sim.

Eu sabia o que ele queria dizer, que eu tinha forças. Mas eu não queria saber da possibilidade implícita nas suas palavras.

— Você não me conhece — disse eu.

Grasnado!

— Ria, Paulo! Ria! O que é que *você sabe* de mim?

— Exatamente o que você disse. — Paulo sussurrava baixinho. Tinha virado a boca para o meu lado. Eu podia ouvir-lhe o ruído da saliva e sentir os breves sopro da respiração. — Sei tanto quanto um pai sabe do seu filho, que é sempre menos do que o pai quer saber – porém mais do que qualquer filho *acha* que o seu pai sabe.

Meu pai! Meu pai! – carros de Israel e seus cavaleiros!

Paulo continuou falando baixinho, com uma espécie de ternura apaixonada. — Os sofrimentos do tempo presente — disse ele — não podem ser comparados com a glória a ser revelada em nós. Timóteo, filho da minha alma, se Deus está com você, nada pode prevalecer contra você. Você entende isso? Ele não poupou o *seu* próprio Filho. Ele o entregou por todos nós. Você não acha que entregará todas as outras coisas com esta que é a maior de todas, o seu Filho? Jesus Cristo morreu — disse Paulo lentamente, com cuidado, recitando-me a história já contada dez mil vezes.

— Jesus foi ressuscitado dentre os mortos. Jesus está sentado à mão direita de Deus, intercedendo por nós. Quem, então, pode nos separar do amor de Cristo? Timóteo, Timóteo, a tribulação? Ou a angústia? Ou qualquer espécie de perseguição? Timóteo? A nudez, ou o perigo, ou a espada?

Paulo segurou-me a mão. Os seus longos dedos entrelaçaram-se com os meus, depois ele apertou com vigor.

— Não — disse Paulo. — Não, em todas essas coisas nós somos mais que vencedores por intermédio daquele que nos amou. Timóteo, preste atenção. Eu sei disso muito bem. Sei que é verdade. Sei para nós dois: nada, nem a morte, nem a vida, nem os anjos, nem os principados, nem as coisas presentes, nem a coisas do porvir, nem os poderes, nem a altura, nem a profundidade, nem coisa alguma em toda a criação será capaz de nos separar do amor de Deus em Cristo Jesus nosso Senhor!

E assim aconteceu que chegou a manhã.

E quando o meu pai Paulo se levantou e enfiou a sua túnica, preparando-se para sair para as ruas de Jerusalém, eu fiquei espantado de ver como ele era baixo. Como estava curvado. Mas na escuridão ele me parecera tão enorme como a viga mestra que sustenta o peso de um templo.

67

Tiago

i

Assim como comecei, assim termino admitindo um fato: a paz pela qual eu tanto lutei, a eliminação das divisões entre nós... eu não sei. Eu não sei. Realmente eu não sei se essas coisas acontecerão. Será que nós que chamamos Jesus de "Messias" um dia teremos liberdade para adorar no Templo com o resto de Israel? Será que crentes gregos e crentes hebreus se entenderão, quer no Espírito, quer na prática? Eu não sei. Não posso afirmar.

Houve um momento incandescente em que eu fui levado a crer que tudo acabaria bem. Seguiu-se uma semana de sete dias inteiros em que a minha convicção crescia: Sim, com certeza, é ainda possível que os gregos voltem a encontrar a face de Deus na Lei de Deus. Porque, se aquele maior renegado, Saulo, conseguisse dócil e decididamente voltar a ser fariseu...

Mas no sétimo dia foi tudo pelos ares, Templo, cidade, a incipiente paz, Saulo, a esperança e as minhas convicções; e o oitavo dia foi pior que o primeiro.

Narrarei esses acontecimentos com toda a precisão que me for possível, e que isso baste, incapaz que sou de dizer outra coisa.

O primeiro dia começou enquanto eu estava à minha janela orando. Começou com uma saudação inesperada.

Atrás de mim um homem disse: — Tiago, a paz do Senhor esteja com você.

Virei-me e vi um velho de pé entre os batentes da porta da minha salinha. O seu pescoço, como o de um abutre, estava saltado para frente e afastado dos ombros, sustentando a sua grande cabeça por demais abaixada. As órbitas dos olhos estavam nas sombras, os cabelos eram ralos, o crânio um emaranhado de cicatrizes, a túnica extremamente imunda, o corpo arredondado, o seu jeito amigável, a sua pessoa quase, quase familiar...

— Quem?...

— Tiago — disse o velho, dando um passo para frente e abrindo os braços. Pelo seu modo de andar com aquelas suas pernas arqueadas, eu o reconheci. Saulo, de volta outra vez. Saulo a quem eu não via durante seis anos.

Ele envolveu-me num abraço tão vigoroso que os seus braços tremiam. Assim me segurou, forçando alguma reação, e quando eu retribuí o gesto colocando uma das minhas mãos nas suas costas, tive uma surpresa ao perceber ali tumores que pareciam seixos, vergões escabrosos onde quer que o tocasse, espinha, costelas e cintura.

— Saulo — disse eu, soltando-me. — O que aconteceu? Que é que você tem?

Seu rosto abriu-se num sorriso. — Vou lhe mostrar o que eu tenho — disse ele, piscando, e depois virou-se e chamou: — Entrem! — e na minha sala apareceu uma tropa de homens tão sujos quanto Paulo.

Encheram o pequeno espaço onde eu morava, orava e dormia, não apenas com as suas pessoas, mas também com um pungente cheiro de suor e com a sua algazarra. Não me senti nada feliz com a invasão.

Um dos homens eu conhecia: Timóteo de Listra. Os outros foram apresentados por Paulo. À medida que eram apresentados, cada um começou a tirar a túnica.

— Tiago, este é Sópatro — disse ele. Sópatro riu e tirou a túnica.

— E aqui estão Aristarco, Secundo e Gaio — disse Saulo, e todos eles me saudaram com acenos da cabeça e modos amáveis. Depois, eles também tiraram as túnicas – enquanto Sópatro ia se despindo ainda mais. Tirou a túnica. Tirou tudo, ficando apenas com o pano que lhe cingia os rins!

— Disse eu: — Desculpem...

Disse Saulo: — E Tíquico, Trófimo e Lucas... — que imediatamente acompanharam os colegas desnudando-se.

— Desculpem. Este não é um lugar... Quero dizer, não tenho acomodações...

— Não, Tiago, não! — interrompeu-me Saulo. Toda acomodação de que precisamos está aqui. Olhe!

Ele arrancou a túnica.

Digo arrancou literalmente, rasgando a costura e depondo tudo aos meus pés.

— Olhe!

Olhei. Olhei à luz do dia que entrava pela minha janelinha. E nas dobras e na forração das roupas de Saulo apareceram moedas. Moedas de ouro. Dezenas e dezenas de douradas moedas romanas, todas costuradas e presas uma por uma para evitar, suponho eu, que batessem uma contra a outra e tilintassem.

Todos os homens rasgaram as suas túnicas, mostrando-me os rostos de Cláudio, Agripina, Nero repetidos centenas de vezes, criando algo parecido com um fogo morto no meu quarto — e um profundo mal-estar no meu coração.

— Tiago — disse Saulo, fixando-me com olhos cintilantes. — Nunca esqueci a minha promessa, que agora estou cumprindo perante testemunhas. O dinheiro representa toda a contribuição das igrejas da Acaia e da Macedônia para os pobres de Jerusalém. — Ele ria, satisfeito com as suas proezas - mais, porém, com o bom êxito da jornada, penso eu, do que com o tamanho da coleta. — Por mais pesado que seja o ouro — explicou ele, astuto como ninguém —, é mais leve e menos volumoso do que o monte de prata que teríamos de transportar em carroças. E uma carroça que passasse tilintando jamais conseguiria percorrer dois quilômetros numa estrada estreita sem que aparecesse algum ladrão para nos dar conselhos.

Saulo estava feliz. Os seus companheiros estavam felizes. Toda a Acaia, sem dúvida, e também a Macedônia estavam felizes. E ninguém era tolo.

— Pretendia lhe enviar um recado — disse eu —, eu, que não sentia o mínimo prazer. — Mas você não precisava de nenhum recado meu. Você devia saber.

— Saber o quê?

— Que não devia. Que não devia vir para Jerusalém.

Saulo ficou sério. — Recebi o recado, Tiago — disse ele. — Por intermédio de Simão Pedro.

— Mas você veio de qualquer jeito. Por que você quer provocar um desastre?

— Porque eu fiz uma promessa. Estou preparado para o desastre.

— Saulo, você o provoca para nós *todos*! Tudo o que você fizer por aqui vai afetar a cada um dos cristãos de Jerusalém. Estamos constantemente sob suspeita. *Nós* estamos! Todos os que invocam o nome de Jesus – e os zelotes não fazem distinção, não, não nestes tempos em que qualquer coisa romana cheira mal às narinas deles. E os dirigentes judeus também não fazem distinção quando qualquer seita é vista como subversiva, como uma ameaça ao seu poder.

Fiz uma pausa. Respirei fundo. Aguardei.

Mas Saulo não reagiu de forma defensiva. Puxou uma orelha, engoliu em seco e sorriu como uma criança. Ele sorriu!

— Como — perguntei bruscamente — você espera que a igreja receba este dinheiro?

— Bem — disse ele —, eu não sei.

Vi um tom de leviandade naquele seu sorriso, e senti um calor subindo-me pela nuca.

— Aqui estamos todos cercados, Saulo — disse eu num tom cada vez mais severo, embora a severidade se voltasse tanto para mim mesmo quanto para ele. Eu estava perdendo o controle. Nunca perco o controle. — Todos, absolutamente todos na Judéia estão sob um cerco mortal: os judeus sob o cerco dos gentios romanos, a igreja sob o cerco dos judeus, que desprezam a nossa contaminação gentia. Suspeitam traição! Os zelotes estão convencidos da nossa colaboração com os gentios. Os *sicarii* querem nos matar às ocultas, enquanto o sumo sacerdote planeja promover uma carnificina pública!

— *Nenhum senhor senão Deus! Nenhum senhor senão Deus* – gritam homens enfurecidos pelas ruas de Jerusalém. *Nenhum senhor senão Deus!* E olhe só para isto — disse eu, erguendo a túnica de Saulo e dela arrancando uma moeda de ouro. — Olhe para a efígie! Olhe para a imagem! Olhe para o falso deus blasonado aqui, este... este *Nero*! — Eu gritava, segurando a moeda bem na cara sorridente de Saulo. — Saulo, Saulo, você introduziu mil ídolos em Jerusalém, dez mil ídolos na minha casa. Você, Saulo! — disse eu, atirando a moeda ao chão — você, mais do que qualquer outro homem, *você* é responsável pela contaminação gentia da igreja!

Você não sabe que eles se reúnem em todas as festas? Judeus de todas as nações sob o céu, amaldiçoando você por saquear as sinagogas e transformar judeus em gentios e por confundir os limites que nos separam? Vá embora — disse eu, virando o rosto para a janela. Lutava para reprimir a emoção na voz. Falava como se me sentisse indiferente, só que as palavras saíam-me da boca sibilando e soavam contundentes: — Vocês todos, vistam essas roupas pingando riqueza e desapareçam da minha vista.

Nunca perco o controle. Exercitei-me e adquiri um autodomínio político. É uma exigência da liderança. Sempre cubro a rude paixão com o manto de palavras sóbrias e graciosas. Naquele dia, porém, perdi mais do que o controle. Tiago, o Justo, abandonou a si mesmo e ao seu caráter.

Como foi possível?

Bem, a festa de Pentecostes estava para chegar. A população da cidade multiplicava-se quatro ou cinco vezes. Judeus da diáspora, peregrinos de uma centena de línguas e países, provocavam um tremendo desequilíbrio. Ameaça, perigo, zelo revolucionário – tudo crescia com o influxo humano. As tropas de Félix estavam ansiosas. Os *cristãos* judeus chegavam para celebrar a festa de Pentecostes da descida do Espírito Santo. Estes precisavam de mim para providenciar-lhes espaço e segurança na cidade. Depositavam em mim a sua confiança, e não só a sua confiança, mas até as suas vidas.

Na verdade, quem sobrara em Jerusalém *senão* eu? Todos os apóstolos tinham ido embora; todos os escolhidos do Senhor, e os escolhidos dos escolhidos, todos tinham ido embora. Sobrara só eu. Tinha, portanto, quase esgotado a minha energia pessoal na vigilância e em negociações intermináveis. Então, esse terreno seco e inflamável é invadido por Saulo com seu bando de homens felizes, completamente forrados de césares colados à própria pele!

Nessas circunstâncias, quem *não* teria perdido o controle?

Tiago não teria perdido o controle.

Mas Tiago perdera a si mesmo. Eu perdera o Tiago que conhecia, e não posso usar o cansaço como desculpa. Não: nestes últimos dias descobri uma razão mais profunda para a minha falha no primeiro dia do retorno de Saulo.

Foi a felicidade. A alegria estonteante daqueles homens.

Mais especificamente, foi o sorriso no rosto de Saulo que, quanto mais se prolongava, mais eu o detestava; aquele sorriso que, quanto mais eu me inquietava, mais largo ele ficava – e quanto mais largo ele ficava, mais eu me enfurecia! Assim Tiago perdeu o controle porque Tiago perdeu

Tiago nessas contradições: pois quanto mais eu acreditava na sinceridade daquele sorriso, tanto mais o tomava como insolência!

Por isso, trunquei minha palavra e virei o rosto para a janela e disse com voz sibilando entre os dentes – com raiva de mim mesmo até por causa da saliva que a minha fala produzia e me escorria dos cantos da boca: — Desapareçam da minha vista!

Seguiu-se o ruído surdo e farfalhante de homens se ajeitando em suas pesadas túnicas pesadas como sepulcros.

Ah, esses homens exalavam um cheiro medonho!

Pés descalços partiram. O silêncio tornou a invadir a minha sala.

Pus-me a orar em voz alta. Espontaneamente, com tremenda emoção, fiz uma oração de Jeremias, porque sentia a dor daquele profeta.

— Ó Senhor, tu sabes! Lembra-te de mim e ampara-me.

— Eu não — murmurei, inflamado pelas palavras que dirigia a Deus — eu não me sentei na roda dos que se alegram, nem me regozijei. Oprimido por tua mão, eu me assentei solitário. Por que dura a minha dor continuamente? Por que a minha ferida me dói e não admite cura? Serias tu para mim como ilusório ribeiro, como águas que enganam?

Em seguida, o Senhor, ali na minha pequena cela, falou comigo.

Disse Jesus: — Se te arrependeres, eu te farei voltar e estarás diante de mim. — Com voz clara e calma, disse o Senhor: — Se proferires o que é precioso, e não o que é vil, serás a minha boca.

No momento em que me virei e vi que Saulo ainda estava ali, no centro da minha salinha, observando-me; no momento em que percebi que o som que ouvira fora o da voz de Saulo, não duvidei de que fora o Senhor que respondera à minha oração.

Saulo sorria, de modo delicado e pleno, cheio de compaixão. Isso também imaginei ser o sorriso do Senhor. Mais ainda, quando me virei e olhei para ele, Saulo disse (não o Senhor, mas Saulo disse isto): — Tiago, que devo fazer para eliminar a contaminação gentia?

ii

— Tiago — disse Saulo —, você está me ouvindo?

Eu estava. Mas não tinha palavras.

Se proferires o que é precioso...

Disse Saulo: — Que posso fazer para purificar a nossa contribuição da contaminação gentia?

Não respondi.

Disse ele: — Como posso tornar o dinheiro aceitável aos olhos dos santos de Jerusalém, de modo que os pobres possam recebê-lo tranqüilamente?

Continuei olhando para ele. Havia uma resposta. Eu não estava em silêncio para formular uma resposta. O que estava fazendo... a razão de eu continuar fixando tão intensamente aquele homenzinho, mantendo-me em silêncio... tinha mais a ver com o meu medo do Senhor.

Se proferires o que é precioso, e não o que é vil...

De fato, a minha alma estava vazia por sua descrença. Sentia-me acuado por Deus e por Saulo ao mesmo tempo. Por que devia eu, num piscar de olhos, eliminar todas as suspeitas? De repente, sem o mínimo sinal de prova, por que depositar fé naquele homem cujas paixões selvagens haviam cindido a igreja? O meu olhar, para dizer a verdade, era o instrumento de um velho e frio pragmatismo: sondava Saulo tentando descobrir algum sinal dissimulado de ironia.

Mas eu tinha medo de revelar o motivo mais profundo. Tinha medo de dizer *o que quer que fosse* naquele momento. Pois o Senhor acabara de intervir entre nós. A santidade ainda queimava o ar. E se as minhas palavras não fossem preciosas para ele?

Saulo inclinou a cabeçorra para um lado, sorrindo. Um sorriso genuíno? Um riso sedutor de lisonja?

Disse ele: — Tiago, você está vermelho. Quer um pouco de água?

A pergunta disparou a minha língua: — Para eliminar a contaminação gentia — disse eu com precisão de juiz —, ponha o dinheiro a serviço da Lei. — Era, naturalmente, um teste. Intensifiquei o olhar para examinar a mais leve reação de Saulo.

Mas não havia nada de leve nesse homem, nem naquele dia, nem nunca.

— Sim — disse ele. — Farei o que você pedir. Apenas diga-me como proceder — disse ele, depois riu.

Quero dizer que ele, claramente, passou a língua sobre o lábio superior, depois o levantou e mostrou-me os dentes, uma fileira de dentes estragados — e esse foi o gesto que me aniquilou:

— Saulo — disse eu —, acho que você está mentindo.

Lamentei a acusação no momento em que a proferi. Fez-me ficar tenso, numa onda de calor.

Mas Saulo, recebendo as minhas palavras como algo digno de consideração, disse lentamente: — Não, Tiago, estou dizendo a verdade.

— Neste caso, talvez você não me esteja entendendo — disse eu. — Talvez você não tenha captado o significado completo das minhas palavras. — Tenso, apanhei do chão a túnica de Saulo. Abruptamente a abri, expondo o forro e as moedas. Esforçava-me por achar o tom de um juiz imparcial. Minha voz, porém, subia continuamente. — Estou lhe pedindo para purificar o dinheiro segundo a Lei, Saulo, para transformar estas moedas e estas estampas más que elas exibem, gastando-as no Templo! Em práticas levíticas!

— Compreendo perfeitamente.

— Saulo, estou lhe pedindo para obedecer à Lei! Você! Não alguém no seu lugar.

— Sim, eu sei.

— E você vai fazer isso?

— Vou sim.

— Preste atenção, Saulo! — insisti eu, afastando a sua túnica. — *Preste* atenção ao que eu digo! Neste exato momento, aqui nesta sala, eu sou o seu Judas Barsabás! Nem *ele* pediria mais de você do que eu estou lhe pedindo agora.

— Certo, Tiago. Eu concordo — e palmas para o seu excelente golpe retórico.

Improvisei.

— Que é que você está fazendo comigo? — gritei eu. — Que tipo de insulto é esse? — gritei ainda mais alto. Meu espírito incessantemente pedia ao Senhor que me desse autocontrole. Temia que, por meio das suas palavras suaves e sorrisos, Saulo estivesse me castigando com as minhas próprias emoções. Grego astuto, esperto e desleal!

Mas o Senhor não me concedeu autocontrole.

Disse Saulo: — O que eu disse não é um insulto. Sou puro de coração.

E eu explodi: — Mas você *odeia* a Lei!

— Não — disse ele. — Não, eu não odeio.

— Ah, Saulo! Conheço o que você escreve. Sei o que você diz. *A maldição da Lei!* escreveu você: *A maldição da Lei!* E então? Você neste momento está zombando da Torá? Está usando-a para me deixar louco?

— Não — disse Paulo. Não estava sorrindo agora. Se estava fingindo sinceridade, o fingimento foi excelente, e por tal fato a sua alma seria atirada às chamas da Geena — *se*, como digo, era um fingimento e não a verdade.

— Não — disse-me Saulo —, não estou zombando da Escritura, Tiago. Nem de você, nem de Deus a quem chamo de Pai. Eu acredito que a Lei é santa.

Fechei a boca. Pestanejava rapidamente, descontrolado. Caí de joelhos e depois de *mãos* e joelhos a fim da apanhar a moeda de ouro que antes havia atirado ao chão. Trouxe a túnica de Paulo para junto de mim, repus a moeda no seu devido lugar, no forro, dobrei o pano com todo o cuidado, levantei-me e coloquei a indumentária sobre um banco de pedra.

Saulo me observava. Quando terminei, disse ele: — No mais profundo do meu ser, Tiago, eu me alegro com a Lei de Deus.

De tão cerrados, os músculos dos meus maxilares sentiram cãibra. Uma névoa vermelha embaralhou-me a vista. Saí da sala fechando a porta atrás de mim. Subi as escadas até um quarto no teto da casa, e lá pela segunda vez me ajoelhei, e lá, por entre os dentes, comecei a orar.

— Se isto deve ser uma prova para mim — disse eu — se este é um teste pelo qual devo passar, concede-me, ó Senhor, a força de que preciso. E se eu o suportar até o fim, dá-me, Senhor, a coroa da vida.

Orei: — Dá-me a mansidão da sabedoria.

Orei: — Dá-me a sabedoria do alto, para que eu seja puro, pacífico e amável, cheio de misericórdia e bons frutos.

Mantendo o corpo ereto de cima a baixo, perpendicular do queixo até os joelhos, as mãos estendidas, vazias, orei naquele lugar por mais de uma hora.

Lembrei-me de Elias e dos efeitos palpáveis de sua fervorosa oração: pois quando ele orava pedindo seca, havia seca; e quando pedia chuva, vinha a chuva.

Elias era um homem justo.

Implorei ao Senhor para que também acolhesse a minha oração como a oração de um justo.

Porque eu amo Saulo.

Ó Santo Deus, eu detesto os métodos dele, eu desprezo os seus gestos imaturos, eu me ressinto da sua arrogância. De bom grado aceitaria as fanfarronadas de Simão em vez da língua pungente, perniciosa, feito punhal, feito *sica*, de Paulo. Ele me confunde, me deixa louco, destrói o pouco de consolo que o Senhor me dispensaria em minha vida difícil.

Naquele dia fiquei exausto quase até à morte. Naquele dia Saulo me fez proferir o que é vil aos olhos de Deus. Ele me fez pecar em excesso.

Mas eu o amo. Sempre, desde aquele momento vinte e três anos atrás, quando partilhamos a ceia do Senhor em perfeita paz, paz tão perfeita como uma pérola, tenho amado Saulo.

E agora o amor me derruba ao chão.

Orei: — Eu me arrependo, Senhor. Ó Senhor, permite-me permanecer na tua presença. Permite que eu seja de novo a tua boca.

Fraquejei. A minha postura de joelhos, ereta e rija, agora se desfez ao longo da espinha dorsal. Curvei-me e apoiei a testa contra o chão.

E orei: — Saulo falou. A sua língua é o leme para dirigir a sua rota, para cima e para baixo, em regiões de anjos ou então em regiões de demônios. Ó Senhor Jesus Cristo — orei eu — permite que a verdade da sua palavra seja justificada pelas obras que devem acompanhá-la. Obras devem certamente acontecer. Sem elas, a sua fé é morta.

Quando me levantei, após terminar a oração, eu sabia o que pedir a Saulo. Sabia exatamente qual era a difícil obra a exigir dele.

O que eu não sabia era se ele ainda estaria lá em baixo esperando na salinha. Mas, se estivesse, me convenceria da sua lealdade. Eu acreditava que ele obedeceria às leis que lhe iria expor logo em seguida.

A porta estava fechada.

Levantei a tranca e a abri, e lá estava Saulo de pé no centro da sala, vestindo apenas o pano que lhe cobria os rins, fendido e encaroçado devido a cicatrizes e surras, de pescoço curvado. A cabeça maciça, doce o sorriso no centro do seu rosto.

— Ah, meu irmão — disse eu —, você esperou.

— Há uma explicação para o prazer que tenho na Lei — disse Saulo quando voltei à sua presença. — Isso eu lhe devo. Devo isso à sua mente e ao seu espírito.

Falava formalmente, como se tivesse ensaiado as palavras na minha ausência. Falava com humildade, calmo. Não nos sentamos. Estávamos de pé, face a face.

— Conheço a minha fraqueza — disse ele. — Aprendi que nada de bom mora em mim, quero dizer na minha carne. Aprendi que, embora eu possa *querer* o que é certo, não posso, por mim mesmo, *fazer* o que é certo. É uma triste e inestimável verdade. E como aprendi aquilo que eu jamais aceitaria por mim mesmo, a respeito de mim mesmo e em mim mesmo? Ora, mediante a Lei. Se não fosse a Lei, eu nunca teria conhecido o pecado. Tiago, o que eu lhe disse é verdade: na minha mente, tenho prazer na Lei. Mas nos meus *membros* uma outra lei luta contra a Lei de Deus da minha mente. Sozinho, só posso cair prisioneiro das leis do pecado que estão na minha carne e nos meus membros.

Com absoluta calma, Saulo proferia palavras que pareciam exigir-lhe um angustiante esforço — mas não havia angústia nele. Apenas contentamento: — Desventurado homem que sou! — disse ele, abrindo os lábios molhados. — Quem me livrará do corpo desta morte? Ah, Tiago, graças a Deus por meio de Jesus Cristo, nosso Senhor. Já não sou prisioneiro e já não sou condenado porque estou em Cristo Jesus. Deus o enviou para cumprir a exigência justa de toda a Lei. Não, a Lei não é má. É santa, justa e boa. Mais que isso, ela até se cumpre em mim, porque eu caminho de acordo com o Espírito da vida em Cristo Jesus meu Senhor.

— Tiago — disse Saulo, baixinho —, olhe para mim. Você ainda está com raiva de mim?

Estes são os mandamentos exigidos de Saulo, não por mim mas pelo Legislador e Juiz.

Que Saulo trocasse as moedas romanas da coleta entre os gentios por moedas hebraicas nos pórticos do Templo.

Que Saulo gastasse o dinheiro, a maior parte dele, no próprio tesouro do Templo, em benefício de quatro crentes judeus que desejavam terminar os seus votos nazireus. Haviam observado os votos por muito tempo, e agora o ritual do término era caro demais para as suas bolsas. Custa para cada homem três sacrifícios, um cordeiro, uma ovelha e um carneiro. Custa também uma oferta de cereais e uma libação. Se Saulo aceitasse pagar esses custos, não apenas mostraria a sua louvável piedade, mas também purificaria a contribuição ao usá-la a serviço da Lei.

Mas, no que se refere à própria pessoa de Saulo, para que ele pudesse desempenhar o seu papel com justiça no recinto sagrado (e para calar os que condenam os ensinamentos dele sobre a Lei), pedi-lhe para praticar uma obra pessoal antes de tomar parte no término dos votos nazireus.

Purificar a *si mesmo*.

Submeter-se ao ritual da Purificação Levítica.

No Templo.

Publicamente.

Paulo deveria (mesmo em face do perigo) permanecer em Jerusalém por sete dias: no primeiro, no terceiro e no sétimo deveria apresentar-se ao sacerdote no Templo, duas vezes para ser aspergido com as águas da expiação.

Disse eu a Saulo: — Você praticará essa boa obra? Observará essas leis? Obedecerá à palavra do Senhor que está em mim?

— Com aqueles que estão sob a Lei — disse ele — eu me torno como alguém sob a Lei. Tiago, meu irmão, olhe para mim.

Olhei: corpo magro, torto como um galho de árvore, olhos miúdos e alegres, nariz de bico de pássaro — e um sorriso tão etéreo como os sonhos matinais de uma criança: que enigma, esse homem de contrastes chocantes!

Enquanto eu olhava, Saulo deu um passo para frente, piscou um olho, estendeu os braços e cruzou os punhos como se tivesse cordas e pudesse amarrá-los um ao outro.

— Por causa do evangelho — disse ele, a voz borbulhando amizade —, eu me tornei um escravo de você. De todos. Tiago: eu estou sob a Lei de Cristo. É óbvio, é *obvio* que praticarei essa boa obra.

Foi assim que começou meu breve momento de alegria incandescente. Entendi que eu podia esperar pela paz da igreja. Entreguei-me, no meu íntimo, ao desfrute do sabor de uma alegria doce e pura. Vede, eu era novamente a boca do Senhor. Chorei pela plenitude dentro de mim.

Então disse eu: — Não, Saulo, não. Como eu poderia estar com raiva de você?

68

O PRIMEIRO DIA

i

No dia seguinte, um pouco antes do sacrifício matutino, reuni os quatro homens que haviam feito os votos nazireus e desci com eles a longa escadaria e calçada que vai de Sião à parte mais baixa da cidade. Vieram ao nosso encontro os cheiros do comércio e dos manufaturados que, mesmo nessa hora do amanhecer, permanecem junto às portas dos pobres. Fomos caminhando para a casa de Mnasom, o cipriota, onde Saulo estava hospedado. Quando chegamos, ele saiu vestindo uma túnica recém-lavada. Ele, Timóteo e Lucas, todos banhados havia pouco, receberam-nos com beijos. Já fiz alguma observação sobre os cabelos desse grego, Timóteo? Compridos, macios, extremamente claros. E depois de lavados, à luz do sol nascente, são como uma epifania dourada.

Nós oito começamos a subir a rua íngreme que conduzia ao Templo. Este era o primeiro dos sete dias do obediente ritual de Saulo. Depois do sacrifício, depois das orações, quando os sacerdotes estivessem livres para atender o povo, Saulo conversaria com um deles para combinar a seqüência da sua purificação. Em seguida, juntamente com os quatro nazireus, ele indicaria o dia do término dos votos; com vários presentes imediatos, dois pombos e duas medidas de trigo, garantiria às autoridades do Templo que estava disposto a cobrir as despesas das oferendas deles.

Era uma linda manhã. As oliveiras estavam em flor. A colheita do centeio nas colinas tinha sido abundante. Sacos de grãos apoiados nas paredes das lojas. Os peregrinos não passariam fome. E Saulo pagou dobrado o preço do centeio da sua oferenda.

Talvez o meu discernimento naquele dia particular estivesse um tanto confuso. Entusiasmado com a esperança de que as cisões na igreja estivessem realmente cicatrizando, eu tinha procurado Judas Barsabás e o convidara a ir conosco ao Templo. Ele se recusou. Eu deveria ter sabido. Ele não confia em Saulo e não o ama. Fica roxo de raiva só de ouvir o nome dele.

Judas agitou o mar da minha abençoada esperança. Foi como se ele tivesse plantado um espinheiro nas minhas entranhas: no meio da alegria um pequeno medo começou a crescer. *E se...? E se...?*

Aproximamo-nos do Monte do Templo pelo ângulo sudoeste. Setenta anos antes o rei Herodes aterrou o vale que ali existia e construiu um muro que ampliou a esplanada do Templo, elevando a sua borda a uma estonteante altura. Quem pára ao pé da borda e contempla o pináculo onde os sacerdotes tocam a trombeta festiva tem a impressão de estar diante da íngreme escarpa de uma montanha. Degraus conduzem até o ponto mais alto. Há patamares que proporcionam descanso a quem vai subindo. Mas a estrutura da construção requer arcos gradativamente maiores para conduzir os peregrinos até os altos portões ocidentais e às calçadas dos pátios externos do Templo. O último arco é mais alto do que sete casas pobres dispostas uma em cima da outra.

Subimos em grupos, os jovens na frente. Saulo viria sozinho por último, se eu não o acompanhasse. O seu espírito estava disposto. O espírito nos seus olhos era brilhante e vigoroso. Mas o seu corpo, as costas e as pernas eram pouco seguras. Quando parou, estava tremendo.

A meio caminho, esticou o pescoço para observar os pilares acima de nós e as folhas dos capitéis. Olhei para ele e notei na sua testa grandes gotas de um suor oleoso.

— É esforço demais para você? — perguntei eu. — Quer que eu carregue o centeio?

— Não — disse ele. — Já escalei rochas mais altas que esta.

— Mas você está suando.

— Não é pelo esforço. Nem pelo calor — disse ele, lívido, rindo e olhando para o alto.

Quando, me perguntei, foi a última vez que ele visitou o Templo? Nunca mais depois do debate com Estêvão. Isso foi vinte e cinco anos atrás, e este — com suas colunas e pátios, construções e pórticos e o próprio Templo em si — é o edifício mais bonito do mundo inteiro.

— Bem, então — disse eu, abrindo os braços para indicar todo o complexo do Monte do Templo — deve ser o temor do Senhor e da sua glória que faz você suar. — Na verdade, à luz do Sol, o resplendor dourado do Templo pode por si só cegar o peregrino que olhar para ele.

Mas Saulo fixou-me com seus olhinhos vivíssimos e riu com aquele seu jeito ridículo: *Hi-hiii, hi-hiii!*

— Não, Tiago, não é o temor do Senhor — disse ele, tomando-me a mão. — É o temor da altura.

O TERCEIRO DIA

Quando subimos o Monte do Templo pela segunda vez, para a primeira ablução de Saulo, fomos só nós dois – ou era isso que eu achava até o exato momento em que ele inclinou a cabeça diante do sacerdote que despejaria sobre ele a água da expiação.

Peregrinos tomavam todas as ruas e recantos da cidade, adoradores devotos, judeus de todas as nações debaixo do céu. As diversas línguas criavam um perpétuo som murmurante, exótico, tanto oriental como ocidental. A pressão intensa de tanta gente reunida fazia as minhas entranhas se apertarem em volta daquele espinheiro. *Jerusalém, o que farás tu se alguém acender uma faísca no teu seio?*

Sorrindo para esconder a preocupação, sugeri que subíssemos para os pátios do Templo pelas escadarias interiores do lado sul. E aqui está a prova da extensão do meu afeto por Saulo: Eu, Tiago, fiz uma piada.

— Sendo que os espaços são fechados — disse eu —, não oferecem uma vista aérea. — Depois acrescentei: — Ninguém consegue cair de um corredor.

Mas Saulo deve ter fome de sofrimento. Como no primeiro dia, assim também no terceiro subimos os mesmos dez mil degraus até o ofuscante Templo de Deus.

Durante a subida Saulo falou dos cheiros de sacrifício, do odor animal, da lã de ovelhas, do fedor de bodes, das gaiolas cheias de pássaros barulhentos, do chão escorregadio devido a excrementos. Disse que muitas vezes sentira esses cheiros nas suas viagens.

Falou do odor mais adocicado do sangue espesso dos altares pagãos, reluzentes de sangue e cheios de moscas. Falou dos sulcos cavados no chão do Templo pelos quais o sangue dos contínuos sacrifícios escorre para o leste e desce através de tubulações até o Vale do Cedrom.
E estávamos na estação da seca, disse ele. As chuvas ainda demorariam

cinco meses para chegar e lavar o sangue e os excrementos – não antes de *Yom Kippur*, disse ele. Não antes de *Sucote*.

Quando nos aproximamos do ponto mais alto da nossa escalada, Saulo falou da fumaça, a nuvem de fumaça e o chiar da carne assando sobre o Altar do Holocausto. Falou das brasas, do carvão e da densa fumaça do sacrifício sempre subindo às narinas de Deus.

— Aterrorizante — disse ele, e parou.

Olhei para ele.

Não sorria.

— Aterrorizante, Saulo? — Voltei três degraus para ficar ao nível dele. — A altura? — disse eu.

Apoiou o queixo num longo indicador e sacudiu a cabeça negativamente.

— O que então? — perguntei eu.

— Os pagãos queimam os seus carneiros — disse ele — os seus cordeiros, novilhos e animais exatamente como os judeus queimam os deles. Também enviam a mesma fumaça para o alto — e o perigo é que a enviem a demônios. Eu escalei a rocha pagã. Até o topo. Senti um medo genuíno até o tempestuoso cume, onde nada havia acima de mim. E lá, no meu terror, encontrei o Senhor Jesus Cristo.

— Mas aqui em Moriá, a montanha de Isaque e Abraão — disse Saulo, retomando a escalada —, aqui no monte dos judeus, existe um perigo mais grave. Se, Tiago, no pináculo desta rocha; se, entre os fogos do sacrifício e a cadeira do julgamento, eu não encontrar novamente Cristo Jesus meu Senhor confundindo-se com o próprio aroma da fumaça...

Saulo caiu em silêncio.

Estávamos junto ao portão, voltados para o interior dos Pórticos Reais, repletos de peregrinos trocando dinheiro, comprando oferendas, orando, conversando.

— ... Se eu não o vir aqui — sussurrou Saulo finalmente —, então estou morrendo para a eternidade. Então, dentre todos os homens, eu sou o mais digno de pena, o mais indigno do reino pelo qual eu sofro. Este é um perigo pior que demônios. Pois o mortal que não sabe ver em todos os sacrifícios o Cristo que nos amou e se entregou a si mesmo por nós, fragrante oferenda e sacrifício a Deus – esse mortal sofrerá o castigo da destruição eterna, que é a exclusão da presença do Senhor e da glória do seu poder. *Isso*, Tiago, isso é aterrorizante.

Você percebe como as coisas mudam rápido quando alguém se associa com Saulo? Eu o treinei. Eu o controlei, instruí, debati com ele, orientei-o. Esse é o meu papel e dever em Jerusalém, queira ele obedecer ou não. Contudo, veja: sem nenhuma transição de que eu me lembre, sem nenhuma permissão explicitamente concedida, o homem estava me treinando. O Renegado Saulo era o meu rabi. O meu pregador. O meu presbítero. E eu não lhe opunha resistência alguma.

De repente ele se virou para mim rindo como o ladrão Sobal. — Mas graças — gritou ele dando-me um tapinha nas costas —, graças a Deus que nos dá a vitória por meio de nosso Senhor Jesus Cristo! Ria e alegre-se, meu querido irmão Tiago. É uma brincadeira — gritou ele, depois saiu correndo na minha frente pelo alto corredor que conduzia ao pórtico, agitando os braços e cacarejando entre os peregrinos com a discrição de uma galinha!

Que era aquilo? Que tipo de teatro era aqule? No momento fiquei parado, perdido em minha perplexidade, perguntando-me se algum insulto acabava de ser insinuado. Mas havia amor nos olhos dele — *meu querido irmão Tiago* —, embora até o afeto parecesse avuncular, como se ele fosse meu tio e não alguém da mesma idade que a minha.

Não, Saulo não aliviava as tensões que havia em mim.

Quando voltei a me encontrar com ele, *não* num cantinho privado, mas destemido entre o Portão de Nicanor e o altar dos holocaustos, de pé no pátio de Israel, onde os gentios seriam chacinados por entrar sem permissão, Saulo já estava inclinando a cabeça diante do sacerdote com quem conversáramos dois dias antes.

O sacerdote era um homenzinho ruivo e rotundo sem nenhum discernimento. Numa das mãos segurava uma vasilha. Com a palma da outra apanhava água que depois derramava sobre a cabeçorra de Saulo.

Mas em meio a essas cerimônias sacerdotais ouvimos — todos nós ouvimos — um grito estrangulado, como se algum animal estivesse se afogando no seu próprio sangue. O sacerdote ergueu os olhos. Eu me virei. Apenas Saulo continuou imóvel, a cabeça humildemente inclinada.

Apenas Saulo não viu a fúria no rosto de Judas Barsabás, agora mais lívido que marfim polido.

Mas Saulo deve ter ouvido a rouca declaração:

— Eu não quis acreditar nas palavras da sua boca, Tiago. Recusei-me a acreditar. Vim ver pessoalmente que blasfêmias este homem está disposto a perpetrar em solo santo. Tiago, que vergonha! Mas você, Saulo! Se você pecar novamente, não responderei pela sua vida.

— Judas — disse eu —, a "purificação" é em si mesma um perdão, não um pecado. Você sabe disso melhor do que ninguém.

Judas Barsabás simplesmente gritou comigo: — O coração dele é incircunciso! Como você lava um coração incircunciso?

— Por favor. — Virei e falei em voz baixa dirigindo-me ao sacerdote atônito. — Por favor, termine. Depressa, termine.

Uma multidão estava se formando. Curiosa. Nervosa.

Saulo continuava imóvel feito pedra.

E eu... meu momento incandescente estava esfriando.

O SÉTIMO DIA

Meu plano era reunir todos os anciãos da igreja dispostos a oferecer a proteção das suas próprias pessoas em troca da nova obediência levítica de Saulo. Eu queria trazer dez ou doze homens para a casa de Mnasom antes da primeira luz matutina, para conduzir Saulo rodeado por nós, construindo um muro ao seu redor, por assim dizer, para que ele mais uma vez pudesse ir secretamente ao Templo antes de deixar a cidade.

Eu tinha consciência do tempo que ele passara em Jerusalém. Ficava para mim cada vez mais claro que Saulo poderia ter chegado e desaparecido em apenas dois dias se o seu único dever fosse o de entregar a coleta dos gentios. Mas sete dias se passaram. O seu nome corria de boca em boca entre os cristãos judeus. Sabe-se lá o que os zelotes tinham ouvido. Ou então os peregrinos.

De fato, o rosto de Saulo só fora visto na cidade vinte e cinco anos antes quando era bem mais jovem. Sete anos atrás certos cristãos o viram, mas foram apenas os dirigentes, e naquela ocasião ele era um homem sadio e vigoroso. Quando apareceu desta vez, nem eu reconheci de imediato aquele rosto mais fatigado à minha frente. Considerava este fato como uma pequena vantagem: embora o nome fosse conhecido nas ruas de Jerusalém, o rosto e a pessoa a que o rosto pertencia não eram.

Um dia ainda. Um dia a mais. Ao completar a sua purificação, a doação gentia de Saulo poderia ser aceita para ser usada no término dos votos dos nazireus, pagando pelos sacrifícios deles e pela raspagem de suas cabeças. O resto da coleta, completamente pura, poderia ser destinado aos santos pobres de Jerusalém. E tudo estaria acabado. Saulo, vá embora! Vá são e salvo, meu irmão, você com o seu evangelho. Vá.

Eu tinha planejado, como disse, rodeá-lo com as nossas discretas pessoas durante todo o percurso de ida e volta entre a casa de Mnasom e o Templo.

Mas quando os anciãos, os nazireus e eu nos reunimos todos na casa na parte baixa da cidade, Mnasom veio sozinho ao nosso encontro, com ar perplexo.

— Ora, ora — disse ele, torcendo as mãos ao se explicar —, mas Saulo e Timóteo saíram quando ainda estava escuro. Meia hora atrás. Há alguma ameaça? Por que vocês não me avisaram que viriam? A esta altura eles devem estar perto dos portões.

Saímos voando. *Eu* saí voando. Subi a rua correndo movido pela pressa do terror. Os jovens nazireus corriam comigo. Assim, éramos cinco.

A correria atraiu a atenção do público. As pessoas saíam das lojas. As pessoas começaram a abrir a boca e arregalar os olhos feito peixes.

— Devagar! Vamos andando! — ordenei eu. E apesar do ritmo saltitante do meu coração, fomos andando.

Senhor Jesus Cristo, protege-o. Guarda-o em lugar seguro.

Onde estavam os anciãos? O que acontecera com eles?

— Saulo é um homem pequeno — disse alto aos nazireus. — É um homenzinho desgastado. Quem tem medo dele? Quem o veria como uma ameaça? Com certeza nem vão notá-lo. Quando o encontrarmos, ele estará bem, lavado e já voltando para casa.

Uma luz cinza raiava no mais alto céu. Os dias e as noites eram quase iguais. Um fogo incendiava as névoas matinais atrás do Monte das Oliveiras, um vermelho diadema ia subindo. Mas o ar era frio.

Um passo por vez, um degrau por vez, íamos subindo, subindo os degraus que Saulo tinha subido. Circunspetos, íamos subindo, tentando parecer tão devotos quanto qualquer peregrino no Monte Santo de Deus.

As escadarias e os túneis, todos os caminhos e todos os portões para os pórticos do Templo estavam, de fato, apinhados de gente. Os cordeiros baliam acima de nós, prontos para o abate às centenas e aos milhares. Os peregrinos levavam pães, ofertas movidas que os sacerdotes iriam consumir.

Lá no alto do pináculo a sudoeste, de repente, um sacerdote começou a tocar um clarim, fazendo o cabelo do meu pescoço ficar em pé.

Era o primeiro dia da semana. Era o dia de Pentecostes. Era o Pentecostes irrompendo ao nosso redor.

— Ninguém o notará agora — disse eu. — Ele está a salvo, perdido na multidão. Os homens vão dançar em volta do altar. Sacerdotes e levitas vigorosamente cantarão o Halel.

O clarim tocava sem parar.

Engoli em seco. Eu estava assustado comigo mesmo – um homem fragmentado pela emoção! Teimoso, tentei recuperar o Tiago que eu conhecia. Mediante um puro ato de vontade, pus-me a avaliar a minha condição do momento.

Por que *deveria* sentir-me tão assustado por causa de Saulo? Numa ocasião anterior, o Espírito Santo havia decidido controlar o Pentecostes. Havia agora todos os motivos para esperar uma conclusão feliz para este também, a ablução final de Saulo, o seu abençoado cumprimento da Lei, a sua liberdade de partir definitivamente para chegar a Roma...

Só que eu não vira Judas Barsabás desde a sua raivosa acusação no Pátio de Israel quatro dias antes.

E é nas festas mais santas que Jerusalém se torna terrivelmente tensa, as suas paixões enérgicas e selvagens.

Agora, à luz da manhã, era evidente a todos que o Tribuno romano já havia alinhado as suas legiões pela cidade, receando um motim.

Assim que cheguei ao portão, avancei passando pelas colunas e mergulhando na massa de peregrinos, com uma velocidade potencializada pelo meu objetivo. Se os nazireus ainda estavam me acompanhando, eu não sabia – mas de todo o coração esperava que estivessem perto de mim.

Como encontraria Saulo? Como *veria* o desgastado pregadorzinho?

Com esforço avancei no meio de animais e gente, pisando palha e esterco. Abri caminho através da parte sul do Pátio dos Gentios em direção ao portão junto ao Pátio das Mulheres. No momento exato em que me virei para entrar pelo portão, o sol irrompeu sobre o Monte das Oliveiras atrás de mim, disparando seus raios de luz sobre o Templo, cuja face leste explodiu num incêndio dourado que me deixou cego.

Protegendo os olhos, passei pelo Pátio das Mulheres em direção ao Templo. Tinha quase chegado ao Portão de Nicanor e ao Pátio de Israel, quando uma tremenda gritaria se ouviu à minha esquerda. As mulheres começaram a ganir e a gritar como aves. Como se golpeados por machados, os homens caíam. A multidão foi cortada em duas – e na confusa separação vi um homem alto correndo. Ele era a ponta de uma cunha humana: vinte, trinta homens rugindo atrás dele, empurrando peregrinos para os lados. O homem alto tinha o cabelo mais longo que o de Sansão, amarrado com três cordões brilhantes. Tinha os maxilares fortes. Seu rosto, uma beleza devastadora...

Matitias!

Era Matitias sulcando o Pátio das Mulheres, o zelote, o marido da própria irmã de Saulo, feroz, raivoso, consumido por um único pensamento.

Chegando ao Portão de Nicanor, ele não entrou para atingir o Pátio de Israel. Mas a gangue que o perseguia entrou, atacando feito aríetes. Matitias, porém, postou-se junto ao muro que cerca o Pátio. Reuniu toda a sua força e voou! Num único salto medonho estava no alto do muro.

Esquadrinhou o pátio interno, depois esticou um braço apontando para baixo. — Homens de Israel — vociferou como um Golias. — Homens de Israel, *socorro*! Lá está o homem que vem ensinando a todos em todas as partes contra os judeus, contra a Lei e contra este lugar, o Templo do Deus Poderoso!

Quem *não* veria nele o seu herói de pé acima dos sacerdotes e do povo? Quem *não* ouviria as suas eloqüentes condenações? E que multidão não reagiria, galvanizada pelo horror do ultraje, com ação e fúria?

— Além disso — trovejava Matitias —, ele traz gregos para o interior do Templo! Ele profana este lugar sagrado!

A esta altura todo o ambiente começou a agitar-se. Fomos arrastados pela violência da indignação. Eu vi a erupção sangrenta no Pátio de Israel. Eu vi uma massa palpitante de corpos avançando na minha direção pelo Portão de Nicanor, passando depois por mim através do Pátio das Mulheres para chegar à porta chamada Formosa.

Saulo era o que eles queriam. O pequeno Saulo era o único cavaleiro no dorso daquela inflada besta humana, a sua túnica arrancada do corpo desgastado, os braços e pernas violentamente separados, o peito nu voltado para os céus.

Homens aplaudiam junto ao Portão de Nicanor, e eu vi que ele estava sendo fechado.

Era óbvio! Não queriam que o prisioneiro saísse correndo de volta para o Templo onde teria asilo. Também não queriam que fosse morto no Pátio de Israel. Tal profanação seria capaz de derrubar os muros de Jerusalém!

Para mim essas coisas eram um sinal: o que eles pretendiam fazer era exatamente isto — assassinar Saulo no Pátio dos Gentios.

Que força me restava? Tentei abrir caminho por entre a multidão. Tentei seguir Saulo no dorso daquela besta humana que saía do Pátio das Mulheres.

Depois, de repente, abriu-se um caminho para os meus pés.

De repente vi o próprio Matitias passar por mim, obrigando as pessoas a abrir alas ante a sua ofuscante energia. Corri atrás dele. Entramos juntos no pátio externo, embora ele não me tivesse reconhecido. Irrompemos na direção da esplanada norte, e lá encontramos Saulo, e eu descobri envergonhado como era fraco. Perdi a compostura. Comecei a gemer e a chorar pelo meu irmão, que estava abaixado de joelhos com os braços sobre a cabeça. E as pessoas batiam nele com cordas e cintos.

Jesus Cristo, onde estás agora?

Mas logo em seguida chegou o poder militar e a precisão de Roma: centuriões, soldados a pé, e atrás deles o tribuno em pessoa, Cláudio Lísias.

Caí de joelhos agradecendo a Deus e ao Senhor Jesus Cristo que no instante escuta a nossa oração!

No extremo oposto a Saulo encontrava-se o tribuno; perto de Saulo, Matitias. Cada um dos dois estava convencido da própria superioridade, pois se um tinha o poder, o outro tinha a paixão.

Aos soldados – indicando o meu irmão Saulo ainda de joelhos sobre o chão — disse Cláudio Lísias: — Prendam esse homem. Amarrem-no com duas correntes.

A Matitias disse ele: — Quem é esse aí? Que fez para merecer tal tratamento?

Matitias, sem pestanejar, mantendo o seu olhar metálico fixo, não disse nada.

Mas a multidão, trêmula devido à raiva insatisfeita, de imediato soltou um rugido. Os homens gritavam tantas acusações, tão alto e de modo tão espontâneo que o tribuno nada pôde distinguir. Fez ele um sinal aos seus homens para que levassem Saulo de volta à Fortaleza a noroeste do Monte do Templo, depois virou-se e foi embora a passos largos.

Soldados puseram Saulo de pé. Pediram-lhe que andasse. Ele teria obedecido, se a multidão não tivesse redobrado o seu rugido. Correndo na frente, com as gargantas inflamadas, gritavam: — Fora com ele! Fora com ele! — As pessoas comprimiam-se tanto em volta de Saulo que os soldados, ao chegarem aos degraus que conduzem à fortaleza, literalmente estavam carregando o prisioneiro para salvá-lo.

Foi neste ponto que aquele dia mudou.

Já uma vez antes no dia de Pentecostes o Espírito Santo fora a expressão de mil vozes. Não havia então quem ouvisse e não entendesse, pois cada um ouvia numa língua familiar.

Mas *neste* Pentecostes o Espírito Santo foi apenas uma voz, uma voz singular, a vibração lamurienta e esganiçada de uma voz hebraica.

A voz de Saulo, como um carretel que se desenrolava.

No mais alto patamar da fortaleza os soldados puseram Saulo de pé. Ninguém entrou pela passagem. Em vez disso, toda a companhia ficou parada enquanto me pareceu que o tribuno conferenciava com *Saulo*. Saulo fez um gesto. Cláudio Lísias fez um gesto. Saulo falou rapidamente, fazendo que sim com a cabeça, até que o tribuno recuou para a porta – e Saulo deu um passo para frente parando no borda da plataforma, olhando para nós, olhando para o Pátio e para os peregrinos ali presentes.

Ergueu as mãos pedindo silêncio.

Por milagre, a multidão de fato fez silêncio. E então uma encenação rápida menteve todos calados. Matitias conseguiu subir ao teto do pórtico, o herói ainda ascendente diante do seu povo estava no mesmo nível de Saulo. Saulo, após erguer os braços, agora os dirigiu para Matitias num gesto de saudação de mãos abertas, de coração aberto, e gritou: — Matitias! — Matitias reagiu, hesitante, como se a palavra houvesse sido um golpe. Espantoso! Naquele momento, lá no alto, a vítima agia como um vencedor.

Um grande silêncio tomou os recintos do Templo. O povo escutava.

Não havia velho ou jovem, homem ou mulher, que não ouvisse a brilhante voz de corneta de Saulo.

— Esse homem! — clamava ele. — O homem de vossa confiança! Matitias, fiel como Finéias: ele foi uma vez o homem da *minha* confiança. Uma vez ele me amou muito.

— Eu sou judeu — gritava Saulo. — Sou mais judeu que muitos, e Matitias me amou por isso. Sentei-me aos pés de Gamaliel. Fui educado de acordo com o estilo rigoroso da Lei. Tornei-me naqueles dias tão zeloso das coisas de Deus como este vosso homem é hoje. Persegui os seguidores de Cristo. Eu os amarrava, encarcerava e matava – o que provocava em Matitias tal admiração que ele se afeiçoou a mim. Viajamos juntos para Damasco para lá destruir os seguidores de Cristo.

A esta altura Matitias parecia mesmo uma estátua de pedra: toda a sua pessoa estava presa à boca de Saulo.

E que devota atenção lhe prestavam os peregrinos!

Disse Saulo: — Mas no caminho de Damasco uma grande luz desceu do céu. Caí ao chão. Ouvi uma voz que dizia: *"Saulo! Saulo! Por que me persegues?"*

— Eu disse: *"Quem és tu, Senhor?"*

— E a voz disse: *"Eu sou Jesus de Nazaré a quem persegues."*

— Ora, esse homem, Matitias, que era então o homem da minha confiança, viu a luz. Mas não pôde ouvir a voz.

— Disse eu: *"Senhor, que devo fazer?"*

— Disse o Senhor: *"Levanta-te e entra em Damasco, onde te dirão tudo o que te convém fazer".* Quando me levantei, não conseguia enxergar. Estava cego.

— A alegria começou para mim naquele dia. E a alegria nunca mais me abandonou. Mas a dor também começou, porque o homem da minha confiança, Matitias, que me é caro como um filho, me deixou. Primeiro, retirou-se com a sua mente, declarando que a minha cegueira era uma maldição de Deus. Em seguida, retirou-se com o seu coração, pois a partir daquele dia ele me odeia com um ódio sem tréguas.

— Eu recuperei a minha vista. Mas o fato não mudou a mente ou o coração do meu filho.

— Com alegria eu parti para pregar aos gentios o amor de Deus em Jesus Cristo. Mas a minha pregação apenas fez aumentar o ódio do meu filho por mim.

— Ah, Matitias! — entoou de repente Saulo como se cantasse um salmo. — Ah, Matitias, meu filho!

O que aconteceu em seguida nunca vi acontecer antes ou depois. Foi um golpe fulminante de santo poder, e me pareceu quase matar o homem golpeado. Mas o golpe era amor! Foi o *amor* que provocou no pobre homem um despeito tão assassino.

Entoou Saulo: — Mas eu nunca deixei de amar este homem, vosso homem, Matitias. Nunca. Nem sequer uma vez. E diante de todos, ó povo, diante de Israel, declaro que eu o perdôo.

— Matitias — declamava Saulo, voltando-se diretamente para ele.

Como se cordas tivessem sido rompidas, o herói começou a tremer.

O rosto de Saulo explodia de esplendor. Agora brilhava. — Matitias, você é ainda o meu filho — cantava ele, abrindo os braços, erguendo-os num gesto de abençoar. — Eu perdôo você. No nome de Cristo Jesus, você está perdoado de todos os seus ódios. Eles não são mais nada entre nós dois.

Matitias, porém, não havia esperado a palavra final. Já estava correndo para o topo do telhado, atacando a plataforma da Fortaleza e o próprio Saulo, cujo rosto era cada vez mais brilhante e sorridente.

— Fora com esse sujeito! — gritava Matitias com voz esganiçada, ferido e horrorizado com o ultraje. — Tirem esse homem da face da *terra!* — Arrancou as cordas que lhe prendiam os longos cabelos que agora golpeavam o ar feito chicotes. Tinha os lábios contorcidos, cobertos de fel e amargura. — Matem esse homem! Matem esse homem! Ele merece morrer!

Num instante estava quebrado o encanto. A multidão despertou. Homens pulavam mostrando os punhos, todos urrando. Arrancavam as roupas e as sacudiam, expressando com vaias o seu descontentamento. Atiravam para o ar punhados de pó.

Como uma boca, as portas da fortaleza se abriram.

Enquanto Matitias se precipitava para o patamar, soldados arrastaram Saulo para um interior escuro. As portas se fecharam contra a fúria do zelote, foram fechadas e trancadas contra a tempestade desabando no pátio.

Abaixei os olhos.

No torvelinho da multidão reconheci dois dos nazireus. Um chorava de boca aberta, como uma criança que vai abandonada sob os céus. O outro atirava pó e imprecações contra a fortaleza, desnudo até a cintura; os joelhos e o pano que lhe cingia os rins eram um opróbrio público.

E Saulo? Depois que as portas da Fortaleza se fecharam, nunca mais o vi outra vez.

ii

Isso foi há cinco anos. Eu mesmo estou agora na prisão. Para mim está tudo claro. Nada do que passou permanece oculto ou confuso. Apenas o futuro é assim. Refiro-me ao futuro da Igreja. Será que a divisão entre crentes gentios e judeus algum dia será sanada?

Por outro lado, o meu futuro pessoal está garantido. Amanhã é o dia da minha execução.

Quanto ao meu passado, sei muito bem dos meus erros e já recebi a reconciliação do Senhor.

Este foi o meu erro no dia de Pentecostes, cinco anos atrás: deixar que a paixão dominasse a piedade. Para confessar a verdade plenamente, tive até prazer na paixão, quando devia ter deixado essas tempestades destrutivas para homens como Saulo e Matitias.

Este, digo eu, foi o meu erro: eu amei. Eu entreguei a parte mais sóbria da minha pessoa ao amor de outrem, e *assim* acabei me envolvendo em motins e atitudes desregradas.

Foi tão rápida e tão profunda a vergonha que me cobriu que, de fato, naquela mesma noite eu caí com o rosto sobre o chão do meu quartinho e chorei lágrimas de arrependimento. Sem me mover uma vez sequer naquela noite, sem dormir, exauri minha alma insone em devoção, entregando-me novamente à oração, à pureza ritual, à Torá e à solene reflexão. O amor do Senhor não é apaixonado! É uma questão de obediência.

E aqui está a prova de que o Senhor ouvira o meu lamento e me fortalecera: quando se exigiu de mim que eu fosse visitar Saulo na Fortaleza, superei a paixão e não me permiti fazer-lhe uma visita.

Nas primeiras horas, nas trevas que precedem o amanhecer, uma tímida voz chamou o meu nome lá fora. Levantei-me do chão, ajeitei as roupas e abri a porta.

Era um rapaz.

Trazia nas mãos um pequeno díptico: duas tábuas unidas por dobradiças que, quando abertas, exibiam o registro e a prova de que Saulo de Tarso era um cidadão romano.

Olhei mais atentamente para o jovem. Belo ele era. Maxilares altos. A imagem do seu pai, Matitias. Ali estava o filho da irmã de Saulo, a família de Saulo, o sobrinho de Saulo.

Mas o rapaz estava tremendo de medo. Revirava os olhos com paixão infeliz.

Disse ele: — O senhor poderia entregar isto ao apóstolo Saulo? Poderia também dar-lhe um recado?

Qual era o recado, perguntei eu.

Que o pobre rapaz naquela mesma noite havia testemunhado um fato grave. O seu pai forçara quarenta homens a prestar um voto de abstinência: ninguém comeria ou beberia coisa alguma antes de armar uma cilada para Saulo e matá-lo enquanto estivesse sendo conduzido ao palácio de Herodes à luz do dia. Esse era o recado.

— O tribuno em pessoa deveria ouvir o recado — disse eu.

— Não conheço o tribuno — disse ele.

— Eu também não. Nem sequer conheço a língua dele — disse eu.

Mas Timóteo conhecia.

De modo que passei ao sobrinho de Saulo o nome de Timóteo de Listra, e sugeri que procurasse a casa de Mnasom, o cipriota, na cidade baixa. Despachei-o na escuridão, e depois me ajoelhei tremendo perante o Senhor.

O meu coração quase me persuadira a ir até a Fortaleza.

Mas a fé prevaleceu.

No fim, sem mérito meu, nenhuma culpa me coube, uma vez que Saulo foi levado secretamente para fora da cidade antes do amanhecer. Foi posto diretamente sob a autoridade de Marco Antônio Félix, Procurador da Judéia, cujo palácio ficava em Cesaréia.

Lá Saulo permaneceu no cárcere por vários anos. Eu orava pela sua alma, com certeza. Mas tornei-me abençoadamente frio em relação a ele. Quando Félix foi intimado a voltar para Roma e Pórcio Festo o substituiu, eu soube da notícia segundo a qual Saulo - sempre Saulo, o indefectível Saulo, com seus extremos e rompantes - havia exigido ser julgado perante Nero em Roma. Penso que tal exigência de um cidadão romano não pode ser negada.

Suponho que tenha ido para Roma.

É nesse ponto que a vida de Saulo termina para mim. Numa suposição.

Festo também a essa altura já deixara o cargo. Houve um vazio de poder na Judéia.

Anás, o sumo sacerdote, se intrometeu no vazio. Ele deseja mostrar-se forte e popular ao mesmo tempo, um líder dessa nação zelosa. Portanto, devido à mancha de infidelidade que se associou à minha pessoa desde aquele dia de Pentecostes cinco anos atrás, Anás me prendeu.

Acusou-me de "transgressão da Lei."

Essa ironia não me atinge.

Estou repleto de conhecimento.

Amanhã, em conformidade com a prática judaica, ele me entregará para o apedrejamento.

Não estou com medo. Sei que o Senhor virá ao meu encontro na chuva de sangue, exatamente como aconteceu com Estêvão há tanto tempo atrás. Sei que ele me permitirá habitar na sua mansão para sempre. Não tenho medo da minha morte amanhã.

Mas estou repleto de toda espécie de conhecimento. Conheço a tradição, sei como se procederá.

Serei amarrado e atirado do alto de uma montanha.

Se não morrer da queda, o meu principal acusador erguerá uma grande pedra e a fará cair sobre o meu peito. Tentará com toda a sua força explodir o meu coração. Se com isso eu não morrer, então o povo começará a atirar pedras contra mim, seixos, cacos de pedras, blocos de pedra – e assim eu certamente hei de morrer.

. Ó Senhor Jesus, vela pela tua Igreja. Temo que as divisões venham a crescer ainda mais. Temo as paixões entre o nosso povo. Eu vi com os meus olhos o efeito dos ódios humanos.

Portanto, vem, eu te suplico.

De joelhos, eu imploro, vem!

A minha morte não é nada em comparação com o tormento de cristãos violentamente separados uns dos outros. Mantém-nos na unidade. Mantém-nos na unidade. Mantém-nos na unidade até a tua vinda – e vem logo, Senhor.

69

Lucas

Quando se decidiu que deveríamos navegar para Roma, Festo entregou Paulo, juntamente com vários outros prisioneiros, a um centurião da Coorte Augusta de nome Júlio.

Em seguida, embarcando num navio de Adramítio que estava prestes a partir para os portos ao longo da costa da Ásia, zarpamos acompanhados de Aristarco, um macedônio da Tessalônica.

No dia seguinte ancoramos em Sidom.

Júlio tratou Paulo com humanidade, permitindo-lhe ir ver os amigos e obter assistência.

Depois, partindo dali, navegamos sob a proteção de Chipre por serem contrários os ventos.

E, tendo atravessado o mar ao longo da Cilícia e da Panfília, chegamos a Mirra, na Lícia. Achando ali o centurião um navio de Alexandria de partida para a Itália, nele nos fez embarcar.

Navegamos vagarosamente muitos dias até chegar com dificuldade de fronte a Cnido. Em seguida, não nos sendo permitido prosseguir, por causa do vento contrário, navegamos sob a proteção de Creta na altura de Salmone. Costeando-a penosamente, chegamos a um lugar chamado Bons Portos, perto do qual estava a cidade de Laséia.

Depois de perder muito tempo e tendo-se tornado a navegação perigosa (o Dia do Jejum já passara!), Paulo os admoestava dizendo-lhes: "Senhores, vejo que a viagem vai ser trabalhosa, com dano e muito prejuízo, não só da carga e do navio, mas também da nossa vida".

Mas o centurião dava mais crédito ao piloto e ao mestre do navio do que a Paulo.

Não sendo o porto próprio para invernar, a maioria deles era de opinião que partissem dali, para ver se podiam chegar a Fenice, um porto de Creta que olhava para nordeste e para o sudoeste, muito melhor para invernar.

Quando o vento sul começou a soprar brandamente, fazendo o capitão e o proprietário do navio pensar que tinham alcançado o que desejavam, eles levantaram âncora e foram costeando mais de perto a ilha de Creta.

70

L. Annaeus Sêneca

Sêneca, em Roma,
Para Hélvia, sua mãe, em Córdoba,
no quinto ano de Nero:

Saudações:

Um acesso de tosse pode provocar um deslizamento de rochas. Qualquer tossida, da garganta de qualquer homem, se o tempo e a montanha estiverem preparados. Não há razão, portanto, para alguém sentir-se culpado por tossir, certamente não, mesmo que uma aldeia inteira seja sepultada e uma centena de seres humanos esmagados. Mas, apesar de tudo, aquele que tossiu, ao contemplar a destruição, não consegue evitar uma esmagadora sensação de culpa.

Ah, Mãe, com uma tossida eu destruí o mundo. O fato ainda não é aparente, mas *eu* percebo os sinais e *eu* sei como são vastas e tristes as mudanças por vir. A roda está girando. Historiadores, anotai! No quinto ano de Nero, vários seixos se soltaram; mas eles sustentavam a pedra que sustentava a escarpa que sustentava a montanha. O meu poder político praticamente acabou. A minha influência sobre o príncipe esgotou-se por completo. Agripina se foi. (Ah, que espetáculo foi a sua partida!) Nero conseguiu à força a sua maioridade. Nero sozinho ocupa o trono do Olimpo. Ele tem absoluta auto-suficiência, sem dar ouvidos a ninguém. Ninguém o restringe. Ninguém o orienta. Ninguém o assusta. Ele atualmente é chefe de si mesmo. Tem independência completa. E quando cair em cima de Roma para estuprá-la, cairá com o peso de uma montanha.

Mãe, prepare-se para ler o restante desta carta. Minhas notícias são terríveis, mas o meu objetivo é bom. Gálio me informa que a senhora está no seu leito de morte. Pior, diz que a senhora se recusa a dormir, pois teme que o sono possa retê-la para sempre. Diz que a senhora se agarra, com um sorriso desesperado que pede desculpas, à vida onde os seus filhos e netos se encontram.

Mas eu digo que os tempos estão prestes a tornar-se insensatos e violentos, que não há nada de bom que faça a vida valer a pena, que em breve será melhor *não* existir.

E também digo (envergonhado, só contarei à senhora e a ninguém mais) que se acaso a senhora, Mãe, olhasse para mim com olhar objetivo, não encontraria o filho que criou. Estou comprometido. A atmosfera do reinado de Nero azedou em mim o doce leite da sua virtude. Não há dúvida de que a senhora não deveria agarrar-se à vida para ficar comigo. Sou oco.

Mas também sei o que é certo: chegou a hora de abandonar uma existência que é cada vez pior.

Esta foi a minha tossida: mandei Acte falar com Nero sobre um boato, pedindo-lhe simplesmente que ele o desfizesse e sepultasse. Refiro-me ao *boato*. Sepultar o *boato*. Mas antes do final do dia ele concebera um plano para matar a própria mãe, mandando-a para o fundo do mar.

Obviamente, o tempo e a montanha estavam preparados mesmo antes de eu tossir.

A delicada Acte há anos é amante de Nero. Agripina nunca se sentiu ameaçada nesse departamento, apesar de ter usado a legítima esposa de Nero para os seus desígnios e apesar de que teria encarado um divórcio como uma dura perda pessoal. Acte e Nero jamais pensaram em se casar. Mas no início deste ano uma nova amante roubou o coração e o cérebro do imperador, e imediatamente se tornou uma ameaça real, pois *esta* amante, com sua ambição ardilosa, poderia ser mais Agripina que a própria Agripina!

Popéia Sabina é a mais refinada, inteligente, exuberante e bela mulher de Roma. Não se trata de hipérbole. É um fato. Ela tem o que raramente se encontra em Roma, cabelos naturalmente louros (aos quais o nosso jovem leão imperial dedicou ardentes versos: "Cabelos de âmbar", e por aí afora). Tem um nariz delicado e expressivo, olhos melancólicos, pés pequenos e uma pele branca como o leite.

Ah, sim: deixe-me contar sobre a sua pele. Para preservar-lhe a pureza, Popéia se banha diariamente no alvo leite de jumentas, no leite de quatrocentas jumentas mantidas em terrenos ao fundo do palácio unicamente para essa finalidade! Sua banheira é de Porfírio; as paredes são de prata polida para espelhar a sua lânguida figura que surge do leite. Suas servas enxugam-lhe o corpo nu com plumas de cisnes, o que deixa um leve pó branco sobre todo o seu corpo. As suas mãos são amaciadas e branqueadas com muco de crocodilos. O rosto é protegido da pestilenta atmosfera noturna por uma máscara de porcelana composta de um creme misturado com um pó.

Popéia está casada com Orto, um dos amigos mais íntimos de Nero. De fato, foram os elogios de Orto aos favores noturnos que lhe dispensava a sua mulher que inicialmente despertaram os interesses do leão. E quando a própria mulher lançou trêmulos olhares na direção de Nero, ele ficou perdido.

E perdida também ficou a mãe do príncipe, Agripina.

Porque Popéia quer o trono.

Mas isso requer o casamento com quem nele está sentado. *O que* exige um divórcio.

Isso jamais teria ocorrido enquanto a mãe de Nero estivesse viva. Não só porque Agripina jamais concordaria com esse tipo de solução; mas também porque, cara a cara, ela ainda mantinha o seu filho numa terrível submissão. Sob a intensa luz do seu olhar, ele voltava a ser um menino. Agripina era capaz de fazê-lo perder a fala, e Nero a desprezava por isso e a banira para a sua vila. Chegara até a mandar para lá bandidos de barco para que gritassem obscenidades contra ela. Mas ele nunca seria um instrumento nas mãos de Popéia enquanto a mãe, com a força do seu olhar, pudesse levá-lo de volta à infância.

Conseqüentemente, a própria Popéia começou a armar estratégias. Para conseguir o divórcio, sussurrava idéias de assassinato aos ouvidos de Nero. Acusava o príncipe de ser inferior à sua mãe. Atiçou-lhe os ódios com situações embaraçosas que o corroíam por dentro. Eu deveria ter reconhecido os sinais, uma vez que ele costumava sair dos aposentos de Popéia cambaleando, angustiado, segurando o estômago; mas logo depois ficava vermelho de raiva e dava ordens aos gritos, ofendendo os criados e as pessoas que estivessem por perto.

Eu devia saber o que conspiravam Popéia e Nero. Eu devia considerar que era meu dever descobrir – e assim não teria tossido em suas tensões. Mas tossi.

Mandei Acte contar a Nero sobre o lascivo boato que se insinuava em Roma – entre cidadãos, senadores, o exército, todos: que Agripina estava tentando preservar o seu poder fazendo uso da própria beleza de um modo mais depravado que nunca; que ela estava convidando o próprio Nero a partilhar da sua cama e do seu corpo.

Esta, Mãe, é a situação na montanha, que em breve deverá ser a situação através da *orbis terrarum*. Algumas pessoas – uma minoria – chega até a acreditar que a sugestão incestuosa não partiu de Agripina, mas sim do seu filho.

Orientei Acte para que desse a entender que, se o boato não fosse sufocado, os próprios soldados poderiam amotinar-se.

Eu tossi. Assim que ele o ouviu, o boato levou o nosso soturno imperador a medidas extremas, de repente.

Ele procurou um jeito de assassinar a sua mãe. Como o faria? Que meio usaria?

O veneno com a mulher dos venenos não funcionaria – e que seria dele então?

Um ataque direto não poderia ser disfarçado. Gritaria aos quatro cantos os termos *assassinato* e *matricídio.*

Então, por um supremo golpe de sorte, um homem chamado Aniceto, que era o comandante da frota do Miseno, apareceu com um plano que Nero aplaudiu. — Vou equipar um navio — disse Aniceto — de tal modo que o teto da cabine desabe no mesmo momento em que um rombo for aberto no casco da embarcação. O teto aturdirá a sua mãe, o rombo afundará o navio e o mar tragará a sua mãe, que morrerá afogada. Convide Agripina a deixar a sua vila para lhe fazer uma visita, meu senhor, junto ao Cabo Miseno – e então eu serei o barco que a conduzirá de volta para casa.

E quem ficaria sabendo? De fato, quem ficaria sabendo?

Nero deu início à execução do plano. Escreveu à mãe uma carta cheia de abjeta humildade em que se alongava num pedido de desculpas.

Agripina deixou-se vencer pelo triunfo e (seria isso possível?) pela satisfação materna. Ali estava muito mais do que ela jamais sonhara receber do seu indelicado filho. Cobriu-se de beleza e foi voando ao encontro de Nero, que lhe dispensou elevada e amorosa atenção, que lhe pediu conselhos sobre assuntos do Estado, que a fixou até que as lágrimas cintilaram nos olhos de antimônio da mulher. Depois, quando a visita chegou ao fim, o filho abraçou a mãe como se nunca mais fosse deixá-la partir. Sussurrou ele: — Você é a melhor das mães — e beijou-lhe os seios — os seios — disse ele — que me amamentaram.

Agripina embarcou no navio com os pés leves e o coração pairando nas alturas. A noite estrelada harmonizava-se com o seu estado de espírito. Entrou na cabine e sentou-se juntamente com dois acompanhantes: uma criada chamada Acerrônia e o seu tesoureiro, Crepereius Gallus. E assim o barco zarpou. Os remos o empurraram para o mar aberto. A vela colheu o vento e se enfunou.

Mas Agripina foi Agripina até o fim, e Nero sofreu horrores por isso!

De fato, o teto da cabine veio abaixo conforme o plano, acompanhado de placas de chumbo – e Gallus morreu imediatamente com o colapso.

Mas Agripina sofreu apenas um arranhão. No mesmo instante e de modo absolutamente claro, ela percebeu que o ocorrido não fora um simples acidente. Ela e a sua criada arrastaram-se para o convés, no exato momento em que a tripulação corria num só corpo para estibordo. O rombo no casco não se concretizara. Eles pretendiam virar o barco, que se inclinou terrivelmente e atirou Agripina e Acerrônia ao mar.

Acerrônia se pôs a gritar: — Eu sou a mãe do imperador! — gritava ela. — Socorro! *Me* ajudem!

Alguns marinheiros se debruçaram sobre a borda do barco e divisaram a forma de um corpo nas águas escuras. Atiraram uma corda. Ela a agarrou. Puxaram-na para o barco.

Simultaneamente, Agripina estava se libertando das roupas e boiando no meio das ondas. Jamais ela gritaria. Jamais se identificaria a homens desconhecidos. Essa mulher já nadara em mares mais cruéis e sobrevivera.

Os marinheiros puxaram a criada para fora da água, até a borda do barco. Em seguida, ergueram um remo e partiram-lhe o crânio. Acerrônia, a criada, soltou um suspiro e deixou-se deslizar para as trevas.

Em silêncio, Agripina contemplou a própria execução, uma vez que era ela que eles julgaram estar despachando. Depois, virou-se e saiu nadando. Nadou para o litoral, foi isso que ela fez, e salvou a própria vida.

A primeira notícia que Nero recebeu aquela noite vinha de certos marinheiros que lamentavam a perda da "pobre Agripina, que perecera no mar".

A segunda notícia foi trazida por um mensageiro da vila de Agripina: *Passamos por alguma dificuldade no mar,* dizia o recado da mãe. *Mas não tema por mim, meu filho. Eu escapei sem danos graves, apenas uma ligeira luxação no ombro. Por mais que você deseje vir me confortar, não venha. Eu estou bem. Só preciso descansar.*

Nero ficou horrorizado.

Convocou-me a mim e a Aniceto, o mentor do plano, e ordenou que o mensageiro repetisse várias vezes a história da salvação de Agripina, como se quisesse punir a si mesmo. Tinha os olhos esbugalhados. Tremia-lhe o corpo. Não parava de arrancar a barba e choramingava, declarando-se um homem morto, enquanto eu... eu já estava ouvindo o estrondo distante da montanha que desmoronava.

— Que vamos fazer? Que vamos fazer? — suplicava Nero às janelas.

Eu não tinha nada a sugerir, nada a dizer.

Aniceto, por sua vez, começou a agir mesmo antes de falar. Puxou o punhal, depois curvou-se e o fez deslizar riscando rápido o chão até parar entre os pés do mensageiro. De imediato pôs-se de pé, gritando: — Socorro! Socorro! Cuidado! Um assassino! — Atirou-se contra o mensageiro desferindo-lhe um forte golpe na cabeça.

Depois — Isto — disse ele — é o que vamos fazer, meu senhor. Prendemos este homem, enviado pela sua mãe para apunhalar o senhor nos seus aposentos. E agora, neste mesmo instante, com a sua permissão, vou correndo à vila onde ela está e a mato pela sua traição.

Nero, lívido e fora de si, concordou.

Aniceto partiu num célere cavalo com vários soldados e um centurião. Tomaram a vila de assalto. Invadiram os aposentos privativos de Agripina e a encontraram banhada e vestida para dormir.

Ela, por sua vez, reconheceu a morte nos olhos dos assassinos.

O centurião puxou o punhal. Agripina recuou e encostou-se na parede. Agarrou com as duas mãos a orla da sua diáfana camisola e a rasgou da garganta até a cintura. Aqui estava o tesouro com o qual comprara o reino.

— *Ventrem feri!* — disse ela. Golpeie o estômago.

O centurião obedeceu. Enterrou o instrumento até o punho, e Agripina foi ao chão sem um grito.

Nero, como já disse, forçou a própria maioridade. Quem não tem mãe não pode portar-se como filho. Ele já não é um rapaz. E talvez esse tenha sido o único jeito de o príncipe conseguir o seu intento.

Mas no princípio Nero não se sentiu livre. Em estado de morbidez, manteve-se longe de Roma, temendo que o matricídio fosse o único crime que o povo não aceitaria, mesmo num monarca.

E agora, ó minha virtuosa mãe, devo confessar um dos mais fortes indícios de que o mundo está mudando. Diz respeito a mim. Fui triturado pelas rodas dos últimos acontecimentos. E se eu, com todo o meu desprezo pela fortuna, não consigo evitar a pulverização, quem conseguirá?

No intuito de preparar a volta de Nero a Roma, enderecei ao Senado uma carta assinada por ele. Sou um missivista. É o que eu sei fazer e faço bem. Redigi muitas cartas e muitos discursos em nome de Nero, a maioria deles com justificativa. Mesmo essa carta eu justifiquei enquanto a escrevia, pois pretendia preservar alguma influência sobre o leão imperial para usá-la no futuro. Se eu não o ajudasse agora, raciocinava eu, nunca mais o faria depois. A senhora percebe que espécie de mercador é a Fortuna? Vende um bem maior por um mal menor.

E eu paguei com uma carta extraordinária.

Recontei não a história contada pelo mensageiro de Agripina, mas sim a que nós inventamos sobre ele, sobre o seu punhal, sobre o plano da mãe de assassinar o filho. Escrevi que ela, temendo o julgamento que estava prestes a acontecer, cometera suicídio. Em seguida descrevi com detalhes todas as atrocidades que ela cometera em sua vida, particularmente por intermédio do debilitado Cláudio. Esses fatos, naturalmente, não eram falsos. (Na minha opinião, constituíam uma justificativa realista para o seu fim: como ela viveu, assim ela morreu.)

A recusa de Nero que não deixava que ela partilhasse o seu governo a exasperara a tal ponto que ela se opunha a todos os benefícios concedidos por ele aos soldados e ao povo. Eu descrevi o imperador como um homem angustiado pela ausência da mãe, porém magnânimo o suficiente para reconhecer que o mundo inteiro se beneficiaria com isso.

As minhas mentiras não persuadiram ninguém. E o nome de Nero no fim da carta não significava nada. Todos sabiam que ela fora escrita por mim. E agora sou acusado também de ter assassinado Agripina.

Minha querida mãe, minha boa mãe, acho que já não mais sou o seu filho.

Perdoe-me, e depois vá embora em paz.

Pois agora não sou mais o conselheiro de Nero. Foi o maior benefício que consegui com a venda da minha alma. No fim dos acontecimentos descritos, Nero emergiu extremamente popular, e já não vê razão alguma para ter mestres, guias, conselheiros de qualquer espécie — e eu perdi toda a influência.

Quando finalmente o leão voltou a Roma, foi surpreendente ver com que alegria o povo o recebeu. Correram para fora da cidade ao seu encontro. Aplaudiram-no durante todo o percurso, tocando muitos instrumentos, dançando, atirando flores ao cortejo imperial e gritando: *Nero divinus! Nero divinus!*

"Supreendente", digo eu, para todos, inclusive o imperador. Ele realmente não antecipara a recepção que teve. Mas a surpresa durou apenas metade do percurso, porque depois eu vi a expressão dele mudar. Surgiu-lhe no rosto o sol. Ele estava radiante. Aceitou a estonteante apoteose como algo que lhe era devido. Ao entrarmos no palácio, ele e eu chegamos à mesma conclusão, embora a alegria dele fosse a minha desgraça. Nós nos demos conta de que, se cometer o mais perverso dos pecados, se matar a mãe fizera apenas crescer a devoção do povo, o que Nero *não* faria no futuro sem sofrer castigo algum? Ora, ele faria qualquer coisa. Qualquer coisa.

O mundo tem um novo deus, mãe. Este é o significado desta sofrida carta que lhe escrevo. *Incurvat in se!* A nossa deidade empolga-se consigo mesma, adora apenas a si mesma, não está atenta a ninguém exceto aos seus caprichos e à sua vontade exclusiva. Alimentou-se da própria mãe. No futuro se alimentará do povo. Uma sombra está caindo sobre nós, mais vasta do que Roma e mais negra que a própria morte.

É chegada a hora. Definitivamente está na hora da sua partida. O mundo já não merece tê-la por aqui. E eu não vou demorar-me muito depois que a senhora partir.

Ó mãe, não tenha medo da viagem! Eu não tenho.

Veja que fardos sujos são para nós os nossos corpos, algo como cordas e correntes que nos mantêm aqui. Como é doce rompê-las e livrar-se! "Eu vou morrer", pode-se dizer calmamente, pois com isso *está-se dizendo*: "Eu vou deixar de correr riscos de doenças e dores; vou deixar de correr riscos de prisões, ódios, decepções, culpas e morte."

Não sou ingênuo a ponto de cantar as velhas e tranqüilizantes canções de ninar de Epicuro, que costumava dizer que os temores do inferno são medos inúteis, que não existe nenhum Ixião preso à roda, nenhum Sísifo empurrando a pedra morro acima. Você deixou para trás essas histórias há mais de setenta anos. O Cérbero com as suas três cabeças já não a assusta, nem as sombras, nem os brancos fantasmas que se agarram aos seus ossos como uma névoa. (Estou brincando. Essas são histórias que a senhora me contava quando eu era criança, lembra? Lembra-se de como ríamos naquela época? Você se recorda do abençoado remédio do seu riso?)

Mas agora não estou brincando; estou apresentando o mais sagrado argumento que tenho a oferecer: ou a morte apaga tudo, ou então ela nos liberta. Se somos libertados, mãe; se temos a possibilidade de depor este fardo enlameado do nosso corpo, coisas melhores nos aguardam ao final do luminoso vôo. E se somos apagados, bem, então não sobra nada: o bom e o ruim igualmente desaparecerão, e não há como saber o que vem depois.

Nós morremos todos os dias, a senhora e eu.

Explico: a cada dia a minúscula porção de nossas vidas nos é roubada. Mesmo quando estamos crescendo, nossas vidas estão diminuindo. Perdemos a infância. Perdemos a juventude. A senhora perdeu os seus setenta e seis anos. Eu perdi os meus sessenta. Todo o nosso passado é tempo perdido, e até mesmo o dia de hoje nós o partilhamos com a morte. Nunca foi a última gota que esvaziou a clepsidra, mas todas as gotas que pingaram antes que última gota caísse. O mesmo acontece conosco:
A última hora, o exato momento em que deixamos de existir, não traz por si só a morte! Ó minha querida, estamos morrendo há tanto tempo.
O momento final simplesmente completa o processo.

Conheço um filósofo que diz: "Por quanto tempo devo agüentar as mesmas coisas sempre se repetindo? Devo eternamente acordar para dormir, sentir fome para comer para de novo ter fome? Nada termina! Tudo está ligado num círculo, fugindo e perseguindo ao mesmo tempo.

A noite segue o dia, e o dia segue a noite; o verão é aniquilado pelo outono, o outono é sepultado no inverno, o inverno é interrompido pela primavera, e a primavera renasce novamente como verão. Toda a natureza passa apenas para voltar. Eu nada faço que seja novo. Nada vejo que seja novo. Mais cedo ou mais tarde a gente se cansa disso".

Mesmo se o mundo não estivesse agora coberto pelo negro sudário da vontade de Nero; mesmo se ele simplesmente prolongasse os seus dias numa infinita monotonia, há os que consideram o viver, mais que penoso, supérfluo.

Vale, Helvia, Mater. Não chore por nós. A morte faz que tudo esteja bem, pois anula o que é ruim.

Adeus, minha querida. Lembre-se de nossas risadas. Lembre-se dos dias verdes e de todos os nossos contos infantis. Lembre-se das minhas esperanças infantis por um instante, por um breve instante – e depois, adeus. Conseguimos o fim do mundo com o nosso fim. De um só golpe vencemos o sofrimento, a guerra e todas as calamidades. Nada precisa continuar.

Adeus.

71

Lucas

i

Soprando brandamente o vento sul, possibilitando a passagem de Bons Portos para Fenice a umas oitenta milhas mais ao norte da costa, o capitão e o proprietário do navio julgaram ter alcançado o que desejavam. Por isso, levantaram âncora e foram costeando mais de perto a ilha de Creta.

Mas de repente, desencadeou-se da ilha um tufão de vento, chamado Euroaquilão, virando o navio para o mar. Desistimos da manobra. Dobramos as velas e fomos arrastados vinte milhas para o sul, passando sob a proteção de uma ilhota chamada Cauda. Ali conseguimos – com toda a tripulação e toda a nossa energia – recolher o bote e prendê-lo no convés. Passamos cabos em volta do navio para impedir que o madeiramento se soltasse. Sendo que temíamos bater na Sirte, um conjunto de bancos de areia ao norte da África, os marinheiros arriaram a vela grande e lançaram âncoras ao mar a fim de reduzir a velocidade do barco, e mesmo assim éramos arrastados.

O dia seguinte não trouxe alívio algum. Tão violentamente nos castigava a tormenta que os marinheiros começaram a lançar a carga ao mar.

No terceiro dia lançaram ao mar a armação do navio, oferecendo ao vento todos os mastros nus.

E quando nem o sol nem as estrelas apareceram por muitos dias, quando já não conseguíamos estabelecer a nossa posição, quando uma grande tempestade desabou inclemente sobre nós, dissipou-se, afinal, toda a esperança de salvamento.

Foi então que Paulo se pôs de pé no meio de todos e disse: — Senhores, na verdade, era preciso terem-me ouvido antes. Não deveriam nunca ter partido de Creta, para evitar este dano e perda. Mas, já agora, eu vos aconselho bom ânimo! Eu vos garanto que nenhuma vida se perderá de entre vós, mas somente o navio. Porque, esta mesma noite, o Deus a quem eu adoro, o Deus a quem eu pertenço, enviou-me um anjo, dizendo: *Paulo, não temas! É preciso que compareças perante César. E eis que Deus te deu todos quantos navegam contigo.* Portanto, senhores, tende bom ânimo! Pois eu confio em Deus que acontecerá exatamente o que me foi dito. Porém – disse Paulo – é necessário aportarmos nalguma ilha.

Durante a décima quarta noite, sendo nós batidos de um lado para outro no mar Adriático, por volta da meia-noite, os marinheiros pressentiram que se aproximavam da terra. Lançando o prumo para sondar a profundidade, acharam vinte braças. Um pouco mais adiante, sondando novamente, acharam quinze braças. Receosos de que fôssemos atirados contra lugares rochosos, lançaram da popa quatro âncoras e oravam para que rompesse o dia.

A essa altura os marinheiros, dizendo que pretendiam largar âncoras também da proa, arriaram o bote ao mar. Paulo, porém, disse ao centurião e aos soldados: Se estes homens não permanecerem a bordo, vós não podereis salvar-vos!

Os marinheiros planejavam a sua fuga do navio.

Imediatamente, os soldados cortaram os cabos do bote e o deixaram afastar-se.

Perto do amanhecer, Paulo dirigiu-se a todos, insistindo para que se alimentassem. — Este é o décimo quarto dia da nossa ansiedade — disse ele — e o décimo quarto dia de enjôo marítimo e jejum. Eu vos rogo que comais alguma coisa. A comida vos dará as forças que serão necessárias ao amanhecer, pois nenhum de vós perderá nem um fio de cabelo!

Tendo dito isto, tomando um pão, deu graças a Deus e, depois de o partir, se pôs a comer. Vendo o seu exemplo, os outros cobraram ânimo e se puseram também a comer. Ao todo, estávamos no navio duzentas e setenta e seis pessoas. Quando todos estavam refeitos com a comida, aliviaram o navio lançando o resto do trigo ao mar.

Quando amanheceu, ninguém reconheceu a terra diante deles, mas descobriram uma enseada, onde havia uma praia. Planejaram, então, caso fosse possível, encalhar o navio naquele lugar. Levantaram as quatro âncoras da popa e as deixaram no mar. Soltaram também as amarras que prendiam o leme. Alçaram a vela de proa ao vento, e o vento de súbito, abruptamente, empurrou o navio para a praia.

Mas o barco foi dar num banco de areia, onde a proa se encravou e ficou imóvel enquanto os vagalhões batiam contra a popa que, pela violência, acabou se abrindo.

— Matem os prisioneiros! — gritavam os soldados. — Não os deixem fugir!

Mas o centurião queria salvar Paulo e impediu-os de agir.

— Os que sabem nadar — gritou ele —, que sejam os primeiros a lançar-se ao mar e a alcançar a terra. Os que não sabem, agarrem pranchas e tábuas! Agarrem destroços do navio e se salvem...

E foi assim que todos se salvaram em terra.

ii

Uma vez em terra, verificamos que a ilha se chamava Malta. Os nativos que nos encontraram na praia mostraram uma singular humanidade, pois, acendendo uma fogueira na chuva e no frio, nos acolheram a todos.

Paulo ajuntou um feixe de gravetos, depois estendeu a mão para colocá-los no fogo; mas uma víbora, fugindo do calor, saiu do meio dos gravetos e prendeu-se à mão dele.

Quando os nativos viram a criatura pendendo da mão de Paulo, disseram: — Este homem é um assassino. Escapou da morte no mar, mas não escapará da justiça! O matador vai ser morto.

Paulo estendeu a mão e sacudiu o réptil, que caiu no fogo.

Os nativos aguardaram, esperando que Paulo inchasse ou caísse morto. Depois de aguardar um longo tempo e vendo que nenhum mal lhe sucedia, mudaram de parecer e diziam que ele era um deus.

Ora, perto daquele lugar havia uma propriedade que pertencia ao homem principal da ilha, chamado Públio, o qual nos recebeu e nos hospedou por três dias. Aconteceu achar-se enfermo de disenteria, ardendo em febre, o pai de Públio. Paulo o visitou e, orando, lhe impôs as mãos e o curou.

À medida que a notícia da cura se difundiu, os demais enfermos da ilha vieram e também foram curados. Trouxeram-nos muitos presentes e, quando pudemos prosseguir viagem, nos puseram a bordo tudo o que era necessário.

Foi assim que ao cabo de três meses embarcamos num navio que invernara na ilha, outro navio de Alexandria, que tinha por emblema Dióscuros.

Ancoramos novamente em Siracusa, onde permanecemos três dias. De lá, fomos bordejando até Régio e, depois de um dia de espera, colhemos o vento sul e, em dois dias, chegamos a Putéoli.

Em Putéoli encontramos alguns crentes que nos rogaram que ficássemos com eles por sete dias.

Percorremos a pé os últimos quilômetros da nossa jornada. Ouvindo notícias de nossa aproximação, alguns cristãos deixaram a cidade e vieram correndo para nos encontrar no fim do dia, quando chegávamos à esquina das Três Vendas, perto da Praça de Ápio. Dois grupos ficaram parados no crepúsculo por alguns instantes, olhando um para o outro. Entre os romanos uma mulher prorrompeu em lágrimas. Vi em seguida que o rosto de Paulo adquiria um brilho prateado, feito uma lua redonda e devastada.

— Priscila, Priscila — sussurrava ele.

A mulher aos prantos saiu dentre os romanos e correu para ele, enlaçou-lhe os braços em volta do peito, derramando lágrimas sobre o seu ombro. Paulo envolveu-a num abraço.

— É você, minha pequena Priscila — murmurava ele, e depois também se entregou a uma ruidosa chuva de lágrimas.

E assim chegamos a Roma.

Epílogo

Roma

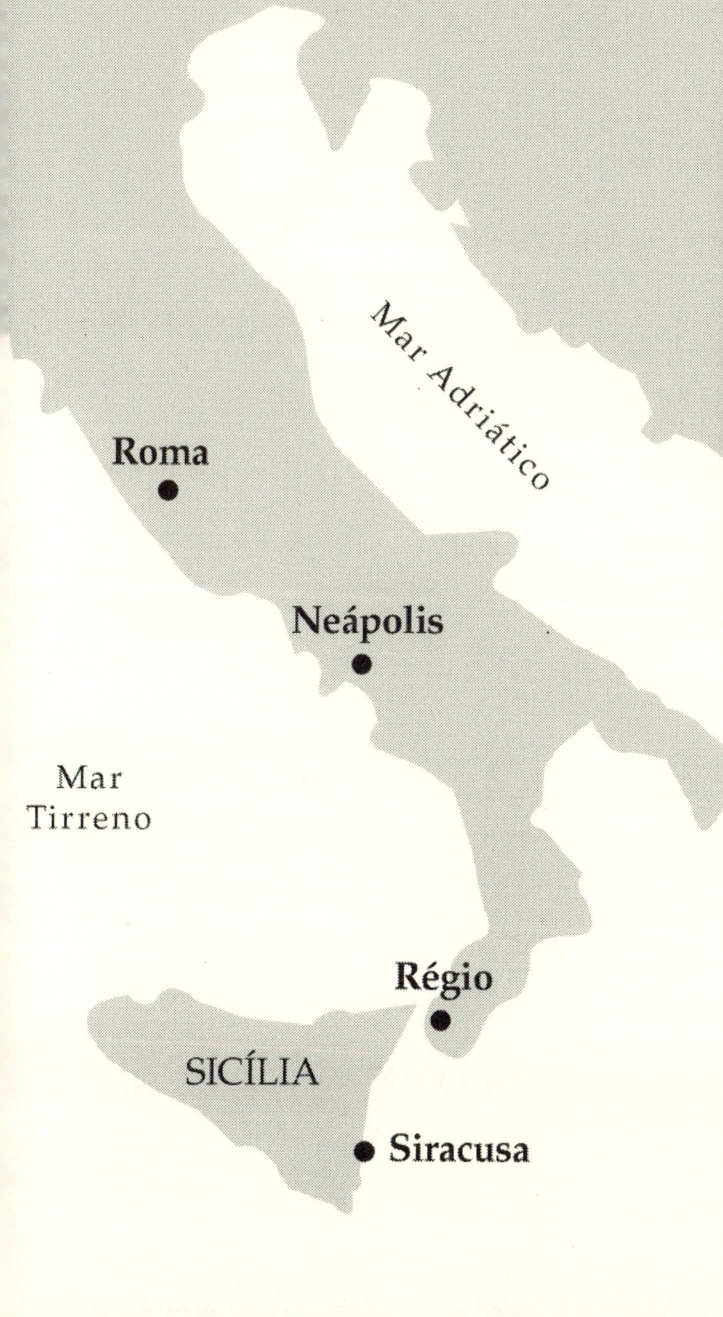

72

Prisca

i

Ainda conservo a visão. Por isso sou infinitamente grata. Quando me curvo sobre a minha pequena bancada, mesmo à luz da lâmpada e com aquela perpétua dor nas costas, ainda consigo trabalhar com linha fina. Sou capaz de coser uma bainha dobrada, direitinho, com pontos bem apertados e elegantes.

Mas já não tenho força nos braços. Não consigo perfurar o couro com uma sovela. As minhas agulhas atualmente são fininhas como um cabelo. E o meu couro é pano de linho nos dias de hoje. Já faz anos que não corto um toldo. Atualmente, estou costurando sudários, muitos sudários, mais do que eu gostaria, e estou usando um pano caro, macio, branco e compacto. Os sudários são para cobrir-lhes a cabeça; os otônios para envolver-lhes o corpo. O trabalho das minhas mãos os veste para a sepultura, onde ficarão dormindo à espera da ressurreição.

E o lençol será abandonado, mas eles serão arrebatados entre as nuvens e se encontrarão com Cristo nos ares. Confortai-vos e confortai o povo com estas palavras.

Na noite antes de ser crucificado, quando já dissera tudo o que tinha a dizer e todos os nossos hinos haviam terminado e nós todos caíramos num silêncio comum (até mesmo os dois guardas aos quais ele estava acorrentado dormiam), Simão Pedro, de repente, teve uma idéia.

— Quero um guardanapo — disse ele. Ergueu o rosto e olhou ao redor da sala. Seu olhar pousou em mim.

— Prisca — disse ele —, você pode me costurar um guardanapo para a minha pobre cabeça calva? — Ele estava falando num grego rudimentar para pessoas como eu que não conheciam o aramaico. Em grego ele chamou o seu "guardanapo" de sudário.

— Por quê? — disse eu.

Havia uma alegria contida nos olhos do velho.

— Vou lhe explicar como deve ser. Vou descrevê-lo com precisão — disse ele. — Ah, e também um pano para me enfaixar, querida Prisca, minha boa Prisca! — Chamou o pano de otônio. — Estes são os lençóis nos quais envolveram o corpo de Jesus — disse ele. — Envolva-me exatamente como José envolveu o meu Senhor. — As narinas de Pedro se dilataram pelo puro prazer da sua idéia, e eu tenho certeza de que ele se teria levantado de um salto, esfregado as mãos uma na outra e começado a caminhar pela sala, se não estivesse acorrentado entre dois legionários, dois africanos de estatura maciça.

— Não me vista com uma túnica como fazem os romanos — disse Pedro —, mas cubra-me como José de Arimatéia fez com Jesus, depois vá e diga a Nero que me procure. Diga-lhe para procurar Pedro no túmulo para o qual ele, o Rei das Chacinas, está me enviando. Depois observe aquele cão dizer um monte de futilidades... Ha, ha! Nero encontrará os panos do sepultamento esticados e vazios, pois Pedro já está partindo para o seu vôo! Ha, ha!

Os meus braços estão fracos. O meu corpo, ossudo. Os meus seios pendem como bolsas vazias dentro da minha túnica. Estou corcunda. Eu mal seria capaz de tomar conta de mim mesma, mas não dependo só de mim. A igreja cuida das viúvas. E Apeles, o sapateiro, aquele velho ranzinza e vulgar, devotou-se a mim na nossa velhice.

Acontece que ele se sentiu grato a nós dois, a Áqüila e eu juntos, quando convocamos o seu vigor para nos tirar às pressas de Éfeso no instante em que Áqüila me arrancou da cela da prisão. O mudo Áqüila, o meu marido de língua atrapalhada! No momento da mais grave crise das nossas vidas ele descobriu a sua fala e se houve como um advogado. Enquanto eu jazia na prisão no lugar de Paulo, Áqüila fingiu-se de ultrajado. Censurou os magistrados da cidade; acusou-os de prender o "homem" errado; humilhou os grandes poderes de Éfeso por manterem presa uma mulher desamparada como se ela constituísse uma perigo à celebração pacífica das Artemísias!

E obteve êxito. Eles me soltaram.

Diretamente da cela da prisão, na alameda atrás do pretório, Áqüila e eu nos enfiamos na carroça velha de Timóteo, preservada apenas para essa ocasião. Em seguida foi Apeles quem nos cobriu com trapos. Foi Apeles quem se sentou em cima de nós dois e conduziu o jumento para o sul na direção de Mileto, soltando obscenidades ao longo de todo o percurso como se estivesse bêbado.

Em seguida, durante a viagem para Roma vi uma estranha ternura surgir no sapateiro Apeles, um carinho por trás daquela máscara de fanfarrão. Depois, já na cidade, percebi como o seu amor por Áqüila foi ficando cada vez mais forte. Bem, era óbvio! Esses dois formavam um par perfeito, um forte e falastrão como uma panela de soda fervendo, o outro míope e calado, sempre concordando, sem nunca interromper.

No início moramos no distrito entre a fortaleza do Janículo e a colina deserta que se chama "Vaticano" por causa dos cantos pagãos que ali outrora se cantavam. Os romanos têm medo desse lugar. Os judeus não. Os cristãos também não, e uma pequena igreja foi crescendo ao nosso redor, reunindo-se na nossa casa para a adoração. Mas vários anos depois a pobreza nos levou para moradias menos caras. Nossa capacidade de trabalho diminuía. E Roma está cheia de gente. Roma é corrompida e a vida é muito cara – a menos que você louve os ricos para obter os favores deles. Mas havia um só que Áqüila, Apeles e eu podíamos louvar: nosso Senhor Jesus Cristo. Com essa escolha nos empobrecemos.

No fim encontramos dois quartos numa casa na Suburra, na margem direita do Tibre, e ali ficamos. Era uma construção muito precária, feita de madeira e tufo calcário, e nenhuma pedra de verdade. Apeles ficou com um quarto no sexto andar, exatamente acima do nosso, no quinto.

Foi numa escada estreita dessa casa sombria, durante o inferno que foram os incêndios de Roma, que Áqüila, meu marido durante vinte e quatro anos, morreu.

Quando naquela noite de meados do verão o ar começou a rugir; quando os violentos ventos começaram a soprar; e quando o teto acima dele explodiu em chamas, o cego Áqüila perdeu o rumo. Tropeçou e caiu de cabeça pela estreita escada abaixo.

Eu não estava lá. A cidade toda estava em alvoroço, insana devido ao fogo, e eu estava fugindo do incrível caldeirão do Circo, que parecia uma coroa monstruosa em chamas.

Foi Apeles que encontrou Áqüila sob os pés de estridentes inquilinos. Foi Apeles quem, com a simples força dos seus braços, ergueu o amigo acima dos olhos esbugalhados das pessoas em pânico. Vociferando a sua dor, Apeles o trouxe para o ar livre no exato momento em que o prédio desabava.

Dor, porque ele havia chegado tarde demais. A multidão havia pisoteado o meu marido. Ele nunca mais recuperou a consciência. Cego e silencioso, em meio ao lúrido tráfico e terror dessa Babilônia, Áqüila nos deixou e foi encontrar-se com Jesus.

Naquela noite o sapateiro e eu juntamos as nossas cabeças e choramos. Aspirei o seu odor, o seu suor azedo – que na minha miséria me pareceu alguma coisa fermentada –, quente, familiar e consolante.

Ó Áqüila! Ó meu querido marido!

Antes de nos separarmos, Apeles e eu, para saber quais amigos haviam morrido e quais sobrevivido, ele tossiu. Franziu a testa de modo sombrio e resmungou: — Não se preocupe. Não se preocupe. Não... — e parou. Foi só. O rude coríntio se comprometera. Assumira o seu dever para comigo para o resto de nossas vidas, e me tem servido fielmente desde então.

Apeles, Paulo uma vez o descreveu como *"aprovado em Cristo"*. Uma transfiguração incrível, você não acha?

Os meus braços estão fracos, mas não os de Apeles. Ele é agora o meu braço direito, o amigo da minha senilidade, um memorial ao meu silencioso Áqüila. Amém.

Foi bom rir com Simão Pedro apenas algumas horas antes de ele ser crucificado. Para mim em especial, o riso foi como sangue novo para o meu corpo frio e insensível. Como o meu marido morrera apenas cinco meses antes, eu estava pesarosa. Gostaria de saber se Pedro pensou nisso. Você não acha que ele agiu conscientemente?

É bom, mesmo hoje, ter ainda alguns pequenos trabalhos para me manter ocupada, com as mãos e com a mente.

Sudários.

Otônios.

As roupas dos que precisam dormir por certo tempo até que a trombeta os desperte.

Costurei quinze pares nos últimos três dias. Um número demasiado. Mais do que gostaria de imaginar.

Nero está nos matando. Diz que nós, os que cremos em Jesus, ateamos o fogo que queimou a sua cidade. Por isso, diz ele, merecemos morrer. Bem, ateamos um fogo, com certeza. E com ele o mundo queimará. Mas esse fogo e o vento que o alimenta são o Espírito Santo, e não há força alguma na terra capaz de extinguir o Espírito.

Nero *pensa* que está nos matando. Pobre tolo, pobre tolo. O homem nada mais é do que uma sombra passageira, uma breve noite antes do amanhecer. A luz do sol o extinguirá. Com o simples despertar, poremos um fim ao domínio de Nero, à escuridão e morte que o rodeiam. Quando Áqüila se levantar e me procurar; quando Pedro, Paulo, Rufo, Epafras, Sóstenes, Lídia, Tércio, Erasto e todos os santos forem acordados pela luz do Senhor Jesus Cristo, Nero não o será.

ii

Esta é a história de como Sêneca morreu.

Esse grande e famoso homem que nos desprezou a nós, os judeus, por aquilo que chamou de nossas "superstições"; esse autor de mil livros de filosofia, dono de vilas e vinhedos, de herdades e casas no campo e na cidade; L. Annaeus Sêneca, que costumeiramente contemplávamos quando atravessava o fórum a pé, não se dando ao luxo de usar uma liteira – esse homem abriu suas veias. Cerrou os olhos, está morto.

Morreu a seis quilômetros daqui. A notícia está em toda a parte.

Havia uma conspiração entre os ricos e os nobres, os amantes desta vida: planejavam assassinar o seu imperador. Mas o imperador descobriu tudo. Por isso, nobres romanos estão agora morrendo do mesmo jeito que nós morremos no ano passado. Não, não do mesmo *jeito*, uma vez que nós fomos perseguidos e eles são convidados a tirar a própria vida no conforto de suas casas. Mas, apesar de tudo, estão morrendo.

O poeta Lucano, sobrinho de Sêneca, morreu. Nero o odiava. Nós sabemos, porque ele o reduziu ao silêncio. Explico: Nero, por inveja, o proibiu de jamais recitar os seus poemas em Roma, e talvez ali esteja a razão de Lucano ter-se juntado aos conspiradores.

E Gálio, que libertou Paulo em Corinto; Gálio, irmão de Sêneca, morreu — mas acho que a sua morte se deveu ao amor pelo irmão.

Muitas vezes eu os vi caminhando juntos, esses dois homens de peito carcomido. Era comovente. Iam com as calvas abaixadas, conversando, às vezes dando-se as mãos. Gostava de vê-los assim. Na minha opinião, Gálio se suicidou pela falta que sentia do irmão.

Alguns romanos ainda têm o hábito de queimar os seus mortos. Nós não. Nós ressuscitaremos no último dia.

O velho Sêneca foi cremado. Sem discursos, sem cerimônia alguma. Disseram que foi como ele queria. Foi simplesmente cremado.

Como poderia eu fazer um sudário para o rosto que já não existe?

Dizem que ele estava retornando a Roma procedendo da Campânia; que parou numa vila suburbana para repousar à noite. Mas a ordem de suicídio expedida por Nero o alcançou ali, e antes do amanhecer ela foi obedecida.

Sêneca pediu o seu testamento, mas o centurião não o atendeu.

O filósofo então voltou-se para os amigos que o rodeavam e legou-lhes, em vez de terras e riquezas, o seu estilo de vida.

O velho Sêneca se casara com uma mulher jovem.

Naquela hora, as lágrimas dela o perturbaram. A dor dela fez a sua coragem hesitar. Por isso pediu-lhe que se consolasse pensando nas virtudes dele, depois que ele morresse.

Mas ela disse que não. Disse que as virtudes não seriam consolo algum, e que ela iria com ele.

Disse ele que se a escolha dela era ter um fim nobre na companhia do marido, não tentaria impedi-la.

Um rápido golpe da faca, em seguida, abriu-lhe o pulso. Outro golpe abriu também o da sua mulher.

Mas o corpo de Sêneca estava velho e seco. O sangue não escorria. Então abriu também as veias dos joelhos e dos calcanhares. O que lhe causou muita dor, uma dor irreprimível e contínua. Em breve ele estava implorando à sua mulher para que fosse para outro quarto. Talvez não quisesse que ela visse o sofrimento dele. Talvez não quisesse ver o sofrimento dela.

Longe da vista do marido, a jovem mulher teve os seus ferimentos atados por soldados e sobreviveu. Quem sabe por quê? Nós a temos visto caminhando pelas ruas de Roma, pálida e solitária.

Mas Sêneca teve uma morte lenta.

Pediu que lhe trouxessem certo frasco de veneno que sempre tinha por perto, a mesma poção que é usada nas execuções públicas em Atenas.

Trouxeram. Ele bebeu. Mas não adiantou. O seu corpo estava frio e entorpecido de modo que o veneno não percorreu o seu curso.

Recolheram-no e o colocaram num banho a vapor. Encheram o ambiente com uma fumaça sufocante, e Sêneca morreu sufocado.

iii

Timóteo, escute essa. É uma notícia que ouvi hoje, trazida por um navio procedente de Corinto. Talvez em Éfeso você ainda não saiba.

Erasto foi promovido! O nosso esplêndido amigo foi designado para ser edil da cidade. Como não deve estar imponente e engalanado! Gostaria de saber que indumentária ele está vestindo, agora que é um dos quatro oficiais supremos de Corinto. Puxa! Quem costumava administrar os mercados agora administra os jogos públicos. Erasto está encarregado dos Jogos Ístmicos! Não é impressionante? Timóteo, eu acho que você deveria aumentar a alegria dele enviando-lhe parabéns por escrito.

Como presente, em troca da glória e da honra que obteve, Erasto promete comprar, às próprias custas, um piso de pedra calcária para o pátio leste do teatro de Corinto.

Bem, eu *vou* lhe escrever. Com certeza, e quero perguntar que tesouros ele poupou para si mesmo no céu.

Minha assinatura vai ser "Paulo".

iv

Quando soubemos que Paulo estava sendo trazido acorrentado para Roma, fomos todos correndo ao seu encontro, Áqüila, eu, Apeles, Pedro, Rufo e sua mãe; Febe estava lá na ocasião; e amigos que ele nunca vira também saíram correndo conosco: Trifena e Trifosa, as irmãs que nós chamamos de "Delgada" e "Delicada", Andrônico e a sua mulher Júnias. Fomos com o coração cheio de entusiasmo e júbilo. Caminhamos o dia inteiro para chegar. E lá estava ele! Lá estava o meu amigo, de pé no centro do Fórum de Ápio.

Lá estava Paulo, com marcas de cicatrizes, magricela, tremendo, sorrindo e tão *radiante* na sua beleza que eu desatei a chorar quando o vi. Lá estava o meu brilhante apóstolo, ainda prisioneiro, como prisioneiro era quando o vira pela última vez em Éfeso. Sim, mas prisioneiro algum era tão divinamente livre como ele. Aquele seu sorriso! Estava nos olhos. Erguia a testa ampla e cheia de rebentos que parecia um arco romano e agora tornava suave aquela sua cabeça enorme – um sol que se aproximara da terra.

Havia um centurião atrás dele, soldados ao seu redor – mas ninguém iria me deter. Corri e o enlacei nos meus braços e chorei no seu ombro. Ouvi o tilintar das correntes quando ele ergueu os braços e também me abraçou.

— Você conseguiu — sussurrei eu. — Você conseguiu vir para Roma.

— E você, minha pequena Priscila...

Ele nunca disse *o que* pretendia dizer sobre Priscila. Engasgou. Um soluço subiu-lhe à garganta e um tremor percorreu-lhe os braços. Segurou-me por muito tempo num abraço apertado, como se fosse um mar.

Você, minha pequena Priscila.

Você.

"Sim, e eu me alegrarei."

A última vez que nos vimos, Paulo estava radiante e falou da morte.

Morava no movimentado distrito entre o fórum e o Campus Martius. Havia sempre um guarda no recinto, sempre uma corrente entre ele e o guarda, e sempre um guarda novo a cada visita minha. Paulo piscava para mim. — Eles têm medo da minha facilidade de fazer amigos — costumava dizer ele. — Priscila, você não acha que eu sou um campeão na arte de fazer amigos?

Naqueles dias eu ainda tinha uma elasticidade juvenil. A idade não me atingira, como aconteceu depois, em meus órgãos vitais.

Quando Paulo me chamava de *Priscila*, naquela época, alguma coisa dentro de mim estremecia. Deliciosa amizade! Além disso, ele agora usava o diminutivo o tempo todo, mesmo diante de outras pessoas, o que nunca fizera antes. Falava como se o sol pudesse brilhar sobre essa intimidade e todos os olhos pudessem deliciar-se com ela.

Agora todo o mundo me chama de *Priscila*. Eu me alegro com este nome, que mantém a voz de Paulo nos meus ouvidos, mesmo quando ele não fala mais e não está mais aqui.

Disse-lhe eu: — Meu pai morreu enquanto eu estava longe de Roma. Ninguém me enviou um recado. Não sei quando ele morreu nem como, mas eu penso nele porque você está aqui. Você não sabe — disse eu —, mas você me aliviou quando a minha mãe morreu. Penso que você também poderia tê-lo aliviado – o meu pai, quero dizer. Ele me renegou. Virou-se e me deu as costas, e foi a última vez que o vi.

Disse Paulo: — Eu teria conversado com ele. Teria mostrado a minha condição. Teria deixado que ele fosse persuadido pela minha alegria apesar de tudo.

— Apesar de tudo — disse eu.

— Correntes, velhice, um corpo arruinado, processos nunca julgados, um futuro incerto.

— Apesar de tudo.

— Sim, certamente, minha gentil Priscila — disse Paulo baixinho, com os olhos brilhantes de nogueira polida —, eu me alegrarei. Eu sei que através das vossas orações e da ajuda do Espírito de Jesus Cristo, tudo isto resultará na minha libertação. E eu sei que não serei envergonhado. Antes, com toda a ousadia será Cristo engrandecido no meu corpo, quer pela vida, quer pela morte.

Passou as pontas dos seus longos dedos sobre os lábios.

— Porquanto, para mim, o viver é Cristo — disse ele —, e o morrer é lucro. Se tiver de continuar vivendo na carne, isso para mim significa frutuoso trabalho. Mas, o que escolher, eu não sei. Estou muito aflito entre essas duas possibilidades.

Paulo inclinou-se para frente. Apanhou a minha mão, erguendo a corrente que prendia o seu pulso ao do guarda.

— O meu desejo é partir e estar com Cristo — disse ele, sondando os meus olhos em busca de uma reação mais profunda, espontânea. — Esta é a melhor parte, Priscila, indiscutivelmente — disse ele, sempre me sondando. — Mas permanecer na carne é mais necessário por vossa causa.

Reassumiu a posição anterior. A corrente estava agora deitada sobre o solo como um cão. Ele sorriu. Todo o seu rosto explodiu como um sol sobre mim.

— Estou convencido disso — disse ele com súbita certeza. — Eu ficarei. Sim, permanecerei com todos vós, para o vosso progresso e gozo na fé, de modo que em mim tenhais um bom motivo de vos gloriardes em Cristo Jesus. Com certeza!

Ele nunca parava de falar. Paulo falou o dia inteiro. Enquanto me demorei com ele, sentada à sua frente, Paulo foi falando. E durante a noite, mesmo quando eu já não estava com ele, continuou falando.

E nos dias, nos anos subseqüentes, quando já não estava conosco, continuou falando.

Paulo nunca parava de falar. Falava aos céus. E dos céus a sua voz desce como chuva caindo das nuvens, como luz do sol vindo do alto, pois o nosso amado Paulo escalou a montanha santa.

Amados meus, vós sempre obedecestes — desce a voz de Paulo sobre nós. — *Continuai, pois, não só na minha presença, porém, muito mais na minha ausência, a desenvolver a vossa salvação com temor e tremor... Pois Deus é quem efetua em vós tanto o querer como o realizar, para o seu agrado.*

Timóteo, você ouve a voz dele? E você, Lídia? Falando, falando, como se fosse a própria voz do vento:

Fazei tudo sem murmurações nem contendas, para que vos torneis irrepreensíveis e sinceros, filhos de Deus inculpáveis no meio de uma geração pervertida e corrupta, na qual resplandeceis como luzeiros no mundo, preservando a palavra da vida, para que, no Dia de Cristo, eu me glorie de que não corri em vão, nem me esforcei inutilmente.

Alegrai-vos sempre no Senhor, sempre.

Atenção, outra vez vos digo: Alegrai-vos!

Seja a vossa moderação conhecida de todos. Perto está o Senhor.

Não andeis ansiosos de coisa alguma; em tudo, porém, sejam conhecidas, diante de Deus, as vossas petições, pela oração e pela súplica, com ações de graças.

E a paz de Deus, que excede todo o entendimento, guardará o vosso coração e a vossa mente em Cristo Jesus. Amém. Amém. Amém.

Bibliografia

Bibliografia parcial usada na pesquisa para **O livro de Paulo**

BARRETT, G. K. *A Commentary on the First Epistle to the Corinthians.* Harper & Row, 1968.

BARRETT, G. K. *A Commentary on the Second Epistle to the Corinthians.* Harper & Row, 1973.

BECKER, Jurgen. *Paul: Apostle to the Gentiles.* Westminster John Knox Press, 1993.

BEKER, J. Christiaan. *Paul the Apostle: The Triumph of God in Life and Thought.* Fortress Press, 1980.

BORNKAMM, Gunther. *Paul, Paulus.* Harper & Row, 1969.

BUTTRICK, George Arthur (ed.). *The Interpreter´s Dictionary of the Bible.* Abingdon Press, 1962.

CLEMENT of Rome, *Epistle to the Corinthians,* tr. James A. Kleist, S. J., Newman Press, 1946.

COSTA, C. D. N. (ed.). *Seneca: Essays.* Routledge & Kegan Paul, 1974.

COWELL, F. R. *Everyday Life in Ancient Rome.* G. P. Putnam´s Sons, 1961.

DAVIS, William Stearns. *A Day in Old Rome: A Picture of Roman Life.* Allyn and Bacon, 1960.

DONALDSON, Terence L. *Paul and the Gentiles: Remapping the Apostle´s Convictional World.* Fortress Press, 1997.

EHRMAN, Bart D. *The New Testament and Other Early Christian Writings: A Reader.* Oxford University Press, 1998.

ENGBERG-PEDERSEN, Ed. *Paul in His Hellenistic Context.* Fortress Press, 1995.

EUSEBIUS, *The History of the Church from Christ to Constantine,* tr. G. A. Williamson. Penguin, 1965.

FINEGAN, Jack. *The Archaeology of the New Testament: The Mediterranean World of Early Christian Apostles.* Westview Press, 1981.

HOLLAND, Francis. *Seneca.* Books for Libraries Press, 1920.

JOSEPHUS. *The Antiquities of the Jews,* tr. William Whiston. Hendrickson Publishers, 1987.

JOSEPHUS. *The Wars of the Jews,* tr. William Whiston. Hendrickson Publishers, 1987.

FRANZERO, Carlo Maria. *The Life and Times of Nero.* Philosophical Library, 1956.

FREEDMAN, David Noel (ed.). *The Anchor Bible Dictionary,* 6 vols. Doubleday, 1992.

GRIMAL, Pierre. *The Civilization of Rome.* Simon and Schuster, 1963.

GUMMERE, Richard Mott. *Seneca the Philosopher and His Modern Message.* Marshall Jones Co., 1922.

HENGEL, Martin e SCHWEMER, Anna Maria. *Paul: Between Damascus and Antioch.* Westminster John Knox Press, 1997.

HOCK, Ronald F. *The Social Context of Paul´s Ministry: Tentmaking and Apostleship.* Fortress Press, 1980.

Johnston, Harold Whetstone. *The Private Lives of the Romans.* Scott, Foresman and Company, 1903.

Jones, Peter e Sidwell, Keith (eds.). *The World of Rome: An Introduction to Roman Culture.* Cambridge University Press, 1997.

Junger, Sebastian. *The Perfect Storm.* W. W. Norton, 1997.

Kittel, Gerhard. *Theological Dictionary of the New Testament.* Wm B. Eerdman´s Publishing Company, 1964.

Koester, Helmut e Brock, Ann Graham (eds.). *Archaeological Resources for New Testament Studies,* Vol. 1: Athens, Corinth, Olympia, Thessalonike, and Vol. 2: Athens, Corinth, Isthmia, Philippi, Ephesus. Trinity Press International, 1994.

Kraeling, Emil F. *I Have Kept the Faith: The Life of the Apostle Paul.* Rand McNally, 1965.

Krodel, Gerhard A. *Acts.* Augsburg, 1986.

Malherbe, Abraham J. *Paul and the Thessalonians: The Philosophic Tradition of Pastoral Care.* Fortress Press, 1987.

Meeks, Wayne A. *The First Urban Christians: The Social World of the Apostle Paul.* Yale University Press, 1983.

Meinardus, Otto F. A. *St Paul in Greece.* Lycabettus Press, 1972.

Murphy-O´Connor, Jerome. *Paul: A Critical Life.* Clarendon Press, 1996.

Nock, Arthur Darby. *St Paul.* Harper & Row, 1938.

Ogg, George. *The Chronology of the Life of Paul.* Epworth Press, 1968.

Ovid. *Metamorphoses,* tr. Mary M. Innes. Penguin, 1955.

Philo Judaeus, His Works, tr. C. D. Yonge. Hendrickson Publishers, 1993.

QUAST, Kevin. *Reading the Corinthian Correspondence: An Introduction.* Paulist Press, 1994.

RIESNER, Rainer. *Paul´s Early Period: Chronology, Mission Strategy, Theology.* Eerdmans, 1998.

SENECA. *Ad Lucilium Epistolae Morales,* 3 vols. Harvard University Press.

SENECA. *Moral Essays,* 3 vols. Harvard University Press.

SENECA. *Naturales Quaestiones,* 2 vols. Harvard University Press.

SOARDS, Marion L. *The Apostle Paul: An Introduction to His Writings and Teaching.* Paulist Press, 1987.

SORENSEN, Villy. *Seneca: The Humanist at the Court of Nero.* University of Chicago Press, 1984.

STENDAHL, Krister. *Paul Among Jews and Gentiles and Other Essays.* Fortress Press, 1976.

TAMBASCO, Anthony J. *In the Days of Paul: The Social World and Teaching of the Apostle.* Paulist Press, 1991.

TANNEHIL, Robert C. *The Narrative Unity of Luke-Acts: A Literary Interpretation,* "The Acts of the Apostles", vol. 2. Fortress, 1990.

TROBISCH, David. *Paul´s Letter Collection: Tracing the Origins.* Fortress Press, 1994.

WITHERINGTOM, Ben. *The Paul Quest: The Renewed Search for the Jew of Tarsus.* Intervarsity Press, 1998.

Parabéns!

Você acaba de ler mais um livro publicado por uma editora que faz diferença no mercado editorial.

Caso tenha algum comentário ou sugestão, escreva, citando o livro que leu, para:

Este livro foi composto por Sonia Sprogis Peticov, em Palatino, e impresso pela Donnelley Cochrane Gráfica Editora do Brasil Ltda, em papel offset 75 g/m², com filmes fornecidos pela Digilaser.